불교음악의 세계

불교음악의 세계

The world of Buddhist music

윤소희

책을 내며

큐알코드(QR code)와 함께하는 이 책은 음악을 듣고 보면서 불교음악의 세계를 항해할 수 있다. 동국대학교 한국음악과에서는 "한국전통음악은 불교음악이다."라는 말을 늘 듣는다. 실제로 조금만 고개를 돌려보면 이 말이 전혀 과장이 아님을 알 수 있다. 2천 년이 넘는 세월 동안 불교가 한민족 문화의 토양이자 체질이 된 만큼 예술음악에서 일상의 중얼거림까지 불교가 바탕이 되었기 때문이다. 심지어 고조선부터 형성되어 온 무속음악도 삼국 시기부터 불교를 흡수하였으니 불교음악은 그야말로 한국인의 무의식에 자리 잡은 음악이라 할 만하다.

이러한 불교음악은 알고 보면 고대 인도에서부터 출발하여 한국에 이른 월드뮤직이다. 남아시아, 동남아, 동북아, 서북아 전역에 퍼져 있는 불교음악이 모두 한국불교음악과 영향을 주고받아 왔다. 그러므로 오늘날 우리들이 행하고 있는 노래 · 춤 · 놀이에 녹아 있다. 그래서 이 책은 세계불교음악이라는 숲을 보고난 후에 한국불교음악이라는 나무를 보도록 설계되어 있다.

21세기 세계를 물들이고 있는 한류의 화룡정점이 K-뮤직인데, 불교음악은 어디 있는지 모르겠다. 여기에는 불교를 외면하는 외부적 요인과 조선조 억불을 지나며 불교의 정체성을 잃어버린 내부적 요인도 있다. 이를 극복하려면 불교음악에 대한 탐구가 선행되어야 한다. 그리스 선법을 흡수하여 교회 선법을 정립한 뒤 서양음악의 토대를 마련한 로마교황청을 일러 '음악박사 공장'이라는 말이 있다. 불교음악이라는 거대한 숲과 한국불교음악의 깊은 뿌리는 동국대학교 한국음악과가 음악박사 공장이 될 정도로 무궁무진한 연구거리를 안고 있다.

불교음악을 알면 한국음악에 대한 이해가 깊어진다. 한국 전통음악과 동양음악, 불교의 신비로운 음성 에너지의 세계를 알고자 하는 모든 분에게 이 책이 간소한 가이드가 되면 좋겠다. 그간 불교음악 연구들이 주로 '범패'에 한정되어 있어 매 시간 자료를 만들어서 강의해야만 했다. 클라스 학생 전원에게 개근상을 줘야 할 정도로 열심히 강의를 들었던 1회 졸업생들이 교문을 나서기 전에 그간 쪽지로 배워 온 자료들을 묶어 주고자 급하게 만들다 보니 어설프고 부족한 점이 많다. 앞으로 후학들이 계속 이 원고를 수정하고 다듬어 불교음악 연구의 디딤돌이 되면 좋겠다.

이 책이 나오기까지 나에게 가르침을 준 모든 스승님들, 힘을 북돋우어주신 동국대학교 박범훈 교수님을 비롯한 선학과 불교음악 연구의 여러 도반 제위께 감사드리며, 끝으로 책이 출간될 수 있도록 도움 주신 동국대학교 출판문화원 박기련 대표와 원고를 다듬어준 편집부에도 감사를 전한다.

2025년 12월 필동 캠퍼스에서

윤 소 희

추천사

박범훈(동국대학교 한국음악과 석좌교수)

불교가 우리나라에 초전된 시기를 372년으로 보고 있습니다. 불교가 국교로 자리 잡으면서 종교뿐만 아니라 우리 문화에 끼친 영향은 실로 큽니다. 특히 세계로 퍼져 나간 불교는 다양한 예술 형식을 통해 표현되어 왔으며 그중에서도 음악은 불교 전법에 필수적인 요소로서 불교를 신봉하는 나라의 민족음악으로 발전해 왔습니다. 우리나라 역시 불교로 인하여 새로운 전통음악의 장르가 형성되었고, 그 음악이 지금에 이르러 대표적인 국악 곡으로 전하고 있습니다. 불교의식에 쓰이는 범패와 화청을 비롯해 20세기 초에 창작된 찬불음악까지 현존하는 불교음악은 국악과 동일한 장르의 음악으로 볼 수 있습니다. 불교의 영향으로 탄생한 신라 향가와 고려가요, 조선의 시가를 비롯하여 민요에 이르기까지 다양한 장르의 곡들이 불교와 깊은 관계를 맺고 있습니다. 필자가 "국악이 불교음악이고, 불교음악이 국악이다."라고 언급한 이유가 바로 여기에 있습니다.

불교음악의 연구와 보존, 그리고 전승 교육은 불교계를 비롯하여 국악계의 필수적 중요 과제입니다. 2015년 대한불교조계종에 불교음악원이 설립되면서 전법을 위한 찬불음악 운동이 본격화되었습니다. 특히 동국대학교 서울캠퍼스에 한국음악과가 설립되면서 불교음악 교육이 본격화되었습니다. 하지만 불교음악 교육에 필수적인 '교재'가 부족한 상황입니다. 그동안의 불교음악 연구는 대부분 범패를 중심으로 한 학문적 연구가 중심을 이루어 종합적인 불교음악 교육과는 거리가 있었습니다.

이러한 상황에서 윤소희 교수의 저서 『불교음악의 세계』는 불교음악뿐만 아니라 동서음악의 역사와 실체를 공부할 수 있는 교재로 기대됩니다. 그동안 윤소희 교수는 불교음악에 대한 폭넓은 학문적 연구와 더불어 현장을 중심으로 한 불교음악의 실상을 연구하여 많은 업적을 쌓아 왔습니다. 이러한 성과는 국악 이론과 작곡을 전공한 학자이기에 가능했다고 생각됩니다.

동국대학교 한국음악과에서는 국악계의 무형유산 보유 자급 명인들이 국악 교육을 담당하고 있고, 불교음악은 윤소희 교수의 학문적 이론과 김성녀, 박천지, 박애리 교수의 찬불가 교육이 융합적으로 이루어지고 있습니다. 이번 출판된 『불교음악의 세계』는 불교음악 교육에 크게 기여하게 될 것으로 기대됩니다. 그동안 윤소희 교수의 노고에 감사와 축하를 드리며 여러분의 많은 관심과 성원 바랍니다.

차례

제1부 불교의 성립과 음악

제2부 불교신행과 음악

제3부 21세기 불교음악

일러두기

이 책에는 가독성을 높이기 위해 일부 표기가 표준 외래어 표기에서 다소 벗어난 경우가 더러 있다.

예를 들어, 중국의 고유명사는 현지 발음을 원칙으로 하되 이미 한국 사회에서 익숙하게 통용되고 있는 북경(베이징), 대만(타이완)과 불광산(포광산)은 기존의 표기대로 하고, 아직 덜 관습화된 천티엔스(承天寺), 파구산(法鼓山)은 현지 발음대로 했다. 일본의 고유명사 또한 현지 발음을 따랐다. 히에이잔(比叡山), 엔랴쿠지(延暦寺)는 그대로 썼으나 시아귀회(施餓鬼會)와 같이 뜻의 전달이 중요한 어휘는 '세가키에'라 하지 않고 한국식 한자음으로 표기했다.

반면 산스끄리뜨어와 빠알리어는 종래의 영어식 표기보다 원음에 가까운 발음을 선택했다. 이는 근래에 범어 연구가 활발해지면서 원어 발음의 표기가 늘어나고 있기 때문이다. 예를 들어 아쇼카 → 아소까, 아누라다푸라 → 아누라다뿌라, 자타카 → 자따까, 사찰을 뜻하는 비하라(Vihara)는 위하라로 할 뿐만 아니라 종래에 비읍(ㅂ)으로 표기되어 오던 발음은 이응(ㅇ)으로 표기했다. 따라서 '아바로키테스바라'는 '아와로끼떼스와라'로 표기했다. 이 외에 동남아, 인도 등 세계 각지의 인명 · 지명, 고유명사는 로마나이즈 표기를 병기하여 인터넷 검색과 AI 활용에 도움이 되도록 했다.

제1부

불교의 성립과 음악

제 1 장

불교음악의 형성과 전개

Ⅰ. 고대 인도 문화와 불교의 탄생

불교는 인도의 문화 토양에서 탄생했으므로 석가모니 붓다의 미증유 설법 속에도 인도 문화가 내재되어 있듯이 음악 또한 마찬가지다. 이 항에서는 불교음악의 바탕이 되는 인도 고대 문화에 대해 간단히 짚고자 한다.

1. 힌두 사제의 음성 행법

1) 베다 시대 음성 문화

고대 인도의 베다 시대(BC2000~600)에는 언어의 영구불변을 주장하는 사상이 있었다. 힌두 사제들은 땅 · 물 · 불 · 바람 · 공간의 5대 요소 중에서 소리를 공간 요소로 인식하여 목구멍에서 나는 소리, 입천장에서 나는 소리, 치아 사이에서 나는 소리, 입술에 부딪쳐 나는 소리로 분류했다. 그들은 음성의 높고 낮음과 길고 짧음, 음절의 상호 작용에 의한 미세한 울림으로 신을 향한 찬가를 노래했다.

산스끄리뜨어로 '지식'을 뜻하는 베다(वेद véda)는 신화 · 종교 · 철학적 성전이자 문헌이다. 베다 문헌은 상기따 · 브라마나 · 아란야카 · 우파니샤드 · 수뜨라의 다섯 부문이 있다. 이 중에서 힌두 정전(正典)에 속하는 상기따(saṃhitā)[1]는 리그베다(Ṛgveda) · 야유르베다(Yajurveda) · 사마베다(Sāmaveda) · 아타르바베다(Atharvaveda) 등 4종이다. 베다 문헌이 인도의 각 종교와 철학에서 차지하는 위상은 해당 종교와 철학에 따라 다르다. 여러 종파 중에 정통파(āstika)는 베다 문헌을 권위 있는 정전(正典)으로 인정한다. 시크교와 브라모이즘(Brahmoism)은 베다의 권위를 인정하지 않으며, 불교와 자이나교를 비정통파(nāstika)로 간주한다.

힌두 정통파들이 정전으로 인정하는 상기따 중 가장 오래된 『리그베다』에는 신에 대한 찬가와 우주관 · 철학관 · 신관을 산문체로 기록했고 『야유르베다』에는 희생제식의 진행과 관련된 만뜨라와 정해진 문구가 담겨 있다. 또한 『사마베다』에는 희생제식에서 사용하는 가곡 또는 가창이, 『아타르바베다』에는 재앙을 물리치고 복을 빌기 위한 구문이 주로 담겨 있다.

1 종래에 표기되어 온 '삼히타'는 산스끄리뜨어 'Saṃhitā'의 영어식 발음이고 실제 발음은 '상기따'에 더 가깝다. 이는 산스끄리뜨어 '함께'를 뜻하는 접두사 'sam(सम)'과 동사 어근 '두다'의 'dhā(धा)의 과거 분사인 hitā(हति)가 결합한 것으로 '함께 묶은'의 뜻을 지니고 있다.

2) 우파니샤드 시대 문학과 운율

우파니샤드 시대(BC700~BC200)에 철학적인 사유가 형성되며 범아일여(梵我一如)의 사상이 대두되었다. 우주의 근원인 브라흐만(Brāhman 梵)과 자아의 본질인 아트만(ātman 我)의 합일을 추구하는 과정에 옴(Aum)을 비롯한 여러 진언 암송이 활용되었다. 베다 시대부터 형성되어 오던 음성행법이 이 무렵부터 성명(聲明 शब्दविद्य Śabdavidya)으로 자리 잡았다. '사브다(Śabda)'는 소리[聲], '비드야(vidya)'는 학문[明]으로, 힌두 경전을 낭송하는 율조인 동시에 신과 자아가 하나되는 매개이면서 신과 사물을 움직이게 하는 주술의 도구이기도 했다.

산스끄리뜨어에서 '가나'는 모음 강화(强化)를 나타내는 용어로 단어의 어근에서 모음 강화의 양상에 따라 10가지 종류의 동사군이 형성된다. 각 어근과 단어들은 모음의 장단에 따라 뜻이 달라지므로 학습자가 초기에 어휘를 익힐 때도 장단음을 정확하게 인지해야 한다. 모음의 장단에 의한 어휘의 조합은 음악적 리듬을 다채롭게 하므로 인도음악은 긴 사이클의 리듬 절주를 지니고 있다. 그러므로 중국이나 일본에 비해 긴 리듬 사이클을 지닌 한국 음악과 상통하는 점이 많다.

구전으로 전승되어 오던 힌두의 음성문화는 아소까 왕(BC265~BC238 무렵) 시대에 이르러 문자 기록이 활발히 이루어지기 시작하였으며, 당시 세워진 비석이 곳곳에 세워져 있다. 마가다의 제3대 마우리아 황제인 아소까는 오늘날의 아프가니스탄부터 동쪽의 방글라데시에 이르는 넓은 영토를 통치하며 아시아 전역에 불교를 전파하였으므로 전륜성왕으로 불린다. 그의 아들 마힌다는 스리랑카로 불교를 전하여 훗날 불교 최초의 문자 경전이 성립되는 계기를 마련하였다. 붓다는 문자가 없었던 마가다어로 설법하였다. 그 말씀의 소리를 싱할리 문자로 나뭇잎에 새긴 이 경전은 말씀을 표기한 음성 경전으로, 오늘날 남방불교권에서 통용되는 빠알리 경전의 원조이다.

3) 힌두·불교·한국 전통음악의 관계

붓다 입멸 후 세월이 흐르면서 힌두 경전과 인도의 민간 신앙이 대거 불교로 유입되었는데, 그중 하나가 붓다의 32상호이다. 힌두 경전에는 니브르띠 락샤(निवृत्ति लक्ष Nivṛtti lakṣha)와 쁘라브르띠 락샤(प्रवृत्ति लक्ष Pravṛtti lakṣha)의 두 가지 다르마(法)가 있다. 베다에서 다르마는 사람이 항상 간직해야 하는 진리 · 도덕 · 윤리 · 규범을 의미하는 것으로, 니브르띠 락샤는 출가 수행자들의 해탈적 삶을 위해서, 쁘라브르띠 락샤는 세속적 삶을 위해 지녀야 하는 다르마이다. 이러한 전통이 불교로 수용되어 세간(世間) · 출세간(出世間)의 덕상으로 묘사되다가 석가모니의 모습을 설명하는 32상호로 정착되어 『삼십이상품』이라는 경전이 성립되었다.

힌두 경전에서 비롯되는 고대 인도의 문학은 8악사라(운율)로 구성된 4파다(행)에 의한 32슬로까 운율의 찬가가 많았는데, 힌두 사제들이 비나를 타며 32슬로까 게송을 노래하는 것이 유행했다. 힌두 경전의 32덕상은 불교로 들어와 붓다의 32덕상으로 묘사되었다. 산스끄리뜨어의 발성 분류는 한글의 아(牙) · 설(舌) · 순(脣) · 치(齒) · 후(喉)와 연결되며, 힌두 사제들이 애송하던 32슬로까 운율은 세종 임금이 창제한 32정간보와도 연결된다.

산스끄리뜨어의 운율법인 '마뜨레(Metre)'는 각 모음의 장단에 의해 생성된다. 장음부호(－), 단음부호(◡)가 배열된 패턴을 보면 －◡－, ◡－◡, －－, ◡◡ 등 3음절과 2음절이 혼재하고 있어 한국의 3·2·3의 2대강으로 구성된 16정간보와도 상통한다. 범어 경전이 중국에서 한역(漢譯)될 때, 범어 모음의 길이를 뜻하는 마뜨라(mātrā)를 한자 '마다(摩多)'로 음사하였다. 이는 우리말 '마디'와 상통하고 한국 전통음악의 장단(長短)과 연결된다. 불교 경전 『관찰제법행경』에는 32덕상에 이어 16다라니의 덕과 묘력을 설하고 있는데, 이는 세종의 32정간보와 세조의 16정간보를 보는 듯하다.[2]

2. 붓다의 출현과 불교음악

1) 석가모니의 범음성

불교음악은 석가모니의 음성이 원음이다. 한어 경전에는 석가모니의 음성을 5음 또는 8음으로 설명하고 있다. 『법원주림』에는 부처님의 음성을 "바르고 곧으며, 화사하면서도 우아하고, 맑고 청아하며, 깊고 원만하며, 두루 퍼져 멀리서도 들을 수 있다."라고 설명하며, 이를 일러 '5범성'이라 했다.

法苑珠林 卷第三十六 引證部第二: 如長阿含經云。 其有音聲五
법원주림 권제삼십륙 인증부제이 여장아함경운 기유음성오
種清淨。 乃名梵聲。 何等爲五。 一者其音正直。 二者其音和雅
종청정 내명범성 하등위오 일자기음정직 이자기음화아

2 관련 내용: 윤소희(2020), 「佛典·梵文이 정간보 창제에 미친 史的 배경－세종·세조대 樂政을 중심으로－」; (2019), 「세종·세조 악보와 佛典·梵文의 관계」

三者其音淸徹。 四者其音深滿。 五者周遍遠聞。 具此五者乃名
삼 자 기 음 청 철   사 자 기 음 심 만   오 자 주 편 원 문   구 차 오 자 내 명
梵音
범 음

바라문이었던 범마유는 임종 시기에 석가모니의 설법을 듣고 부처님께 귀의했다. 이때 범마유는 자신에게 깨달음을 준 붓다의 음성을 '가장 좋은 소리, 알기 쉬운 소리, 부드러운 소리, 고른 소리, 지혜로운 소리, 빗나가지 않는 소리, 깊고 묘한 소리, 여성의 소리가 아닌 소리'라고 했다. 『범아유경』에 실린 이러한 내용 중 '여성의 것이 아닌 소리'에 대해서는 시대적 배경을 감안하여 가늘고 높게 들떠 있는 소리 정도로 해석하면 좋겠다.

梵摩渝經 卷第一: 卽大說法 聲有八種 最好聲 易了聲 濡軟聲 和
범 마 투 경 권 제 일   즉 대 설 법 성 유 팔 종 최 호 성 역 료 성 유 연 성 화
調聲 尊慧聲 不誤聲 深妙聲 不女聲
조 성 존 혜 성 불 오 성 심 묘 성 불 녀 성

음성의 에너지를 중시하여 음률에 적극적인 태도를 취했던 힌두 사제와 달리, 초기 불교 승단은 제사와 주술을 멀리하는 자세를 취했다. 이러한 전통을 지금까지도 유지하고 있는 남방 지역에서는 일반 신도가 사찰에서 단기 수행을 하더라도 8계를 지키도록 한다. 8계 중 일곱 번째는 "스스로 춤추거나 다른 이를 춤추게 하여 즐기는 일, 스스로 노래 부르거나 다른 이를 노래 부르도록 하여 즐기는 일, 스스로 악기를 연주하거나 다른 이를 시켜 즐기는 일과 같이, 부처님의 가르침을 벗어난 볼거리를 보고 즐기는 일을 삼가는 계율을 지키겠습니다."라는 약속이다.

이때의 노래와 춤은 유희나 쾌락을 위한 것일 뿐 경전 암송과 불보살을 찬탄하고 예를 바치는 율조를 지칭하는 것은 아니다. 따라

서 범패나 찬불가와 같은 음악은 남방불교의 7계와는 다른 것이다. 그러나 의례에 수반되는 율조에 지나치게 화려한 기교를 부리는 것은 일반 가수들의 노래와 다를 바 없으므로 적절한 절제가 필요하다. 이러한 요건들은 불교음악의 미학적 근거로서 매우 중요하게 다가온다. 즉 범패의 미적 가치는 세속의 예술 음악과 달리 종교적 경건함과 불교적 여법함이 미성(美聲)이나 기교보다 우위에 있어야 한다.

2) 석가모니의 설법과 범패

서기전 500년 전후 세계 각지에서 발현한 고등 종교는 '말씀'이라는 도그마가 있어 유교 · 기독교 · 불교와 같이 '교(教)'자가 붙는다. 기독교의 하나님은 로고스(logos)요, 그 존재 형식이 말씀이라 구약 성서에서 "태초에 말씀이 있으셨다."라고 하며, 그 말씀의 육화가 예수의 탄생이었다. 힌두교는 브라흐만(Brahman)의 존재 형식이 '말씀'이었고, 말씀을 읊는 사제들의 음성을 신성의 실체로 간주했다. 그들은 제사를 위해서 고도의 훈련을 쌓았고, 우주의 궁극인 '범(브라흐만)'과 자신의 실체 '아(아트만)'가 합치되는 범아일여(梵我一如)를 추구했다. 이를 위해 초자연계의 보이지 않는 힘과 신성에 나아가기 위한 음성행법이 사브다비드야(Śabda聲vidya明)였다. 세월이 흐르면서 음성 에너지의 효력을 알게 된 사제들은 갖가지 진언으로 주술을 부리며 민중을 현혹했다. 나아가 신의 대리자로서 절대적 권위를 누리는 부작용이 발생하기도 했다.

석가모니는 "모든 만물은 연기(緣起)에 의해 끊임없이 변하여 무상(無常)하므로 범(梵)도 아(我)도 없다."라고 주장했다. 이후 그 말씀을 따르는 사람들이 늘어나자 브라만이었던 범마유도 그를 찾아왔고 석가모니의 음성을 듣는 것만으로도 감복하여 그 음성을 일러 '범음성'이라 했다. 붓다의 음성은 말씀의 씨앗이 인체를 통해서 울려 나오는 파동이므로 그 말씀의 궁극은 붓다를 넘어 태초로 거슬러 올라간다. 그러므로 일본 진언종에서는 우주의 근원인 대일여래를 그들 쇼묘(聲明 일본 범패) 계보의 시조로 삼는다.

붓다는 보통 사람의 속어로 설법하였는데, 그것이 인도 북동 지역 마가다어였다. 붓다의 말씀 중 그 율조가 가장 유려한 것은 가타(詩)였다. 가타는 '노래하다'라는 산스끄리뜨어 어근 가우(gau√गौ)의 명사형으로 법언 자체가 아름다운 음악이었던 데서 비롯된다. 가타를 모아 놓은 『법구경』은 붓다의 노래 모음집이라 할 만큼 운율이 아름답다. 그러므로 붓다의 말씀을 소리로 기록한 경전을 외는 남방 스님의 수행처에서는 수시로 노랫소리가 들려온다.

석가모니 붓다의 법언 율조가 중국에 들어와서는 찬탄의 기능이 강조되며 '범패'로 불리게 되었다. 범패의 '범(梵)은 산스끄리뜨어 어근 '브리(bṛh √बृ)'에서 파생되어 모든 존재의 동력이며 원천이자 천상의 '브라흐만'과 연결된다. '패(唄)'는 산스끄리뜨어 문구·독송·암송을 뜻하는 파타(pāṭha पाठ)를 음사한 것으로 송(誦)·송(頌)·창(唱)을 통칭하게 되었고, 법구경을 뜻하는 『담마파다』 또한 이러한 데서 비롯된 경전 명칭이다. 따라서 범패의 원음은 붓다의 음성이요, 범패의 시작은 붓다의 말씀에서 비롯되었다. 시간이 흐르면서 범패의 '범'은 신성하다, 청정하다는 뜻으로도 통용되어 짓소리를 범음이라 하고, 범패를 범음범패라고도 했다. 여기에는 탈세속적, 성스러운, 여법한과 같은 의미들이 중첩되어 있다.

3. 불교에 유입된 인도의 민간신앙

1) 관세음보살

관세음보살은 인도의 아와로끼떼스와라에서 유입된 캐릭터이다. 아와로끼떼스와라의 어원을 풀어 보면 세상(世 loka)의 소리(音 svara)를 보는(觀 Ava) 보살(菩薩 Boddhisattva)이라는 뜻이 담겨 있다. '보디사트와'의 '보디'는 '진리', '사트와'는 사람, 즉 진리를 깨달은 사람, 법을 깨달은 사람으로도 해석할 수 있다. 이를 구마라지바(鳩摩羅 344~413)는 '관세음보살'로 번역하여 세상의 소리를 듣는 보살이라 설명하고, 현장(602~664)은 '관자재보살(觀自在菩薩)'로 번역하여 "자유자재하게 보고 다스린다."라는 능동적 의미를 부각시켰다.

수월관음도에서 관세음보살은 물가에 앉아 있고 하늘에는 보름달이 떠 있다. 고대 사람은 달의 인력과 조수의 차가 상관있음을 알았고, 이를 여성의 생리와 달의 관계 설정으로 확대했다. 오늘날 인도에서 사라스와띠(Saraswati) 여신의 모습을 보면 수월관음도와 매우 흡사하다. 브라흐마의 아내인 사라스와띠는 다산과 정화의 여신이다. 이 여신의 발 아래에는 공작새가 있고, 불교의 수월관음의 발 아래에는 선재동자가 있다.

아와로끼떼스와라의 문화적 원류를 좀 더 확대해 보면 물과 생명을 관장하는 아나히타(Anahita) 여신을 원류로 꼽기도 한다. 사막을 횡단하는 사람들이 목이 마를 때 아나히타를 부르면 갈증을 풀어 주던 여신이 상인을 따라 인도, 그리스로 전파되었다는 설이다. 그리하여 'Avalokiteśvara'라는 명칭 가운데 'Avalo'는 고대 인도와 그리스의 문화 교류로 아폴로(Apolo)와 상통하며, 스와라(svara)는 인도 바라문교의 시바(śiva)와 연결된다는 음성 및 언어 인류학적 연관성을 제기하기도 한다.

관음신앙을 설하는 여러 경전 중『화엄경』「입법계품」에는 선재동자가 관세음보살을 찾아가 설법을 듣는 대목이 있다. 고려 시대의 수월관음도는 불교미술의 정점을 이루었고, 관세음보살을 노래하는 수많은 노래가 있다. 천 개의 손으로 온 세상 사람들의 소원을 들어주는 천수관음은 하나의 달이 천 개의 강을 비추는 화엄사상을 나타낸다. 애민정신이 강했던 조선 시대 세종대왕은 '월인천강지곡'을 지어 노래했고, 스님들은 '강강수월래(江江水月來)'를 후렴으로 하는 장엄염불을 했는데, 이것이 오늘날 한국 민요로 불리는 '강강술래'의 근원이다.

2) 인도의 음악신들

간다르바(गन्धर्व Gandharva 乾達婆): 한국에서 흔히 일하지 않고 빈둥거리거나 건들거리는 사람을 '건달'이라고 하는데 이는 조선 시대 유생들이 불교를 비하한 데서 비롯된 말이다. 제석천의 음악을 담당하는 간다르바는 인도음악 역사에서 없어서는 안 될 존재이다. 음악사 중에 간다라 양식이 있는가 하면, 음계 중 간다라에서 비롯된 음 이름도 있다. 고대 힌두의 베딕 음악에 관한 내용을 담고 있는『나라디야시크샤 Nāradīyaśikṣā』에는 베딕과 간다르바 두 갈래의 음악을 언급하고 있다. 그중 간다르바의 세 가지 음악적 요소인 스와라(svara 선율), 따라(tāla 리듬), 빠다(pada 가사의 구절)는 인도 음악 이론의 토대이기도 하다.

간다르바는 천상의 영약(靈藥)인 '소마'로 사람들의 병을 낫게 하거나 어린이를 지켜 주는 수호신인가 하면, 향을 먹고 사는 향신이기도 하다. 그뿐만 아니라 간다르바에게는 압사라(**अप्सर**)라는 아름다운 연신(戀神)도 있다. 인도에는 "여자 아이들은 누구라도 16세가 되면 압사라와 같이 예뻐진다(**संप्राप्ते षोडशवर्षे सूकर्यप्यप्सरायते**)." 라는 말이 있다. 인도의 벽화에서 천상을 날아다니던 간다르바가 한국의 사찰에서는 장군으로 묘사되고 있다. 간다르바가 붓다의 설법을 듣고 감동하여 호법신을 자처하였기 때문이다. 그리하여 석굴암의 불상을 지키고 서 있는 8위의 수호신 중 간다르바는 물병을 들고 있다. 사찰 입구에서는 동방지국천왕이 되어 비파를 타고 있으며, 재장에서는 옹호게 범패로 칭송받는다.

가릉빈가(**कलविन्क** Kalavinka 迦陵頻伽): 산스끄리뜨어 '깔라빈까'에서 비롯된 가릉빈가는 인도에 서식했던 새로, 깃이 아름답고 소리가 맑아 노래를 잘하거나 음성이 좋은 사람을 "가릉빈가 같다."라고 한다. 한문으로는 '극락조'라고 번역하였으며, 사람의 머리에 새의 몸으로 그려지기도 한다.『아미타경』「정토만다라」 등에 따르면 가릉빈가는 극락정토의 설산에 살며, 머리와 상반신은 사람의 모양이고, 하반신과 날개 · 발 · 꽁지는 새의 모습을 하고 있다. 아름다운 목소리로 울며, 춤을 잘 춘다고 하여 호성조(好聲鳥) · 묘음조(妙音鳥) · 미음조(美音鳥) · 선조(仙鳥) 등의 별명이 있다. 고려 초기에 만들어진 연곡사 동부도(국보 제5호)의 상대석(上臺石)과 연곡사 북부도(국보 제54호)에서도 이를 볼 수 있으며, 사찰 단청에 많이 그려져 있다.

긴나라(**किन्नर** Kinnara 緊那羅): 힌두 신화에서 '긴나라'는 사람들에게 음악으로 즐거움을 주는 신이었다. 형체는 사람의 모습에 가깝고, 머리에 뿔이 있으며 인비인(人非人) · 가신(歌神) · 가악신(歌樂神) · 음악신으로 의역되며, 부처가 있는 곳에 가까이 갈 때는 사람의 모습을 한다. 동남아에는 긴나라의 모습이 매우 사실적으로 표현되며, 곳곳에서 쉽게 긴나라를 볼 수 있으나 한국 사찰에는 긴나라의 모습이 그다지 많이 나타나지 않는다. 인도에는 이들 외에도 천상의 음악을 연주하는 나라다(Nãrada), 춤부루(Tumburu), 비슈와바수(Viśvavasu) 등 다양한 뮤즈가 있다.

Ⅱ. 남방불교와 음악

불교음악은 붓다의 음성이 원음이고, 그 말씀의 율조가 선율이 되었다. 석가모니는 북인도 마가다 지역의 속어로 설법했다. 석가모니가 입멸하자 제자들은 스승의 설법을 합송했다. 그러나 교파의 분열이 시작되며 산스끄리뜨어와 마가다어의 두 갈래가 생겨났다. 이들 중 북방으로는 산스끄리뜨어가, 남방으로는 석가모니의 언어가 빠알리어(경전어라는 뜻) 경전이 되었다. 산스끄리뜨어는 아소까 왕에 의해 문자가 체계화되어 기록 문자로 활용되었으나 속어였던 마가다어는 문자 없이 구음으로 전파되었다. 따라서 지금까지도 빠알리어는 음성 경전이다. 산스끄리뜨어와 빠알리어는 같은 시대, 같은 범어에서 출발하였으므로 한 가지만 알면 알아들을 수 있다. 말하자면 서울말을 알면 부산이나 전라도의 말을 어느 정도 알아들을 수 있는 것과 같다.

1. 결집에 의한 음성 경전

붓다의 말씀을 대중이 함께 외움으로써 모두가 공공연히 인정하는 내용이 규합되었고, 그 내용을 합송하는 과정에 율조가 생겨났다. 붓다의 설법어였던 마가다어는 문자가 없어서 암송이 아니면 보존할 방법이 없었으므로 이들을 암송하는 과정에서 율조의 역할이 매우 컸다.

1) 인도와 스리랑카에서의 결집

제1차 결집에서는 석가모니 열반 한 달 후 스승의 가르침에 통달한 500명의 아라한을 선정하여 각 구절을 하나하나 짚어 가며 합송했다. 석가모니 열반 후 100년이 지나자 본래의 가르침이 많이 변질되어 제2차 결집을 열었다. 이때 빠알리 삼장(三藏 Pāḷi Tipiṭaka)의 경(經)·율(律)·논(論)의 제목과 내용을 확인했다. 제3차 결집은 BC236년에 아소까 왕(BC304~232)의 후원으로 시행됐다. 테라와다 불교(Theravāda)를 전승해 가고 있는 동남아의 승단은 제3차 결집 때까지의 내용만을 부처님의 가르침으로 인정한다.

제4차 결집은 석가모니 열반 후 450년에 스리랑카에서 이루어졌다. 아소까 왕의 아들 마힌다(BC285~205)가 스리랑카에 불교를 전하여 마하위하라(大寺派) 교단이 형성되었으나 세월이 흐르면서 진보파 승려들이 유입되면서 대립양상을 맞았다. 그리하여 마하위하라(Maha Vihara)에서는 지방 장관의 후원 아래 스리랑카의 알루위하라(Alu Vihara) 승원에서 결집을 열어 삼장과 주석서를 체계적으로 기술했다. 제4차 결집의 원칙은 제3차 결집 때의 내용에서 빼지도 말고 넣지도 않는 것이었다. 이렇게 결집된 내용을 싱할리어로 음사하여 야자나무 잎사귀에 새겼고 이는 문자로 기록된 최초의 경전이 되었다.

2) 미얀마에서의 결집

미얀마는 석가모니가 주로 활동한 동북 인도와 국경을 접하고 있어 석가모니 생존 당시에도 인도와 왕래가 잦았다. 1년이 3계절로 이루어진 인도와 유사한 자연환경이라 경전에서 나타내는 계절과 날짜를 셈하는 달력에 이르기까지 일치하는 점이 많아 초기불교 전통을 연구하는 데 용이하다.

19세기 들어 서구 열강의 침입으로 전법(傳法)의 위기를 느낀 승단에 의해 서기 1857년에 결집이 이루어졌는데, 이를 제5차 결집이라 한다. 미얀마력 불기 2400년, 고대 왕도인 만들레이에서 이루어진 이 결집은 석가모니가 입멸한 지 2,000년, 제4차 결집이 있은 지 1,000년이 넘는 세월이 지난 때였으므로 이에 대해서 그 원형과 정통성에 대한 이의를 제기할 수 있다. 필자 또한 이 점이 궁금하여 만들레이 승가대학의 학장 스님과의 인터뷰에서 질문하니 다음과 같이 설명했다.

"승단의 전통이 원활하게 이어지고 있을 때는 결집을 하지 않습니다. 우리나라가 외부 세력의 침입을 받으면서 올바른 법의 단절에 대한 위기감으로 이루어진 결집이니 초기 부처님의 말씀이 그대로 이어진 것이지요. 그래서 제5차 결집의 원칙도 제3차 결집의 내용에서 넣지도 말고, 빼지도 않도록 이루어졌습니다."

당시의 결집을 주제한 민돈 왕은 2,400명의 승려들에게 경전을 암송하도록 하였는데 여섯 달이 걸려서 모두 읽었다. 경전을 합송하면 어떤 개인에 의해 잘못 기억하거나 빼먹을 염려가 없으므로 인류의 기록 방법 중 가장 정확한 방법이라고 미얀마 승려들은 말한다. 그러므로 "석가모니 열반 후 2,400년이 지난 결집이지만 오류가 있을 수 없다."라는 것이 그들의 주장이다. 이렇게 합송된 경전의 내용을 원래는 금판(金版)으로 조성하려 했으나 도난의 위험 때문에 대리석에 조각하여 탑 안에 모셨다. 이것이 미얀마 만들레이에 있는 꾸도더 파고다이고, 세계에서 가장 큰 책(The world's Beggest Book)으로 기네스북에 등재되어 있다.[3]

제6차 결집은 1948년 영국 식민지에서 벗어난 미얀마 연방에 의해서 이루어졌다. 그들은 독립국가의 수도를 양곤으로 옮긴 후 수도로서 정신적인 입지를 다지고 세상에 알리고자 서기 1957년에 경전 결집을 열렸다. 경전에 대한 미얀마의 이러한 자세는 국난을 극복하기 위하여 고려대장경을 새긴 것과 같은 모습이다. 이 결집에서도 3차 결집 때의 내용에서 '새로 넣지 말고, 빼지 말고, 있는 그대로'의 원칙을 지켰다.

2. 빠알리 경전과 율조

인도는 각 지역마다 다른 언어를 사용해 왔다. 경전의 원어인 빠알리어는 석가모니 생존 당시 갠지스강 부근의 중류 지방에 있던 마가다국(지금의 비하르주)의 언어로 평민이 사용하던 속어였다. 서기전 6세기경에 사용하던 마가다어(Maghadibhāsā)가 남방 지역의 경전어(빠알리어)가 되었다. 현재 통용되고 있는 빠알리어

3 상세 내용, 윤소희(2021), 『세계불교음악순례』, pp. 292－296.

경전은 데와나가리(Devanagari), 싱할리즈(Sinhalese), 미얀마어(Myanmar), 동남아 원주민 몬족의 캄마어(Khmer), 태국어(Thai), 몽골어(Mongol) 그리고 영어(Roman)의 7가지가 있다.

1) 빠알리 경전의 종류

남방에서는 경전을 니까야(Nikāya)라고 하는데, 이는 '실, 줄'이라는 뜻으로 '부처님의 말씀을 꿰어 묶는다'라는 뜻이다. 한문으로는 경(經)이라 하였는데 이 또한 실 '사(糸)변 옆의 책상(工) 위에 차곡차곡 쌓은 패엽이 올려 있는 형태이다. 이들을 통틀어 삼장(三藏: 경 · 율 · 논)이라 하고, 성격에 따라 다섯 종류로 나눈다.

① 쌍윳따 니까야: 같은 주제가 연결되는 설명조로, 한문으로는 상응부(相應部)라 한다.
② 맛지마 니까야: 중간, 보통이라는 뜻으로 기초적 내용의 중부(中部) 경전이다.
③ 디가 니까야: '길다'라는 뜻을 지닌 '디가'는 문장이 길어 '장부(長部) 경전'이라 한다.
④ 앙굿따라 니까야: 같은 계열 내용이 점점 증가하므로 증지부(增支部)라 한다.
⑤ 쿳다까 니까야: '작은 부분'이라는 뜻으로 짧은 내용을 묶은 소부(小部) 경전이다.

경전을 길고 짧은 길이로 분류한 데에는 경전 암송을 하며 철야기도 혹은 특별한 행사를 했던 것과 관련이 있다. 몇 달, 며칠 혹은 몇 시간이냐에 따라 경전을 선택했던 것이다. 경전들의 유형과 내용을 보면, 맛지마와 디가 니까야는 세련되고 논리적인 문장이다. 예를 들어 수행의 깊은 경지를 설명하는 6근 6경 6식을 비롯한 오온의 경계, 선정, 마음 챙김 등의 내용을 세밀하게 설명한다. 그에 비해서 쌍윳따 니까야는 소박한 문장으로 불교의 중요한 교리를 주제별로 묶어 설명하고, 앙굿따라 니까야는 기본적인 윤리와 행동 지침 등을 이야기조로 설명한다.

2) 말씀의 유형에 따른 율조

다섯 가지 경전은 말씀의 어조(語調)에 따라 9가지가 있다. 에세이나 이야기체로 서술하는 '숫다', 시(詩) 형식으로 된 '가타', 숫다와 가타가 혼합된 '계야', 문답식의 '웨야까라나', 감탄조의 '우다나', "이렇게 말했다."라는 조로 시작하는 '이띠우따까', 석가모니의 전생 이야기를 풀어 가는 '자따까', 대단하다, 신기하다와 같은 투로 표현되는 '아부따담마', 질문에 답하는 식의 '웨달라' 등이다. 이들을 표로 정리하면 다음과 같다.

〈표 1〉 빠알리 경전 율조

경전	율조와 내용
숫다(sutta)	에세이나 이야기체
가타(gātha)	법구경과 같은 시체(詩體)
계야(geyya)	숫다와 가타의 혼합체
웨야까라나(veyyākaraṇa)	자문자답체
우다나(udāna)	감탄조
이띠우따까(itivuttaka)	'이렇게 말했다'로 시작하는 체
자따까(jātaka)	석가모니의 전생 이야기
아부따담마(abbhutadhamma)	'대단하다!' '신기하다!'와 같은 체
웨달라(vedalla)	질문에 대한 답변

위 표에서 '웨야까라나'의 문답식은 석가모니가 자신에게 스스로 물음을 던지고 답하는 내용이다. 예를 들어 "왜 삶에는 고통이 따르는가?" 하고 묻고는 스스로 그에 대한 답을 하는 형식이다. '웨달라'체는 누가 와서 물어보면 그에 대해 대답하는 내용이다. 전생이야기인 '자따까'는 석가모니 스스로 "나의 어느 전생에 이러이러하여 이런 과보가 있었다."라는 식의 이야기체이다. 감탄조인 '우다나'는 석가모니가 깨달음을 성취한 후 탄성하는 표현이고, '가타'는 노래 식으로 낭송된다.

3) 남방불교와 음악

오늘날 남방으로 분류되는 지역은 스리랑카, 미얀마, 태국, 라오스, 캄보디아, 베트남 남부 일부 지역에 해당하며 이 지역의 불교를 남방불교라 한다. 이들 지역에서는 초기 불교의 계율에 의하여 북방 지역에서 하는 의식이나 범패와 같은 문화는 찾아볼 수 없다. 빠알리 경전 문화권에 속하는 이들의 신행은 아침 · 저녁의 간단한 예불, 결혼 · 장례와 같은 행사에서 부처님을 향한 보호경이나 메따(자비송) 기도를 하는 것이 전부이다.

조석예불에는 붓다를 향한 예경문, 삼귀의, 회향, 공양물에 대한 감사, 오계 혹은 팔계(八戒)를 외고, 마지막으로 회향과 메따를 하는데, 이들 대개의 선율은 경전을 암송하는 율조이다. 기도 율조는 빠알리어를 중심으로 하되 신도들을 위한 기도와 축원은 각 나라 언어로 낭송하며 각 나라의 토속적 율조여서 빠알리 율조보다 캐주얼하다. 얼핏 보면 남방 지역에는 불교음악이 없을 듯도 하지만 실은 경전이 지니고 있는 다양한 율조를 통해 수많은 불교 음반이 생산되고 있다. 상세한 내용은 제3부 '21세기 불교음악'에서 다시 살펴보겠다.

스리랑카 패엽경	스리랑카 마하빠리따	미얀마 초전법륜경	미얀마 법문

Ⅲ. 북방 불교와 음악

1. 한어 경전과 의례율조

1) 붓다의 말씀과 언어의 갈래

부처님의 가르침은 천여 년간 구전으로 전승되었다. 빠알리 경전에도 글씨(lekhā), 서사자(lekhaka), 철자(akkhara), 쓰다(chindati)라는 표현들이 나타나는 것을 볼 때, 문자가 없어서가 아니라 붓다의 말씀 그 자체를 수지하고자 했던 당시 사람들의 의도를 읽을 수 있다.

중국에 이르러 제반의 말씀이 문자화되고 그에 의한 어산범패가 창제되었으나 어떤 기도문들은 번역되지 않고 본래 음으로 유지되었다. 바로 그것이 진언과 다라니이다. 범어범패라고 할 수 있는 이들 율조의 대표로 천수다라니를 들 수 있다. “삼보께 귀의합니다(나모 라뜨나 뜨라야야).”라는 문구로 시작하여 계(戒)와 선정(禪定)으로 법성신을 성취하는 뜻이 담겨 있다. 예로부터 한국에서 ‘범음범패’라는 용어를 써 왔다. 이때 범음은 진언과 다라니같이 범어 본래의 음, 범패는 한문으로 번역된 가사를 지칭한다.

불교의 탄생지 인도에는 언어 그 자체를 신성시하여 일반인들이 브라만의 언어였던 산스끄리뜨어를 입에 올리면 죽음에 이르는 형벌을 내릴 정도였다. 이와 달리 석가모니 부처님은 누구나 알아듣고 말할 수 있는 마가다의 속어로 설법했다. 붓다 입멸 후 세월이 흐르면서 부처님 말씀을 산스끄리뜨어로 기록한 경전들이 중국으로 전해졌다. 산스끄리뜨어는 '결합하다', '장식하다'의 어근 saṃs-Kṛ의 과거 수동분사로 '잘 결합된', '훌륭히 제작된'의 인도말 상스끄르따(Saṃskṛta)에서 나온 말로 귀족어, 아어(雅語), 문어(文語)인 산스끄리뜨어와 구분된다.

인도의 다양한 범자 계통 중에 가장 대표적인 것이 실담 문자인데 그것이 오늘날 한·중·일에서 경전어로 통용되는 산스끄리뜨어(범어)이다. 시드함을 한자로 음사한 실담(悉曇)은 굽타 문자에 이어 등장한 싯다마뜨리까(Siddhamātṛkā) 문자를 가리킨다. 중국으로 전해진 원전의 일부 원본이 발견된 바 있으나 대부분은 원본을 확인할 수 없다. 한문으로 역경된 내용에 대한 분란을 막고자 원본을 소거해 버렸기 때문이다. 초기 경전을 한문으로 아함경이라 하였는데, 이때 아함은 범어 아가마(Āgama)로 '전승'이라는 뜻을 지니고 있다. 이들을 표로 요약하면 다음과 같다.

〈표 2〉 빠알리 니까야와 대응

빠알리 니까야	아함경전
쌍윳따 니까야	잡아함경
맛지마 니까야	중아함경
디가 니까야	장아함경
앙굿따라 니까야	증일아함경
쿳다까 니까야	법구경, 경집 등으로 전함

2) 범어 알파벳과 자모범패

석가모니의 설법어가 중국에 전파되었을 때 가장 먼저 시도된 것이 범어를 학습하는 것이었고, 그것을 한자로 음사한 범어 자모가 경전 곳곳에 실렸다. 실담범자의 알파벳이라 할 수 있는 자모를 노래하는 범패는 12자모(摩多 Mātṛkā)를 가사로 한다. 한글에는 자음이 결합되기 이전의 모음 '아, 야, 어, 여…'가 있으나 범어는 자음에 '아' 모음이 결합되어 있어 차이가 있다.

범어 자모는 불법을 담고 있는 근본음으로서 각 경전이 추구하는 사상과 덕목을 대입하고 있다. 『화엄경』「입법계품」을 보면 42음성 다라니로 깨달음을 얻은 미가장자가 제5품에 실려 있고, 제45품에는 42자를 노래[唱]하여 깨달음을 얻은 선지중예동자가 있다. 선지중예동자는 자모의 첫 자인 '아' 자로부터 마지막 42자까지 차례로 노래하며 반야바라밀문으로 들어간다고 설법한다. 오늘날 전승되는 중국 범패 중 가장 장엄한 범패가 화엄 자모범패이다.

〈그림 1〉 42 자륜(字輪)

불법을 찬탄하는 가사를 노래하는 대부분의 범패는 노래하는 사람이 주체가 되지만, 자모는 그 음이 바로 부처님의 법음이므로 이 범패를 창화할 때는 서곡, 찬탄에 이어서 자모를 노래하고 자모를 마친 후에는 이를 향한 발원과 귀의까지 갖추어 투곡식(套曲式 일종의 모음곡 형식)으로 설행한다. 화엄 자모 범패는 첫 음인 '아(阿

a)를 발성한 후에 12음을 노래한 뒤 첫 음인 '아' 자로 돌아가는 구조인데, 이는 일즉다즉일(一卽多卽一)의 화엄사상과 같이 첫 음인 '아'로부터 12모음이 파생하고, 이들은 다시 수만 자의 경전으로 확대됨을 나타낸다. 선지중예 동자는 "아(阿 𑖀)자를 부르며 반야바라밀문으로 들어가 보살의 위력으로 차별 없는 경계에 들어가고, 라(啰 𑖨)자를 부르며 반야바라밀문에 들어가 가없는 경지에 이르고, 파(波 𑖢)자를 노래하며 반야바라밀문에 들어 법계의 두루 비추어…"라며 차례로 자모를 노래한다. 선지중예가 노래한 자모를 차례로 모으면 42자륜이 형성된다.

2. 중국 범패의 창제와 전개

1) 조식(曹植)의 어산범패

붓다의 말씀이 중국으로 들어와 한어로 번역되고 보니 한자가 뜻글자인 데다 고저승강(高低乘降)의 한어 율조와 맞지 않았다. 안세고와 같은 초기 역경가에 의해 소수의 불교 경전이 유통되고 있던 그때 천재 시인 조식(曹植 192~232)이 이를 알게 되었다. 조식은 한나라 헌제(獻帝)가 집권하던 초평(初平) 3년(192)에 동한(東漢)에서 태어나 위나라 태화 6년(232) 12월 27일 41세의 나이로 위진현에서 사망했다. 그의 사후에 시(思 sī)라는 시호(諡號)를 받았으므로 한국식 한문 발음으로 '진사왕 조식'이라 한다. 즉 진(陳) 고을의 시왕이며, 성은 차오(曹 cáo) 이름은 지(植 zhí)라, 태어난 시기는 한대(漢代), 조조가 위나라를 세웠으므로 부왕인 조조(曹操), 형인 피(丕 pī), 조카 루이(叡 ruì)의 집권하에 살았다.

〈표 3〉 조식의 가계도

- 조부: (추존) 태황제 조숭(曹嵩)
- 부: (추존) 태조 무황제 조조(武皇帝 曹操)
- 조모: (추존) 태황후 정씨(丁氏)

위문제 조비(魏文帝曹丕) 임성위왕 조창(任誠威王曹彰)
진사왕 조식(陳思王曹植), 소회왕 조웅(蕭懷王曹熊)

- 외증조부: (추존) 개양공후 변광(開陽恭候 卞廣)
- 외조부: (추존) 개양경후 변원(開陽敬候 卞源)
- 외증조모: 양도군 개황공후 부인 주씨(開陽恭候 周氏)
- 모: (추존) 무선황후 변씨(武宣皇后 卞氏)
- 외조모: (추존) 개양경후부인(開陽敬候 夫人)

조식의 부친 조조는 변씨 황후에 앞서 유씨 부인(劉夫人) 소생의 조앙(曹昂), 조삭(曹鑠)이 있었고, 이후로도 여러 후공 소생의 많은 형제자매가 있었다.

조식은 열 살이 채 되지 않았을 때 시론(試論), 사(詞), 부(賦)와 같은 문장을 읊을[頌] 수 있었고, 지을 수도 있었다. 불교 경전을 읽던 어느 날 공중에서 들리는 청량애완(清揚哀婉), 독청양구(獨聽良久), 심유체회(深有體會)의 음절을 그대로 음미하며(乃摹其音節) 음을 붙여[寫為梵唄撰文制音] 여섯 계[其所制梵唄凡有六契]의 어산범패를 지었다. 당시는 겨우 몇 편의 역경 작업이 이루어진 상태였던 데다 5언·7언 절구 시형(詩型)이 정형화되지 않았던 시기였으므로 여섯 가지에 대한 구체적인 문형과 내용은 알 수 없다.

조식이 지은 범패를 어산(魚山)이라 하니 물고기를 떠올리지만 실은 범패의 근본도량을 뜻하는 은유적 표현이다. 『번역명의집(翻譯名義集)』에는 "니민달라(尼民達羅)가 설하는 지지산(持地山)의 형태는 바닷속 물고기를 닮았다."라고 하며, 『법원주림(法苑珠林)』 제3권에는 '그 산의 높이는 1,200유순(由旬)이고, 수미산을 둘러싼 구산팔해(九山八海) 중 제7의 산을 어산'이라 한다. 승가의 총림을 산(山)이라고 하지만 실제 뜻하는 것이 마운틴Mountain이 아니듯이 '어'와 '산'에는 당시 사람들이 생각했던 우주관과 문화적 배경이 함축되어 있다.

현재 중국에서는 조식의 어산범패를 국가무형문화유산 제2호로 지정하여 중국 불교음악의 시조로 삼고 있다. 범패를 지었을 당시 조식은 산동성 서쪽에 있는 연주(兗州)에 머물고 있었다. 1951년에 중국 문물관리위원회는 오랫동안 버려져 심하게 훼손된 고분이 있다는 보고를 받았다. 조사해 보니 벽돌 구조로 된 무덤에 부장품이 있었다. 1977년에는 묘벽에 새겨진 명문과 관련 유적이 발견되어 현재는 국가중요문물보호단위로 지정된 조식기념관과 박물관이 조성되어 있다.

2) 오나라 역경승들의 범패

조식의 한어 범패는 오나라(AD 229~280)에서 활동한 역경승에 의해 전승을 이어 갔다. 당시 역경가 중 황태자의 스승이기도 했던 지겸은 국정에도 참여하면서 여러 경전을 번역했다. 지겸은 조식의 범패 중 삼계(梵唄三契)를 전승했다. 오나라 역경승 중 범패 활동으로 명성을 얻은 강승회(康僧會 ?~280)는 조식의 어산을 본떠서 니항범패(泥恒梵唄)를 지었다. 오늘날 지겸의 범패는 찾을 수 없지만 강승회가 지은 니항범패는 공경게 1계(敬謁一契)가 전해지고 있다. 총명하고 영리했던 강승회는 출가 이후 매일 불교 경전 3만 구절을 읽었다 할 정도로 경학에 몰두했다. 강한 홍법의지를 지니고 있던 그는 홍법의 뜻을 품고 제자들과 함께 오나라로 왔다.

당시 오나라 황제였던 손권(孫權)은 괴이한 행색의 사람들이 오두막에 상(象)을 모셔 놓고 매일 일어났다 앉았다 잠자는 행동을 반복한다는 소문을 들었다. 손권이 그들을 불러 물어보니 자신들은 '부처를 따르는 제자들'이라고 했다. 손권이 "부처가 무엇이냐?"라고 묻자 "코살라국의 왕자로 6년 고행 수행으로 깨달음을 얻고, 법을 설파하다 80세에 열반하자 그를 존숭한 아소까왕이 팔만사천 사리탑을 세웠다."라고 대답했다. 그러자 손권이 믿지 못하며 "증거물을 보여 주면 나도 탑을 세워 주겠다."라고 했다.

강승회는 사리가 현현하도록 제자들과 함께 밤낮으로 기도했다. 7일째 되는 날 이른 아침에 병 속에서 '쾅!' 하는 소리가 나기에 뚜껑을 열어 보니 오색의 밝은 사리가 빛을 발하고 있었다. 손권이 그것을 매우 상서로운 보물로 여기며 탑과 절을 지어 주었다. 그것이 당시 오나라 최초 사찰이었으므로 '시작'의 의미를 담아 '건초사(建初寺)'라 명명했다. 이후 강승회는 청아한 목소리로 범패를 노래하며 홍법활동을 하는 가운데 『육도집경』, 『잡비유경』 등을 번역했다. 이후 강남 일대 항저우(杭州), 난징(南京)까지 많은 사람이 불교를 믿게 되었다.

그러나 손권의 손자 손호(孫皓 242~284)가 황제로 등극한 후 탑을 쌓아 온 할아버지에 대한 불만으로 사원과 의물을 불태우고 수행자들을 박해하며 건초사를 폐사시켰다. 폭정을 일삼아 오던 손호는 280년 4월 4일에 진(晋)나라에 항복했고, 강승회는 그해 9월에 세상을 떠났다. 이후 이곳은 진나라가 되어 강승회의 홍법과 범성이 백시리밀다라(帛尸梨蜜多羅)와 멱력(覓曆)으로 이어졌고, 담약(曇籥)이 6언 범패를 지어 크게 칭송받았다. 담약은 목소리가 청아하여 경전 외는 소리에 사람들이 탄복하며 모여들었다.

오나라는 백제불교와도 관련이 깊다. 미마지가 오나라의 기악을 일본에 전한 기록이『일본서기』에 있기 때문이다. 미마지가 일본에 건너간 때가 무왕 13년(612)인 점을 감안해 보면 미마지의 생몰연대는 오나라(229~280)가 멸망한 이후이다. 그러면 미마지가 오나라에서 무언가를 배워 올 수 없는 상황이다. 따라서 미마지가 오나라에서 직접 배운 것이 아니라 그 이전 백제인이 오나라에서 배워 와서 전승되어 오던 것을 일본에 전한 것으로 해석할 수 있다.

3) 석도안의 승가규범 율조

붓다의 법언이 중국에 전래된 초기에는 남쪽의 오음(吳音)과 북쪽의 한음(漢音)이 섞여서 사용되어 오다 수·당대에 이르러서는 통합의 길로 접어들었다. 이 무렵 중국 범패의 핵심 인물은 석도안(釋道安 312~385)이었다. 도안은 동진(東晉) 16국 시기에 불도징(233~348)을 스승으로 모시며 불법을 익힌 후 혜원(慧遠) 등 400명의 문하생과 더불어 후베이성에 단계사(檀溪寺)를 짓고 교단을 조직하여 국왕과 귀족들로부터 크게 인정받았다. 석도안이 '출가자는 세속의 성씨를 버리고 석(釋氏)로 할 것'을 주장하여 지금까지도 중국과 대만 스님의 법명 앞에는 언제나 '석' 자가 붙는다.

도안은 행향(行香)과 정좌(定座), 독경과 강설법(上經上講之

法), 일상을 여섯으로 나누어(常日六時) 예를 올리는 승가 규범을 제정했다. 그러고 행(行)·주(住)·좌(座)·와(臥)에 수반된 패찬과 행법이 전국으로 퍼져 나갔다. 이후 승가에서 지켜야 할 규범과 함께 마련한 생활 지침[行道飮食唱時法]에 따른 율조가 수행자의 모든 일상에 수반되었다. 후에 선승 회해(禪僧懷海 749~814)의 『백장청규』가 완성되었다. 회해의 청규는 수륙재와 같은 의식에도 적용되어 오늘날 중국과 대만의 조석예불과 연중 법회의 기반이 되었다.

3. 수·당대의 불교 의식과 음악

1) 역경과 율조

불교의 중국화를 실현한 당대(唐代)의 역장(譯場)에는 번역문의 타당성 여부를 검토하는 증의(證義)부터 윤문에 이르기까지 10분야의 전문가가 있었는데 그중에 번역문을 낭독하기 좋도록 하는 범패사가 반드시 있었다. 중국 문학은 문자의 고립성과 단음성(monosyllabic-solating language)이 만들어 내는 독특한 대구(對句)와 성률(聲律)의 조화가 필수요건이었다.

범어 경전을 중국어로 옮기는 데는 성조가 매우 중요하게 작용했다. 뜻을 정확하게 전달하기 위해서 발음을 표기하였으므로 한어 성조의 형성과 변화는 불교와 불가분의 관계를 지니게 되었다. 한어 음운 학자들은 평상거입 네 가지 성조의 조가(調價 Tone value)와 사성의 관계에 대한 규정이 불가능하여 범한대역(梵漢對譯) 자료와 현대 방언의 성조를 통하여 성조의 변천 과정을 밝히고 있다. 이는 범어 경전이 한어 성조에 끼친 영향이 얼마나 컸던가를 말해 준다.

당대(唐代)에는 운율에 맞게 시를 짓는 능력이 지배 계층의 능력과 자질을 가늠하는 척도였다. 그래서 시(詩)와 부(賦)를 짓는 과목으로 관리를 선발하였는데, 채점 시에는 용운(用韻)의 능력을 살폈다. 이 무렵 4성조는 한어와 한시의 기능적인 성조로 정착되어 당 말에 이르러 운도(韻圖)가 성립되었다. 당나라의 승려 츠우종(處忠)은 806년에서 827년간에 걸쳐 『원화운보(元和韻譜)』를 저술하였는데, 이것이 원각본(元刻本) 『옥편(玉篇)』에 실린 「신공서(神珙序)」에서 발견되었다. 츠우종은 여기서 '평성애이완(平聲哀而安), 상성여이거(上聲厲而擧), 거성청이원(去聲淸而遠), 입성직이촉(入聲直而促)'으로 4성조를 설명하고 있다. 이것이 중국 한어성조를 묘사한 가장 오래된 문헌으로 알려져 있다.

문자가 없는 속어에서 출발한 불교는 고승들의 구어를 그대로 구전하며 당송 백화문의 뼈대를 구성하였다. 불교의 대중성과 통속성으로 고승들의 설법과 서민문학이 습합되면서 강경문, 변문 등의 구어체 문학이 대두되었다. 또한 불경의 번역으로 새로운 언어를 수용한 덕에 당시 사회에서 일찍이 없었던 자유스럽고 평이한 어휘들이 양산되었다. 그리하여 귀족적이고 엄숙한 유교나 초현실적 도교와 달리 과거·현재·미래 사후 세계를 연결 짓는 불교적 문학이 심화·확산되었다.[4]

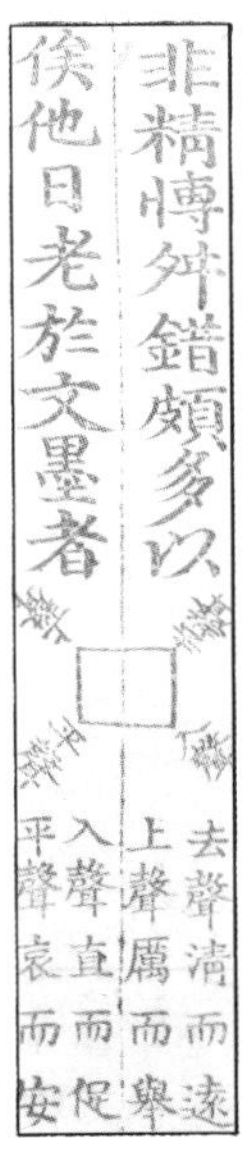
非精博辨錯頗多以
俟他日老於文墨者
去聲淸而遠
上聲厲而擧
入聲直而促
平聲哀而安

〈사진 1〉
『작법귀감』의
4성 설명 부분

4 성조와 관련한 상세한 내용은 윤소희(2017), 『범패의 역사와 지역별 특징』,

오늘날 한국 범패의 가사가 주로 4·5·7언 4구체인 것은 진감 선사가 당말 시기의 범패를 배워 온 결과이다. 이것이 조선조까지 그대로 이어져 백파(白坡) 스님(영조43~철종3, 1767~1852)이 저술한 『작법귀감(作法龜鑑)』에 츠우종의 4성조 설명과 같은 내용이 수록되어 있고, 영남 지역에서는 아직도 이에 준하여 범패 선율을 짓는다. 서역에서 불교를 배우던 종전과 달리 수·당대에는 중국식 의례율조를 양산하게 되었다. 역경의 결실로 교의에 대한 논의가 활발해지고 한 번의 강석에 수천 명에 달하는 승속과 문도들이 모여들었다. 양무제로부터 시작된 우란분, 시아귀회 등이 수·당대 불교 의례의 발전을 촉진했고, 이에 수반되는 범패가 대량 생산되어 중국 전역으로 퍼져 나갔다.

2) 산동 신라인의 범패

수·당대에 들어 의궤(儀軌)가 통일되고 승속과 문도들은 '강석(講席)'을 통해 경론을 나누며 이를 찬탄하는 범패와 염불이 성행했다. 이후 불교의 중국 토속화와 대중 불교가 확산되면서 어려운 강의를 알아듣지 못하는 사람을 위한 복강(복습)을 하게 되었고 이것이 점차 강석과 분리되어 복강으로 자리 잡았다. 말하자면 복강은 강석과 속강의 중간 과정이라고 할 수 있는데 이와 관련한 내용이 일본 승려 엔닌(圓仁 794~864)의 『입당구법순례행기』에 상세히 기록되어 있다.

당나라로 유학 왔던 엔닌은 산동에 있던 신라의 사찰 산동적산 법화원에 수년간 머물며 이곳에서 행해지던 의식을 기록했다. 산

---

pp. 59－97 참고.

동적산원의 조석예불은 당풍으로 행해졌고, 한낮 의식인 강경·송경·일일강 의식은 신라 방식으로 행해졌다. 강경의식 때 고좌(高座)의 승려와 대중이 노래하는 신라풍 범패가 있었는데, 그 율조가 일본의 것과 거의 같았다고 하는 점에 미루어 볼 때, 한반도의 범패가 일본에 전해져서 불리고 있었음을 추정할 수 있다. 이러한 가운데 법회에 참석한 한 승려가 장인굴곡한 당풍범패를 노래하기도 했다. 이때 행해진 의식과 범패를 표로 정돈하면 다음과 같다.

〈표 4〉 강경의식 절차와 내용

순서	강경(講經) 의식
입당	8시 종을 쳐서 대중 입당/ 강사가 고좌에 오르는 동안 → **대중 불명 찬탄(신라풍)**
창송	강사가 고좌에 오르고 나면/ **하좌의 승려 독창(당풍) 1구의 게偈를 노래. 승려 선창 개경게 → 대중 응답(계향·정향·혜향)**
강경	**강사가 경(經)의 제목 노래**한 후 경의 대의를 해설하여 삼문으로 나누어 설명한다.
	유나가 법회의 연유 등 공지사항을 알림. 강사가 시주물과 대중에게 주미를 들고 서원·축원한다.
	논단-경에 대한 질문과 답 난의식-강사의 답에 대하여 이견(異見) 제시 → 강사가 재설명 경문 설법 후 마침.
창송	**대중 – 찬 (회향사 등) 노래** 강사 고좌에서 내려오는 동안 → **하좌 승려 1명 게偈를 노래**(일본풍과 유사)
퇴당	강사가 예반으로 가는 동안 → **승려 1명의 선창으로 시작하여 강사와 대중이 함께 삼례三禮를 부름** → 강사 퇴당
복강	강사 퇴당 후 복강사가 고좌의 남쪽 아래 자리에서 하루 전의 경문을 읽고 중요한 교의를 함의한 구절을 다시 읽으며 강술한 내용을 복습시킴.

〈표 5〉 일일강의식 절차와 내용

순서	일일강(一日講)의식
입당	8시 종을 쳐서 대중 입당 → 강사와 도강 입당할 때 **대중 불명 찬탄.**
창송	강사는 북좌에, 도강은 남좌에 앉고/ **하좌의 승려가 범패 독창/** **남좌의 도강이 창경(唱經)하며/** 창경하는 동안 대중은 산화의식을 행하고, **창경 후 다시 짧은 소리로 경의 제목을 노래한다.**
강경	강사- 경의 제목 해설/삼문(三門)으로 나누어 경의 대의를 상술. 유나- 강경의 연유, 회중과 망자의 공덕을 알림.

〈표 6〉 송경의식 절차와 내용

순서	송경(誦經)의식
입당	종을 쳐서 대중 입당.
창송	승려 1명 상주삼보 경례. 낭송 지시. 승려 1명 **여래묘색신 등 2행의 게(당풍)를 노래**하는 동안 행향行香한다. 행향 후 **대중이 마하반야를 수십 번 반복하며 노래한다.**
송경	승려 1명 → 송경의 연유를 말한다. 염경 후 **도사 → 삼귀의, 불보살 명호 노래 → 도사와 대중이 교창으로 '나무십이대원' '약사불'을 노래한다.** 송경 종료.
회향	도사- 결원문, 회향문 낭송. 도사가 발심이라 외치면 대중이 발심을 이어서 외침. 도사- 삼보께 정례를 지시. 회중이 보시물 바친다. 도사- 시주물을 축원하고 의례를 종료하면 산회散會한다.

적산법화원의 한낮 의식에는 의례를 주제하는 승려들의 여러 가지 직분이 있었다. 경문을 강술하는 강사(講師), 강사와 마주하여

경문을 읽고 때로는 질문하는 도강(都講), 의례를 이끌어 가는 도사(導師), 강론의 내용을 복습시키며 설명해 주는 복강사(覆講師), 장인굴곡한 당풍 범패를 독창하는 창도사(唱導師), 승속 간 제반의 일과 법회·보시 등을 관장하는 유나(維那) 등 각각 배역승이 있었다.

이후 당말에 유행한 속강이 중국 속악과 결부하여 불교 음악이 민족화·세속화되면서 속강(俗講)도 생겨났다. 속강은 민중의 기호에 맞춘 노래나 이야기체로 설법했고, 이를 담당하는 사람을 화속법사라 했다. 당의 후대에 생겨난 속강은 송대로 접어들어 경전을 이야기체로 설법하는 담경(談經)·설경(說經) 등 여러 가지 설법 예능이 양산되었다. 이는 당시에 번성하던 속악과 결부하여 불교음악의 민족화와 세속화를 불러왔다.

4. 송·원 시기 대중 불교와 음악

송대(宋代)는 선(禪)과 정토(淨土) 신앙이 불교의 대중화를 촉진했다. 승려는 선 수행에 집중한 반면, 민간에는 극락왕생을 비는 미타 신앙이 성행한 결과 현재 중국 범패의 근간을 이루는 법회와 이에 수반되는 음악의 대부분이 정토 신앙을 노래하게 되었다. 이 무렵 중국에는 한 행의 글자 수가 길고 짧은 틀을 지닌 사(詞)가 유행했고, 이들은 명·청대를 지나 찬류(讚類) 악곡이 되어 오늘날 중국 범패를 대표하는 장르가 되었다. 명·청대의 한국은 조선조의 억불 시기였으므로 찬류 악곡이 한국에 끼친 영향은 없지만 고려시대에 들어온 사악(詞樂)이 궁중음악으로 전승되고 있다. 『고려사』「악지」에 나타나는 사악 낙양춘과 보허자는 훗날 여러 파생곡을 생산하며 조선조 궁중음악으로 지속되었다.

사(詞)는 노래 가사에서 생겨난 문학 장르인 만큼 음악과 관련이 깊다. 이들은 시형(詩型)이 정교한 만큼 음악 형식에서도 절묘한 형식미를 지니고 있다. 사(詞)를 가사로 하는 '찬'류 악곡들을 중국 학자들은 티엔닝치앙(天寧腔)이라 하고, 푸젠에서는 와이장댜오(外江調)라고 하며, 대만에서는 하이차오인(海潮音)이라 한다. 티엔닝치앙(天寧腔)은 찬류 악곡이 생겨난 장쑤(江苏) 저장(浙江)의 지명에서 유래했고 하이차오인은 선율이 물결과 같이 완만하게 흐른다고 해서 붙여진 이름이다.

송대의 불교 사원에는 민중 연예로서의 오락장이 설치되어 '이야기체 문학'이 성행했다. 이 무렵 담경 · 설경 · 원경 · 탄창 등으로 불리는 것이 당대의 속강에서 나왔는데 불교의 교설이 담론화된 것이다. 돈황문에서 보이는 목련구모변문 · 부모은중경과 같은 것이 모두 이와 같은 구설 문학과 민중 오락에 영향을 줬다. 송(宋) 불교의 가장 큰 성과는 대장경의 조판과 인쇄가 대규모로 이루어진 점이다. 중국의 인쇄술은 당나라 시기에 시작하여 경전 인쇄가 일부 행해졌으나 인쇄된 대장경이 간행된 것은 송대의 태조 때부터이며 이는 세계 인쇄 문화사에서 유례를 찾아보기 힘든 대사업이었다.

한국에 대성아악을 전한 휘종은 도교에 심취하여 궁중에 보록궁을 만들고 도학과를 설치하며 불교 사원의 승려들을 내쫓고 도사들을 추대했다. 역대의 황제들이 불교음악의 부흥을 도모한 것과 달리 휘종은 중국의 성현들을 기리는 음악의 부흥을 꾀하였으므로 이에 부합하는 대성아악을 고려에 보내어 오늘날 한국의 문묘제례악으로 전승되고 있다.

휘종의 배불(排佛)로 불교문화가 다소 위축되었으나 요(遼)와 금(金)나라 시기에 다시 불교의 융성기를 맞았다. 그러나 이 시기는 매우 짧았으므로 불교문화에 큰 변화나 발전을 보이지는 않았다. 이어서 칭기즈 칸으로 인해 몽고족이 중국을 지배한 원(元)대로 접어들며 티벳 불교가 유행하게 되었다. 당시 원나라의 궁정에서는 티벳 불교를, 정권을 빼앗긴 민간의 한족(漢族)은 재래 불교와 염불신앙을, 민간의 몽골족은 토속신앙을 신봉하는 양상이 전개되었다.

티벳 불교는 몽고의 민간 종교와 결합하여 독특한 성격을 지니게 되었다. 원대의 티벳 불교는 대체로 궁정 불교이며 귀족 불교였다. 티벳 불교에 대한 황제의 과도한 신봉은 불교 교단을 부패의 길로 접어들게 하여 국가의 멸망을 불러왔다. 이후 중국 불교는 쇠퇴와 혼란의 길을 걸었다. 불교 의례를 점차 민중이 주도하면서 법회는 대개 염불과 극락왕생을 염원하는 것으로 전환되었고 범패도 이러한 흐름을 따랐다.

송대는 오늘날 중국 범패를 대표하는 '찬'류의 가사인 사(詞)가 번성한 시기로 주목되지만 불교 본연의 측면에서는 새로운 발전이나 변화보다 수·당대 불교의 유지와 계승에 머문 시기였다. 송대 이전의 당대(唐代)에는 신앙결사로 인하여 경전을 송념하며 불상을 조성하거나 재회(齋會)를 베풀어 불교 대중화가 촉진되었다. 그 결과 미타신앙을 비롯한 정토신앙이 각계각층에 널리 보급되었다. 현재 전승되고 있는 불호와 염불류의 범패들도 마찬가지다.

송대에는 불교 대중화로 인해 불교 사원에 오락장이 설치되어 이야기체 문학과 노래가 성행했다. 이들 가사는 오늘날 한국의 회심곡류 노래와 관련이 있다. 고려조에 많은 불곡 가사를 지은 나옹

화상(1320~1376)은 원나라 한족계 이주민 아버지 슬하에서 태어나 20세 무렵 출가하여 1347년 원나라 말기 옌징(현 베이징)에서 수학하고, 1354년(공민왕4) 두타행을 하며 원나라 전역을 다니면서 당시 유행했던 설창 가사를 접했다. 귀국 후에는 증도가, 토굴가, 심우가, 자책가, 승원가, 청산가 등을 지었다. 나옹화상이 지은 것으로 전해지는 많은 불교가사에 대하여 일부 학자들은 나옹이 직접 그 모든 것을 다 지었다기보다 나옹화상의 명성에 기댄 기록으로 보기도 한다.

Ⅳ. 인도 후기불교와 악가무

불교가 중국에 이르러 활발하게 퍼져 간 데 비해 본토에서는 소멸의 길로 접어들었다. 이러한 중에 일부 남아 있던 후기 인도불교는 민간의 힌두 신앙을 흡수하며 밀교로 자리 잡았다. 한국에는 중국을 거친 대승불교가 4세기 전후로 유입되었고, 말기의 밀교는 고려 시대에 원나라를 통해 들어온 티벳 불교로 인해 밀교적 면면이 혼재하게 되었다. 삼한과 통일 신라에 비해 늦은 시기에 당나라 유학을 다녀온 일본 승려도 밀교적 불교를 배웠으므로 현재 일본의 법당에는 밀교작법을 하는 예반이 놓여 있다. 이와 달리 한국에는 원나라를 통해 들어온 티벳식 밀교의 모습이 곳곳에 자리하고 있다.

〈표 7〉 불교의 성립 연대

연표: 불교 전통의 성립과 발전(기원전 450년경부터 기원후 1300년경까지)

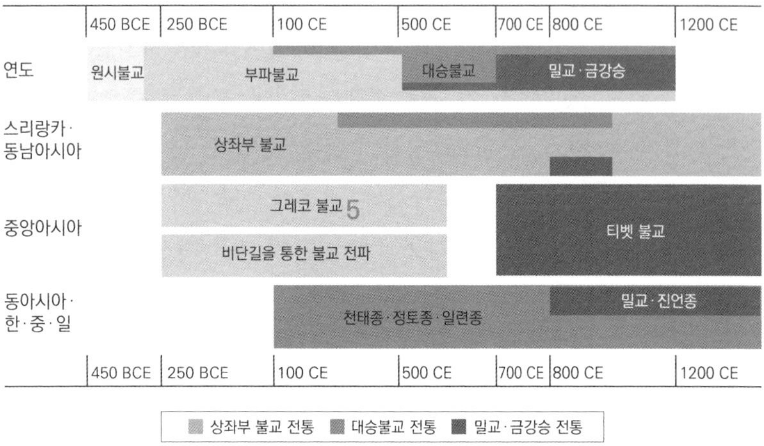

오늘날 한국의 재의식에서 바라춤의 반주음악으로 불리는 '다라니'는 범어를 가사로 하는 노래로, 밀교의 주밀 신앙과 연결되는가 하면 인도 힌두 사제들의 음성행법인 '성명'까지 거슬러 간다. 불교의 탄생지인 인도에서는 불교가 사라지고 힌두 국가가 되었다. 또 중앙아시아는 이슬람이 지배했다. 그러나 불교가 티벳과 중국으로 활발하게 전해지던 시기에는 중앙아시아 사람도 불교를 신봉했다. 그래서 아프가니스탄의 바미안 계곡에 거대한 불상이 조성되어 현재 유네스코 문화유적으로 보호되고 있다. 그뿐만 아니라 사마르칸트를 비롯한 실크로드 지역에는 불교 유적과 기록들이 산재해 있다.

5 그리스 헬레니즘의 영향을 받은 대승불교, 간다르바 양식의 불상이 그리스 영향을 받은 것과 같은 역사적 배경이 있다.

1. 인도의 후기불교

초기불교의 핵심은 중도(中道)·십이연기(十二緣起), 고(苦)·집(執)·멸(滅)·도(道)에 의한 사성제(四聖諦), 팔정도(八正道)이다. 3차 결집 이후 불교는 비약적으로 팽창하여 카슈미르·간다라 지방을 비롯한 인도의 각 지역과 박트리아의 그리스 식민 지역, 스리랑카·미얀마 등지로 전파되었다. 붓다 열반 후 100년경에는 보수파에 의한 상좌부(上座部)와 진보파로 불리는 대중부(大衆部) 두 부파로 갈라졌다. 상좌 불교는 스리랑카, 미얀마, 태국, 캄보디아, 라오스 등에 전파되어 일명 남방불교가 되고, 대중부는 중국으로 전파되어 한국과 일본으로 확산되었다. 부파불교가 진행되던 시기에 관세음, 지장보살, 준제보살과 같은 인도의 민간 신앙을 수용함으로써 초기불교의 정체성을 잃으며 인도에서는 불교가 사라지게 되었다.

대승불교가 흥기한 것은 서기전 1세기경이지만 그 태동은 훨씬 전부터였다. 1세기 후반에 쿠샨 왕조가 성립되고 제3대 카니슈카(Kanishka) 왕이 즉위하며 대승불교가 부상했다. 북인도의 대부분과 서인도 북반, 중앙아시아와 아프가니스탄을 포함하는 광대한 지역을 지배했던 카니슈카 왕은 각지에 불탑과 사찰을 건립하며 불교 보호정책을 폈다.

부파불교 시기의 대승운동은 계속 활발한 움직임을 이어 갔다. 그러면서 서기전 3세기에서 서기후 1세기 사이에 여러 대승경전들이 쓰였다. 초기 대승경전 가운데 『반야경』·『법화경』·『유마경』·『아미타경』·『십지경(十地經)』 등이 있다. 그중 공(空)과 중관(中

觀) 사상을 담고 있는 『반야경』은 대승을 대표하는 경전이 되었다.

대승불교는 인도 민간신앙인 아와로끼떼스와라를 관세음보살로, 찬디 여신은 준제보살로, 지옥 중생을 구제하는 끄시띠까르바(क्षतिगिर्भ)는 지장보살로 불교화했다. 또한 간다르바를 비롯한 여러 힌두 신을 호법신으로 흡수하였고, 7세기 무렵에는 힌두의 주밀행법이 밀교(密敎)로 유입되었다. 이는 석가 생존 시부터 주(呪) · 진언(mantra) · 다라니(dharani) 송주로 부처가 되고자 했던 일파가 그 시작이다. 이들 사상이 중국으로 들어와 『대일경(大日經)』 · 『금강정경(金剛頂經)』으로 번역되었다. 이 무렵 인도에는 딴뜨라(tantra) 문학이 유행하고 있었으므로 밀교적 불교가 더욱 촉진되었다. 그 결과 8세기 후반에 밀교가 대세를 이루며 금강승(金剛乘)을 주장하던 다수의 고승이 티벳과 중국으로 밀교를 전파했다.

티벳으로 간 대표적인 밀승(密僧)은 파드마삼바바였다. 북인도 출신 파드마삼바바(생몰 미상 8세기 승려)는 오늘날 네팔에 해당하는 지역에서 일파를 이루다 티벳으로 건너갔고, 금강지(金剛智 Vajrabodhi 671~741)와 그의 제자 불공(不空 Amoghavajra 705~774)은 중국으로 갔다. 이들이 티벳과 중국에서 밀교를 전파하면서 각 나라의 문화적 토양에 따라 서로 다른 모습으로 정착하였다. 일본의 청익승 중 구카이(空海 774~835)는 불공의 제자 혜과(惠果 746~805)에게서 밀교를 배워 일본에 전했다. 같은 시기에 유학한 사이초 또한 당시에 유행하던 밀교를 접하였으므로 이들이 귀국하여 새로운 종파를 형성하면서 오늘날 일본의 신행과 의례에 밀교적인 성격이 부여되었다.

2. 밀교와 티벳 불교

티벳 불교를 '라마교(喇摩敎)'라고 하기도 한다. 산스끄리뜨어로 '스승'을 뜻하는 '구루(Guru)'를 티벳어로 번역한 것이 '라마(Lama)'이다. 해석하면 '스승(Lama)의 종교'란 뜻으로 스승을 신과 같이 절대적인 믿음과 존경으로 대해야 하는 사자상승(師資相承) 전통에서 비롯된 말이기는 하나 바람직한 표현은 아니다. 이러한 티벳 불교는 히말라야 산맥 주위의 티벳 본토를 비롯하여 몽고, 네팔, 부탄, 북인도 등지로 확산되어 넓은 영역을 이루고 있다.

1) 불교의 유입과 전개

티벳에 불교가 처음 유입된 때는 5세기경 28대 하토토리넨첸 왕(lha tho tho ri gnyan btsan) 때이나 불교에 관한 기록은 7세기 송짼 감뽀 왕(Srong btsan sgam po 605~650)[6] 때부터 나타난다. 8세기 티송데첸 왕(Khri srong lde btsan 755~794)이 인도 날란다 사원의 승원장 샨타락쉬타(Śāntarakṣita)와 파드마삼바바(Padmasambhava)를 인도에서 초빙하여 불교사원을 짓고 승단을 형성하여 티벳은 불교 국가가 되었다.

당시 티벳에는 이전부터 중국에서 온 승려들이 있었는데 이들과 인도에서 온 밀승이 서로 다른 교리로 충돌했다. 그러자 티송데첸 왕이 중국 북종선(北宗禪) 계열 마하연(摩訶衍)과 인도 밀교의 까말라쉴라(Kamalaśīla 740~795)를 삼예(bSam yas) 사원에서 토

6 송짼 감뽀 생몰 연대를 581~649로 표기하기도 함. 양승규(2015), 「쫑카빠(Tshong Kha pa)의 生涯와 顯密觀」

론하도록 하였다. 그 결과 까말라쉴라가 승리하면서 인도 밀교가 티벳에서 주류가 되었다.[7] 그러나 돈황에서 출토된 중국 측 문헌 『돈오대승정리결(頓悟大乘正理決)』에는 마하연의 승리로 기록하고 있다. 양측의 기록이 상반되기는 하지만, 분명한 것은 티송데첸 왕을 비롯한 당시 티벳의 권력층이 인도불교의 손을 들어 줬다는 점이다.

〈사진 2〉 티벳 최초의 사찰 삼예(bsam yas) 사원

티벳은 다른 불교권 국가에 비해 늦게 불교를 받아들였지만, 불교 유입과 함께 역경 작업을 시작하여 9세기에 대부분의 불교 경전이 인쇄되었다. 지속적인 역경 사업으로 13세기에 티벳 대장경 『나르탄 고판(古版)』이 성립되었고, 16세기까지 약 900년간 지속적으로 역경 작업을 했다. 현재 티벳 경전에는 산스끄리뜨어 원전이나 한역본에는 남아 있지 않은 후기 불교 경전들이 있어 그 가치가 매우 높다. 무엇보다 티벳 문자는 경전을 역경할 목적으로 인도

7 티벳의 『바세 sBa bshed』 문헌에 당시의 논쟁에 대한 기록이 있다.

의 굽타 문자를 본떠 창제되었으므로 산스끄리뜨어 원전을 복원하는 데 중요한 열쇠다.

티벳은 히말라야 산맥을 둘러싼 고산 지대와 광대한 평야로 인한 지리적 특성상 중앙정부가 티벳 전역을 완전히 장악할 수 없었다. 그리하여 지역과 자연 환경에 따라 독립과 연계의 긴밀한 관계를 이루며 종파가 형성되었다. 티벳 종파 중 최초로 형성된 닝마파는 8세기 파드마삼바바(Padmasambhava)의 제자들에 의해 형성되었다.

왕실의 후원으로 닝마파 승단의 힘이 거세어지자 랑다르마 왕(836~842)이 불교를 탄압했다. 사원에서 승려들이 쫓겨나고 기존의 뵌교가 득세하게 되자 한 승려가 검은 모자와 마스크로 얼굴을 가리고 어둠에 숨어 있다 왕을 살해한 후 신정일치의 불교 국가로 만들었다. 11세기 무렵 새로운 종파들이 생겨나자 기존의 닝마파 추종자들은 자신들을 오래된 종파라는 뜻으로 '닝마파(rnying ma, 舊派)'라 하고, 이후에 생겨난 종파들은 신파(gsar ma, 新派)로 지칭하게 되었다.[8]

2) 티벳 불교의 특징

AD 4세기 이후부터 인도불교에 밀교 경전이 나타나기 시작하여 7세기 중엽에서 8세기 초 사이에 밀교의 『대일경』과 『금강정경』이 성립되었다. 티벳에 불교가 전해진 시기는 크게 두 번으로 나눌 수

8 티벳어 '~파(pa)'는 사람 또는 구성원을 의미한다. 예를 들어 '~어떤 사람', '~어떤 집단'과 같이 특정한 사람 이름이나 집단의 뒤에 붙여 쓴다. 이것이 한자에서 부류를 뜻하는 '파(派)'의 발음과 비슷하여 혼란을 줄 때가 있으므로 '~pa'를 '빠'로 표기하여 '닝마빠'라 하기도 한다.

있는데, 전기는 대개 600년~850년 사이, 후기는 950년~1250년 사이다. 대승적 밀교로 불리는 티벳 불교는 여러 형태로 복잡하게 발전했다. 이와 관련한 티벳 범패는 21세기 세계 불교에서 설명하고, 이 항에서는 한국에 끼친 영향에 관해서만 간략히 짚고자 한다.

대일여래와 금강살타를 신봉하는 밀교는 진언·다라니·수인·만다라 의식을 행하는 가운데 힌두교와 인도의 민간 신앙까지 수용했다. 오늘날 전승되는 3대 불교의 양상은 초기불교의 계율과 승풍을 유지하는 소승불교(Hinayana),[9] 현실적 응용이 가미된 대승불교(Mahayana), 즉신성불의 수행을 강조하는 밀교(Vajrayāna)로 나눌 수 있다. 이들 세 가지 불교 중 밀교는 일반에게 공개되지 않는 비의적 측면이 많다.

사자상승(師資相承)의 밀교는 스승과 제자 간에 직접 비의를 전하므로 스승인 '구루(Guru)'를 신적인 존재로 존숭한다. 구루에 대한 제자의 신앙이 절대적이듯이 구루는 제자에게 경전의 비의(悲意)를 만뜨라(眞言)로 전수해 준다. 수행은 전적으로 요가-탄뜨라의 수행으로 이루어지는데, 이때 밀교적 비의를 지닌 의물을 사용하기도 한다. 이러한 과정에 신(身)·구(口)·의(意)의 일치와 무드라를 중시하며, 오체투지(五體投地), 호법무(護法舞, 금강무라고도 함) 의식을 행하기도 한다. 특히 자신을 포함한 모든 부정한 것을 물리치는 수행 경지와 불교적 메시지를 표현하는 호법무는 '참' 의식, 법무회(法舞會) 혹은 라마 댄싱(Lama dancing)으로 널리 알려져 있다.

---

9 '소승'은 부정적인 의미가 있으므로 요즈음은 초기불교, 근본불교, 남방불교 등으로 부른다.

3. 한국의 티벳 불교적 요소

1) 범패

한국에는 고구려 소수림왕의 불교 공인 이전에 들어온 초전불교가 있었고, 해상을 통해 들어온 인도불교의 흔적이 가야 문화권에 축적되어 있다. 이와 더불어 백제에는 남전불교의 또 다른 유입 경로가 있다. 이러한 불교는 한어 경전이 성립되기 이전에 들어온 불교로서 인도 후기 불교의 성격인 진언과 다라니에 의한 밀교적 성격이 농후하다.

한국에 불가의 소리인 범패(梵唄)가 전해진 공식적 기록은 신라시대 진감선사의 범패였지만 그 이전에 신라 경덕왕이 월명사에게 해가 두 개 뜬 이변을 해소해 줄 것을 청하자 월명사가 "성범(聲梵)은 할 줄 모르고 향가만 할 줄 안다."라고 대답했다는 기록이 삼국유사에 전한다. 여기서 왕과 월명사가 주고받는 대화의 행간을 보면 당시에 성범, 즉 범어로 노래하는 소리[聲]가 널리 유포되고 있었음을 추정할 수 있다. 국악학계에서는 이를 진감선사가 배워 온 당풍 이전의 범패, 즉 고풍(古風)범패이자 범어범패로 추정하고 있다.

티벳은 중국에 비해서 불교가 늦게 들어오면서 후기 대승밀교가 들어온 데다 티벳의 토속 종교까지 가미되어 티벳 특유의 불교가 형성되었다. 티벳 불교가 한국에 영향을 미친 것은 몽골 제국이 중국 중원을 통치한 원나라(1271~1368) 시기이다. 당시 티벳의 여러 종파 중 샤카파의 스승 최겔 팍파(1235~1280)[10]는 원나라의 쿠빌라이 칸의 스승이 되었다. 최겔 팍파는 몽골 문자를 창제하는 등 국가 전반에 걸쳐 불교 영향력을 행사했다.[11]

당시 고려 충렬왕은 원나라 공주와 결혼할 정도로 원나라와 긴밀한 관계를 가졌는데, 그때 티벳 방식의 의례와 신행이 대거 유입되었다. 티벳 범패는 단전에서 울려 나오는 깊은 저음에 탁한 발성이 특징인데 기존의 당풍범패에는 없던 것이었다. 티벳 범패의 웅장한 성음이 고려 시대 승려들에게 영향을 미쳤고, 그것이 오늘날 개성과 경기 지역 승려들에 의한 짓소리 발성으로 나타나고 있다. 이를 말해 주듯 개성 지역에서 범패를 익힌 벽응 스님이 저음의 짓소리에 능했던 데 비해 신라의 도성과 가까운 영남의 짓소리에는 이러한 발성이 없다.

티벳에는 불보살을 대형 화폭에 그린 탕카를 내어 거는 의식이 매우 중요한데, 이것이 오늘날 한국의 불교 의식 중 괘불이운으로 행해진다. 수륙재, 영산재, 예수재 등에 내어 거는 괘불은 중국이나 대만에는 없으므로 중국 의례문에는 괘불이운 절차가 없다. 반면 티벳에는 괘불을 둘러메고 행렬하여 산이나 사찰 언덕에 걸어 두고 그 앞에서 춤을 추고 나팔을 불며 장대한 의식을 펼친다.

〈사진 3〉 샤허 라브랑스 참의식

10 한국에는 '파스파(八思巴)'로 많이 알려져 있다.
11 상세한 내용은 제3부 21세기 불교음악 중 1장 Ⅲ. '서북아 불교의례와 음악' 참조.

2) 의례 악가무

중국 불교에는 의식을 하면서 추는 작법무는 없다. 이와 달리 티벳에는 춤으로 하는 호법무 의식 '참'이 있다. 이 의식은 파드마삼바바가 티벳에 불교를 전했을 때 저항하는 토속 종교 뵌교와 기존의 중국 불교 종단을 제압하며 추었던 데서 비롯되었다. 당시에는 저항하는 세력뿐 아니라 모든 악귀와 부정한 요소들을 물리치고자 음혈(音穴)한 피를 뿌려 가며 춤을 추었는데 강력한 에너지를 발산했으므로 이 춤을 금강무(金剛舞)라고도 한다.

'참'의식으로 불리는 호법의식은 닝마 · 까규 · 샤카 · 겔룩 등 종파에 따라 자신의 종지를 강조하는 절차와 내용에 차이가 있다. 토속 종교의 성격이 가장 짙은 닝마파는 신탁(神託)이 강한 반면 까규파는 구루들의 등장과 설법 위주이며, 개혁 종단인 겔룩파는 앞의 세 가지 종파에 비해 비교적 의례 절차가 간소하다. 종파마다 각각의 특징이 있지만 흑모(黑帽)를 쓰고, 금강저와 해골을 들고 추는 샤낙춤은 모든 종파가 일치하는 모습을 보인다.

한국의 작법무 중 천수바라무는 도량옹호를 위해 다라니 범패에 맞추어 추는 점에서 금강저를 들고 악귀를 내쫓는 티벳의 참무와 상통한다. 당나라에서 들어온 불교 의식에는 부드러운 음향의 법구들을 타주하며 정(靜)적이었던 데 비해 티벳의 불교 의식은 나팔에 맞추어 큰 북을 치는 데다 의식 중에 춤까지 춘다. 이들을 '딴따라'라고 했다. 티벳 불교 의식은 중국 불교보다 밀교적 성격이 부각되는데, 이러한 전통이 바로 딴뜨라(산스끄리뜨어로 밀교)에서 비롯된 것이다. 그것이 오늘날까지도 춤추고 노래하는 사람 혹은 밤무대에서 나팔을 부는 사람들을 지칭하게 되었다.

제 2 장

한국불교사와 음악

Ⅰ. 사국(四國) 시기 불교음악

통일신라 이전을 흔히 '삼한(三韓)'이라고 하지만 실은 고구려·백제·가야·신라의 사한(四韓)이다. 가야의 유적이 곳곳에 있는데도 일제강점기에 가야의 역사를 전설로 왜곡해 왔다. 또한 한국의 영토를 압록강과 두만강 이남의 한반도에 한정하고, 그 한반도의 반토막에 불과한 통일신라를 우리네 영토의 전부로 여겨 왔

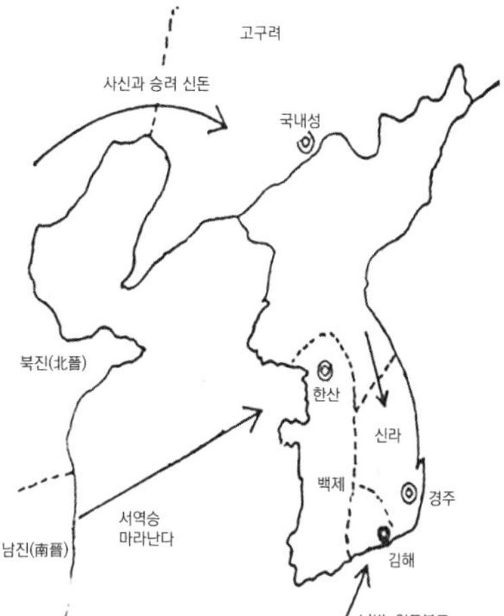

〈그림 2〉 한반도의 불교 유입

다. 그러나 근래 과학의 발달로 고고학과 정보의 공유가 활발해지면서 간과해 왔던 우리네 역사와 문화가 드러나고 있다.

따라서 이 책에서는 고구려 · 백제 · 신라 · 가야를 염두에 두어 제Ⅰ항을 사국(四國)시대로 설정했다. 가야는 수로왕과 아유타국 허 황후의 결혼으로 가장 일찍 불교가 전래됐을 뿐만 아니라 한국의 대표 악기인 가야금 음악의 태동지로서 매우 중요하다. 제Ⅱ항은 남북국 시대로 하여 발해와 신라의 불교음악을 함께 조명하였다. 발해는 무용총에 그려진 것과 같이 화려한 고구려 불교문화와 강경 · 일일강 · 송경의식을 행했던 산동지역 불교문화를 동시에 지닌 곳이므로 앞으로 연구해서 복원해야 할 지역이다.

인도의 불교는 중국 대륙을 거쳐 고구려에 전해졌고, 육로와 바다를 통해 백제로 전해졌다. 고구려가 전진(前秦)으로부터, 백제가 동진(東晉)으로부터 불교를 받아들인 것과 달리 신라는 고구려 · 가야 · 백제의 불교를 융합한 가운데 중국의 남조 · 수 · 당(南朝 · 隋 · 唐) 등지와 교류하여 받아들였다. 다만 가야 불교음악에 대한 연구가 거의 이루어지지 않았으므로 이 항에서 언급하는 내용들 또한 그 한계를 벗어날 수 없다. 앞으로 후학들의 연구로 이 항목이 채워지기를 바란다. 한편, 신라는 남북국 시기의 신라와 묶어서 설명하고자 4국 항목으로 보류하겠다.

1. 고구려의 불교음악

고구려는 삼한시대 불교문화의 선진국이었다. 고구려의 불교음악에 대한 직접적인 문헌 자료는 없지만 수나라의 7부기에 편성됐던 고구려 음악의 위상으로 짐작해 볼 수 있다. 수(隨)나라의 개황

초(開皇初 589~616)에 제정된 칠부기에는 국기(國伎 일명 서량기西凉樂), 청상기(淸商伎 중국 속악), 고구려기, 천축기(인도), 안국기(보카라), 구자기(龜兹伎), 문강기(文康伎 晋代의 가면극)가 있었다. 이 외에 소륵(疏勒), 부남(扶南), 강국(康國), 백제, 돌궐, 신라, 왜국(倭國 일본) 등의 악단은 잡기로 분류되고 있어 고구려악의 위상을 짐작하게 한다.

유리왕(BC38~AD18)이 불렀던 도솔가나, 고구려 고분에 나타나는 불교문화를 보면 고구려의 불교음악이 서기전 시기에 시작되어 번성했음을 알 수 있다. 고구려 악단이 활동할 당시 수나라는 서로 달랐던 중국 남·북부의 불교문화가 하나로 통일되던 시기였다. 따라서 수나라 칠부기에 함께 편성되었던 악단에는 쿠차를 비롯한 불교 전래 국가 악단이 많았다. 덕분에 고구려 악인들이 이들로부터 불교음악을 접할 수 있었고 그것이 고구려 음악에도 영향을 주었음은 자명한 일이다.

『삼국유사』와 『삼국사기』에 전하는 유리왕(BC?~AD18)의 도솔가[1]는 불교의 이상 국가를 노래하고 있다. 도솔가의 어원을 살펴보면 범어 뚜스(tuṣ √तुष्)를 어근으로 하는 형용사 뚜스따(tuṣṭa तुष्ट)다. 이것은 행복한·만족한·천상의 지복(至福) 등으로 번역된다. 중국의 어원사전에서는 이를 '도솔(兜率)'로 음사하여 하늘 '천(天)'

---

1 『三國遺事』第一卷, 紀異: 儒禮王 初王與妹夫脫解讓位, 脫解云: "凡有德者多齒, 宜以齒理試之." 乃咬餠驗之, 王齒多, 故先立, 因名尼叱今, 尼叱今之稱, 自此王始. 劉聖公更始元年癸未卽位[年表云, 甲申卽位.], 改定六部號, 仍賜六姓. 始作兜率.

『三國史記』第二卷「新羅本紀」儒理尼師今 五年條: 冬十一月 王巡行國內 見一老嫗飢凍將死 曰予以眇身居上 不能養民 使老幼至於此極 是予之罪也 解衣以覆之 推食以食之 仍命有司 在處存問 鰥寡孤獨老病不能自活者 給養之 於是 鄰國百姓聞而來者 衆矣 是年 民俗歡康 始製兜率歌 此歌樂之始也.

자를 붙여 '도솔천'이라 했다. 미륵보살이 머무는 이곳은 불교적 이상 세계인 정토이자 지족천(知足天)이다. 문학적으로 볼 때, 유리왕의 도솔가는 사뇌의 격식을 빌려 쓴 문형이었다. 『삼국유사』는 고려 말기 승려 일연이 저술했으므로 유리왕의 도솔가에 고려조 문학의 배경이 있는 것을 감안해야 한다.

『삼국유사』에는 3세기 중반 중국 위나라의 아굴마가 고구려에 사신으로 왔다가 고구려 여인 고도령과의 사이에서 아도를 낳았다는 기록이 있다. 아도는 다섯 살 때 어머니의 뜻으로 출가했다가 열네 살에 고구려로 돌아와 포교 활동을 하였는데 이때는 순도가 고구려에 오기 100년 전의 일이다. 아도가 신라로 내려가 불교를 전한 일화가 삼국유사 눌지왕대의 기록을 통해 전해지고 있다.[2]

고구려의 고분 벽화 또한 불교음악을 추정할 수 있는 중요한 분야이다. 안악 제1-3호분, 장천1호분, 통구 고분에는 불교적 배례와 음악 연주가 담겨 있다. 집안현에 있는 장천1호분에는 불상 앞에서 절하는 예불도가 있고, 천장에는 보살 비천도가 그려져 있다. 안악2호분에는 연화 장식이 있는 회랑을 지나 부처님께 공양을 바치러 가는 모습이 그려져 있으며, 안악3호분에는 세 사람이 연주하는 음악에 맞추어 서역인으로 보이는 한 사람이 춤을 추고 있다. 이들의 내용에 관해서는 제1부 제3장 조각과 그림에 담긴 불교음악 항에서 다시 살펴보겠다.

---

2 『三國遺事』 第三卷, 法興: 阿道基羅條: 接我道(阿道)本碑云 我道高麗人也 母高道寧 正始問 曹魏人我(姓我也)堀摩奉使句麗 私之而還 因而有娠 師生五歲 其母令出家 年十六歸魏 省觀堀摩 投玄影和尙講下就業 年十九又歸寧於母.

2. 백제의 불교음악

해상 무역으로 국제 활동을 활발히 했던 백제는 신라에 의해 멸망함으로써 그 기록과 유적이 대거 사라졌다. 그러나 일본에 전해준 백제불교가 곳곳에 남아 있어 연구 가능성이 열려 있다. 일본의 초대 천황인 기시하라(橿原)는 도래인들의 정착지 아스카(飛鳥)에 나라를 세웠다. 이곳의 니이자와 천총(新澤千塚) 고분군 126호에서 발굴된 유물과 백제의 유물이 거의 일치한다. 그런가 하면 백제 근초고왕(출생 300년 추정, 재위 346~375)의 명에 의해서 일본으로 건너 간 아직기(阿直岐)의 마구간이 있던 '가루언덕'은 지금도 그 이름이 남아 있다. 또한 백제인이 드나들던 관서 지역이나 오사카 등지에는 지금도 백제사(百濟寺)라는 이름을 지닌 사찰이 세 곳이나 있다.

일본의 불교 공인은 임신(壬申 552)설과 무오(戊午 538)설이 있지만 "백제의 성명왕(聖明王 재위 523~554)으로부터 승려와 불상 그리고 경전이 전래되었다."라는 것이 정설로 받아들여지고 있다. 이후 호족들이 연합하여 정권을 잡은 쇼토쿠 태자(聖德太子 574~622)에 의해 불교가 장려되었다. 아스카데라(法興寺)와 호류지(法隆寺) 등이 백제의 지원 아래 창건되었고, 불상을 비롯한 제반의 국가 제도가 백제불교 문화를 기반으로 형성되었다.

『일본서기(日本書紀)』 스고이 천황(推吉天皇) 20년(612)조에는 백제 미마지가 오나라에서 배워 일본에 전해 준 기악(技樂)에 관한 기록이 있다. 미마지가 소년들에게 탈을 쓰고 춤추는 기악을 가르친 이후 일본의 불교 사원 의식에 부속되어 전승되어 왔다. 가마쿠라 시기 일본의 큰 절에는 전속 악단이 있었다. 고후쿠지(興福寺)의 전속 악사 고마노 치카자네(狛近眞)가 기록한 무악해설서 『교훈초(教訓抄)』에 '고려국물어(高麗曲物語)'가 기록되어 있다. 고마노치카자네가 기록한 이 '고려국물어'의 절차와 내용이 오늘날 한국의 산대극과 일치함을 이혜구 박사가 30여 년간 연구하여 밝혔다.[3]

이 외에 일본의 궁중 악가무에도 백제악이 행해지고 있다. 고마보코(狛桙) 혹은 사오모치마이(棹持舞)로 불리는 이 무악(舞樂)은 한반도 사람들이 일본에 건너올 때 5색으로 채색된 노로 배를 젓다가 일본에 당도하자 노를 들고 춤추기 시작했다는 데서 유래한다. 일본 학자들의 해석에 따르면 당시 한반도에서 건너온 사람들은 백제인이었을 것으로 추정하고 있다. 오늘날 설행되는 모습을 보면 무용수 4인이 5색의 노를 손에 들고 춤춘다.

1993년 12월 12일 부여 능산리에서 발견된 백제금동대향로는 위덕왕(재위 554~598)이 부왕인 성명왕(성왕이라고도 함. 재위 523~554)의 명복을 빌기 위해 조성한 것이다. 위덕왕 시기는 사비 천도 후 6세기경으로 백제가 역사적, 문화적 꽃을 피운 시기이다. 백제금동대향로의 상단에는 다섯 가지 악기를 연주하는 악사의 모습이 조각되어 있고, 충남 연기군 진의면 다방리의 비암사 3층 석탑에는 8인의 악사를 새긴 주악도가 있다. 금동대향로와 비암사 3층 석탑에는 서로 연관되는 악기들이 새겨져 있는데, 이들의 상세한 내용도 제1부 제3장 조각과 그림에 담긴 불교 음악사에서 다시 살펴보겠다.

---

3 윤소희(2021), 「이혜구의 불교음악 연구 재고찰 – 도솔 · 사뇌 · 산대극과 기악 연구를 중심으로 –」

3. 가야의 불교음악

6가야가 연합을 이룬 이 지역은 김해 일대의 금관가야, 고령 일대의 대가야, 의령과 함안 지역의 아라가야로 구분해 볼 수 있다. 수로왕을 개조로 하는 금관가야에는 가야에 온 허 황후에 관하여 여러 설이 있다. 인도에서 바로 가야로 왔다는 설, 인도에서 중국을 거쳐 왔다는 설 등이 그것이다. 대가야는 중국 남조에서 백제를 거쳐 불교를 들여왔고, 아라가야는 백제 · 신라와 인접해 있으면서도 고구려와도 가까워 고구려를 통해 불교를 들여온 것으로 알려져 있다.[4]

가야에 대한 여러 설 중 인도 마가다국의 불교 성지 가야(gayā)에서 유래했다는 설이 있다. 또는 인도 아유타 혹은 왜국(일본)에 있던 가락국의 본국으로 보는 설도 있다. 수로왕릉 정문의 현판 좌우에 새겨진 쌍어문이 있다. 일부에서는 이를 근거로 국가의 문장을 쌍어문으로 삼았던 인도의 아요디아국에서 허 황후 일행이 난을 피해 중국을 거쳐 김해로 이주했다는 주장을 하기도 한다.

『삼국유사』「기이(紀異)」에 '다섯 가야'의 「가락국기」 그리고 「탑상(塔像)」 편의 '금관성 파사(婆娑)석탑', '어산불영(魚山佛影)' 조에는 가야국의 수로왕과 아유타국의 허황옥에 관한 기록이 있다.[5] 김수로왕 7년(AD48)에 아유타국의 허황옥이 가야로 와서 수로왕

4 고영섭(2025), 『한국불교사참구』, pp. 171 – 205.

5 『三國遺事』 第一卷, – 1紀異 – 五伽耶: 按駕洛記贊云 垂一紫纓, 下六圓卵, 五歸各邑, 一在玆城, 則一爲首露王, 餘五各爲五伽耶之主, 金官不入五數, 當矣, 而本朝史略, *〈幷,並〉數金官, 而濫記昌寧...하략.

과 혼인하여, 일곱 아들과 두 딸을 낳았는데 딸 중 하나는 신라의 탈해왕과 혼인하였다. 현재 김해 장유암을 비롯해 주변 유물과 여러 사적이 있는 것으로 보아 불교의 해상 유입과 이에 따른 범어율조의 가능성을 추정해 볼 수 있다.

장유암 입구에는 장유화상의 사리를 봉안한 탑과 석조상이 있는데, 이는 가락국 제8대 질지왕(451~492) 때 장유암을 재건하면서 세워진 것으로 추정하고 있다. 1,500여 년간 수차례의 전란으로 관련된 유물들은 거의 소실되었다. 지금 남아 있는 석탑은 그 제작 수법으로 보아 고려(918~1392) 말이나 조선(1392~1910) 초에 건립된 것으로 추정되고 있다.

가락국의 불교는 신라로 흡수되었으므로 해상으로 유입된 범어율조가 있었다면 그것이 훗날 월명사의 성범(聲梵)과도 무관하지 않을 것으로 보인다. 삼국 중 고구려가 가장 먼저 불교를 받아들였지만 가야 불교음악에 관한 기록 또한 신라 시대의 문헌에서 발견된다. 이차돈의 순교(AD528) 이후 신라에 불교가 공인되었고, 진흥왕 12년(551)에는 팔관회를 행했다. 이어서 진평왕 35년(613)에는 황룡사에 백고좌를 마련했다는 기록이 보인다. 당시 불교 행사에 다양한 악가무가 수반되었던 정황으로 보아 이들 의식에 가야 불교도 있었을 것이다.

무엇보다 가야는 한국 전통음악을 대표하는 가야금의 출현지이므로 더욱 관심이 간다. 현재 우륵기념관이 있는 고령은 대가야 지역이다. 근년의 연구에 의하면, 이 지역 고구려의 유민이 통일신라 백성이 되었다는 설이 있다. 즉 우륵이 본래 가야 사람이 아니었으므로 쉽게 신라로 복속했을 가능성을 추정한 것이다.[6] 가야금과 가

6 이용식(2022), 「고대음악사 서술의 제 문제 –『삼국사기』 인물 해석과 악기

실왕에 대하여 『삼국유사』와 『삼국사기』[7]의 내용이 다른 데다, 역사와 유래에 대해서 다양한 시각이 있다. 근래에는 고고학과 정보유통의 세계화로 진일보한 연구 성과를 거둘 수 있으므로 앞으로 흥미로운 연구 성과물이 많을 것으로 기대한다.

Ⅱ. 남북국 시기 불교음악

1. 북국 발해의 불교음악

지금껏 우리가 배워온 역사는 일제강점기에 왜곡·축소된 사관(史觀)으로 기록된 것이 많다. 그중 대표적인 것이 통일신라와 발해의 관계이다. 사실상 신라는 가야와 백제 그리고 고구려 일부를 통합한 상태였고, 나머지 고구려는 수년간의 과도기를 거친 후에 발해를 건국했다. 당시 삼국의 상황을 간략히 보면, 660년 백제가 멸망하고, 668년 고구려가 멸망했다. 676년 신라에서 당 세력 축출, 685년 9주 5소경을 통제하는 신라의 중앙집권제가 확립됐다. 698년에 발해가 건국되어 통일신라와 대립 관계를 이루며 북국의 발해, 남국의 신라가 공존한 남북국 시대가 열렸다.

1) 발해 영토와 역사

고구려가 멸망한 지 30년 만에 건국된 발해의 지방 통치 기구는

서술을 중심으로」.

7 『三國遺事』第五卷 勿稽子條, 『三國遺事』第三卷 栢栗寺條 25a－26a; 『三國史記』第三十二卷, 8b－9a. 외 다수의 기록이 있다.

5경 15부 62주로 이루어져 있었다. 현재의 중국 길림성, 흑룡강성의 대부분과 요녕성의 일부, 러시아 연해주, 북한의 함경도와 평안북도에 이른다. 이후 발해는 229년간 15명의 왕이 즉위하였으며, 전성기에는 당나라에서 '해동성국(海東盛國)'이라 할 정도로 번성기를 누렸다. 현재 발해에 관한 자료 대부분이 소실되어 우리네 역사 영토에서 잊혀졌지만 근래에 들어 한·중·러 공동 발굴 조사에 의한 고고학적 연구가 이루어지고 있으며 유적 및 실물 자료, 일본을 통한 문헌 기록 연구 결과가 연이어 발표되고 있다.

8~10세기 무렵 동북아시아 정세를 보면, 신라와 당나라의 긴밀한 대척점에 발해와 일본이 있었다. 실제로 이 무렵 『삼국사기』를 보면 일본 사신을 배척한 신라 왕실의 기록이 다수 등장한다. 이러한 상황이었으므로 727년에 발해가 일본에 사신을 보내자 일본은 신라를 견제하는 세력으로서의 발해를 환영했다. 이후 919년까지 발해는 34회, 일본은 13회에 걸쳐 사신단 파견이 있었다.

발해는 당나라와 일본을 중계하는 문명 교류 해상 실크로드 통로로서 일본도(日本道)를 형성했다. 발해 사신들은 수도 상경을 떠나 동경 용원부(현재의 길림성) 인근 옌저우(鹽州, 속칭 毛口崴)를 경유하였는데, 이곳은 현재 러시아의 크라스키노 항이다. 이렇게 시작된 일본도에는 사신, 승려, 상인들의 왕래가 끊이지 않았다. 그 활약상은 후쿠오카, 나라, 교토에 실재한다. 쇼쇼인(正倉院)에 소장되어 있는 양국 문서에서 통사빙린(通使聘隣), 영돈린호(永敦鄰好)라는 단어에서 당시 발해와 일본의 우호적 관계를 짐작할 수 있다. 예로부터 외교관의 역할을 했던 승려의 입지를 생각해 보면 이 시기에 일본을 오가며 활동했던 발해 승려의 불교 악가무 전래도 상당했을 것으로 짐작할 수 있다.

2) 발해 불교

발해 건국 초기인 713년 말갈 왕자에게 사찰에 들어가 참배할 것을 요구한 기록과[8] 발해의 전성기를 이끌었던 문왕이 '금륜성법대왕(金轉輪聖法大王)'[9]이라는 불교식 존호를 사용한 점에서 발해는 불교를 신봉한 국가였음을 알 수 있다. 발해 불교는 당나라의 영향을 받기도 했지만 불상과 와당 등에는 고구려 색채가 농후하여 고구려 불교를 계승하였음을 알 수 있다. 현재 북한 인근 지역인 동경을 중심으로 퍼져 있었던 법화 신앙과, 함경남도 동해안 중부 지방의 신포시 오매리 절터에서 발견된 금동판에서도 이러한 양상이 나타난다.

북한 지역 발해 사찰로 추정되는 곳은 개심사와 오매리 사지, 청해토성 내부 절터 등이 있다. 함경남도 이원군 대덕산 운흥암(雲興庵: 현 정광사)과 평북 태천군 양화사 등에도 발해 사찰 관련 기록이 발견되고 있다. 당시 활약한 발해의 승려로는 함경도 개심사의 대원(大圓), 함남 운흥암을 창건한 일신(日信)이 있다. 고려조에 접어들어서는 태조 시기의 재웅(載雄) 등의 기록이 있어 고구려 · 발해 · 고려로 이어지는 법맥이 살아 있음을 알 수 있다.

강경 · 일일강 · 송경의식이 행해졌던 산동적산원이 있던 지역에는 금나라에 살고 있던 발해 유예들의 요동에서의 활약상이 전해지고 있다. 이 지역 보조사(普照寺)에 세워져 있는 기주보조사비

---

8 『책부원구(冊府元龜)』 卷 971, "開元 元年十二月 靺鞨王子來朝奏曰臣請就市交易入寺禮佛許之." 황인규, 앞의 논문, p. 151 인용.

9 『貞惠公主墓誌』, 譯註韓國古代金石文 第3冊渤海, 墓誌, "公主者我大興寶曆孝感金輪聖}法大王王之第四女也."

(沂州普照寺碑)에는 1144년(황통4)에 발해 유예 봉국상장군 고소화식(高召和式: 훗날 高彪로 賜名)이 묘제선사 각해(覺海)와 함께 보조사를 중건한 사실이 새겨져 있다. 장청(長淸) 영암사(靈巖寺)에 있는 유영암사제기(游靈巖寺題記)에는 1156년(정륭1) 동명성왕의 후예이자 요양 발해 유예인 장여위(張汝爲)가 사찰을 유람한 기록이 있고, 1176년(대정14)에 영암사의 보공선사탑명(寶公禪師塔銘)에는 1150년(천덕2)에 장여위의 부친 장호(張浩)가 대명법보를 앙산(仰山) 서은사(棲隱寺) 주지로 초빙하였음을 기록하고 있으며, 1162년(대정2)에 자주(磁州) 대명사(大明寺) 창건에 필요한 경비를 시주했다는 기록도 있다. 이들 비각들은 사라지거나 파괴되어 잊혀진 발해와 발해 유예들의 활약상과 불교음악적 면면을 추정해 볼 수 있는 귀한 사료로서 앞으로 관련 연구가 심화될 것으로 보인다.[10]

2) 발해의 불교 유적과 유물

불교는 발해 왕실과 왕권 정당성 강화의 이념적 도구였다. 발해 불교의 원류는 고구려에 있으며 9세기에 이르러 크게 융성했다. 남국 대부분 사찰의 창건사가 신라로 시작하듯이 북국은 고구려로 시작한다. 북국과 연결되는 지역인 중국·러시아·북한이 사회주의로 인해 종교 전통 보존에 취약했으므로 현재는 극소수의 불교 유적만이 북한에 남아 있다. 고구려에 처음으로 불교를 전파한 승려들이 머물렀던 초문사와 이불란사가 평양 천도 후 흥국사와 흥복사로 개명하였다. 광개토대왕이 393년에 창건한 아홉 사찰을 통

10 박현규, 「山東 소재 금나라 渤海遺裔 佛教碑刻 補釋」, 『한국고대사탐구』34, 2020.

해 고구려 초기의 불교를 추정하고 있다. 더불어 고구려식 당간지주가 있는 평양의 중흥사, 고구려 승려 현욱(玄旭)이 503년에 창건한 평남 평성의 안국사, 한국 최초의 결사도량으로 알려져 있는 동사(東寺), 고구려 말기의 승려 보덕과 그 제자가 창건한 반룡사 · 영탑사 · 금동사 · 보덕암 등이 고구려 사찰로 전해지고 있다.[11]

〈사진 4〉 중흥사지 당간지주

이와 더불어 해외 구법승인 도등(道登)이 세웠다는 백록원사(白鹿薗寺), 일본의 쇼토쿠 태자가 바닷가에서 수습한 불상을 봉안해 왔다는 광명사(光明寺)가 있는가 하면 고구려 사지(寺地)로 알려진 평원군 대성 구역의 상오리(上五里)와 청호리사(淸湖里寺)의 절터를 포함한 10여 군데, 문헌상에 나타나는 평안도 안주군 칠불사, 황해도 연등사도 역시 고구려 사찰로 추정하고 있다.

발해 오경(五京) 중 상경은 관음상으로 대표되는 관음 신앙이, 동경 지역은 이불병좌상(二佛竝坐像)으로 대표되는 법화 신앙이 유행했다. 발해의 동경(東京) 용원부(龍原府) 유지에서 발견된 이 불상은 현재 남아 있는 발해 이불병좌상 중에서 그 형태가 가장 완전한 상태이다.[12] 이불병좌상은 『법화경』 「견보답품(見寶塔品)」의

11 황인규, 「북한지역 고구려와 발해의 불교 사찰 고구려와 발해의 사찰 발굴 복원 一試攷 -」, 『불교연구』 51. 2019.

12 높이 29㎝의 이 병좌상은 일본 동경국립박물관에 소장되어 있다.

내용 중 석가불(釋迦佛)과 다보불(多寶佛)을 다보탑(多寶塔) 안에 나란히 앉아 있는 모습으로 조각한 것이다. 우리나라에는 통일신라 시대의 황룡사지(皇龍寺址) 출토 금동이불병좌상과 전대전사지(傳大典寺址) 출토의 청동이불병좌상 그리고 고려 시대의 괴산 마애이불병좌상과 같은 사례가 서로 연결된다. 이러한 가운데 유독 발해 동경용원부 유지에서만 8구 이상이 출토된 것은 법화경 강설을 애호하였던 산동적산원의 불교 유습과 관련이 있어 보인다.

발해 기와에 불(佛)자의 옛 문자가 새겨진 것이 있어 불교를 중심으로 하는 발해 문화를 말해 준다. 일본 이시마야사(石山寺)에는 발해 사신이 전해 준 다라니경이 있는데, 이는 발해에 밀교가 성하여 일본에까지 전해 주었던 것으로 보인다. 관련하여 「상경성 사리구와 발해 공예의 미술사적 의의」,[13] 「발해 기와의 종류와 특징」[14]에서 발해의 미술 · 건축 양상을 추정해 볼 수 있다.

3) 발해 불교음악과 연희

사신들이 왕래를 하면 그 나라의 악사들이 동행하여 문화 교류를 하는 것이 필수였다. 고구려 문화를 계승한 발해는 고구려의 요고(腰鼓: 요고는 서역과 고구려에서만 나타나던 악기)[15]를 사용했는데 이는 통일 이후 경주 감은사지 3층 석탑의 사리함에 새겨져 있다. 이렇듯 고구려의 악기가 통일 후 일부는 신라에, 일부는 발해

13 최성은, 「상경성 사리구와 발해 공예의 미술사적 의의」, 『발해의 불교유물과 유적』, 2016, pp. 157－194.

14 이우섭, 「발해 기와의 종류와 특징」, 『발해의 불교유물과 유적』, 2016, pp. 195－261.

15 계미향, 「발해 승려들의 對 일본 활동 연구」, 『동아시아불교문화』 70, p. 350.

를 통해 일본으로 전해지기도 했다. 일본에서 연행된 발해 음악을 간추려 보면, 738~739년 기진몽(己珍蒙) 등의 사신단이 궁중의 합문(閤門)에서 본국악(발해)을 연주하였다는 기록이 있다.[16] 749년(天平勝寶元年) 도다이지(東大寺) 대불 완성을 기원하는 의식에서 발해인들의 연주가 있었으며, 752년 9월에는 사신 모시몽(慕施蒙) 일행이 연주한 발해악을 연주했고,[17] 762년 대사 왕신복(王新福) 등 23인이 일본으로 파견되어 763년 정월 7일에 일본 궁중의 향연에 초청받아 연주하였다[18]는 기록이 있다.

그런가 하면 고구려에서 일본으로 이주한 고내궁(高內宮)이 발해로 유학 와서 발해 여인과 결혼한 후 적(笛)과 음성을 배워 일본에 전하며 악사로 활동한 기록이 있다. 일본에서 행해져 온 그림 설법 에도끼(繪解き)를 발해에서 전해 준 것으로 추정하기도 한다.[19] 이를 뒷받침하듯 근래에 부각되고 있는 땅설법의 법맥이 발해 지역인 상경에서 활동하던 무명 스님의 계통인 점이 의미심장하게 다가온다. 땅설법에는 그림 이야기를 비롯해 다양한 불교 연희가 있다. 또한 국립중앙박물관에는 발해 지역에서 발견된 다수의 불상과 함께 발해의 불교의례집이 전시되어 있다. 그런데 이 의례집에는 조선 시대『작법귀감』, 영남 지역 승려들이 자신들의 의례집에 성조를 표시해 온 성조표와 상통하는 붉은 점이 표시되어 있어 앞으로 이 방면에 많은 연구 과제가 있을 것으로 기대한다.

---

16 荻美律夫,『古代音樂の世界』, 東京: 吉川弘文館, 2005; 酒奇雅志,「아악『新鞣鞨』にみゐ古代日本と東北アジア」,『渤海と古代の日本』, 東京: 校倉書房, 2001.

17『續日本記』第17卷, 天平勝寶元年十二月丁亥.

18 荻美律夫, ,『日本古代音樂史論』, 東京: 吉川弘文館, 1982.

19 계미향, 앞의 논문, p.357.

〈사진 5·6〉 현재 국립중앙박물관에 전시되어 있는 발해 불상과 의례집

〈사진 7〉 발해 이불병좌상

2. 남국 신라의 불교음악

『삼국유사』에 의하면 경덕왕(재위 742~765) 19년(760) 경자년 4월 초하루에 두 해가 나란히 나타나 열흘이 지나도 사라지지 않자 월명사를 불러 이를 해소하려 했다. 이때 월명사는 "향가만을 알 뿐 '성범(聲梵)'은 못 한다."[20]라며 향가인 도솔가를 불러 재앙을 소멸했다. 이러한 기록을 볼 때, 진감선사 이전의 신라에는 당풍 범패와는 다른 '성범'과 '향가'가 불리고 있었음을 추정할 수 있다.

소수림왕 이전의 불교를 들면 『신라 본기(本記)』 제4권, 모례의

---

20 『三國遺事』第五卷, 「月明師 兜率歌」: 月明師兜率歌 – 景德王十九年庚子四月朔. 二日並現. 挾旬不滅. 日官奏請緣僧, 作散花功德則可禳. 於是潔壇於朝元殿. 駕幸靑陽樓. 望緣僧. 時有月明師, 行于阡陌時之南路. 王使召之. 命開壇作啓. 明奏云. 臣僧但屬於國仙之徒. 只解鄕歌. 不閑聲梵. 王曰. 旣卜緣僧. 雖用鄕歌可也.

기록을 빼놓을 수 없다. 신라 제19대 눌지왕(393~458) 때에 사신 묵호자(墨胡子)가 고구려로부터 일선군(一善郡 현재 경북 선산)에 이르자, 그 고을 사람 모례(毛禮·毛祿)가 자기 집 안에 굴을 파서 방을 만들고 그를 머물게 했다는 기록이 있다. 모례의 누이동생의 이름은 사씨(史訖)인데, 아도(고구려 여인 고도령의 아들)에게 귀의하여 비구니가 되었고 이후 삼천(三川)에 절을 지었는데, 그곳이 영흥사(永興寺)이다.

『해동고승전』에 의하면 아도가 일선군에 왔을 때 고구려에서 온 승려 정방(正方)과 감구빈(減垢玭)이 포교 활동을 하다가 피살된 사실을 전해 들었다. 이는 아도가 신라에 불교를 전하기 이전부터 불교가 들어와 있었음을 추정케 하는 대목이다. 『삼국유사』는 "아도가 오기 전에 흥륜사를 비롯하여 일곱 곳의 가람터가 있었다."[21] 라고 기록하며 눌지왕(재위 417~458) 때 아도 화상의 전도 활동으로 신도가 늘어나기 시작했음을 전하고 있다. 이러한 제반의 기록을 볼 때 한국불교음악 또한 소수림왕 이전에 이미 있었음을 알 수 있다.

중국의 범패가 진감선사 이전에도 전해졌을 가능성을 신라의 유학 승려 각덕(覺德)이 양나라에 유학을 마치고 귀국한 시기(549년)에서도 짐작해 볼 수 있다. 불교사에서 각덕의 귀국은 한국에 최초로 사리가 들어온 것만을 강조하고 있어 불교음악의 유입에 대해서는 간과하고 있다. 그러나 어떤 종교를 배워 온다는 것은 의식과 그에 따른 음악도 함께 들어오는 것임을 감안할 때, 양무제 당시 궁중 악가무로 연주되며 번창했던 불교음악이 신라에 들어왔을 가능성을 배제할 수 없다. 이때는 월명사가 "향가만 안다."라고

---

21 『三國遺事』第三卷, –興法–阿道基羅: 此國于今不知佛法… 후략

한 기록(경덕왕 19, 760년)보다 약 200여 년이 앞선 시기이다.

1) 진감선사 이전 불교음악

(1) 범어범패

월명사가 부르지 못한 '성범'에는 산스끄리뜨어를 지칭하는 범어의 '범(梵)' 자가 있어 범성(梵聲) 내지 범음(梵音)으로 해석할 수 있다. 진감선사가 배워 온 한어로 된 어산범패는 인도에서 출발한 범어 경전이나 게송이 한자로 번역되어 재창제되는 데 많은 시간을 필요로 했다. 그에 비해 범어범패는 번역의 단계를 거치지 않았으므로 그 전파 속도가 매우 빨랐다.

대개 종교의 전파는 초전(初傳)의 과정을 거친 후 공전(公傳)으로 자리 잡는다. 초전은 민간에서 잠행적이며 개별적으로 이루어지는 반면, 공전은 문화적인 변이를 거친 후 국가의 공식적인 허용에 의해 안착된다. 한국의 초전 불교는 중국을 거치지 않고 서역(실크로드 지역)을 통해 직접 들어오거나 기존의 토착 종교와 결부된 경우가 많았던 만큼 범패에 있어서도 진감선사 이후 확산된 어산 범패와는 그 궤적과 율적 양상도 달랐을 것이다.

중국의 『고승전』이나 돈황 기록문에는 초기 유화승(流化僧)에 관한 기록이 많다. 당시 승려들은 유랑 걸식을 하며 포교 활동을 했다. 이들의 포교 활동 중에는 범어 경구(經口)나 주어(呪語)·주문(呪文)을 외는 일이 많았는데, 범어로 된 그 율조를 통틀어 범어범패라고 할 수 있다. 인도의 힌두 사제가 주술로 신통력을 부리듯 포교승들은 범어범패가 지닌 신통력으로 민중의 호기심을 자극하며 인기를 얻었던 내용들이 옛 기록에 나타난다. 경덕왕이 이변을 해소하기 위해서 월명사에게 노래를 부르게 했던 상황도 범어범패의 신비력과 연결되는 측면이 있다.

범어는 한국에 불교가 들어온 이래로 여러 불경 속에 진언을 적은 문자와 함께 유입되었으므로 한어 경전이나 공전 불교가 생겨나기 이전부터 들어왔다고 볼 수 있다.[22] 삼국 중 범어 활용에 가장 적극적이었던 나라는 백제이다. 침류왕 원년(384), 마라난타에 의해 불교가 들어왔고, 526년 무렵 겸익(謙益)은 인도 20여 부파의 계율을 기록한 『사분율(四分律)』 범본(梵本)을 직접 번역했다. 이는 당나라의 현장(玄奘 602~664)이나 의정(義淨 635~713)보다도 100년이 앞선 시기였다.

중국의 현장은 629년부터 645년 사이 서역의 나게라갈국(那揭羅曷國 Nagarahara) 등 약 138개국을 직·간접 견문한 후 그 나라의 풍토와 관습 등을 정리하여 『대당서역기(大唐西域記)』[23]를 펴냈다. 의정은 현장의 『대당서역기』에 자극을 받아 인도로 건너가 20여 년간 수학하여 『남해기귀내법전(南海寄歸內法傳)』을 기록했다.[24] 이 저술에서 의정은 당시 인도 등에서 유행했던 범어의 체계에 대해 상세히 기술하여 현장의 대당서역기보다 일보 전진한 성과를 거두었다. 백제 겸익의 범본 사분율로 미루어 볼 때, 6세기에 범어범패로 인한 의례와 신행도 있었을 것이다.

신라의 범어 신앙은 불국사 석가탑에서 발견된 『무구정광다라니경』을 통해서 추정해 볼 수 있다. 『무구정광다라니경』의 제작 시기가 706~751년으로 밝혀졌으므로 월명사의 '성범'에 관한 기록보다 50여 년 전에 이미 신라에 범자 신앙이 있었음을 알 수 있

22 이대승(2023), 「망월사본〈眞言集凡例〉에 대한 연구」, p. 208.
23 『大正藏)』 51, 876c 09－14.
24 『大正藏』 51, 01a 25－27.

다. 또한 경상북도 금릉군 금오산 서쪽 기슭 갈항사(葛項寺)에서도 범자 진언이 발견되었다. 동서삼층 석탑과 함께 758년에 제작된 것으로 추정되는 이 범자는 불모(佛母)인 준제(準提)께 바치는 진언으로 오늘날 『천수경』을 통해 염송되고 있는 준제진언 신행과 크게 다르지 않아 실담범자의 원형을 복원하는 데 중요한 자료이다.[25]

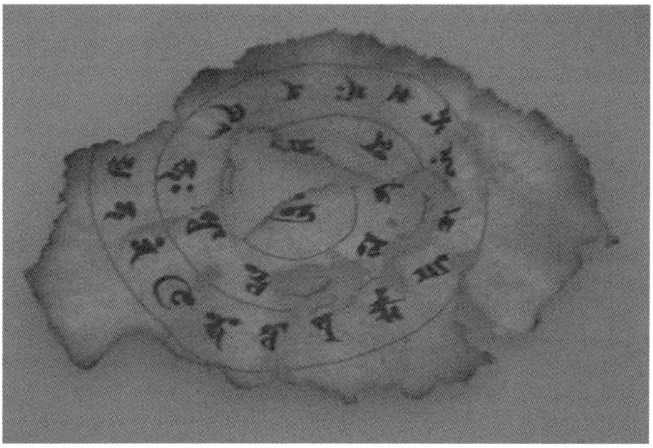

〈사진 8〉 갈항사 범자 진언

범어범패의 가사가 되는 만뜨라(mantra)는 '신성한 사상을 담는 그릇'이라는 범어에서 유래하여 주(呪)·밀주(密呪)·신주(神呪) 등으로 번역된다. 한자로 된 범패 가사들이 불보살을 칭탄하는 '뜻'에 집중하는 것에 비해 범어로 된 진언은 소리 나는 '음'에 집중하여 지송한다. 범어 다라니와 주문은 반복되는 의성어 의태어가 많아 법기반주와 함께 신명나게 송주할 수 있어 대중 친화적이다.

---

25 닥종이에 가는 붓으로 나선형 동그라미 사이에 쓰여진 이 범자들은 원래 26자였으나 지금은 24자 정도를 읽을 수 있다.

중국의 초전 불교 당시에는 제례음악을 비롯하여 궁중 악가무에 이르기까지 인도에서 들어온 불교의 영향이 컸다. 범어 경전을 번역하는 과정에 한어 성조를 표시하는 운도(韻圖)가 생겨났다. 또한 중국 음악 이론의 바탕인 삼분손익은 물론이요, 정악과 아정함의 개념도 서역 음악의 유입으로 변화되었다. 더불어 양무제가 불경의 게송을 노래하는 음악을 궁중음악으로 삼았던 기록을 볼 때, 서역 음악을 제외하고는 중국 전통음악을 생각할 수 없을 정도이다.

한국의 불교도 초기로 거슬러 갈수록 중국을 거치지 않은 서역 교류가 많았다. 혜초의 천축국 여행이 이뤄진 것이 월명사와 동시대의 일이었는데, 이는 그 이전부터 신라와 천축 교역이 이루어져 온 여건이 있었기에 가능했던 일이다. 한편, 최치원은 서역으로부터 유입된 놀이와 기악에 '향악'이라는 이름을 붙여 '향악잡영오수'라고 했다. 서역에서 들어온 놀이를 '향악'이라고 했다는 것은 오래전에 서역 문화가 신라에 들어와 토착화되어 있었음을 말해 준다.

이러한 사실은 월명사 이전에 범어범패가 신라에 널리 퍼져 있었을 가능성에 무게를 더한다. 이처럼 서역의 범어범패가 왕성하게 소통되었으므로 경덕왕이 월명사에게 노래를 불러 달라고 했을 때 '성범'을 부르지 못한다는 말을 먼저 했던 것이다. 나아가 '성범'이 향가보다 더 많이 불렸거나 그 입지가 더 높았을 가능성도 있는데, 여기에는 주어(呪語)가 지닌 신통력과도 관련이 있다.[26]

(2) 향가

범패는 한어 경전 암송이나 한문 의례문 텍스트에 의한 율조인 반면 향가는 신라 방식의 불교음악 내지 의식음악이었다. 죽은 누

---

26 상세한 내용은 윤소희(2015), 「월명사의 성범에 관한 연구」 참고 바람.

이의 극락왕생을 비는 월명사의 '제망매가'는 기원(祈願)을 담은 노래이므로 만약 의식 중에 창화했다면 향풍범패가 될 수 있다. 최근 발표된 논문에 의하면 향가는 종합예술의 대본(世人戲樂之具)이자 지문(指紋)의 기능도 있었다.[27] 이 외에도 향가에 대한 연구들을 보면, 단순한 노래나 문학을 넘어서는 행위적 양상이 느껴진다.

월명사가 "나는 향가만 할 수 있지 성범(聲梵)은 모른다."라고 한 시기는 진감선사가 쌍계사에서 당풍의 범패를 가르친 때(흥덕왕 5년, AD830)보다 160년 앞선다. 월명사의 이름에 스승 사(師)자가 붙은 것은 그가 상위의 지식층인 데다 국선(國仙)까지 지냈던 이력이 있기 때문이다. 월명사가 활동했던 당시 신라의 불교는 새로이 들어온 외래 종교였다. 한국에 서구 문명이 들어올 무렵 기독교를 받아들인 사람들이 개화사상에 일찍 눈을 쓴 엘리트층이었던 것과 같다.

오늘날 전해지는 향가는 『삼국유사』에 14수, 『균여전』에 11수만 전해지고 있어 향가에 대한 모든 것을 알 수는 없다. 『삼국유사』의 14수는 서동요 · 혜성가 · 풍요 · 원왕생가 · 모죽지랑가 · 헌화가 · 원가 · 도솔가 · 제망매가, 안민가, 찬기파랑가, 도천수관음가, 우적가, 처용가 등이다. 이 중 서동요, 모죽지랑가, 찬기파랑가를 제외한 나머지 곡은 모두 불교와 관련된 내용이고, 『균여전』의 11수는 고려조 균여 대사가 지은 불곡(佛曲) 향가이다. 향가를 지은 작가들은 원왕생가를 지은 '광덕'과 헌화가를 지은 작가를 제외하면 대부분 엘리트 승려 혹은 상류층 사람들이어서 향가가 오늘날 우리

27 김영희(2025), 「향가제작법에 의한 〈보현십원가〉 해독과 〈보현십원가〉가 여는 향가의 세계」, pp. 5–65.

가 생각하는 민요가 아니었음을 알 수 있다. 즉 향가의 '향(鄕)'의 의미는 오늘날의 '시골'의 의미가 아니라 중국과 대칭되는 의미로 오늘날 '국악'이라고 할 때의 '우리나라'라는 의미였다.

이들 향가의 음악적 성격에 대해서 구체적으로 알 길이 없지만 월명사의 행적에 미루어 보면, 신통력의 한 매개이기도 했다. 그 근거로 월명사는 미륵이 화랑으로 이 세상에 내려왔다는 미륵 하생신앙을 믿었으며, '제망매가(祭亡妹歌)', '도솔가(兜率歌)'를 지을 정도로 문학적 능력이 뛰어났다. 그뿐 아니라 향가로 재앙을 해소할 정도의 신통력도 있었으므로 이들 노래와 관련한 이적(異蹟)들이 전해지고 있다. 한편, 향가 중에는 불교와 거리가 먼 주술적인 내용의 곡도 있지만 이러한 곡들도 결과적으로는 불교의 주밀사상에 바탕을 둔 것이라는 주장이 있다.[28]

2) 진감선사 이후 불교음악

(1) 당풍범패

월명사가 향가로 도솔가를 부른지 약 60년 후인 흥덕왕 5년(830)에 진감선사가 당나라에서 귀국했다. 당시는 조식(曹植 192~232)이 어산범패를 창제한 이후 600여 년이 흐른 때였고, 어산범패의 가사가 되는 당 문학도 성할 대로 성한 시기였다. 당나라 말기의 중국 범패에 비추어 보면, 진감선사는 행주좌와에 수반되는 율조, 송경, 의례에 수반되는 게송 등 완숙기의 당풍 범패를 배워왔을 것이다. 이 무렵 중국에는 강경·송경의식 외에 속강까지 성했던 시기였다. 그러나 진감선사는 승가 규범과 관련한 탈세속적

28 김승찬(1986), 「향가의 주술적 성격」, 『향가문학론』, p. 42.

범패에 충실하였음을 최치원의 대공탑비문을 통해서 확인할 수 있다. 이에 대한 내용은 제3부 3장 '음악치료와 명상음악'에서 다시 논하겠다.

신라의 불상처럼 편안하고 소박한 신라풍 불곡, 즉 향가가 진감선사의 어산 범패를 맞이하면서 어떤 입지에 놓였을까? 범패를 지칭하는 '장엄굴곡'이라는 말도 알고 보면 한어 가사를 늘이는 데서 생겨난 말이다. 오늘날 한국과 중국풍의 문화와 풍속을 비교해 보면, 대륙의 장대한 기질과 자연스럽고 유연한 한반도 기질의 대비가 느껴진다. 그렇듯 진감선사 이전에는 자연스럽고 편안한 향가 스타일의 불곡과 인도에서 들어온 진언이나 다라니를 총총히 외우며 소원을 빌던 범어 범패와는 확연히 달랐을 것이다. 이처럼 큰 반향을 불러일으킨 진감선사의 당풍 범패였지만 이에 대한 기록이 『삼국유사』, 『삼국사기』를 비롯한 그 어디에도 보이지 않고 쌍계사에 세워진 '대공탑비문'이 유일하다.

진감선사의 부모는 산동 지역의 한족(漢族)이었다. 이를 글자로만 보면 중국의 한족으로 여길 수 있으나 역사적 흐름을 보면 그렇지 않다. 이곳은 고구려 유민이 살던 지역이었기 때문이다. 비문을 쓴 최치원을 고구려 유민이 아니라 한족이라고 표기한 것은 산동 지역 고구려 유민에 대한 신라 사람들의 부정적 인식을 피하기 위해서라는 주장이 있기도 하다.[29] 당나라와 교류가 깊었던 통일신라의 상황에 비추어 볼 때 '한족'으로 설정하는 것이 진감선사에 대한 존경심을 얻는 데 유리했을 것으로 보인다. 진감선사의 선친이 "산동 지역에 살던 한족(漢族)이었다."라는 대목을 또 다른 측면에서 바라보면, 중국과 신라를 넘나드는 언어 능력과 융합적 문

29 김복순(2000), 「眞鑑禪師의 생애와 불교사상에 관한 연구」, pp. 205-231.

화 수용의 유연성을 알 수 있다. 진감선사가 유학을 떠난 시기는 당나라 말기로, 26년에 걸쳐 토박이 신라인보다 당풍 범패를 훨씬 수월하게 체득할 수 있었을 것이다.

당시 선(禪)은 신라 사람들에게 낯선 것이어서 진감선사보다 먼저 귀국한 도의 선사는 변방에서 간신히 선교를 펼치고 있었다. 귀족 중심의 편협한 사회였던 신라의 사회적 여건에서 왕실 혈족이나 귀족의 후광이 전혀 없었던 진감선사에게 학승들이 모여들었던 데에는 유려한 음성의 범패가 윤활유의 역할을 했을 것으로 보인다. 진감선사의 범패는 오늘날 문화재장에서 하는 바깥채비들의 범패와 달리 승려라면 누구나 해야 하는 송경, 청규 관련 율조에 일부 찬탄게송의 유려한 선율이 있었을 것으로 보인다.

(2) 향풍범패

중국에 어산 범패가 있듯이 한국에는 향풍범패가 있다. 한국 승려들에 의한 경전의 요지를 축약한 경문찬초(經文纂鈔), 축원 및 기타 여러 게송과 사설들이 향토적 선율과 리듬 절주로 민중 속에 향유되어 왔는데도 그간 향풍범패의 존재에 대해 간과해 왔다. 원효 대사가 부른 무애가와 민중의 나무아미타불 후렴구와 장엄염불, 의상 대사의 법성게, 월명사의 향가와 연결되는 향풍범패는 일상의 신행과 염불 및 시다림에서 없어서는 안 될 중요한 율조이다.

『삼국유사』에는 남산 기슭에서 '아미타불'을 소리 내어 염송하는 염불사(念佛師)에 대한 기록이 있다.[30] 염불 소리는 음의 고저

---

30 『三國遺事』第五卷「避隱」念佛師: 南山東麓有避里村, 村有寺, 因名避里寺. 寺有異僧, 不言名氏, 常念彌陀, 聲聞于城中. 一千三百六十坊, 十七萬戶, 無不聞聲, 聲無高下, 琅琅一樣. 以此異之, 莫不致敬, 皆以念佛師爲名. 死後泥

에 변화가 없었고, 그 소리를 듣지 않은 사람이 없을 정도였다."라는 내용에 미루어 볼 때, 오늘날 정근염불의 시원으로 보인다. 신라 시대에 금강산 자락 건봉사에서 만일염불회를 결성한 31인의 승려가 등천한 일을 기념하는 등공대(騰空臺)가 건봉사에 세워져 있다. 요즈음도 각처에서 정근염불이 행해지고 있어 염불사의 염불이 천 년이 넘도록 전승되고 있다.

오늘날 전승되고 있는 향풍범패의 면모를 보면, 시중에 유통되고 있는 천수경, 장엄염불, 법성게를 비롯한 다양한 경문찬초를 들 수 있다. 이들은 조선의 억불을 맞아 걸립패나 탁발승의 노래로 불리다가 무가(巫歌) 내지는 상여 소리가 되기도 했다. 이러한 향가는 소리꾼들의 노래로 인기를 누리기도 하였지만 사찰 신행에 그대로 남아 일반 신도들의 신행 속에 살아 있는 경우도 많다. 땅설법을 전승한 삼척안정사의 민속적 불교 의례와 율조에서도 향풍범패의 면면이 느껴진다.

향풍범패는 창자의 성향에 따라 자유로이 선율을 지으므로 음악적 변화의 폭이 크지만 이러한 가운데도 일관된 맥락과 율조 유형이 있다. 법성게는 2소박 패턴이고, 장엄염불은 2소박 · 3소박 · 빠른 2소박의 3부분 형식이다. 천수경과 육자염불에는 긴 · 자진 틀이 있고, 빠른 율조는 2소박, 느린 율조는 3소박의 공통성을 지니고 있다. 이러한 향풍범패는 궁중음악을 비롯하여 한국 전통음악의 역사와 궤를 같이 해 왔으므로 앞으로 불교음악과 한국 전통음악의 관계 규명에도 기여하는 바가 클 것이다.

塑眞儀, 安于敏藏寺中. 其本住避里寺, 改名念佛寺. 寺旁亦有寺, 名讓避, 因村得名.

(3) 악기

『삼국사기』에는 통일신라의 삼현삼죽이 기록되어 있다. 당시는 불교를 바탕으로 한 사회였으므로 이들 음악은 직·간접적으로 불교적 내용을 담고 있다.

① 현악기

법금(法琴): 우륵 이전에 신라에는 신라금이 있었다. 이에 해당하는『삼국유사』의 기록을 보면 다음과 같다.

“물계자가 군에 공을 세웠으나 인정받지 못하여 머리를 풀고 금을 메고 다니며 대나무의 곧은 성질을 비유하여 노래를 짓고, 흐르는 시냇물 소리를 들으며 금을 타고, 곡조를 지으며 은거하여 다시 세상에 나오지 않았다.”[31]

이 대목에서 물계자의 작곡과 노래 및 악기 연주를 할 수 있었던 면모가 느껴진다. 물계자가 금을 들고 유랑한 시기는 내해왕(재위 196~230) 17년 무렵으로 우륵이 신라로 투항한 551년보다 수백 년 앞선 때이다.

이후 신라금에 대한 기록은 거의 없고 가야금이 삼현 중의 한 악기로 나타난다. 이때의 가야금은 양이두로 된 오늘날의 정악 가야금인데, 예전에는 이를 법금(法琴)이라고 했다. 오늘날 사찰에서 타주하는 북을 법고, 의례에 쓰이는 기물을 법구라고 하는 점

31 『三國遺事』第五卷「避隱」, 勿稽子: 第十奈解王卽位十七年壬辰, 保羅國/古自國[今固城]/史勿國[今泗州]等八國, 併力來侵邊境. 王命大(太)子捺音. 將軍一伐等率兵拒之, 八國皆降. 時勿稽子軍功第一, 然爲大(太)子所嫌, 不賞其功. 或謂勿稽曰: “此戰之功, 唯子而已. 而賞不及子, 大(太)子之嫌, 君其怨乎稽曰 “國君在上, 何怨人臣. 或曰 然則奏聞于王幸矣. 稽曰 伐功爭命, 揚己掩人, 志士之所不爲也, 勵之待時而已.

에서 가야금이 법금으로 쓰일 만큼 가야금 불곡이 많았을 것으로 보인다.

거문고[玄琴]: "국선 요원랑과 예흔랑 등이 세 개의 가사를 지어 대거 화상에게 보내어 곡을 지었다."[32]라는 내용이 있는데 작사자와 작곡자가 분리되는 점이 주목된다. 대거 화상이 지은 세 곡 중 현금포곡은 거문고를 타며 노래하는 병창(竝唱)으로 보인다. 두 번째 곡의 제목 '대도(大道)'는 불교적이고, 세 번째 곡인 문상곡도 '문(問)'이라는 글자에서 대거 화상에게 법을 여쭙는 뉘앙스가 있다. 『삼국사기』에는 "경덕왕(재위 739~742)이 옥보고에게 사람을 보내어 배워 오게 함으로써 현금 연주를 업으로 삼는 이가 많았다."라는 기록이 있다. 대거 화상(경문왕 재위 861~875 시기)은 옥보고 이후 거문고를 업으로 삼은 한 예라 할 수 있다.

비파: 통일신라 초기에 차득공은 정승 후보에 올라 입신하기 전에 민심을 알아보고자 거사의 차림으로 비파를 들고 다녔다.[33] "신분을 감추기 위해 거사 차림을 하고 비파를 들고 다녔다."라는 점에서 당시 비파의 유행을 짐작할 수 있다. 통일신라의 거사는 출가자 못잖은 재가 수행자였음을 감안해 보면 그들의 음악도 불교음악이었음을 알 수 있다. 오늘날 사찰 입구에 있는 사천왕 중 동방 지국천왕 간다르바[乾達婆]의 악기가 비파이고, 정토 극락의 보살도 비파를 타며, 일본에서 성행했던 맹승(盲僧) 비파 법사에 비추

32 『三國遺事』第二卷「紀異」景文大王: 國仙 邀元郎 譽昕郎 桂元 叔宗郎等, 遊覽金蘭, 暗有爲君主理邦國之意, 乃作歌三首, 使心弼舍知, 授針卷, 送大矩和尙處, 令作三歌, 初名玄琴抱曲, 第二大道曲, 第三卷 問群曲: 入奏於王, 王大喜稱賞, 歌未詳.

33 『三國遺事』第二卷「紀異」, 文虎王法敏: 官吏之淸濁, 然後就職 … 중략 … 公著緇衣, 把琵琶, 爲居士形 … 중략… 巡行里閈, 州吏安吉見是異人,

어 볼 때 비파를 타며 경전을 노래하거나 설법에 해당하는 많은 불교음악이 있었을 것으로 보인다.

② 관악기

만파식적과 신적(神笛): 『삼국사기』의 삼죽(三竹)은 대금, 중금, 소금으로 모두 같은 계열의 횡적이다. 이와 달리 『삼국유사』에 나타나는 관악기는 적(笛)과 생(笙)의 두 계통이 있다. 적에 관한 일화를 보면, 문무왕의 만파식적, 효소왕의 신적(神笛) 그리고 월명사의 적(笛)이다. 오늘날에는 만파식적과 신물로 모신 적은 대금류 악기와 연결 짓는데 비해 월명사의 적은 '피리'로 해석하는 경우가 많다. 오늘날 '피리'로 통용되는 악기는 서(舌)를 끼워 부는 관악기로 한자로는 필률(觱栗)이다. 이 무렵의 한국 문헌에는 '필률'에 대한 기록이 없고, 『삼국사기』에서 중국 문헌의 고구려악에 대한 내용으로 "소필률, 도피필률이 있다"는 기록이 보인다.[34] 아무튼 피리는 『삼국유사』에는 일절 보이지 않고, 『삼국사기』의 삼현삼죽에도 들지 않는 악기여서 이에 대한 규명과 재연구가 필요하다.

생(笙): "헌강왕 대의 경주에는 집과 담이 연하여 있고, 도성과 지방까지 초가가 없으며, "생과 노래가 끊이지 않았다."라는 기록이 삼국유사에 전하고 있다.[35] 민가에 생의 소리가 끊임없었던 점

---

34 『三國史記』 卷32: 高句麗樂,通典云...전략... 樂用彈箏一, 搊 箏一, 臥箜篌一, 竪箜篌 一, 琵琶一, 五絃一, 義觜 笛一, 笙一, 橫笛一, 簫一, 小篳篥一, '裘衤篥一, "口"鈔衤篥一, 腰鼓一, 齋鼓一, 檐 鼓一, 唄一. 大唐武太后時, 尙二十五曲, 今唯能習一曲, 衣服亦寖 衰敗, 失其本風.冊府元龜云 樂有五絃琴 · 箏 · 篳篥 · 橫吹 · 簫 · 鼓之屬, 吹蘆以和曲.

35 『三國遺事』 第二卷 「紀異」 處容郞望海寺: 憲康大王之代, 自京師至於海內, 比屋連… 無一草屋. 笙歌不絶道路, 風雨調於四時.

에 미루어 볼 때, 이 당시 생황이 민가에 유행하였음을 알 수 있다. 또한 생과 노래가 끊임이 없을 정도로 풍족했던 신라 사회를 엿볼 수 있다.

Ⅲ. 고려 시대 불교음악

고려조(913~1392)에는 불교 의식이 국가적인 행사로 행해졌다. 문헌에 의하면 고려 시대에는 불교 신앙으로 민심을 수습하고 국운의 가호를 위해 호국 도량과 호국탑을 지었으며, '훈요십조(訓要十條)'를 만들어 팔관회와 연등회를 열었다. 『고려사』와 『고려사절요(高麗史節要)』에도 왕실과 국가 행사가 불교적으로 이루어졌으므로 이에 수반된 음악은 모두 불교음악이었다고 적고 있다. 팔관회를 맞아 왕이 위봉루에 나아가 관람하던 '공불낙신지회(供佛樂神之會)'에 수많은 악공들이 기악을 연주하고 춤과 노래로 법연(法宴)이 이루어졌다.[36]

당나라에 들어서는 7부기가 9부기, 10부기로 확대되었다. 이러한 과정에 다른 국가의 악단은 들쭉날쭉 변화가 있지만 고려기는 한결같이 자리를 지키고 있음을 『수서(隋書)』『통전(通典)』, 『구당서(舊唐書)』 등에서 확인할 수 있다. 고려악은 중국을 통한 국제 활동뿐 아니라 일본으로도 건너갔다. 일본의 고문헌 『유치삼대격(類聚三代格)』을 보면, 고려 악생 20인이 일본에 온 기록이 있다. 이는 훗날 일본의 궁중음악 중 우방악(右方樂)인 고마가쿠(高麗樂)로 자리 잡았다.

36 『高麗史節要』, 第一卷, 太祖 元年 十一月條.

1. 의식 음악

1) 법회와 재·도량

신라 말기가 당풍 범패의 학습기였다면 고려조에는 의식을 통해 당풍 범패가 실용화되었고, 법회 · 재 · 도량(道場)과 같은 다양한 의례가 행해졌다. '법회'가 불보살을 받들며 경전을 강독하거나 교설하기 위한 모임이라면 '재'는 불보살께 공양하며 제령(諸靈)을 천도하는 것으로, 제석재(帝釋齋) · 축수재(祝壽齋) · 우란분재(盂蘭盆齋) · 기재(忌齋) · 백일재 · 소상재(小喪齋) 등이 있었다. '도량'은 불교를 교설하거나 불도를 수행하는 장소를 이르기도 하지만 제석도량 금강경도량 등 밀교적 기도수법(祈禱修法)에 다라니를 염송하며 양재구복을 일컫는 의식이기도 했다.

2) 수륙재

고려 광종(재위 949~975) 21년(970)에 갈양사(葛陽寺)에서 최초로 수륙재가 행해졌다. 선종(재위 1083~1094) 7년에는 태사국사(太史局事) 최사겸이 송나라에서 가져 온 수륙의문이 있었고, 이제현이 쓴 혼구의 비명(碑銘)에 "『신편수륙의문』 2권을 편찬했다."라는 기록이 있다. 이외에 현존하는 수륙의례집 『천지명양수륙재의찬요』, 『천지명양수륙잡문』 등이 고려 죽암공이 편찬하거나 또는 고려 시대에 쓰인 발문을 전하고 있어 고려 시대에 다수의 수륙의문집이 간행되었음을 알 수 있다.[37]

37 고상현(2011), 「고려 시대 수륙재 연구」

이 당시 수륙재는 낙성고불식, 치병해액(治病解厄), 추선재의(追善齋儀), 무차대회를 통한 죄업소멸(罪業消滅) 등이 주된 목적이었다.

한국 최초의 수륙재로 기록되고 있는 광종 21년의 기록에는 “왕이 많은 사람을 죽였으므로 이에 대해 마음의 가책을 느껴 그 죄악을 덜기 위해 재회를 열었다(以僧惠居爲國師坦文爲 王師往信讒多殺內自懷疑欲消罪惡廣設齋會).”[38]라는 기록이 있다.

3) 티벳 불교 의례와 악가무

고려 시대 불교음악 변화의 중요한 요소는 원나라를 통해 들어온 티벳 불교 의식과 음악이었다.

중국의 불교 의례는 의식무용이 없고 매우 정적이다. 이에 비해 티벳 불교는 송경 중에도 나팔을 불고 자바라와 북을 치는 등 그 양상이 많이 다르다.

한국과 중국의 재의식은 차이를 보이는데, 한국의 재의식은 중국의 의례문 텍스트를 기반으로 하여 한국의 토속적 면모와 티벳 불교의 영향이 더해진 것이다. 그 한 예로 요즈음 시행되고 있는 수륙재나 영산재에서 나팔을 불고 춤을 추며 마당에 괘불을 걸고, 다라니에 맞추어 춤을 추는 것은 중국이나 대만에서는 볼 수 없고, 티벳 불교 의식에서 볼 수 있는 모습이다.[39]

---

38 『高麗史』第二卷, 「세가」

39 상세 내용: 윤소희(2009), 「티벳 탐무를 통해 본 처용무와 영산재」 참고 바람.

2. 일반 불곡

1) 향가

국경이 달라져도 강물은 변함없이 흘러가듯 신라의 향가 또한 고려조로 이어졌다. 신라 말기에 태어나 고려 개국 이후 활발한 활동을 한 균여대사(均如大師 923~973)는 향가 보현십원가(普賢十願歌) 11수를 지었다. 악곡의 내용을 보면, 예경 제불가, 칭찬여래가, 광수공양가, 참회업장가, 수희공덕가, 청전법륜가, 제불주세가, 상수불학가, 항순중생가, 보개회향가, 총결무진가 등이다. 균여 대사는 보현십원가의 서문에서 "대중들이 쉽게 불교를 이해하고 노래할 수 있도록 … 중략 … 향찰문으로 가사를 지어 사뇌가 형식으로 가락을 지었다."라고 적고 있어, 당시 고려 사회에 향가가 널리 불리었음을 추정할 수 있다.

2) 국가 행사와 불곡

고려조에는 불교적 국가 행사로 팔관회와 연등회를 행했다. 태조는 팔관회와 연등회를 베풀어 부처를 섬기는 것이 태조의 소원이었다. 이는 곧 오악(五嶽)·명산(名山)·대천(大川)·용신(龍神)·천령(天靈)을 섬기는 일로 여겼고,[40] 태조 즉위부터 고려 말까지 지속되었다. 태조 원년에 행한 팔관회 때 구연(毬延)에 설치되었던 구조물과 절차는 모두 신라의 고사(故事)와 같았다.[41] 이러한

---

40 二宮啓任(1956), 「高麗の八關會について」, p. 251.
편무영(2013), 「초파일 연등의 역사성과 고유사상」, p. 28에서 재인용.

41 『高麗史節要』, 第一卷, 太祖 元年 十一月條.

정황에 미루어 볼 때, 불교음악도 신라의 것이 고려 시대로 이어졌음을 알 수 있다. 이후 불교 행사는 여러 차례 변화와 성쇠가 있었으나, 국가의 재난이나 전란을 맞아서도 거르지 않을 정도로 중시되었다.

『고려사』에 의하면 팔관회는 토속신에 대한 제전이 불교화된 것으로 등불을 밝히고 술·다과와 함께 군신이 함께 가무를 즐기면서 천지신명을 즐겁게 하여 나라와 왕실의 안녕을 기원했다. 서경(西京)[42]에서는 팔관회를 중동(仲冬 음력 11월)에, 서경에서는 맹동(孟冬 음력 10월)에 소회일(小會日 전날)과 대회일(大會日 당일)에 걸쳐 행했다. 소회일에는 왕이 법왕사(法王寺)에서 배불(拜佛)을 하고 궁중에서 군신의 하례와 헌수(獻壽) 및 지방관의 축하선물을 받으며 가무백희(歌舞百戲)를 열었다. 대회일에는 여진·왜(倭)·아라비아 상인들로부터 방물(方物 진상품)을 받았을 정도로 외국과의 무역이 활발하게 이루어졌다.

팔관회가 주로 개경과 서경에서 행해졌던 데 비해서 연등회(燃燈會 1149년 실시)는 전국적으로 행해졌다.[43] 이렇듯 팔관회와 연등회가 국가 행사로 설행되며 각 시절마다 이에 수반되는 기악백희를 행했다. 이외에 신라 시대부터 이어져 온 '백고좌(百高座)'도 고려 시대에 그대로 이어졌으므로 신라풍의 불곡 또한 계속되었을 것이다. 이 가운데는 범패와 같은 의례율조와 일반 행사에 연주되는 불곡도 있었을 테지만 이에 대한 명백한 언급이 없으므로 이 책

---

42 근래 연구에서 서경은 현재 중국 수도 베이징과 인근 지역인 탕산시(唐山市) 일대였다는 주장이 있기도 하다. 『宋史』에서 '고려의 영토는 세로보다 가로가 길다. 동서의 거리가 2천 리이고, 남북의 거리는 5백 리'라는 대목이 있고, 일대에 고려 지명과 유적이 곳곳에 있다.

43 이윤수(2014), 『연등회의 역사와 문화콘텐츠』, pp. 114－179.

에서 논하고자 하는 불교 의식음악 범패와 직결되는 것을 간추리기는 매우 어렵다.

3) 궁중 음악

고려조 궁중을 싣고 있는 『고려사』 「악지」의 항목을 보면, 아악(문묘·왕묘제례악), 당악, 속악 그리고 삼국악(신라·백제·고구려)이 있다. 이들의 내용을 보면 헌선도, 오양선, 포구락, 연화대와 같은 악곡이 당악조에 실려 있고, 이를 설행하는 절차는 오늘날 국립국악원에서 행하는 방식과 거의 같다. 속악조에는 처용, 무애와 같은 악곡이 있는데, 제례악을 제외한 모든 악곡의 상당수가 불교 악곡이다. 조선조 『악학궤범』에 향악으로 실려 있는 '학연화대처용무합설'에는 영산회상과 불보살 찬탄 악무를 행하는데, 『고려사』 「악지」의 연화대는 당악에 실려 있다.

반면 처용은 속요 항목에 있다. 고려 속요는 요즈음 우리가 생각하는 '민간의 가요'와는 의미가 다르다. 신라의 월명사가 '향가'만 안다고 했을 때, 그것이 '당풍범패'와 대칭되는 '국악 찬불가' 즉 '신라풍 불곡'이라는 뜻을 내포하고 있었듯이 고려의 '속요'는 '불교음악'과 상대되는 의미의 '일반음악'이다. 이로써 속요 가운데도 불곡이 많았음을 알 수 있다. 무엇보다 고려속요는 오늘날 우리가 생각하는 민속 악곡이 아니었다, 왜냐면 고려속요는 궁중에서 무용과 함께 연주되었던 종합 악가무였기 때문이다.

이상 제반의 내용에 비추어 볼 때, 고려의 불교음악에는 의식과 신행에 수반되는 범패·염불·송경, 궁중 악가무로 행해진 당악·속악, 부모은중경, 회심곡과 같은 설창(說唱)류 불곡, 향가 계통의 불곡, 기타 민요나 기악으로 연주되던 불곡이 있었음을 알 수 있다. 특히 고려가요와 중국에서 들어온 당나라 속악 내지는 연향악에도 불곡이 있었음을 감안해 보면 고려 시대 제반의 악가무가 불교적 백희가무였음을 알 수 있다.

Ⅳ. 조선 시대 불교음악

조선의 태조 이성계, 세종, 세조는 불심이 매우 깊었다. 따라서 이들이 집권하던 조선 초기에는 국행으로 설행된 수륙재 및 왕실 상례로서의 기신재와 천도재, 사찰의 중창 불사 및 불상, 불탑과 불경 법구를 조성하는 낙성 법회와 경찬회, 정기적으로 열린 경행, 사경, 정근 등이 행해졌다. 이들은 궁 밖의 사찰은 물론 궁 안에서도 행해졌고, 궁 가까이에는 정업원에서 염불과 범패 소리가 끊이지 않았다. 그리하여 궁중에서 나각 · 바라 · 법고 · 경자 · 운판 · 종 · 경 등의 법구 소리가 요란하다는 상소가 올라올 정도였으나 조선 중기 이후 억불이 강화되며 불교음악은 급격한 세속화의 길을 걷게 되었다.

1. 조선 전기

1) 의식음악

고려 시대까지만 해도 수륙재는 국가나 왕실을 대표하는 불교 의례는 아니었다. 그러다가 조선 건국에 희생된 고려 왕실의 원혼을 달래고 민심을 안정시키기 위해 태조 4년(1395) 2월에 개경의 관음굴, 서울 진관사, 남해 견암사, 삼척 삼화사에서 수륙재를 봉행했다.[44] 태조 6년(1397)에는 국행수륙재를 상설화하며 진관사에 39칸[間]의 수륙사(水陸社)를 건립했다.

『조선왕조실록』과 권근(權近)의 「진관사수륙사조성기」 및 현존하는 기록에 의하면 당시 태조는 공사 착공일(1397년 1월 27일) 바로 다음날인 1월 28일에 거둥하였고, 9월 24일에는 진관사 근처에서 하룻밤을 유숙하면서 수륙사 삼단(三壇)의 위치를 정하는 등 공사를 직접 지휘했다. 『태종실록』 14년 2월 경술년조(庚戌年條)에는 "정월 보름에 고혼천도를 위하여 불교 의식인 수륙재를 행했다."라는 기록이 있다. 이후 태조와 태종, 세종대까지 대규모의 수륙재를 설행하도록 사찰에 수륙전(水陸田)을 지급했다.

세종은 수륙재를 귀신에게 제사 지내는 여재(厲齋)에 가까운 것으로 규정하고 추천재를 수륙재와 합설하도록 하는 등 수차례에 걸쳐 정비하여 수륙재에 올리는 의물의 규모를 신분별로 등급을 매기기도 했다.[45] 그러자 예조에서 "지금의 국행 추천(追薦) 칠재는 수륙 의식으로 정해져 있으니 선왕과 선후의 기신재(忌晨齋)를 산수가 청결한 곳에서 수륙의 의식대로 행하게 하소서"[46]라고 상소한 기록이 등장한다. 이에 미루어 볼 때, 조선 초기 수륙의례는 궁중 제례적 면모가 다소 가미되었을 것으로 보인다.

그러나 중종 11년(1510)에는 국행의례가 폐지되어 국가적 불교

44 『태조실록』「태조 4년 2월 24일(戊子)」
45 『조선왕조실록』「세종 2년 8월 22일」: 水陸齋近於厲齋, 追薦合設水陸
46 『조선왕조실록』「세종 2년 10월 1일」: 禮曹啓今國行追薦七齋卽皆以水陸詳定自今 先王先后忌晨齋亦於山水淨處以水陸行之; (2011) 진관사수륙재보존회, 『진관사 국행수륙대재』 p. 21에서 인용.

의례는 더 이상 지속되지 못하고 수륙재에서 행하던 의례는 왕실의 상장례(喪章禮)가 되었다. 억불 정책이 강화되면서 많은 사찰이 폐사되고, 승려의 출가가 금지되거나 환속을 종용하기도 했다. 이러한 가운데에도 수륙재는 계속 이어져 태조 이후 연산군까지 100년이 넘는 기간 동안 행해졌다. 진관사에서는 32회 이상의 수륙재와 기신재 등을 설행했고, 삼화사, 상원사, 봉선사, 봉은사, 정인사, 영국사, 견암사 등 여러 사찰에서 수륙재를 행한 기록이 있다.[47]

2) 궁중 음악

세종 28년(1446)에 세상을 떠난 소헌왕후의 명복을 빌기 위해 세종은 수양대군에게 명하여 『석보상절』을 편찬했다. 이 책은 양나라 승우(僧祐)의 『석가보(釋迦譜)』를 기초하여 『법화경』, 『지장경』, 『아미타경』, 『약사경』 등에서 뽑은 내용을 한글로 풀이한 석가모니의 일대기이다. 이듬해(세종 29년, 1447) 세종이 이를 읽고 2구절마다 찬가를 지었는데 이것이 《월인천강지곡》이다.

세종 31년(1449)에 선왕들의 명복을 빌기 위하여 인왕산에 불당을 건립한 후 낙성식을 겸한 법연을 열었다. 이때 행해진 불교 의례와 내용을 김수온(金守溫)[48]이 『사리영응기(舍利靈應記)』로 남겼다. 사리영응기의 한 부분을 옮겨 보면 다음과 같다.

---

47 김희준(2001), 「조선 전기 수륙재의 설행」, pp. 27–76; 한상길(2009), 「조선시대 수륙재 설행의 사회적 의미」, pp. 44–49; 「근대 불교의 의례와 수륙재」, p. 49.

48 김수온(1409~1481)은 세종의 한글 창제에 조력한 신미 스님의 속가 동생으로, 불경에 조예가 깊어 세종, 세조, 안평대군의 신임을 받았다. 세조 때에 불경 언해를 비롯한 불교 관련 업적이 많다.

"11월 28일 궁중에서 재계(齋戒)를 시작하여 51명의 비구가 새로 지은 사원에 모여 삼존상에 점안하고 낙성의 법연을 연 저녁에 불사리를 걸구(乞求)했다. 이때 귀천을 가리지 않고 261명이 불전에 들어가서 연비참회(燃臂懺悔)했고, 안평대군과 신미 스님이 곤룡포를 바치자 수양대군이 공경스럽게 향을 사르고 앞날의 일을 고하면서 범패로 '나무석가모니불'이라고 한 마디 하자 사리탑 사이에서 흰색 기운이 옆으로 뻗치며 검고 흰 기운이 서로 힘차게 어우러졌다."

이상의 대목에서 왕이 곡을 짓고, 왕손과 승려가 함께 노래하고 의식을 행하는 것을 볼 때, 승려들은 범패를, 궁중 악단은 불곡을, 무원(舞圓)은 관현악 반주에 맞추어 춤추는 장대한 연주였음을 추정할 수 있다. 『사리영응기』에 실린 곡은 앙홍자지곡(仰鴻慈之曲), 발대원지곡(發大願之曲), 융선도지곡(隆善道之曲), 묘인연지곡(妙因緣之曲), 포법운지곡(布法雲之曲), 연감로지곡(演甘露之曲), 의정혜지곡(依定慧之曲) 등 일곱 곡에 이어서 귀삼보(歸三寶), 찬법신(讚法身), 찬보신(讚報身), 찬화신(讚化身), 찬약사(讚藥師), 찬미타(讚彌陀), 찬삼승(讚三乘), 찬팔부(讚八部), 희명자(希冥資) 등 9악장으로 구성되었다. 각각 5언 6구의 한시를 가사로 된 이들은 불보살과 성현을 공양한 뒤 일체 생명을 위로하는 내용으로 이루어져 있다. 이들의 연주를 보면, 편종·편경을 비롯한 악기 29종, 연주자 45명, 죽간자[49] 2명, 노래 10명, 무용 10명으로 총 67명의 가무단으로 구성되어 있다.

인왕산 봉불의식 외에도 조선 왕실에서는 사찰과 불당·불상·

49 궁중무용을 할 때 의물(儀物)을 들고 서서 무원(舞圓)의 등·퇴장을 지시하는 역할을 하는 사람.

불탑 등을 조성하고 이를 기리는 낙성법회를 자주 열었다. 이에 대한 기록으로 세종 16년(1434) 4월의 회암사 중수[50], 세종 22년(1440) 6월 홍천사 사리각 경찬[51], 세종 24년(1442) 홍천사 사리각 수리 경찬[52], 세종 30년(1448) 12월 내불당 낙성 경찬[53], 세종 31년(1449) 1월 내불당 경찬[54], 세조11년(1465)의 원각사 낙성 경찬[55] 등에서 행해진 주악 내용이 실록에 전한다.[56]

왕실에서는 사경(寫經) 의례도 설하였는데 세종 28년(1446) 10월 15일에 왕후를 위해 사경하며 법석을 베풀었다. 해당 기록을 보면 다음과 같다.

"신미 스님이 주석하고 있던 대자암(大慈庵)에서 전경회(轉經會)를 열었는데 승려가 천여 명이 모였고, 임금이 왕비를 위하여 주부 강희안과 수찬 이영서에게 명하여 금은으로 불경을 쓰게 하고, 불경의 표지에 황금으로 용을 그리게 하고, 주옥으로 정교하게 등롱(燈籠)을 만들어 전경법회를 베풀었다."[57]

유교를 국가 이념으로 삼았지만 왕실에서는 선대 조상들의 복을 비는 내원당을 두어 한양 천도 시에도 경복궁 내에 내원사를 두고 불사를 행했다. 내원사는 세종 15년에 불상과 불구를 홍천사로 옮길 때까지 지속되었다. 왕실 여인들의 기도처였던 정업원은 왕실 비빈(妃嬪) 출신 비구니가 주지를 맡아 왕실과 돈독한 관계를 지

50 『세종실록』, 권64, 세종 16년 4월 10일.
51 『세종실록』, 권89, 세종 22년 6월 11일.
52 『세종실록』, 권95, 세종 24년 2월 21일.
53 『세종실록』, 권122, 세종 30년 12월 5일.
54 『세종실록』, 권123, 세종 31년 1월 18일.
55 『세조실록』, 권35, 세종 11년 4월 7일.
56 송혜진(2014), 「조선전기 왕실 불사(佛事)의 전승과 음악문화 연구, p. 246.
57 『세종실록』, 권114, 세종 28년 10월 15일.

속했다. 그리하여 내불당이나 정업원(淨業院) 등에서 의례를 집전하는 소리들이 궁궐까지 들려온다거나 궁 밖에서 벌어지는 왕실 불사에 종실부터 양반 · 일반 서민들이 몰려들었다는 기록이 전한다.

궁중 내외의 불당에서 아침저녁으로 종(鐘) · 고(鼓)와 범패 소리가 진동하니 불당의 종범지성(鍾梵之星)을 중지해 달라는 상소가 올라왔다. 결국 세종 30년(1448)에 이들을 중지했다가 세조 3년(1457)에 다시 개진되었다.[58] 또한 단종 대에 이를 지적하는 기록[59]이 있어 당시의 불사가 어느 정도였는지 짐작할 수 있다. 이외에도 왕실에서는 구병(救病) · 추모 · 기우 · 소재(消災)를 목적으로 한 정근 법석을 주관하며 왕성한 불교음악을 행했다. 당시 기록을 보면, 49명의 승려가 소라를 불고 북을 치고, 종(鐘)과 경(磬)을 울리며 법회를 진행하여 그 소리가 거리까지 울려 퍼졌다고 한다.[60]

2. 조선 후기

국가의 유교적 기반이 강화됨에 따라 불교는 왕실의 비호를 벗어나 민간 사찰 주도로 의례를 행하며 범패전승이 이루어졌다. 조선 후기 불교 의례의 양상을 보여 주는 대표적 사례가 의식집의 간행이다. 이 당시 수륙재에 관련한 의식집이 65종에 이르는데, 이 중에 조선 후기에 간행된 의식집이 11종 이상이다. 이들 의식집은 16 · 17세기에 가장 활발하게 간행되었고, 현재까지 143개 이상의

---

58 송혜진, 앞의 논문, p. 249.

59 『단종실록』 권10, 단종 2년 1월 3일: 朝夕鐘鼓, 梵唄之聲, 震動神馭 권10, 단종 2년 1월 6일: 臣等竊惟, 佛堂高壓宮城, 汚穢之流, 梵唄之聲 喧動原廟 及于大內, 固已不可.

60 『세종실록』 권11, 세종 28년 3월 13일: 吹螺擊鼓鍾磬之聲

판본이 남아 있다.[61]

1) 의식 음악

조선 시대 영조 24년(1748)에 전라도 장흥(長興)의 대휘 화상(大輝和尙)이 기록한 『범음종보』[62]에는 조선조까지 이어져 온 범패 전승 계맥을 전하고 있다. 이에 대한 내용을 기록하고 있는 『조선불교사』에 의하면 전라남도 장흥군 가지산(迦智山) 보림사(寶林寺)에서 목판으로 개판한 그 책은 범음족파서(梵音族派序), 범음종보중서(梵音宗譜重序) 등의 서문에 이어 조선 시대 범패 계맥을 12대에 걸쳐 나열하고 있다.

제1대 국융(國融)을 시작으로 응준(應俊), 혜운(惠雲)을 거쳐, 천휘(天輝), 연청(演淸), 상환(尙還), 설호(雪湖), 운계당(雲溪堂), 법민(法敏), 혜감(慧鑑)을 지나 제11대 유민(有敏), 유평(有平), 계환(戒還), 제12대 홍해(洪海)까지 기록되어 있다. 혜감의 제자였던 대휘 대사는 『범음종보』를 통해서 조선 말기에도 많은 범패승이 활동하고 있었음을 알리고 있다. 그러나 『범음종보』에 이름을 올린 승려들이 주로 호남 지역 사찰에 거주하던 스님들이어서 전국의 범패 전승 현황을 가늠하기에는 한계가 있다. 한편 조선 후기에 불교 의례가 무속과 결탁하거나 기복적 재식 활동을 해 온 풍

61 남희숙(2004), 「조선 후기 불서간행 연구–진언집과 불교 의식집을 중심으로」, pp. 57–71; 김형우(2009), 「수륙재 의식집의 간행과 유포」, pp. 70–71; 한상길(2012), 「근대불교의 의례와 수륙재」, pp. 49–62.

62 『범음종보』 목판본은 영조 24년(1748) 대휘 대사가 전라남도 장흥군 가지산 보림사에서 개판하였으며 판본은 동국대학교에 보관되고 있는 것으로 알려져 왔다. 그러나 확인해 보니 동국대학교에 소장되어 있지 않았다.(2016년 4월 27일 확인)

속에 미루어 볼 때, 범패 본래의 격조와 법도를 온전히 유지한 것으로 보이지는 않는다.

2) 일반 음악

조선 중기를 지나며 "공맹을 섬기는 나라에서 불교음악을 연주하는 것은 온당치 못하다."라는 상소가 계속되었다. 결국 '영산회상'을 비롯한 불교음악은 궁중에서 퇴출되어 민간의 풍류음악으로, 영산회상과 합설로 연주되던 '처용무'는 오방작대무로 변했다. 궁중의 후원과 호위에서 벗어난 불교음악은 무가(巫歌)나 민간음악과 섞여 들었다. 억불 정책으로 강제 환속한 승려들은 민간의 거사로 살았는데, 일부는 걸립패가 되어 사찰 악가무를 사찰 재정과 가솔의 생계 수단으로 삼기도 했다. 퇴속한 비구니 일부는 재불 사당(社堂)이 되어 양반가의 기도와 기복 의례를 하기도 했다. 세조 이후 이들 집단이 일으킨 사회적 물의가 문헌에 등장[63]한다.

임진왜란 이후에는 경제적 어려움에 처한 유민 일부가 거사 집단과 합세하여 떠돌이 예인 생활을 하면서 남(男)사당패가 되기도 했다. 이때 사찰 재정을 해결하기 위해서 유랑 예인 집단과 불교의 전략적 제휴가 이루어져 사찰의 신표를 받아서 탁발행각을 했다. 이 과정에서 법고춤과 바라춤을 추며 사찰 재정과 유랑인의 생계를 위한 수익이 창출되었고 불교 의식과 행사에서 행해지던 노래와 춤은 민중 속으로 들어가 민간의 놀이와 잡기, 무당의 푸닥거리가 되었다. 그러므로 '오늘날 한국 전통 춤과 음악은 모두 불교 악

63 이능화, 『조선불교통사』 상권. P 387. "도성 내도에서 경행을 파하고 고려 때부터 봄가을의 仲月에 각 종파의 승도들을 모아 대반야경을 독송케 하던 것을 임금의 특명에 의해 파기하게 되었다."

가무'라는 말이 나오는 것이다.

당시에 비승비속(非僧非俗)으로 살면서 불교에 전념하던 유랑 무리는 사찰과 대중을 연결하며 민중의 삶 속에서 각양각색의 존재 양태를 보였다. 이러한 모습은 조선 시대의 감로탱에 갖가지 모습으로 그려져 있다. 그 양상을 보면, 초라니패, 솟대쟁이패, 걸립패가 있는가 하면, 승려가 주도하는 걸립패에서 공연 장르를 달리한 중매구패 · 광대패 · 대광대패 · 무동패 · 애기장사 · 풍각장이패 · 남사당패 · 굿중패로 변모되어 오다 마침내 붙박이 예인 집단인 선소리패까지 생겨났다. 고종 5년(1878), 대원군은 경복궁 낙성식에 여러 전문 예인 집단을 초청하여 민악(民樂) 큰 마당을 펼쳤는데 이때 유명 붙박이 예인 집단이 대거 참여했다. 당시 경복궁의 민악을 따지고 보면 불교 악가무가 민간으로 쫓겨났다가 다시 국가 행사로 불려 온 셈이었다.

V. 근 · 현대 불교음악

1. 의례의 폐지와 재정비

1876년 개항을 맞아 불교계는 서구 문물과 기독교 문화의 급류를 맞닥뜨리게 되었다. 억불의 폐해가 지속된 데다 일제의 사찰령으로 염불원이 폐지되며 의례와 범패의 전승에 혼란이 만연한 상태에서 이러한 흐름은 치명적이었다. 무엇보다 새로운 시대를 맞았음에도 불교계를 체계적으로 이끌어 가고 조직화할 종단이 없었으므로 이를 수습하기 위한 정화 분규(1954~1962)를 맞았다. 이러한 역사의 소용돌이로 불교 의례와 범패의 전승에 혼란이 막심하여 한용운 스님(1879~1944)은 『불교유신론』에서 다음과 같이 말했다.

> "조선 불가의 백가지 법도가 신통치 않아서 하나도 볼 것이 없거니와 그중에서도 재공양(齋供養)의 의식(범패 · 사물 · 작법 · 예참)이라든지 제사 때의 예절이 매우 번잡 혼란하여 질서가 없고 비열 잡박해서 끝이 없는 상태다. 이것을 모두 도깨비의 연극이라고 이름 붙이면 거의 사실에 가까울 듯하니 지금은 말하는 것도 부끄러운 까닭에 가리어 논하지 않으련다."

계몽운동에 앞장선 한용운 스님은 재식에서 불보살들과 다신교적인 여러 숭배 대상을 석가모니불 하나로 통일하고자 했다. 따라서 기복(祈福) 불교를 탈피하여 음공(飮供)을 생략하고 법공양만을 주장하여 예능적 불교 의식을 없애고자 했다. 즉 노래와 춤, 주술과 연관된 신행이나 무속적인 가상에 의탁할 것이 아니라 수행 중심의 불교로 나아가야 한다는 주장을 했던 것이다. 한용운 스님의 이러한 주장은 오늘날 문화적 개념의 불교 악가무가 아니라 미신과 민간 잡기와 뒤섞여 혼탁해진 당시의 불교 의례 현실에 비추어 이해해야 한다.

그러나 세월이 흐르면서 몹시 긴축된 의례로 승가의 신행을 증진시키는 데에는 한계가 있었다. 이에 안진호(安震湖) 스님이 1931년에 『석문의범(釋門儀範)』을 펴냈다. "대도(大道)는 법이 없으면 세울 수 없고 진교(眞敎)는 의식이 없으면 베풀 수 없다. 필경의 도는 면벽관심(面壁觀心)으로 충분하고 죄업을 참회하는 데는 마음의 이치를 깨달으면 그만이다. 그러나 이것은 상근이인

(上根利人)의 경지이고 중류 이하는 달을 보는데 손가락이 필요하고 … 중략 … 조모지송(朝暮之頌)과 기타 의식을 필요로 한다. 이에 의례의 순서와 내용을 적절히 배열하여 『석문의범』을 편다."라는 안진호 스님의 서문은 의례와 불교 신행의 유기적 관계를 잘 드러내고 있다.

『석문의범』은 근대 불교 의례의 새로운 전기를 마련하여 대부분의 스님들이 의식과 범패를 진행할 때 이것에 의거하여 행하고 있다. 그러나 『석문의범』은 당시의 상황에서 여러 가지 의례문을 요약하였으므로 이것이 의례 절차에 수반되는 모든 것을 해결할 수는 없었다. 그래서 근년에는 『범음산보집』을 비롯한 제반의 의례문 연구와 복간 및 한글화 작업이 이루어지고 있다.

2. 문화 정책과 의례 악가무

1954년 〈사찰정화담화문〉의 발표를 계기로 범패승들이 종단 밖으로 밀려나게 되자 불교 의식음악의 전승 위기를 맞았다. 주류 종단인 조계종에서는 간결한 예불 의식만을 행했다. 악가무를 수반하는 의례는 대처승들의 전유물처럼 인식되어 범패를 하는 승려의 사회적 입지가 격하되었다. 그러자 승려라면 누구나 몇 소절씩은 할 수 있던 범패가 사라져 갔고, 재장에서 악가무를 하는 승려들은 산중 기생으로 취급받기도 했다.

1960년대 후반, 전통문화의 가치에 눈을 뜨기 시작한 사회적 분위기로 상황이 바뀌었다. 1969년 국립문화재청에서 국악학계에 위촉하여 당시에 보성(寶聲)으로 불리며 명성이 높았던 범어사의 용운 스님의 범패를 조사하여 부산시 무형문화재 제1호로 지정하였다. 다음 해인 1973년에는 중요무형문화재 50호로 영산재에서 운공·벽응·송암 스님을 범패 보유자로 지정하자 불교 의례와 범패에 대해 교계 안팎의 관심이 증폭되었다.

용운 스님은 한국 최초로 범패로써 무형문화재로 지정되었으나 이듬해(1973년 1월)에 입적한 탓에 후학을 잇지 못하여 부산시 무형문화재는 한동안 공석이었다. 이에 부산 어산회를 통하여 용운 스님께 범패를 배웠던 구암·혜륭·해강·천공 스님이 민속경연대회에 나가 수상한 결과로 1993년 부산시 무형문화재 제9호로 지정되었다. 현재는 부산시 범패 문화재 제2세대에 해당하는 네 분의 어장 스님들도 모두 입적하여 제3세대에 의해 부산시 영산재가 전승되고 있다.[64]

소리의 고장 전주에서는 전주 출신으로 중요무형문화재 제50호 작법무 보유자였던 일응 스님의 지도하에 민속경연대회 출전이 이루어졌다. 1986년 천안에서 열린 민속예술경연대회에서 문공부장관상을 수상, 1988년에는 대통령상을 수상함으로써 1998년 1월 9일 전북지역 '봉서사영산재'가 지정되었고, 봉서사영산작법보존회 초대회장으로 일응 스님이 추대되었다. 이후 익산 태봉사를 비롯하여 광주 율곡사에도 어산·작법 강습회가 열렸다.

조사에 의하면[65] 호남 지역의 불교 인구가 영남에 비해 열세였으므로 전승의 활기도 다소 미약했다. 그러나 시간을 조금 더 거슬러 보면 영남보다 호남에서 범패 전승이 훨씬 활발했던 시절이 있었다. 조선조 범패 전승의 계보를 실은 『범음종보』의 대휘 스님,

---

64 상세 내용 윤수희(2013), 『용운 스님과 영남범패』

65 윤소희 외 (2013), 『일응, 영산에 꽃피다』, 전주·익산·광주에서 활동하고 있는 범패 전승에 관한 면담.

『천지명양수륙범음산보집』을 발간한 지환 스님, 『작법귀감』을 펴낸 백파긍선 모두 호남 지역 승려이기 때문이다. 그러나 경제적 기반이 농경에서 산업화되면서 이 지역 인구가 대도시와 산업단지로 유출되자 불교 인구도 함께 약화되었다.

지방문화재의 활기는 경기 지역에도 일어났다. 서울 봉원사에서 분파된 경제범패가 2002년 인천문화재로 독립한 것이다. 일초 스님과 능화 스님에 의해 범패와 작법무가 인천광역시 무형문화재 제10호로 지정되었고, 2004년에는 인천광역시 무형문화재 제15호로 인천수륙재가 지정되었다. 인천영산재가 문화재로 지정된 것과 같은 해(2002)에 경상남도는 범어사 출신의 우담문중과 통도사 말사인 통영 용화사와 관련이 있는 불모산영산재를 경상남도 무형문화재 제22호로 지정했다.

불교 의례와 악가무의 문화적 기능은 더욱 확대되어 2014년에는 국가무형문화유산 제125호 삼화사국행수륙재, 제126호 진관사국행수륙재, 제127호 창원 백운사의 아랫녘수륙재를 지정하였고, 근래에는 무속적 수륙재도 연구 대상이 되고 있다. 왕실과 국가가 재주(齋主)가 되는 것에서부터 민간 사찰 주도의 수륙재, 나아가 무속화한 수륙재가 있을 정도로 한국적 토착화가 이루어진 것이다. 이러한 데에는 한국적 변용[66]과 고려조에 들어온 티벳 불교 악가무의 영향도 있다. 2000년대 들어서는 기능 보유자 중심이었던 문화 정책과 달리 해당 사찰의 역사적 배경과 의례 자체에 비중이 커진 점도 주목해야 할 사안이다.

한편 최근 예수재의 문화재 지정이 부각되고 있다. 2019년에 서

66 이능화, 『조선불교통사』, 하권, p. 291. 진흥왕 33년 전사자들을 위한 추선명복과 재화초복을 위해 마련한 팔관회가 훗날 수륙재로 연결되었다는 설이 있다.

울시 무형문화유산 제52호로 지정된 봉은사 예수재는 2025년 2025년에 국가무형문화재로 승격되었고, 2022년에는 양주 청련사의 생전예수재가 경기도 무형문화유산 제66호로 지정되었다. 최근에는 전남 강진의 무위사 수륙재, 충북 무심천수륙재, 강원도 삼화사에서 전승해 온 땅설법 등 곳곳에서 불교음악과 관련한 문화재 활동이 확산되고 있다. 이들 전승 실태를 보면, 서울 홍원사 수륙재 어장 동주 스님, 서울 진관사수륙재 어장 동희 스님, 강원도 삼화사수륙재 어장 인묵 스님, 서울 서초동 봉은사 예수재 어장 법안 스님이 모두 조계종 승려이다.

문화 정책과 불교 의식음악에서 짚고 넘어가야 할 또 하나 중요한 점은 문화재 밖의 승단에 대한 배려이다. 의례와 악가무가 문화재로 지정되다 보니 전통 재현에 치중하여 의례 본래의 종교적 역할을 하지 못하고 박물관의 전시품같이 고착되어 버리는 현상이나, 문화재 지정을 둘러싼 승단의 갈등 문화재 밖 승려들이 퇴락하는 등의 역기능도 간과해서는 안 될 일이다. 전승이 어려운 악가무를 보호하기 위해 생겨난 문화 정책에 의해 신행이 저해되거나 문화 권력에 의한 독점의 대상이 되지 않도록 여러 가지 대안과 자성이 필요하다.

제 3 장

조각과 그림에 담긴 불교음악

Ⅰ. 비문에 담긴 불교음악

현대 과학이 발달하면서 금석문을 통한 연구에서 많은 성과를 거두고 있다. 단지 표면의 문자뿐 아니라 금석이 지닌 성분을 분석하여 시기와 내용의 진위를 보다 정확하게 가려낼 수 있기 때문이다. 넓은 의미의 금석문은 목간 · 도자기 · 불상 · 범종 · 칼 · 암각화(서석) · 벽화(묵서명) 심지어 직물에 쓴 포기(布記) 등까지 범위가 매우 넓다. 문헌 기록물은 훼손과 소멸의 위험이 큰 데 비해 돌과 금속에 새겨진 기록은 지속성이 좋다. 음악은 무형의 콘텐츠여서 이것을 기록할 방법이 마땅치 않았던 데다 조선조 억불의 500년을 지나며 사료의 소실이 많았으므로 각처의 비문, 조각, 기물이 매우 소중한 자료가 되고 있다.

1. 진감선사 대공탑비

한국 역사의 대부분을 간직한 『삼국사기』와 『삼국유사』에 진감선사에 대한 기록은 보이지 않는다. 만약 쌍계사에 세워진 대공탑비문이 없었더라면 진감선사와 범패에 대한 이야기를 전설 정도로 여겼을 수 있다. 이러한 점에서 진감선사 대공탑비의 가치와 의미는 그 어떤 역사서 못지않다.

〈사진 9〉 쌍계사 대공탑비

〈사진 10·11〉 대공탑비의 탑두와 탁본

진감선사 대공탑의 상부에는 비명이 새겨져 있는데, 고자(古字)

가 예서(禮書)로 쓰여 있어 판독이 쉽지 않다. 첫 번째 글자는 '唐'의 옛 글자임을 파악하고 우측에서 세로로 읽어 보면 '당해동고진감선사비(唐海東故眞鑑禪師碑)'이다.

1) 대공탑비 건립 배경과 구조

진감선사 대공탑비는 통일신라 정강왕 2년(887) 7월에 세워졌다. 최치원이 쓴 비문은 탑비 조성 동기와 의미를 밝힌 서문, 진감선사의 행적에 해당하는 본문, 마무리 글과 진감선사에 바치는 최치원의 헌시(獻詩)로 구성된 4부분 형식이다. 본문으로 들어가기에 앞서 탁본에 표시한 네 가지 중요한 부분을 먼저 확인해 보자.

① 有唐新羅國故智異山雙谿寺
유 당 신 라 국 고 지 리 산 쌍 계 사
敎諡眞鑑禪師碑銘幷序
교 익 진 감 선 사 비 명 병 서

② 禪師, 法諱慧昭, 俗姓崔氏 其
선 사 법 휘 혜 소 속 성 최 씨 기
先漢族, 冠盖山東 隋師征遼
선 한 족 관 개 산 동 수 사 정 요
多沒濊貊
다 몰 예 맥

③雅善梵唄金玉其音側調飛聲爽
아 선 범 패 금 옥 기 음 측 조 비 성 상
快 哀婉能使諸天歡喜永於遠
쾌 애 완 능 사 제 천 환 희 영 어 원
地流傳學者 滿堂誨之不倦至
지 류 전 학 자 만 당 회 지 불 권 지
今東國習 魚山之妙者, 競如
금 동 국 습 어 산 지 묘 자 경 여
掩鼻 效玉泉餘響. 豈非以聲
엄 비 효 옥 천 여 향 기 비 이 성
聞 度之化乎 禪師泥洹當.
문 도 지 화 호 선 사 니 원 당

④ 僧 奐榮刻字
승 형 영 각 자

〈사진 12〉 쌍계사 대공탑비 탁본

비석에 표시한 ① 부분은 '유당 신라국 고 지리산 쌍계사 교익 진감선사비명 병서'로 시작하고 있다. ② "선사의 법호는 혜소이고, 속성은 최씨이며 그 선대와 부모는 한족으로, 산동 지역에서 벼슬하던 사람이었다. 수나라의 군대가 요동을 정벌할 때 많은 사람이 예맥에서 죽게 되자 그중에 뜻을 굽히고 우리 백성이 된 자들이 있었다." ③ "진감선사의 범패가 옥구슬 구르는 소리와 같고 하늘을 날 듯 상쾌하여 이를 배우러 많은 사람들이 모여들었다." ④ 본 비문을 새긴 사람이 승려 '형영'임을 밝히고 있다.

이들 내용 중 진감선사의 부모가 산동 지역에 살던 한족(漢族)이고, 출가도 신라가 아니라 당나라에 했다는 것은 다소 의아하게 여겨진다. 우선 진감선사의 부모가 한족이었다는 것은 당시 통일신라의 사회적 분위기를 감안해 봐야 할 사안이다. 삼국이 통일되는 과정에 산동 지역에 있었던 고구려 유민은 패망한 나라 사람이었으므로 존숭의 대상으로 내세우기에 어색함이 있었다. 반면 당시 우호적 관계였던 한족으로 드러내는 것이 진감선사의 위덕을 선양하는 데 훨씬 유리했을 것이다.[1]

2) 대공탑 비문

(1) 출생과 행적

"선사의 법명은 혜소이고, 속성은 최씨였다. 그 선조는 한족으로 산동에서 벼슬[冠蓋]하는 사람이었다. 진감의 선친은 수나라 군대가 요동을 정벌하다 많은 사람들이 고구려[驪貊]에서 포로가 되었을 때, 항복하며 변방[新羅]의 백성이 되었고, 당나라가 고구려를 포

---

1 김복순(2000), 「眞鑑禪師(774~850)의 생애와 불교사상에 관한 연구」, pp. 205－231; 이기백(1971), 「新羅 六頭品硏究」, p. 48.

함한 4군 지역을 모두 차지하게 되면서 전주 금마 사람이 되었다.”

- 해당 비문 -

禪師, 法諱慧昭, 俗姓崔氏. 其先漢族, 冠盖山東, 隋師征遼, 多沒
선 사 법 휘 혜 소 속 성 최 씨 기 선 한 족 관 개 산 동 수 사 정 요 다 몰

濊貊, 有降志而爲遐甿者, 爰及聖唐, 囊括四郡, 今爲全州金馬人
예 맥 유 강 지 이 위 하 맹 자 원 급 성 당 낭 괄 사 군 금 위 전 주 금 마 인

也
야

혜소는 정원 20년[2] 당나라로 가는 세공사의 뱃사공이 되어 중국 창주에서 신감(神鑑) 대사의 제자가 되었다. 당시에 신라 승려 중 신감 대사 제자로 수행하는 사람이 더러 있었으므로 혜소가 이에 대한 정보를 알고 출항했다. 헌덕왕 2년(810) 숭산의 소림사에서 구족계를 받은 이후 당으로 와서 수학하고 있던 도의(道義) 스님과 함께 선지식을 찾아다니며 지견을 증득했다. 도의 스님이 고국으로 돌아간 후 혜소는 종남산에 올라 잣[松實]으로 연명하며 지관 수행으로 3년을 보냈다. 이어서 3년간 짚신을 삼아 보시하는 등 수행과 두타행을 한 뒤 대화 4년(830)에 귀국했다.

- 해당 비문 -

貞元二十年詣歲貢使求爲榜人寓足西泛多能鄙事視險如夷揮楫
정 원 이 십 년 예 세 공 사 구 위 방 인 우 족 서 범 다 능 비 사 시 험 여 이 휘 즙

慈航超截苦海達彼岸告國使曰 人名有志請. 螢戒珠復歸橫海聞
자 항 초 절 고 해 달 피 안 고 국 사 왈 인 명 유 지 청 형 계 주 복 귀 횡 해 문

一知十茜絳藍靑雖止水澂心而斷雲浪跡粤有鄕僧道義先訪道於
일 지 십 천 강 람 청 수 지 수 징 심 이 단 운 낭 적 월 유 향 승 도 의 선 방 도 어

華夏邂逅適願西南得朋四遠參尋證佛知見義公前歸故國禪師卽
화 하 해 후 적 원 서 남 득 붕 사 원 참 심 증 불 지 견 의 공 전 귀 고 국 선사 즉

入終南登萬仞之.峯餌松實而止觀寂者三年後出紫閣當四達之道
입 종 남 등 만 인 지 봉 이 송 실 이 지 관 적 자 삼 년 후 출 자 각 당 사 달 지 도

2 당나라 德宗대의 연호 貞元 元年은 785년이므로 동 연호 20년은 804년(甲申)으로 신라 애장왕 5년의 시기였고, 당시 진감선사는 30세였다.

織芒屩而廣施幢 幢者又三年於是苦行旣已修他方亦已遊雖曰觀
직 망 교 이 광 시 동 동 자 우 삼 년 어 시 고 행 기 이 수 타 방 역 이 유 수 왈 관
空豈能忘本乃於大和四年來歸
공 기 능 망 본 내 어 대 화 사 년 래 귀

개성 3년(838)에 민애왕이 보위에 올라 진감에게 국서를 내리고 재를 지낼 비용을 보내며 특별히 뵙기를 청했다. 이에 진감을 "저는 선정을 부지런히 닦는 데만 뜻이 있을 뿐인데 만나서 무엇하겠습니까?"라고 만남을 거절했다. 왕은 진감이 색과 공을 다 초월하고, 정과 혜를 온전하게 갖추었음을 알고 사자를 보내 '혜소'라는 이름을 내렸다. … 중략 … 이후에도 황룡사에 승적을 두게 하고 서울로 부르고자 사자들의 왕래가 서로 말 고삐를 주고받을 정도로 빈번하였지만 진감은 전혀 요동하지 않았다. … 중략 … 진감의 법통은 조계의 현손이므로 이에 영당을 지어 육조의 초상화를 걸어 대중을 가르치는 데 널리 활용했고, 중생을 기쁘게 하기 위하여 비단에 불보살의 모습을 걸어가며 교화했다.

- 해당 비문 -

開城三年, 愍哀大王驟登寶位, 深託玄慈, 降璽書 · 餽齎費, 而別
개 성 삼 년 민 애 대 왕 취 등 보 위 심 탁 현 자 강 새 서 궤 재 비 이 별
求見願. 禪師曰, "在勤修善政, 何用願爲." 使復于王, 聞之愧悟,
구 견 원 선 사 왈 재 근 수 선 정 하 용 원 위 사 복 우 왕 문 지 괴 오
以禪師-色空雙泯 · 定惠俱圓, 降使賜號, 爲慧昭. 昭字, 避聖祖朝
이 선 사 색 공 쌍 민 정 혜 구 원 강 사 사 호 위 혜 소 소 자 피 성 조 조
諱, 易之也. 仍貫籍于大皇龍寺, 徵詣京邑, 星使往復者, 交轡于
휘 역 지 야 잉 관 적 우 대 황 룡 사 징 예 경 읍 성 사 왕 복 자 교 비 우
路, 而岳立不移其志. … 중략 … 則禪師乃曺溪之玄孫, 始用建六
로 이 악 입 불 이 기 지 칙 선 사 내 조 계 지 현 손 시 용 건 육
粗影堂, 彩飾粉墉, 廣資島誘, 經所謂, '爲悅衆生故, 綺錯繪衆像'
조 영 당 채 식 분 용 광 자 도 유 경 소 위 위 열 중 생 고 기 착 회 중 상
者也
자 야

(2) 수행과 범패 교화

선사는 금 쟁반에 옥구슬 구르는 것 같은 목소리로 범패를 잘했다. 곡조[側調]가 울려 퍼지는 소리는 상쾌하면서도 슬프고 우아하여 여러 천신들을 기쁘게 하고, 먼 곳까지 전해져 배우려는 사람이 학당에 가득하여도 선사께서는 가르치기를 게을리하지 않았다. 지금까지도 우리나라(신라)에서 어산의 오묘함을 익히는 사람들이 다투어 옥천에 전해지는 소리를 본뜨려 하니 어찌 소리로써 제도하는 교화가 아니겠는가.

- 해당 비문 -

雅善梵唄金玉其音側調飛聲爽快 哀婉能使諸天歡喜永於遠地流
아 선 범 패 금 옥 기 음 측 조 비 성 상 쾌 애 완 능 사 제 천 환 희 영 어 원 지 류
傳學者 滿堂誨之不倦至今東國習 魚山之妙者, 競如掩鼻 效玉泉
전 학 자 만 당 회 지 불 권 지 금 동 국 습 어 산 지 묘 자 경 여 엄 비 효 옥 천
餘響. 豈非以聲聞 度之化乎 禪師泥洹當
여 향 기 비 이 성 문 도 지 화 호 선 사 니 원 당

선사의 성품은 소박함을 잃지 않았고 말씀에 꾸밈이 없었으며, 입는 것은 헌 솜이나 삼베도 따뜻하게 여겼고, 먹는 것은 겨나 싸라기도 달게 여겼다. 도토리와 콩을 섞은 범벅에 나물 반찬도 한 가지뿐이었으며, 귀인들이 가끔 찾아와도 특별한 음식을 마련하지 않았다. 어떤 사람이 서역의 고급스러운 향[胡香]을 선물하자 … 중략 … "나는 이것이 어떤 냄새인지 모르고, 마음을 경건히 할 뿐이다."라고 했다. 또 어떤 사람이 중국에서 귀한 차(漢茶)를 선물하자 … 중략 … "나는 이것이 어떤 맛인지 모르고, 속을 적실 따름이다."라고 했다.

- 해당 비문 -

禪師, 性不散撲, 言不由機, 服煖縕黂, 食甘糠麧, 芧菽雜糅, 蔬佐
선 사 성 불 산 박 언 불 유 기 복 난 온 분 식 감 강 흘 서 숙 잡 유 소 좌

無二. 貴達時至, 曾不異饌-중략-或有以胡香爲贈者, 則以瓦載煻
무이 귀달시지 증불이찬 혹유이호향위증자 칙이와재당
灰, 不爲丸而焫之, 曰, "吾不識-是何臭, 虔心而已." 復有以漢茗
회 불위환이설지 왈 오불식 시하취 건심이기 복유이한명
爲供者, 則以薪爨石釜, 不爲屑而煮之, 曰, "吾不識-是何味, 濡腹
위공자 칙이신찬석부 불위설이자지 왈 오불식 시하미 유복
而已." 守眞忤俗, 皆此類也
이이 수진오속 개차유야

위의 내용으로 진감선사의 선(禪)과 교(敎)는 선(禪) 수행을 바탕으로 하면서도 당시 불교 신행의 풍토였던 강경, 예불에 범패를 노래하였음을 추정해 볼 수 있다. 석도안 이후 행(行)·주(住)·좌(坐)·와(臥)에 율조가 수반되었던 중국의 승가 전통과 마찬가지로 진감선사와 제자들의 수행 일과 전반에 범패가 불리었고, 음성이 좋았던 진감선사의 범패가 윤활유 역할을 했던 것이다.

(3) 사후 여적

대중 4년(850) 정월 9일 새벽에 문인들에게 고하기를 "모든 존재가 공(空)하니 나도 장차 떠나려 한다. 일심이 근본이니 너희들은 힘써 노력하라. 탑을 세워 나의 유해를 보관하지 말라."라는 당부를 마친 후 앉아서 돌아가시니 세속 나이는 77세, 법랍 41년이었다.

- 해당 비문 -

大中四年正月九日詰旦告門人曰萬法皆空吾將行矣一心爲本汝
대중사년정월구일힐단고문인왈만법개공오장행의일심위본여
等勉之無以塔藏形無以銘紀. 跡言竟坐滅報年七十七積夏四十一
등면지무이탑장형무이명기 적언경좌멸보년칠십칠적하사십일

선사께서 남긴 말씀 중 '일심'은 일생을 통해 닦아 온 심법을 강조한 것으로, 남종선 사상과 연결된다. 전하지 않았으나 전해지고, 말하지 않았으나 마음속에 새겨지게 하는 진감의 선은 달을 가리

키는 비유로 곧잘 설명되는 조사선 사상이다. 그러므로 최치원은 '입을 닫고 선정[杜口禪那]을 닦아'로 시작하며 진감의 선수행을 칭송하는 헌시를 남기고 있다.

- 해당 비문 -

杜口禪那, 歸心佛陀. 根熟菩薩, 弘之靡它. 猛探虎窟, 遠泛鯨波.
두구선나 귀심불타 근숙보살 홍지미타 맹탐호굴 원범경파
去傳秘印, 來化斯羅
거전비인 내화사라

진감선사에 대한 존숭을 나타내는 대목 중에 "명예를 가까이 하지 않아도 이름이 드러난 것은 선정을 닦은 법력이 남긴 보응이다."라는 대목은 범패를 단지 소리로써 하는 것이 아니라 수행을 소리로 드러냄을 표현하고 있다.

- 해당 비문 -

懿乎! 日出暘谷, 無幽不燭, 海岸植香, 久而彌芳. 或曰, "禪師垂
의호 일출양곡 무유불촉 해안식향 구이미방 혹왈 선사수
不銘不塔之戒, 而降及西河之徒, 不能確奉先志, 求之歟, 抑與之
불명불탑지계 이강급서하지도 불능확봉선지 구지여 억여지
歟. 適足爲白珪之玷." 嘻! 非之者, 亦非也. 不近名, 而名彰, 蓋定
여 적족위백규지점 희 비지자 역비야 불근명 이명창 개정
力之餘報. 與其灰滅電絶, 曷若爲可爲於可爲之時, 使聲震大千
력지여보 여기회멸전절 갈약위가위어가위지시 사성진대천
之界
지계

"선사가 열반에 든 것은 문성대왕 때였는데, 임금이 그 소식을 듣고 슬퍼하여 청정한 시호를 내리려다 선사가 남긴 유훈을 들으시고 그만두었다."라는 대목은 철저하게 세속과 거리를 두며 수행자로서의 삶으로 일관한 모습을 드러낸다. 세월이 흘러 문중 사람이 스승의 공덕을 후세에 전할 방법을 임금에게 상의하자 그제야 헌강왕이 '대공영탑'이라는 이름을 내릴 수 있었다.

- 해당 비문 -

禪師泥洹, 當文聖大王之朝, 上惻僊襟, 將寵淨諡, 及聞遺戒, 愧
선사니원 당문성대왕지조 상측선금 장총정시 급문유계 괴
而寢之" 越三紀, 門人以陵谷谷爲慮慮, 拘不朽之緣於慕法弟子,
이침지 월삼기 문인이능곡 위려 구불후지연어모법제자
內供奉一吉干楊晉方 · 崇文臺鄭詢一, 斷金爲心, 勒石是請. 憲綱
내공봉일길간양진방 숭문대정순일 단금위심 륵석시청 헌강
大王, 恢弘至化, 欽仰眞宗, 追諡眞鑑禪師 · 大空靈塔, 仍許篆刻,
대왕 회홍지화 흠앙진종 추시진감선사 대공영탑 잉허전각
以永終譽
이영종예

앞서 선사의 행적에서 민애왕이 선사를 경성으로 부르려 했고, 이어서 황룡사로 모셔 가려는 사신들의 발걸음이 끊임없었으나 선사는 요동도 않고 산중 수행과 제자들의 가르침에만 몰두했다. 입적한 뒤에도 아무런 기념 행사가 없다가 37년이 지난 887년(신라 정강왕2)에서야 탑비가 건립될 수 있었다.[3] 이러한 대목에서 『삼국사기』와 『삼국유사』 어디에도 진감선사에 대한 기록이 없는 사정을 알 수 있다.

2. 범패 승단의 공덕을 새긴 비문

억불숭유로 궁핍해져 오던 조선 후기의 사찰들은 각종 산채나 과일 등의 특산물 채취와 제지 사업 등을 통해 사찰 운영 자금을 충당하였으나 그것이 사찰 살림을 크게 개선시키지는 못하였다. 그 때문에 각종 계(契)를 조직하여 사찰 운영을 도왔다. 이들 계 조직을 보면, 동년배가 결성하는 갑계(甲契), 같은 문파 승려가 조

3 건립 연대는 진성여왕 원년 7월로 보는 경우도 있다. 정강왕이 887년 7월 5일에 사망했고 진성여왕이 바로 다음 왕으로 올랐기 때문이다. 현재 남아 있는 비문에는 이에 해당하는 부분이 훼손되어 있어 직접적으로 확인하기는 어렵다.

직하는 문중계, 사찰의 건립 및 중수를 추진하는 불량계가 있었다. 또한 보사(補寺)의 목적으로 구성되었던 도종계 · 사종계(私宗契)가 있었는가 하면 신앙결사를 위한 염불계, 칠성계, 미타계, 지장계도 있었다. 그 외에도 사찰 주변 산림을 육성하기 위한 송계(松契), 승려 교육을 위한 학계, 범패의 전수를 위한 어산계 등 20여 종이 있었다. 이러한 보사계 활동은 영남 지역에서 더욱 활발하여 동화사, 통도사, 범어사 등지에 보사계 공덕비가 많이 세워져 있다. 이들 중 범어사에 세워져 있는 어산계보사유공비는 범패와 의례활동이 홍법활동과 사원 경제에 미치는 영향력을 보여 주고 있다.[4]

1) 보사공덕비

대구 동화사의 일주문을 지나 왼편 계단을 내려가면 당간지주 뒤로 비석을 모아 둔 언덕이 있다. 이곳에 있는 여러 개의 비석 가운데 보사비는 작은 크기에 비개가 없이 소박한 모습을 하고 있다. 비신(碑身)의 앞면 왼편 첫 머리에 동화사보사유공비명(桐華寺補寺契有功碑銘)이라고 적혀 있고 이하 그에 대한 내용이 새겨져 있으며, 뒷면에는 연도와 계원들의 이름이 새겨져 있다.

4 윤소희(2018), 「불교 의례활동과 사원경제 – 범어사 어산계보사유공비를 통하여 –」; (2016), 「일제강점기의 범어사 범패 전승실태 – 범어사 보재루와 어산계보사유공비를 통하여 –」

〈사진 13·14〉 동화사보사계공덕비(桐華寺補寺契[5]有功碑銘)(촬영 2017년 7월 19일)

부산 범어사는 1811년(순조11)부터 1930년 사이에 사찰 재산을 늘려 나갔는데, 갑계를 통해 확보된 전답과 조전(租田) 등을 헌납하는 등 사찰계 가운데 갑계가 사원 경제에 크게 기여하였다. 용성대선사비와 성월대선사비 오른쪽에 있는 '갑오갑보사유공단(甲午甲補寺有功壇)'에는 보사 공덕자들의 이름이 빼곡히 새겨져 있다. 당시 범어사 주지였던 성월 스님은 문중별로 소유하고 있는 토지를 범어사라는 이름으로 통합하였다. 이때 문중끼리 합심하여 누룩 장사로 번 돈으로 토지를 사들이고, 갑계 등 친목 단체를 조직하여 기금을 모아 사들인 토지가 상당히 많았다는 기록이 전해지고 있다.[6]

5 범어사 비문에는 보사계의 계를 '稧'로 쓴 것에 비해 동화사에는 '契'로 쓰고 있어 비문에 새겨진 글자를 그대로 옮겼다.
6 현익채 외(2014), 『부산불교 100년의 발자취 물처럼 살거래이』, p. 107.

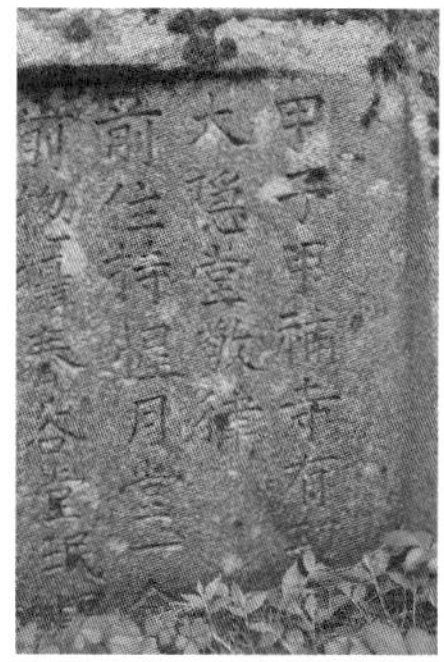

〈사진 15·16〉 갑계 시주자 이름이 새겨진 범어사 비림 속 바위 하단에 갑자갑보사유공(甲子甲補寺有功)이 새겨져 있다.(촬영 2016년 8월 3일)

2) 어산계보사유공비

범어사에는 감계 공덕을 새긴 바위 외에 보사계의 공덕을 새긴 여러 개의 비석이 사찰 언덕에 세워져 있다. 그런데 유독 어산계보사유공비만을 따로 떼어서 사찰 입구에 세워 두었다. 조선 시대에 들어 국가의 비호에서 벗어난 불교 사찰이 스스로 자생하는 방편이었던 보사계는 19세기 후반부터 성행했다. 사찰령이 반포된 후 염불원이 폐지되자 당시 범어사의 부전 승려들은 어산계를 조직하여 범패 전승을 이어 왔는데, 1913년에 세워진 범어사의 어산계보사유공비는 이러한 역사의 증표이다.

어산계 승려들은 범패 전승과 더불어 사찰 중흥을 위한 자원을 의례 활동을 통하여 창출하였다. 대웅전 불사를 비롯하여 어산교 건립에 이르기까지 총 10건의 불사에 쓰인 합계 금액이 2,370원이었다. 이 당시 '환'에서 '원'으로 화폐 단위가 바뀐 지 얼마 되지 않았고, 화폐 개혁이 일어나기 전에는 엽전 한 푼, 두 푼이라는 단어가 일상적이었던 점을 감안하면 상당한 보시금이었다. 어산교 너

머로 보이는 비석의 앞면에는 어산계보사유공비(魚山稧[7]補寺有功碑)라 적었다. 뒷면에는 어산계 승려들의 보시 항목과 금액을 적고 그 아래 비석을 세운 사람과 연도를 새겼다.

어산계보사유공비의 뒷면 내용

원문 金三百圓大雄殿甎瓦, 金四十冥府殿重修, 金一百十八相殿
금 삼 백 원 대 웅 전 반 와 　금 사 십 명 부 전 중 수 　금 일 백 십 팔 상 전
重修, 金五十龍華殿丹靑, 金六十元曉安養兩菴補助, 金四十圓
중 수 　금 오 십 용 화 전 단 청 　금 육 십 원 효 안 양 양 암 보 조 　금 사 십 원
正法眼藏印刷, 金八百圓東萊敎堂補助, 金二百圓京城布敎堂補
정 법 안 장 인 쇄 　금 팔 백 원 동 래 교 당 보 조 　금 이 백 원 경 성 포 교 당 보
助 金三百圓慶北敎堂補助, 金四百四十圓魚山橋建立, 合金二千
조 　금 삼 백 원 경 북 교 당 보 조 　금 사 백 사 십 원 어 산 교 건 립 　합 금 이 천
三百七十圓也. 大正二年 癸丑, 佛紀二九四四〇年, 住持 惺月一
삼 백 칠 십 원 야 　대 정 이 년 　계 축 　불 기 이 구 사 　　년 　주 지 　성 월 일
全, 監務一淡桂煥, 監事 一海致和, 法務 梨山爰瑛, 都監 晚山理
전 　감 무 일 담 계 환 　감 사 　일 해 치 화 　법 무 　리 산 원 오 　도 감 　만 산 이
云
운

해석 대웅전 기와 불사 300원, 명부전 중수 40원, 팔상전 중수 140원, 용화전 단청 50원, 원효 안양암에 60원 보조, 정법안장 인쇄에 40원, 동래교당 보조금 800원, 경성포교당 보조금 200원, 경북 포교당 보조금 300원, 어산교 건립 440원 등 총 합계가 2,370원. 대정 2년 계축년, 불기 2940년[8]으로 서기 1913년이다.

어산계에서 보사(補寺)한 2,370원의 가치를 가늠해 보기 위해서 당시 화폐 가치를 현재 금액으로 환산해 보았다. 1910년 12월 1일부터 한국은행권 1원권(圓券)을 발행하여 종래의 환이 일본 단위

---

7 위 어산계의 계(稧)는 문설주 '설'로도 쓰이지만 맺는다는 뜻의 계(契)와 같은 뜻으로 쓰이기도 한다.

8 비석에 사용된 불기는 당시에 사용하던 북방불기 연도이다. 북방불기 2040년은 서기 1913년이었다. 상세 내용은 윤소희(2016), 『국악원논문집』 34, p. 133 참고.

인 원으로 바뀌게 되었다. 이때 화폐의 산식은 '1원(圓) = 100전(錢)'이었고, 1원의 가치는 순금 2푼(750㎎)으로 되어 있다. '원'이라는 화폐 단위는 1945년 8·15광복 이후에도 그대로 사용되고 있었지만, 1950년 한국전쟁 이후 급격한 인플레이션 때문에 1953년 2월 14일에 신화와 구화의 교환 비율을 1:100(1환=100전)으로 하는 통화개혁이 단행되었다. 이러한 배경에 미루어 보면 당시 어산계 승려들이 보시한 2,370원은 현재의 수억 원에 이르는 금액이었다.[9]

3) 비문에 담긴 근대 불교음악사

『범어사지』에 수록되어 있는 「선원연기록」을 보면 일본불교의 세태 속에서 조선불교의 정통성을 회복하기 위한 운동에 많은 스님들이 참여하여 사중의 재산을 팔고 힘겹게 모은 계금을 흔쾌히 내놓았다고 적고 있다. 일본의 사찰령을 맞아 의식·인사·재정 등 모든 권한을 제한하며 염불원이 폐지되자 범어사에서는 어산계를 만들어 활동하였다. 사찰령이 반포된 1911년에 항일민족주의자였던 성월 스님이 범어사 주지로 부임하였고, 2년 후인 1913년에 어산계보사유공비를 세웠다. 어산계공덕비의 내용을 보면 대웅전부터 여러 전각과 교당에 이르기까지 폭넓게 보사한 내용이 나열되고 있다. 이러한 불사가 진행되는 데에 적어도 10여 년은 걸렸음을 고려하면, 동래어산회이자 범어사 어산계의 존속 기간은 1800년대 말기 정도로 추정된다.

범어사 앞에는 마을과 사원을 가로지르는 계곡물이 흐르고 있는

9 윤소희(2018), 「불교 의례활동과 사원경제 – 범어사 어산계보사유공비를 통하여 –」에서 위 금액의 현실적 가치로 환산한 내용을 확인할 수 있다.

데, 여기에 다리를 놓은 사람들도 어산계 스님들이었으므로 다리 이름을 '어산교'라 하였다. 어산교를 지나 일주문으로 가는 길목의 소나무 숲도 '어산노송(魚山老松)'이라 이름 지었고, 이 일대를 금정팔경 중 제1경으로 꼽고 있다. 어산교는 조선 시대 승역(僧役)과 관련된 전설을 비롯하여 항일의 상징이기도 하였다.

〈사진 17-19〉 범어사 어산교 앞에 세워진 비석과 비석의 전면과 후면
(촬영: 2016년 6월 20일)

해방 이후에는 범어사 어산계 → 동래어산회 → 동부산어산회 → 부산어산회 등으로 명칭이 바뀌었다.[10] 어산회 승려들은 징용에 희생된 전몰 군·경 봉사단을 결성하여 화장장을 찾아다니는 재식(齋式)으로 봉사활동을 하였고, 한국전쟁을 겪으면서도 이와 같은 활동을 계속했다. 그러나 1954년~1962년간에 있었던 사찰 정화운동으로 대부분 대처였던 어장 승려들이 조계종단에서 축출되었으므로 비문에 새겨진 보시자들이 범어사를 떠나야만 했다.

이들이 새로운 종단을 규합하며 어산회 활동을 이어 가던 중 1969년 8월에 문화재청의 위촉으로 국악학자 이혜구, 장사훈, 성

10 상세 내용은 윤소희, 『영남범패 대담집』, pp. 29~53; (2012), 『국립문화재연구소 희귀음반 영남범패 연구』, pp. 23-54 참고 바람.

경린, 한만영이 영남 범패를 조사하였다. 이때 비문에 새겨진 계원의 제자들이 참여하였고, 홍윤식 교수는 범어사 산내 암자 국청사로 방문하여 용운 스님의 범패를 녹음하였다. 그 결과 1972년 11월에 용운 스님이 부산시무형문화재 제1호로 지정되었다. 당시 국악학자들과 홍윤식에 의해 녹음된《영남범패》음원은 현재 국립무형유산원 홈페이지 아카이브에 로딩되어 있다.

3. 간접 사료를 담고 있는 비문들

큰스님의 공덕을 새긴 공덕비와 사찰 건립과 중창을 기념한 사적 비 중에 불교 의식과 범패에 대해 언급하는 내용들이 종종 발견된다. 이들은 그 시대 사람들의 불교 신행과 문화적 배경을 읽게 하는 중요한 자료이다.[11]

1) 신라 시대

(1) 경주 숭복사비

진성여왕 10년(896)에 세운 것으로 추정되는 숭복사비는 쌍계사 대공탑비문을 쓴 최치원이 비문을 지은 점이 주목된다. 숭복사는 본래 원성왕(元聖王 재위 785~798)의 어머니인 소문태후의 외삼촌이자, 왕비 숙정왕후의 외조부인 김원량이 창건한 곡사(鵠寺)터에 원성왕릉을 만들면서 숭복사(崇福寺)터가 되었다. 이후 경문왕(景文王 재위 861~875)이 꿈에서 원성왕을 뵌 일을 계기로 사찰을 대대적으로 수리하여 원성왕릉을 수호하고 왕의 명복을 비는

11 전혜빈, 「한국불교와 범패(梵唄)의 역사—신라·고려시대 금석문을 중심으로—」, 『한국불교학』 115, 2025.

공간으로 삼으면서 이 비석이 세워졌다. 이 비석에 새겨진 "불당에서 미묘한 소리가 드높았다."라는 대목에서 당시 범패가 왕성하게 전승되었음을 추정할 수 있다.

원문 陳耕報德註 隋號興國註 孰與家福, 崇之國力. 堂聒妙音,
진경보덕주 수호흥국주 숙여가복 숭지국력 당괄묘음
廚豊淨食. 嗣君遺化, 萬劫無極.於鑠註
주풍정식 사군유화 만겁무극 어삭주

해석 '진'에서는 보덕에 힘 기울이고 '수'에서는 흥국을 외쳤네. 어찌 가복이라고만 하랴 국력을 높이심이라. 불당에선 미묘한 소리 드높고 주방에는 정결한 음식이 푸짐하다. 사군이 끼치신 덕화 만겁 동안 무궁하리라.

(2) 적인선사 조륜청정탑비

곡성 대안사에 적인선사(寂忍禪師)의 공덕을 새긴 조륜청정탑비(照輪淸淨塔碑)는 872년 경문왕의 명령으로 세워진 탑비로 현재 보물 제273호로 지정되어 있다. 적인선사는 785년(원성왕1)에 태어나 15세에 출가하여 지장 선사에게서 수학하였다. 그는 55세까지 중국을 두루 돌아다니며 수학한 후 귀국하여 무주(광주) 쌍봉사에 머물다 말년에 곡성 대안사로 옮겨 동리산문을 개창하여 후학을 양성하다가 861년(경문왕1)에 77세로 입적하였다.

본 비석에는 적인선사가 어린 시절에도 모친을 따라 절에 가면 '불상을 돌면서 범패를 불러 스님을 본받으니'라는 대목이 있다. 15세에 출가하였는데 그 이전 어린 나이의 아이나 청소년들도 범패를 불렀다는 대목이 눈길을 끈다. 특히 불상을 돌며 범패를 불렀다는 것은 아마도 불호(佛號)를 염칭하는 염불류 범패 또는 어린 아이도 부를 수 있는 단순하고 쉬운 범패가 일반인들의 신행에 있었음을 추정할 수 있다.

원문 徐行來坐寢榻母氏訝而復異因玆而覺曰必得持法之子當爲
서 행 래 좌 침 탑 모 씨 아 이 복 이 인 자 이 각 왈 필 득 지 법 지 자 당 위
國師矣禪師自襁褓. 已來凡有擧措異於常流至如喧戲之中不喧安
국 사 의 선 사 자 강 보 이 래 범 유 거 조 이 어 상 류 지 여 훤 희 지 중 불 훤 안
靜之處自靜觸羶腥則嘔血見屠殺. 則傷情遇坐結跏禮人合掌尋寺
정 지 처 자 정 촉 전 성 칙 구 혈 견 도 살 칙 상 정 우 좌 결 가 례 인 합 장 심 사
繞佛唱梵學僧冥符宿業斷可知之矣年當志學出
요 불 창 범 학 승 명 부 숙 업 단 가 지 지 의 년 당 지 학 출

해석 선사는 강보에 싸여 있던 시절부터 행동거지가 보통 사람과 달라 떠들고 노는 곳에 가도 떠들지 아니하고, 고요한 곳에 이르면 스스로 정숙하였으며, 누린내 비린내를 맡으면 피를 토하고, 도살하는 것을 보면 마음을 상하였다. 앉을 때는 결가부좌를 하고 남에게 예를 표할 때는 합장하고 절에 가서 불상을 돌면서 범패를 불러 스님을 본받으니 전생의 업이 그윽함을 부합함을 분명히 알 수 있었다.

(3) 정진대사탑비

정진대사(878~956)는 통일신라 말에서 고려 초에 활약한 승려로 신라 경명왕의 극진한 예우를 받았다. 정진대사 탑의 비문에는 진감선사의 스승인 창주 신감으로부터 이어지는 법맥이 쌍계사 혜소 진감선사를 거쳐 정진대사로 이어지고 있음을 기록하고 있다. 경상북도 문경 봉암사에 세워진 정진대사탑비(靜眞大師塔碑)는 봉암사를 중흥한 정진대사의 공적을 기록하기 위해 고려 광종 16년인 965년에 건립되었다.

원문 至于曹溪又六代矣 自佘繼明重蹟嫡嗣聯綿 曹溪傳南岳讓
지 우 조 계 우 육 대 의 자 이 계 명 중 적 적 사 련 면 조 계 전 남 악 양
讓傳江西一一傳 滄州神鑒猶東顧傳于海東誰其繼者卽南岳雙磎
양 전 강 서 일 일 전 창 주 신 감 유 동 고 전 우 해 동 수 기 계 자 즉 남 악 쌍 계
慧昭禪師焉 明福傳賢磎王師道憲傳康州伯嚴楊孚禪師孚卽
혜 소 선 사 언 명 복 전 현 계 왕 사 도 헌 전 강 주 백 엄 양 부 선 사 부 즉

번역 그 후 법등을 계승하여 적자적손으로 면면히 전승하되, 조계는 남악에게 전하고 남악은 강서에게 전하였으며, 강서는 창주신감(滄州神鑒)

에게 전하고 신감은 해동에 전해 주었으니, 그의 법맥을 이은 선사는 남악의 쌍계사 혜소선사(慧소禪師)이다. 혜소는 다시 현계산에 있는 왕사 도헌에게 전하고, 도헌은 강주 백암사 양부 선사에게 전수하였으니, 양부 선사가 바로 우리 정진대사의 법사이다.

2) 고려 시대

(1) 광통보제선사비(廣通普濟禪寺碑)

고려 우왕 3년(1377)에 건립된 광통보제선사비(廣通普濟禪寺碑)는 북한 황해도 개풍군 공민왕릉 동쪽 봉명산(鳳鳴山) 광통보제선사터에 세워진 사적비이다. 이 절은 공민왕비 노국공주의 명복을 빌던 사찰로, 공민왕이 '영통보제사'라는 사액을 내렸다. 비문에는 공민왕과 왕비가 죽은 후 그들의 명복을 빌기 위하여 100여 칸으로 된 웅장하고 화려한 광통보제선사를 1372년부터 1377년에 걸쳐 축조하였다. 이 탑비문에는 범패에 수반되는 여러 가지 법구와 의물이 갖추어져 있었음을 언급하고 있다.

원문 其工程經始於壬子之春訖功於 … 중략 … 梵唄之具 華燈之
기 공 정 경 시 어 임 자 지 춘 흘 공 어 범 패 지 구 화 등 지
供 凡百所須 無一不完 秩然而序 爛然而輝 大設三會 以落其成
공 범 백 소 수 무 일 불 완 질 연 이 서 란 연 이 휘 대 설 삼 회 이 락 기 성
山門之事畢矣一國臣民之心度可以自尉也已
산 문 지 사 필 의 일 국 신 민 지 심 도 가 이 자 위 야 이

해석 (이 절을) 짓는 과정을 보니 임자년(공민왕21, 1372년) 봄에 시작하여 …중략… 범패의 도구와 연등의 공구(供具) 등 모든 필요한 것이 하나도 빠짐없이 가지런히 정리되어 있고 찬란하게 빛났습니다. 이에 크게 세 차례의 법회를 열어 완성을 알렸습니다. 산문의 일이 모두 마쳐지니 온 나라 신민들의 마음이 스스로 위로할 수 있게 되었고, 또한 아쉬움이 없게 되었습니다.

(2) 용수사 중건비

경북 안동 용수사에 세워져 있는 중건비는 고려 명종 11년(1181)에 최선이 건립하였으며 조선 선조 때 극락전을 중수하였다. 그러나 1895년 을미의병이 일어나 일본군과 전투 중에 용수사와 부속 암자인 영은암이 불에 타 소실되었고 터만 남은 곳에 승려 원행이 불자들과 힘을 합쳐 1994년에 대웅전과 요사를 건립하였다.

용수사 경내에 세워진 이 탑에는 중수 과정의 사적을 기록한 대목 중 공양재례를 연 내용이 기록되어 있다. 무엇보다 이 비문에는 승려 3만 명이 모여 재를 지냈다고 기록되어 있는데 이것은 당시 의례의 규모가 얼마나 방대하였는지 알게 해 줄 뿐만 아니라 재를 지내므로써 국란을 극복하였다는 점에서 불교를 국교로 삼았던 고려 시대의 불교 입지가 드러난다.

원문 癸巳年 國朝多亂 大禪師發願 設三萬僧齋 又別置輪大藏
계사년 국조다란 대선사발원 설삼만승재 우별치륜대장
二座 及堂三間 作七日法會 聚學者三百餘人 請開泰寺僧統穎緇
이좌 급당삼간 작칠일법회 취학자삼백여인 청개태사승통영치
請演以落之 以求國難焉
청연이락지 이구국난언

해석 계사년(명종3, 1173년)에 국조에 어지러운 일이 많았을 때에도 대선사 조응이 발원하여 3만 명의 승려에게 공양하는 재를 열고 다시 별도로 윤대장 두 좌와 (이를 안치할) 당(堂) 3칸을 만들고 7일간 법회를 열면서 취학자 300여 명을 모으고 개태사의 승통 영치의 강연을 청함으로써 낙성하여 나라의 어려움을 이겨 냈다.

3) 조선 시대

(1) 미황사 사적비

전라남도 해남 달마산 미황사 사적을 기록한 이 비문은 조선 시대

숙종 18년(1692)에 세워졌다. 미황사 석주 설화는 숙종 18년(1692)의 기록이다. 그런데 이 비문의 내용은 문헌과 금석문에 근거하여 구성된 것으로 실제 내용은 신라 경덕왕대의 내용을 담고 있다. 기록의 내용을 보면, 미황사는 749년(경덕왕8) 의조 화상이 창건한 사찰로, 전라남도 해남에 경전과 불화를 실은 석주가 사자포구로 와서 통교사와 미황사를 세웠다는 내용이다. 이때 배 안에서 울려 퍼진 범패 소리를 언급하고 있다.

원문 湖南達摩山美黃寺之刱 跡抑何奇之甚也有唐開元十三年乙
호 남 달 마 산 미 황 사 지 　 적 억 하 기 지 심 야 유 당 개 원 십 삼 년 을
丑新羅景德王八年八月十 二日忽有一石舡來泊于山底獅子浦口
축 신 라 경 덕 왕 팔 년 팔 월 십 　 이 일 홀 유 일 석 강 래 박 우 산 저 사 자 포 구
天樣梵唄之聲迭發於般中漁人欲迫而察之則舡輒遠義照和尙 聞
천 양 범 패 지 성 질 발 어 반 중 어 인 욕 박 이 찰 지 칙 강 첩 원 의 조 화 상 　 문
之輿張雲張善二
지 여 장 운 장 선 이

해석 호남의 달마산(達摩山) 미황사(美黃寺)의 창건 사적은 어찌 그리 기이한가. 당(唐)나라 개원(開元) 13년 을축년(신라 성덕왕22, 725년) 신라 경덕왕(景德王) 8년(749) 8월 12일에 갑자기 한 석선(石船)이 산 밑의 사자포구(獅子浦口)에 와서 닿았는데 그 배에서 하늘과 같은 범패 소리가 나기에 어부들이 정박하고 살펴보려 하였더니 배가 갑자기 멀어져 버렸다.

(2) 봉원사 월하 스님 공덕비

고종 12년(1876)에 태어난 봉원사 월하 스님은 경제범패 동교와 서교의 가교였을 뿐만 아니라 전승 단절의 위기에 놓였던 범패를 지켜 온 수호자이기도 했다. 오늘날 유네스코 문화재로 지정되어 있는 봉원사 영산재는 월하 스님이 없었으면 불가능했던 일이었다. 해방 이후 사찰 정화운동으로 인해 범패 활동을 하는 승려들이 모두 조계종을 떠나면서 범패가 사라질 뻔했지만 월하 스님에 의해서 이어질 수 있었다. 그리하여 봉원사 앞 부도전에는 '위진범음

중흥범패 월하당혜운대종사공덕비(爲振梵音 重興梵唄 月河堂慧雲大宗師功德碑)'가 세워져 있다.

비문을 읽어 보면, "월하 스님의 법명은 혜운(慧雲), 법호는 월하(月河), 속성은 이씨로 조선조 고종 12년 병자년에 태어났다. 스님의 법연을 접한 자는 모두가 스님을 사장(師匠)으로 추앙했다. 일생을 본사에서 주석하며 열반에 이르기까지 중생 교화와 후진 양성에 진력하였다."라고 되어 있다. 이 내용은 제2부 '재례의 전승과 승단'에서 다시 논하겠다. 이 외에도 전국 각지에 산재한 수많은 비석에 불교음악 관련 내용이 있다. 금석문 연구자들이 해석한 이들 비석의 판본 원문과 해석문이 온라인에 올라와 있으므로 이 방면의 연구 가능성이 열려 있다.

Ⅱ. 주악도와 주악상

우리 민족은 2천 년에 가까운 세월을 불교 풍토에서 살아왔으므로 유적에 나타나는 대부분의 주악도와 주악상도 불교음악의 관점에서 매우 중요하다. 사찰 법당 · 천장 · 불단 · 벽화 · 감로탱에 그려진 주악도, 범종 · 법구 · 불탑 · 기와에 새겨진 주악상은 문헌에 나타나지 않는 음악 문화와 악기에 관해 연구할 만한 정보를 지니고 있다. 역사적 관점에서의 통시적 연구나 인도 · 중앙아시아 · 중국과 같은 지역적 계통, 악기 유형. 주법, 연주자들의 복식과 사회적 배경 등 다양한 연구 주제가 있다. 주악상에 관한 연구에서 신라 계통의 연구는 다소 이루어졌으나[12] 그 밖의 것은 상대적으로 미

12 김성혜, 『도상을 통해 본 통일신라 음악 연구』, 『신라 토우 속의 음악과 춤』

약하다. 근년에 이에 관한 세미나가[13] 열렸지만 아직 많은 연구 과제가 남아 있다.

1. 고구려 고분의 주악도와 불교문화

고구려 고분은 평양 대동강 유역과 압록강 유역 집안(集安: 현 중국 지린성 지안시) 지역에 집중적으로 분포해 있다. 집안 고분군에는 통구, 장천을 포함하여 1만 기에 이르는 고분들이 산재해 있어 학자마다 다르게 분류하고 있다. 고분에서 발견된 주악도는 생활 풍속 연주도와 천상의 신 또는 선인들이 연주하는 그림의 두 갈래가 있다. 이들은 지상과 천상이라는 차이가 있지만 주악도의 형태는 서로 비슷하다.

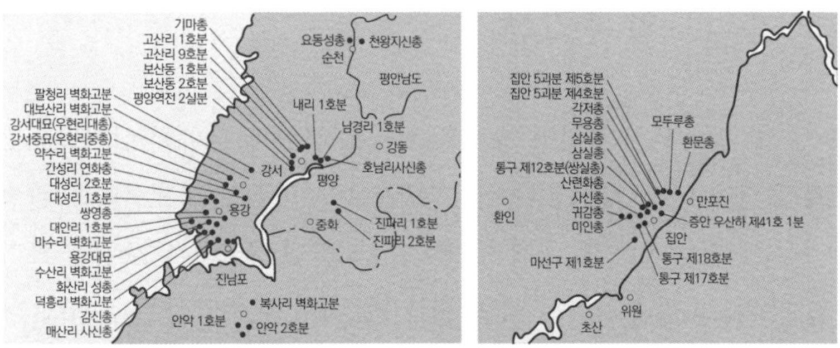

〈그림 3〉 평양 대동강 부근의 고분군, 집안 압록강 부근의 고분군

외 다수의 연구 논문.

13 불교음악학회에서 2024년 주악도를 주제로 하여 학술대회를 개최했다. 이때 이용식, 「4세기 고구려 불교문화와 음악 – 안악 제3호분 벽화의 악기를 중심으로 –」, 조석연, 「백제금동대향로 주악상을 통해 보는 백제의 음악」; 김성혜, 「신라 불교 문화유산의 주악상 해석에 대한 견해」 등 3편의 논문이 발표된 후 불교의례문화연구소에서 발간하는 『무형문화연구』 12호에 게재되었다.

1) 안악 제3호분 벽화

안악 제3호분의 명문[14]에는 영화 13년에 묘를 조성하였음을 밝히고 있다. '영화(永和)'는 중국 동진(東晉)의 연호로 서기 357년에 해당한다. 낙랑의 옛 땅인 이곳에 거주하고 있던 중국계 주민이 동진의 연호를 사용했던 것이다. 묘의 주인공인 동수는 고국원왕 6년(336)에 고구려로 망명한 무장이며 고국원왕 27년(357)에 안악 유순리에 묘를 썼던 것으로 추정하고 있다.

이에 대하여 역사학계에서 서로 다르게 주장을 하기도 하다. 북한에서는 고구려 미천왕(재위 300~331) 또는 고국원왕(재위 331~371)의 묘라고 주장한다. 묵서 자체는 동수에 관한 것으로 인정하지만 묵서가 묘 주인공의 주변이 아닌 장하독(帳下督)의 머리 위에 있기 때문에 동수는 주인공이라기보다 묘지기로 보았다. 따라서 안악 제3호분은 동수가 장하독 생활을 한 고국원왕의 무덤이거나 또는 고국원왕의 아버지인 미천왕의 무덤이라는 것이다.

『삼국사기』에 의하면 고구려 미천왕은 313년~314년에 낙랑군과 대방군을 차례로 멸망시키고 이 지역을 장악했다. 그러나 고구려는 이 지역을 직접적으로 지배하는 대신 기존의 체제를 인정하고 그 연장선상에서 통치했다. 낙랑군을 포함한 한사군에는 서진(西晉 265~317) 말기인 3세기 말에서 4세기 초부터, 낙랑군을 포함한 한사군으로 지배층 한족이 대거 이동했다. 이것은 현재까지 발견된 한나라의 식반(式盤) 5기 중에서 2기가 낙랑에서 출토된

---

14 명문 "永和十三年十月戊子朔甘六日 癸丑使持節都督諸軍事 平東將軍護撫夷校尉樂浪 □昌黎玄菟帶方太守都 鄉侯幽州遼東平郭 都鄉敬上里冬壽字 □年六十九薨官"

〈사진 20〉 안악3호분 전체 행렬도

〈사진 21〉 안악 제3호분 전체 행렬도 앞 □ 부분의 확대

〈사진 22〉 안악 제3호분 대형렬도 중 기마악대

〈사진 23〉 재현한 고구려 배소

〈사진 24〉 벽화를 재현한 고구려 북

〈사진 25〉 태국의 행렬 북(촬영 2008년 마하사라캄 예술대)

사실에서도 알 수 있다. 고구려는 이 지역을 점령한 후에 기층 세력 집단과 새로이 이주해 온 집단을 관리하였다. 전연(前燕 337~370)에서 망명해 온 동수도 이주 세력가 중 하나였을 것으로 보고 있다.

안악 제3호분에는 여러 가지 벽화와 천장화가 그려져 있고, 회랑에는 전체 길이 10.13m, 높이 2.01m의 대행렬도가 그려져 있다. 250여 명의 인물이 등장하는 이 회랑도의 가운데에는 수레를 탄

주인이 있고, 행렬 앞에는 악대가 노래와 연주, 춤을 추며 행렬하며 그 앞에 북과 동고(銅鼓)를 둘러메고 타주하는 고취대가 있다.

안악 제3호분이 조성된 357년 당시 낙랑과 대방은 황해를 무대로 한 상업교역권의 중심지였고, 위진(魏晋 220~420) 불교가 전래되었다. 안악 제3호분이 조성된 4세기 무렵 고구려에는 서진(西晋 266~316)과 동진(東晋 317~420)에서 전래된 조상과 성현을 섬기며 과거칠불(過去七佛) 신앙이 형성되어 있어 조상과 성현을 함께 제사 지냈다. 『양고승전(梁高僧傳)』에 기록된 중국 승려 지둔(支遁 314~366)이 고구려 승려 고려도인(高麗道人)에게 보낸 서신과 천축(天竺) 승려 불도징(佛圖澄 232~348)이 요동에 거주했던 고구려인을 교화시킨 기록에 미루어 볼 때, 낙랑군에 불교가 전해져 있었음을 추정할 수 있다. 안악 제3호분의 지붕 중앙의 연화, 구석 장식의 연화 봉오리, 묘주 부인의 그림에 있는 세 잎의 연화, 가부좌한 손에 깃 부채를 들고 있는 모습 등에서 불교가 이미 전해져 있음을 알 수 있다.

안악 제3호분 벽화의 주악도를 보면 오른쪽 끝에 터번을 쓴 채 다리를 X자로 꼬고 손뼉을 치며 춤추고 있다. 코를 크게 그린 점에서 서역인으로 추정되는 이 사람은 단순히 여흥을 위해서가 아니라, 불교 포교의 일환으로 춤을 추었던 서역인 승려로 추정하는 연구 논문도 있다.

춤을 반주하는 완함은 위진 시대 죽림칠현의 한 명인 완함의 이름에서 비롯되었다. 완함류의 현악기는 위진 시대 실크로드 지역이었던 깐수성 유물에서 많이 발견되는 것으로 미루어 불교의 전파를 따라 낙랑까지 전해진 것으로 보인다. 낙랑에 전해진 지터류 악기는 문화 변형 과정을 거치면서 새로운 악기로 탈바꿈했다. 이

〈사진 26〉 안악 제3호분 후실 동쪽 벽에 그려진 주악도

를 고구려에서는 거문고라고 했다는 주장도 있다. 이런 제반의 배경을 감안해 볼 때 안악 제3호분 후실의 무악도는 4세기 중반 낙랑 지역에 존재했던 불교와 음악 연구에 매우 중요한 자료이다. 또한 인근의 수산리 고분의 행렬주악도와 뿔나팔도 고구려 음악 풍속의 중요한 단면을 보여 주고 있다.

2) 1·2호분의 벽화

안악 고분의 번호는 발견된 순서대로 붙인 것이므로 번호와 고분이 조성된 시기는 관련이 없다. 조성된 시기 순으로 보면 안악 제3호분이 가장 먼저이고, 이어서 제1호분과 제2호분으로 연결된

〈사진 27-29〉 수산리 고분 벽화 속 메는 북과 뿔나팔

다. 북한 국보 제26호로 지정되어 있는 제1호분은 단순한 묘실 구조, 널방 천장부의 정제된 장식 무늬, 비교적 압축되고 다듬어진 주제로 된 인물 풍속 위주의 널방 벽화 등의 요소로 보아 5세기 전반에 축조된 것으로 보인다. 안악 제1호분 바로 뒤에 있는 제2호분에는 생활 풍속을 그린 벽화가 있는데 널방 왼쪽 벽화에 비천도가 그려져 있다.

벽화 중앙에 여주인공이 서 있고, 앞뒤로 따르는 시녀들은 작게 그려져 있다. 양편에 배치된 7명의 부인들은 화려한 머리장식을 하고 있다. 그 뒤로 보이는 벽면에는 연꽃 줄기로 장식된 기둥 구조물과 천장 고임부에 보이는 연화 장식이 있다. 천장에는 하늘을 나는 2개의 비천상이 그려져 있다. 전반적인 분위기를 볼 때 죽은 남편의 명복을 빌고자 불단에 바칠 연꽃 쟁반을 들고 가는 모습이어서 당시 고구려인의 불교 신행의 면면을 짐작해 볼 수 있다.

3) 장천(長川) 1호분

집안현(集安縣)에 있는 고구려 고분의 벽화는 고구려에서 불교가 확산되었던 5세기 후반에 축조된 것으로 추정된다. 장천 1호분은 앞방 벽화에 그려진 백희(百戲) 기악도와 수렵도의 내용이 다양하다. 또한 예불도와 보살도 및 널방 벽과 천장부의 연꽃 장식이 불교적 공간을 형성하고 있다. 벽화의 내용을 보면 주인공 부부가 부처님께 예배하는 모습이 고구려 특유의 기법으로 표현되어 있고, 그 앞의 수미좌(須彌座)에 부처님이 자비로운 모습으로 앉아 있다. 부처님의 뒤에는 불꽃 무늬 화염문(火炎紋) 광배(光背)가 그려져 있고, 수미좌 좌우에는 호법 사자가 그려져 있다.

벽화에 그려진 주악도를 보면 전면의 현악기에 괘가 그려져 있어 거문고임을 알 수 있다. 거문고 앞에는 춤추는 사람이 있고, 거문고 연주자와 무인(舞人) 사이에 연꽃이 그려져 있어 불교음악일 가능성이 높다. 그뿐만 아니라 배경 전반에도 여러 연꽃이 그려져 있어 불교적 분위기를 자아내고 있다. 장천 1호분의 양식 중 상당 부분이 북위(北魏)와 상통하고 있어 양국 사이에 활발한 교류가 있었을 것으로 보인다. 따라서 주악도의 악가무도 이 지역과 관련하여 연구해 볼 만하다.

〈사진 30〉 장천 1호 고분 주악도

4) 통구(通溝) 고분군

중국 지린성 지안(集安)시에는 1만여 기 이상의 무덤이 분포해 있어 고구려 고분 문화의 총체이지만 지금은 중국 측에서 관리하고 있어 연구의 한계가 있다. 대부분의 고분군이 국내성을 중심으로 비교적 가까운 곳에 있는 것과 달리 북쪽으로 다소 떨어져 있는 장천 고분은 연구자에 따라 통구 고분군에 포함하기도 한다. 통구 고분군 중 우산하 485호로 지정된 이 고분의 주실 정벽(正壁)의 접객도(接客圖)는 이 무덤의 주인공인 듯한 인물이 의자에 앉아 있고 그와 대화하듯 맞은편 의자에 앉아 있는 두 사람과 그 사이에 시중드는 사람이 그려져 있다. 주인과 마주 앉아 있는 두 사람은

〈사진 31〉 통구 고분 접객도

머리에 장식이 없는 데다 의상 또한 동일하여 승복을 입은 승려로 추정하고 있다.

왼쪽 벽에는 5명의 남녀가 춤을 추고 그 앞에는 합창대가 노래를 하고 있다. 상단에 있는 두 사람 중 왼편은 옷소매를 날리며 춤을 추고, 오른편 사람은 악기를 타고 있다. 노래하고 춤추는 사람들 앞에는 이 무덤의 주인인 듯한 사람이 말 위에서 가무를 바라보고 있다. 이렇듯 무용이 벽화의 중심에 있어 이 무덤을 무용총이라고 명명하였다. 이 그림이 그려진 천장에는 연화문 등의 장식문, 사신도(四神圖), 일월상도(日月象圖) 등의 그림도 그려져 있다.

〈사진 32〉 통구 무용총 주악도

지안(集安) 지역 고구려 5회분 4호 묘와 5호 묘에는 요고 주악상이 나타난다. 『수서(隋書)』와 『구당서(舊唐書)』의 고구려악에도 '요고'에 대한 기록이 있어,[15] 당시 고구려에서 요고가 사용되었음을 알 수 있다.

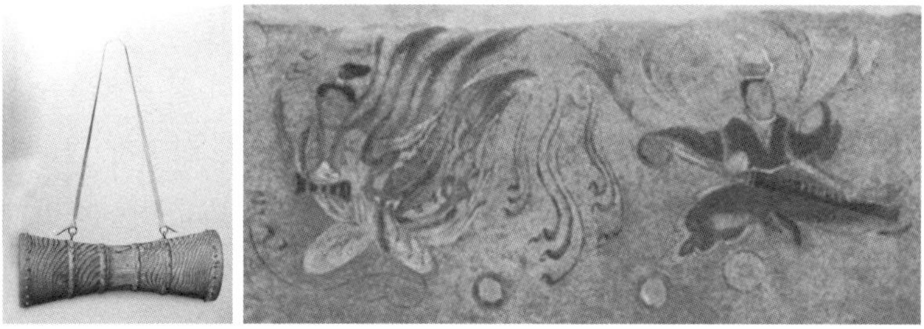

〈사진 33·34〉 통구 5호분(五灰分) 4호묘의 요고와 거문고

무용총의 주실 좌벽 천장에 그려진 주악도는 한국음악학계에 널리 알려진 거문고 주악도이다. 벽화의 제재가 생활풍속도와 불교적 요소인 연꽃무늬, 묘실의 구조인 것으로 미루어 이 고분이 조성된 때는 5세기 전반에서 중엽으로 추정하고 있다.

〈사진 35〉 통구 무용총 주실 천장 고임 벽에 그려진 거문고 주악도

---

15 『隋書』第15卷. 33b4－6;『舊唐書』第29卷, 1a1－4.

통구 고분군 중 위산(禹山)의 남쪽 기슭 끝에 있는 삼실총은 널길(羨道)과 널방(玄室)으로 이루어진 3개의 묘실이 있어 '삼실총(三室塚)'이라는 이름을 붙였다. 삼실총 벽화에서는 전통적인 인물 풍속 장면뿐 아니라 불교 사원의 장식에서 흔히 볼 수 있는 요소가 많다. 이곳에 완함을 연주하는 비천주악도가 그려져 있는데 제1실의 연꽃 화생이나 제2실과 제3실에 그려진 벽화들은 중앙아시아 석굴 사원 및 북위 시대 불교 유통 지역 양식의 그림과 함께 불교적 내생의 염원을 표현한 주악도와 상통한다.

〈사진 36〉 삼실총 완함주악도

〈사진 37〉 오회분 4호묘의 횡적

그간 음악계에서는 이들 주악도를 단지 악기와 관련해서만 주목해 왔다. 그러나 이들 주악도의 배경에 있는 불상, 그 앞에서 배례하는 사람들, 천장과 벽화를 장식하는 연꽃과 불교적 문양으로 보아 불교 의식음악 혹은 사후의 불교적 이상 세계를 표현한 내용이 많다. 무엇보다 중앙아시아와 중국의 여러 나라들과 교류해 온 고구려 음악은 한국불교음악사뿐만 아니라 아시아 문화사적인 측면에서도 흥미로운 연구 분야이다. 지면 한계로 이 책에서는 주악도만 일부 게재하였다. 고구려인의 생활상을 보여 주는 여러 벽화들을 함께 살펴서 이 악기들을 넓은 안목으로 보고 문화적 맥락을 파악하는 것이 필요하다.

2. 백제의 향로와 불탑 조각

1) 금동대향로

1993년 12월 12일 부여 능산리에서 발견된 백제금동대향로 상단에는 악사 5인이 조각되어 있다. 백제금동대향로는 전형적인 분향 용구로 숭불심이 강한 위덕왕이 국가적 불사를 성행하기 위해 조성한 것으로 밝혀졌다. 위덕왕이 재위한 6세기의 백제는 사비성으로 천도한 후 중국과 일본 등 해외 교류를 활발히 하며 문화를 꽃피운 시기였다.

(1) 금동대향로의 악기들

백제금동대향로의 꼭대기에는 천제를 상징하는 봉황새를 장식하고 5개의 산악에 5마리의 기러기와 5인의 악사를 배치하였다. 받침대 부분에 연꽃잎을 중첩 표현하여 불교의 연화장세계(蓮華藏世界)를 조형화하고 있다. 관련한 경전으로 『묘법연화경(妙法蓮華經)』의 한 대목을 보면, "사람이 고(鼓), 각(角), 소(簫), 저(笛), 금(琴), 공후, 비파, 동발 등으로 내는 미묘한 음으로 부처님을 기리고 공양하면 불도를 이룬다."[16]라는 대목이 있다. 향로 상부에 조각된 5가지 악기는 여러 관대를 배열하여 부는 배소(排簫), 세로로 부는 장소(長簫), 둥근 공명통의 완함류 현악기, 무릎 위에 올려놓고 두드리는 북(鼓), 옆으로 누여 타는 금(琴)으로 구성되어 있다.

---

16 『묘법연화경』「방편품」

〈사진 38〉 백제금동대향로의 주악상

① **배소(排簫)**: 우리나라에서 배소가 사용된 흔적은 고구려악에 편성된 문헌 기록과 안악 제3호분, 통구 17호분, 집안 오회분 4호묘, 5호묘 등 고구려 고분벽화와 백제의 백제금동대향로 그리고 계유명전씨 아미타불삼존석상 등에 있다.

② **장소(長嘯)**: 실크로드를 통해 중국으로 들어온 배소는 고구려 벽화를 비롯해 많은 고고학 자료를 비롯하여 수나라의 9부기와 당나라의 10부기 중 서량기에 편성되어 있다. 우리나라에는 백제금동대향로, 비암사 삼존석상, 고구려의 안악 3호분, 장천 1호분 등에 보인다.

③ **월금과 완함**: 5악사 중 중앙에 있는 류트 계열의 악기는 월금 혹은 완함으로 추정하고 있다. 이러한 악기는 고구려 고분벽화에도 다수 나타나므로 4세기 이전에 우리나라에 유입된 것으로 보인다.

④ **무릎 북(鼓)**: 백제금동대향로의 5악사 주악에서 가장 이견(異見)이 많은 악기다. 그 이유는 무릎에 올려놓고 치는 이 악기가 현재 한국에서 전혀 볼 수 없거니와 중국에서도 이와 같은 악기가 보이지 않아서이다.

⑤ **금(琴)**: 옆으로 누여 타는 이 악기는 공명통이 타원형인 매우 독특한 현악기다. 이에 대하여 쟁, 거문고, 가야금류, 금류(琴類)라는 등의 주장과 함께 백제의 고유한 현악기로 보는 등 이견(異見)이 많다.[17] 일반적으로 지터류의 악기를 '금(琴)'이라 칭하지만 백

제의 공후(箜篌)를 일본에서는 백제금[18], 대전 월평동에서 출토한 양이두(羊耳頭)를 복원한 악기도 백제금, 백제금동대향로의 이 악기도 백제금이라 한다.

(2) 보로부두르 대탑과 백제 악기

5주악상 중 무릎 위에 올려놓고 치는 북과 지터류 현악기는 고구려나 신라, 중국과 중앙아시아 그 어디에서도 보이지 않고 인도네시아 보로부두르에서 관련성이 나타난 바 있다.[19] 세계 3대 불교유적 중 하나인 인도네시아 보로부두르의 부조에는 석가모니의 신화적 생애를 그린 『방광대장엄경』, 『비유경』, 『본생경』, 힌두 신화에 등장하는 간다르바와 압사르바를 비롯하여 『화엄경』 「입법계품」의 내용에 이르기까지 많은 주악도가 있다.

① 무릎 북: 보로부두르의 조각에서 격식을 맞추어 화려한 의상을 입고 춤추거나 연주하는 이들은 궁중 악사들이며, 윗옷을 벗고 자유로운 동작을 하고 있는 사람들은 민간 악사들이다. 이들 중 궁중 악사들은 주로 인도 계열 악기를 연주하고, 민간 악사들 중 한 명이 무릎 앞에 북을 놓고 치는데, 아래로 내려치는 주법이 백제금동대향로의 북과 상통한다.

② 지터류 현악기: 백제금동대향로에서 옆으로 누여 타는 악기의 연주 자세를 보면 거문고, 가야금과 같다. 그러나 악기의 공명통이 긴 타원형이어서 거문고, 가야금과는 다르다. 그런데 이와 같은 모양의 공명통을 지닌 악기가 보로부두르에서 발견됐다. 연주 자세

---

17 조석연(2024), 「백제금동대향로 주악상을 통해 보는 백제의 음악」, pp. 51－79.

18 『倭名類聚抄』第四巻, 12a8－9: 箜篌 唐韻云 箜篌 空侯二音 俗云如 江胡二音 楊氏漢語抄云 箜篌 百濟國琴也 和名 久太良古止

19 윤소희(2019), 「보로부두르 주악도와 한국의 불교 악가무」, pp. 637－667; (2018), 「보로부두르 주악도와 백제불교문화」, pp. 55－83.

에 있어 차이가 있지만 긴 타원형 공명통의 현악기라는 점에서 상통한다. 이러한 악기는 중국이나 실크로드 지역에서는 발견되지 않는다.

〈사진 39〉 보로부두르 주악도

2) 비암사 3층 석탑의 악기들

〈사진 40〉 비암사 3층 석탑의 8주악도

금동대향로에 조각된 무릎북에 대하여 혹자는 작가의 상상력으로 실제 연주와 무관한 것이 조각됐을 수도 있고, 조각자가 악기의 주법에 대해 정확하게 파악하지 못해 악기의 위치를 잘못 조각해 넣은 것이 우연히 보로부두르 부조와 비슷한 모양이 되었을 수도 있다고 주장할 수 있다. 그래서 백제의 또 다른 유적을 찾아보니 충남 연기군 전의면 다방리의 비암사 3층 석탑에 이와 같은 악기와 연주 모습이 새겨져 있는 것이 발견되었다.

이 조각은 아미타불 3존 석상의 8주악상인데 아래 조각의 오른편 하단 왼쪽의 악기와 연주 모습이 백제금동대향로의 무릎 북과 같은 모습이다. 무릎 북과 함께 2개의 장구, 가로 현악기, 소(簫), 비파, 생황, 적(笛)이 새겨져 있는 이 조각은 백제 말기의 것으로 추정되고 있다. 이러한 북을 신라, 고구려, 중국에서는 찾아볼 수 없고, 해상 교역국인 인도네시아에서 발견됐다는 점은 백제의 남전불교와 문화적 성격을 드러내는 의미 있는 연결고리이다.

〈표 8〉 각 위치의 악기들

구분	좌측 주악도		우측 주악도	
	왼쪽	오른쪽	왼쪽	오른쪽
위	簫(팬파이프 류)	横笛(퉁소류)	세요고(장구)	세요고(장구)
아래	생 황	비 파	琴	무릎 북

백제불교와 남방문화의 관계는 또 다른 유물에서도 발견되고 있다. 그것은 한국에서 발굴된 최초의 유리구슬이다. 1989년 부여 합송리 돌무덤에서 출토된 남색 대롱옥의 제작 연대는 기원전 2세기로 추정되고 있다. 6세기 전반에 축조된 백제 무령왕릉에서 출토된 이 구슬은 동남아 계통의 유리구슬로 판명되었다. 그런가 하면 『일본서기』 권24에는 6세기 무렵, 백제의 사신과 쿤륜 사신에 얽힌 기록[20]이 보이기도 한다.

20 『일본서기』 권24, 皇極元年 2월 조: 백제에서 조문차 온 사신들이 말하기를 "작년 11월에 大佐平인 智積이 죽었습니다. 그 밖에 백제의 사신이 쿤륜의 사신을 바다에 밀쳐 빠뜨렸습니다."라는 기록이 보인다. 이인숙(2000), 『실크로드와 한국 문화』, p. 248에서 인용.

3) 백제 음악과 남방불교

(1) 남방불교와 백제의 교류

『백제본기』에는 "제15대 침류왕이 즉위한 갑신년(384)에 동진에서 출발한 인도의 스님 마라난타를 궁중으로 맞이하며 공경했다."라는 기록이 있다. 생김새가 낯선 외국 승려를 왕이 친히 교외에까지 나가 맞이했다는 것으로 보아 그 이전부터 불교적 교류가 있었음을 알 수 있다. 이듬해 을유년(385)에 한산주에 절을 짓고 스님 열 분을 모셨으니 이것이 백제 공전 불교의 시초이다. 이어 아신왕이 즉위한 태원 17년(392) 2월에는 백성들에게 "불법을 믿어 복을 구하라."라는 왕명을 내릴 정도로 불교가 민중에게까지 확산되었다.

겸익은 529년(성왕4)에 인도에서 돌아와 율종을 개창했다. 그는 인도 중부의 상가나대율사(常伽那大律寺)에서 수학한 후 인도 승려 배달다 삼장(三藏) 스님과 함께 귀국했다. 이때 국왕이 마중을 나가 환영하였으며, 두 승려는 흥륜사에 머물면서 범어 율문을 백제의 고승 28인과 함께 번역하여 율부 72권을 펴냈다. 당시 백제의 고승들은 겸익을 도와 윤문과 증의를 하였으며, 그 뒤 담욱과 혜인이 이 율에 대한 소(疏) 36권을 지어 왕에게 바쳤다.[21]

성왕은 겸익에 의한 신역 율본을 태요전(台耀殿)에 보관하며 이를 널리 보급하려 하였으나, 그 뜻을 이루지 못하고 세상을 떠났다. 당시 중국에 이미 『오부율(五部律)』 등 몇 종의 율부가 번역되어 있었는데도 백제가 인도로부터 직접 원전을 가져와 번역한 사실은 한국불교가 중국 아닌 남방 지역과 교류해 온 증거로 주목된

21 吉祥 편저(2003), 『불교대사전』, p. 88 외 불교학 문헌.

다. 겸익의 율학으로 백제불교는 계율 중심의 불교가 되었고, 이것이 일본으로 전해져서 일본 율종의 근거가 되었다.[22] 그런가 하면 당시 인도불교의 최고 전당인 날란다(Nalanda)사에는 늘 백제 승려가 몇 명씩 상주할 정도로 백제인의 인도 교류가 활발했다.

혜균은 삼론종의 승려로 일본에서 승려의 관직이라 할 수 있는 승정(僧正)을 지낸 인물이다. 중국 남조의 승려 법랑(法朗 507~581)의 문하에서 수학한 기록을 비롯하여 일본의 문헌에 나타나는 여러 기록에 미루어 6세기 중엽부터 7세기 초엽까지 왕성한 활동을 한 것으로 보인다. 혜균이 법랑에게서 「십이문론(十二門論)」[23]을 배웠고, 『사론현의기』 전 12권을 백제의 보희사에서 찬술한 것[24]에 비추어 볼 때, 6~7세기 백제의 남방불교의 성격은 신라와 다른 문화적 양상을 띠고 있다.

(2) 백제와 보로부두르의 불교

인도를 오가며 수학한 백제 승려들과 그들이 남긴 불교 문헌은 북방으로부터 불교를 받아들인 고구려, 신라와 달리 남방불교와 교류한 백제의 차별성이 드러난다. 백제불교를 보로부두르의 불교문화와 비교해 보면, 2~3세기에 비해 백제의 불교 유입은 다소 늦음을 알 수 있다. 그러나 샤일렌드라 왕조가 보로부두르를 조성한 시기는 8세기 후반으로 백제의 율종과 혜균의 범문 역경보다 더 늦은 시기이다.

보로부두르를 조성할 당시 인도네시아 샤일렌드라 왕조의 불교 사상은 금강승을 신봉하는 밀교 신행이 강조되었다. 밀교 논서인

---

22 이능화(1918), 『朝鮮佛教通史』, 신문관.
23 강대현(2013), 「悉曇字記에 나타난 12摩多와 그 音의 長短에 대하여」
24 최연식 校註(2009), 『校勘 大乘四論玄義記』

성대승론(聖大乘論)이 편집되었고, 이것이 보로부두르 부조에도 표현되고 있다. 방형단의 만다라 구조에 밀교의 5불(五佛)인 비로자나불, 아촉불, 보생불, 아미타불, 성취불을 배치하고 그 정점인 원형단에 불상을 배치한 것은 금강계 만다라를 구현하고자 한 당시 사람들의 불교 사상을 보여 준다. 이러한 부조에 백제불교 유적에서 발견되는 악기가 보인다는 것은 인도 후기 불교 및 음악문화가 백제와 샤일렌드라 왕조의 연결고리임을 알 수 있다.

3. 신라의 주악상

신라의 석탑, 범종, 부도, 불상, 사리함, 토우 등에서 나타나는 악가무 연구는 1964년 이혜구의 감은사 사리기와 진감선사 비문에 대한 연구를 시작으로 김성혜에 이르기까지 다른 왕조에 비해 상대적으로 많이 이루어졌다. 신라가 삼국을 통일한 이후 고구려와 백제의 불교문화를 흡수하면서 다량의 불교 유적이 남아 있는 만큼 관련한 자료가 많다. 이들 중 실제 악기와 견주어 볼 수 있는 내용 위주로 살펴보자.

1) 상원사 동종 주악상

현존하는 신라의 종으로는 가장 오래된 것이 상원사 동종(705년 작)이고, 가장 큰 것은 성덕대왕신종 일명 에밀레종(771년 작)이며 고려 초기에 신라 방식으로 만들어진 경기도 화성 용주사 동종(854년 작)이 있다. 이들 중 상원사 동종에 공후와 생황을 연주하는 비천도가 새겨져 있다.

신라의 종

(1) 수공후

공후는 중국 한대(漢代 BC206~AD220)에 처음 생겼으며 우리나라에서는 고구려 때 사용되었다. 고구려 이후에는 공후에 대한 기록이 없어 어떤 음악에 사용되었는지 알 수 없고, 지금은 연주되지 않는다. 공후는 연주 형태에 따라 누여서 타는 와(臥)공후와 세워서 타는 수(竪)공후 두 종류가 있다. 수공후는 크기와 현의 수에 따라 나누는데 대공후는 23현, 소공후는 13현이다. 『수서(隋書)』에 수나라의 9부기(九部伎) 중 고구려악에 수공후를 사용했음이 나타나고, 백제 음악에도 쓰였다는 기록이 전한다. 백제의 공후는 일본에 전해져서 '쿠다라고토(百濟琴)'라 불리며 쇼쇼인(正倉院)에 보존되어 있다. 725년 신라 시대에 만든 상원사 종에 소공후를 연주하는 조각이 있는데, 지금의 소공후와 비슷한 행태로 손잡이를 허리에 꽂고 양손으로 연주한다. 현재 국립국악원 박물관에 전시되어 있는 와공후 · 수공후 · 대공후 · 소공후는 1937년 당시 아악사장(雅樂師長)이었던 함화진이 베이징에서 사 온 것인데, 수공후의 모습이 상원사 동종의 악기와 거의 비슷하다.

〈사진 41-43〉 소공후, 상원사동종 주악도, 종묘제례악에 쓰이는 생황

(2) 생황

『악학궤범』을 보면, 상원사 동종의 오른편에 새겨져 있는 생황에 관하여 화(和), 생(笙), 우(竽)의 세 가지가 있다고 설명한다. 화는 13관, 생과 우는 17관이다. 『문헌통고(文獻通考)』에 '생은 모두 17황(簧)'이라 했다. 송대(宋代)에 들어온 악기 또한 앞에 8황, 뒤에 9황을 꽂은 17관이나 왼쪽에서 세 번째 관은 율명이 없어(闔不用) 16율 즉 12율 4청성이다. 이들은 관대와 박통의 크기가 달라 음색과 음량에 차이가 있을 것으로 보인다. 문헌의 내용을 볼 때, 생황은 고려조 이후에 들어왔을 것으로 생각해 왔으나 상원사 동종의 생황으로 인해 삼한 시대에 이미 들어와 있었거나 알고 있었을 것으로 변경되었다. 이렇듯 주악도와 주악상은 기록에 나타나지 않는 역사적 사실을 추정하는 매우 중요한 자료이다.

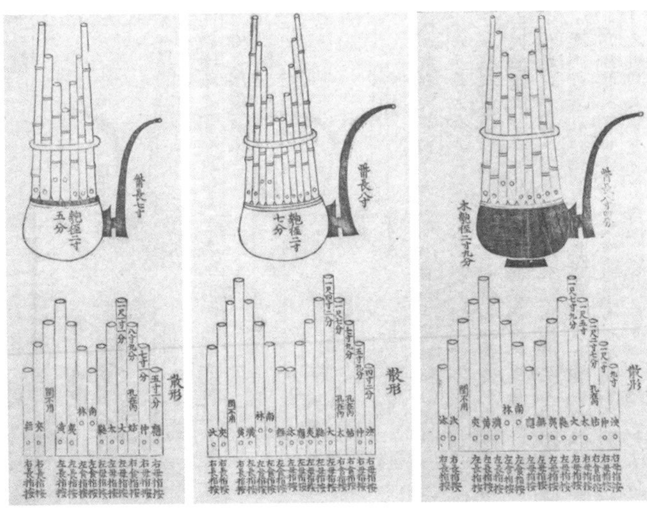

〈사진 44-46〉 왼쪽부터 『악학궤범』의 화, 생, 우[25]

25 국립국악원, 『악학궤범』, pp 279－281에서 인용.

2) 감은사지 사리함의 주악상

감은사지 서쪽 삼층석탑 사리장엄구(感恩寺址 西三層石塔 舍利莊嚴具)는 경상북도 월성군 감은사지에서 발견된 유물 중 서쪽에 있는 삼층석탑으로 국보 제112호이다. 두 개의 탑 중 서(西)삼층석탑의 상층부 사방에 횡적, 비파, 동발, 요고를 연주하는 주악상 4인이 새겨져 있다. 횡적에 관한 『삼국사기』의 기록을 보면 대금·중금·소금으로 구성된 삼죽(三竹) 중 하나일 것이며, 비파는 신라 삼현(거문고·가야금·비파) 중 하나이다.

『삼국사기』에서 대금은 당적(唐笛)을 모방하여 신라 때 만들어진 악기로 기록되어 있으나, 신라 유물 중에는 가로로 부는 관악기가 보이지 않는다. 따라서 신라보다는 고구려와 백제에서 연주되었던 횡적이 삼국통일 후에 통일신라로 흡수되어 삼죽을 형성한 것으로 보인다. 통일신라 시대의 유물인 경주 감은사 유적지에서 3층 사리함의 4인 주악상 중 1인, 동삼층 석탑에서 출토된 사리 용기의 주악상이나 상원사 범종 하단부에 부조된 주악상, 봉암사 지증대사 적조탑의 주악상, 안압지에서 출토된 동판불(銅板佛)의 주악상에서도 고구려와 백제의 유물에 나타난 횡적 형태와 연주 모습이 거의 같다. 『삼국사기』에 당비파와 향비파가 실려 있고, 『악학궤범』에는 당비파와 향비파의 도형이 상세히 그려져 있다. 이러한 자료에 준하여 감은사지의 비파를 타는 모습에서 오른손의 현을 타는 도구가 주걱 모양의 발목(撥木)이고 악기는 곡경 비파로 당비파임을 알 수 있다.

〈사진 47·48〉 감은사지 서탑 사리함의 전면과 주악상 부분

〈사진 49〉 주악상 왼쪽부터 횡적, 비파, 동발, 요고

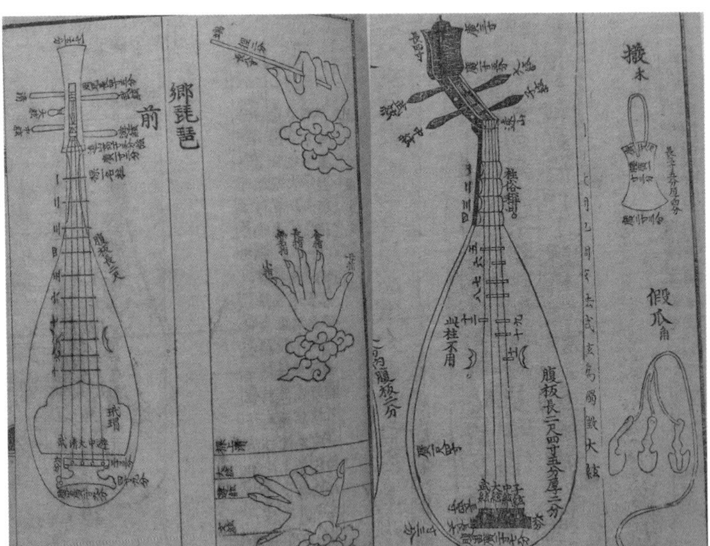

〈사진 50·51〉『악학궤범』 향비파와 당비파 도상26

3) 그 외 유물에 나타나는 악기들

통일신라 시대 유적지에서 타악기 요고(腰鼓)와 관악기 훈(塤)이 발견되었다. 요고는 그동안 도상 자료로서만 그 형태를 알 수 있었으나, 발굴 과정에서 악기 실물이 출토되어 눈길을 끌었다. 훈은 당에서 신라로 수입된 관악기인데 문헌이나 도상으로도 나타나지 않은 악기가 실물로 출토되어 학계의 주목을 받았다.[27]

(1) 요고(腰鼓)

〈사진 52〉 당삼채 훈

신라의 요고는 감은사 사리함(682년)에 처음 등장한다. 신라가 삼국을 통일한 후에 고구려와 백제의 요고를 수용한 것으로 보인다. 이후 사리함, 석상, 석탑, 부도, 범종 등에 나타난다. 2000년도에는 경기도 하남시 이성산성(二聖山城)에서 통일신라 시대에 제작된 요고가 출토된 바 있다. 당시 함께 출토된 토기 대부분이 통일신라의 양식이었으므로 여기서 발견된 요고도 8세기 전후한 것으로 추정하고 있다. 요고는 『수서』 및 『구당서』 기록과 길림성 집안에 있는 고구려 고분에도 남아 있다. 이들이 어떤 계통의 음악에 연주되었는지, 혹은 불교의례에 편성되었는지에 대해서는 좀 더 많은 연구를 필요로 한다.

---

26 국립국악원, 『악학궤범』, pp 320－321, p 353에서 인용.
27 본 내용은 김성혜, 「신라 불교 문화유산의 주악상 해석에 대한 견해」 pp. 19－49 발췌함.

(2) 훈(塤)

훈에 대한 문헌상 기록은 고려 시대 예종대인 1116년에 송(宋)에서 대성아악과 함께 들여온 것이 가장 오래된 것이다. 그러나 이전 시기인 신라 때 당(唐)으로부터 들어온 당삼채(唐三彩) 훈이 경주 월성(月城) 해자(垓子)에서 출토되었다. 도자기 표면에 빨간색·녹색·흰색 등 3색의 유약을 바른 데서 비롯된 당삼채의 이 훈에는 원숭이 혹은 사람의 머리 모양으로 만들어져 있으며, 현재 국립경주박물관에 소장되어 있다. 이 훈은 중국 하남성(河南省) 낙양(洛陽)에서 출토된 당삼채 훈과 매우 유사하므로 당에서 신라로 유입된 것으로 보고 있다. 이러한 점에서 불교 문화유적에 나타나는 횡적류의 당적(唐笛)이나 소(簫), 생(笙)과 현악기 류인 비파, 공후 등의 악기도 당에서 유입되었을 것으로 추정하고 있다. 이러한 악기가 기록에는 전혀 나타나지 않은 점에서 주악도와 유물이 음악 연구에 얼마나 중요한지 알 수 있다.

(3) 횡적과 대금

경주 '동궁과 월지'는 일명 안압지(雁鴨池)라 불리기도 한다. 1975년 이곳에서 와당, 전(塼), 불상, 금동제 장식구, 나무로 만든 배, 판불(板佛) 등이 출토되었는데 그중에 횡적을 부는 주악상이 있었다. 또한 이곳에서 약 80여 점의 천인상이 발굴되었는데, 그중에 대금을 연주하는 주악상이 있었다. 이 주악상의 연주 자세

〈사진 53〉 안압지에서 발굴된 주악상

를 보면 앞서 살펴본 감은사 사리함의 횡적과 유사하여 대금임을 알 수 있다.

(4) 요발(鐃鈸)

양손에 잡고 마주치는 요발은 불교의식에서 중요한 법구이다. 오늘날 재의식에서는 바라무를 출 때 들고 춤을 추지만 예전에는 의례를 집전하는 용도였다. 옛 스님들은 “자바라가 소두방(가마솥 뚜껑)만 했다.”라고 전한다. 들고 춤을 추면서 크기가 작고 얇아진 것으로 보인다. 『악학궤범』에는 향발(響鈸)과 동발(銅鈸)이 있는데, “향발은 2촌 1푼의 작은 크기이고, 동발은 4촌 7푼으로 향발보다는 크지만 승가의 바라보다는 작다.”라고 적고 있다.

이와 관련하여 중국과 대만의 불교의식을 보면, 조석예불에 협자(鉿子)를 쓰고, 수륙법회에서는 좀 더 큰 요발을 쓴다. 이를 한국과 비교해 보면 협자가 한국의 요발의 크기와 비슷하고, 중국의 요발은 한국의 바라와 비슷하다. 일본에서도 의례와 쇼묘를 할 때 필수적인 법구로 하치(鈸)를 쓴다.[28] 티벳에서는 롤모라 하는데 이 또한 송경의식과 불공 등 모든 의례에서 필수적인 법구이다.[29]

통일신라 유적에 나타나는 요발은 감은사 사리함 외에 쌍봉사 부도, 봉암사 부도의 중대석 받침 가릉빈가 주악상, 화엄사 4사자 삼층석탑, 실상사 백장암 삼층석탑, 연곡사 동부도 등 곳곳에서 발견되어 신라 불교음악과 밀접한 관계를 보여 준다. 역사적 맥락을 짚어 보면, 고구려와 백제에서 사용한 기록이나 유물 등이 보이지 않으므로 통일신라 시대에 당에서 들어온 악기로 추정된다. 신라의 바라는 고려로 이어졌고, 조선조에는 궁중음악뿐 아니라 불교

---

28 윤소희(2023), 『한 · 중 불교의례와 범패』, pp. 116－119, pp. 270－272

29 윤소희(2013), 『동아시아 불교의식과 음악』, pp. 263－267.

의식과 무속에서도 사용되어 왔음을 여러 문헌과 유적 및 현행 불교의례를 통해서 확인할 수 있다.

Ⅲ. 고려 · 조선의 법구와 주악도

1. 고려 시대 법구와 주악도

후삼국을 통일하고 고려를 건국한 왕건은 불교를 국가정책의 근간으로 삼았다. 그리하여 즉위 2년에 개경에 10이라는 만수(滿數)에 준하여 법왕사와 왕륜사를 비롯한 10개 사찰을 창건했고, 개경에 7층탑, 서경에 9층탑을 세우는가 하면 자신의 집을 광명사(廣明寺)로 하여 불법을 수행하는 납자들이 머물 수 있도록 했다. 이러한 결과 왕건 재위 기간에 세워진 불상과 탑이 3천여 곳에 이르렀다.[30]

이후 불교를 국교로 한 고려의 사찰 주악도와 주악상은 신라를 능가할 만큼 많았을 것으로 추정된다. 오늘날 한국의 사찰 창건사를 보면 대개 신라 시대에 창건된 것으로 명시하고 있다. 그러나 사실상 대부분의 사찰은 고려 혹은 조선조에 중창되거나 근대에 새로 중창되었으므로 이들이 지니고 있는 주악도 중에 고려조의 것이 간혹 나타나고 있다. 무엇보다 고려의 불교문화는 이북 지역에도 상당히 많을 것이나 접근이 불가하여 온전히 다 파악할 수 없다는 한계가 있다.

30 김영태(1977), 「고려 역대왕의 신불과 극난타개의 불사」, pp. 62－63.

신라가 고구려 영토 대부분을 당나라에 넘겨주고 경주를 중심으로 하는 이남 지역에서 진골 위주의 폐쇄적인 사회였던 반면, 고려 시대(918~1392)는 전국의 호족들이 중앙으로 진출하면서 신라보다 넓은 영토에 걸쳐 다양한 문화를 형성했다. 국제적으로 송, 요, 일본은 물론 동남아와 아라비아 상인까지 왕래할 만큼 개방적이었다. 또한 금속활자로 대변되는 선진 과학 기술과 상감청자, 수월관음도와 같은 작품에서 수준 높은 예술성을 드러내고 있다.

고려 시대 송광사 보조국사 감로탑(전남 유형문화유산), 고려 중기에 조성된 것으로 추정되는 진주 묘엄사지 삼층석탑, 제주도 삼양에 있는 5층 불탑(보물 제1187호), 주악상으로 굴산사승탑(掘山寺僧塔)의 주악상, 거창 둔마리 고분벽화에 새겨진 장구와 젓대를 연주하는 주악상을 예로 들 수 있다. 강원도 원주 거돈사터 승탑, 고려 초 고승인 원공국사(930~1018)를 기리는 탑비, '태평을축추칠월(太平乙丑秋七月 현종16, 1025년)'에 세워진 탑의 팔주신중상[31]을 비롯한 불교음악 분야에서 연구해야 할 과제가 많다.

1) 동제 바라

고려 성종 14년(995)에는 한국 최초로 도제(道制)를 마련하여 전국을 10도로 나누었다. 충숙왕 1년(1314)에 '경주와 상주'의 머리글자를 따서 '경상도'라 하였을 정도로 상주는 중요한 도시였다. 성종 9년(990)에는 이곳을 중국 낙양의 동쪽의 강이라 하여 '낙동'이라 이름 지었고, 이곳에 흐르는 강을 '낙동강'이라 했다. 고종 14년(1254) 몽고군의 6차 침입 시 몽고 장수 차라대(車羅大)가 이곳

---

31 원공국사탑, 다음백과 https: //100.daum.net/encyclopedia/view/b01g2001a/ 주악상, 민족문화대백과사전, https: //encykorea.aks.ac.kr/Article/E0053334

을 공격하였으나, 은척 황령사 승려 홍지(洪之)의 반격으로 물러갔다. 이곳에서 동제(銅製) 바라가 발굴되었는데, 이는 대형 불교의식이 행해졌거나, 궁중이나 관아의 행사가 행해졌던 곳이었음을 말해 준다.

〈사진 54〉 상주에서 발견된 고려 시대 바라[32]

2) 상감청자주악도

청자상감인물문매병에는 남녀가 마주 서서 퉁소와 비파를 연주하는 주악도가 있고, 청자상감송하탄금문매병에는 학과 더불어 금(琴)을 타고 학이 날아드는 주악도가 있다. 이 외에도 고려 도자기에는 악기와 같은 주악도는 없지만 팔부신중 가운데 인도의 악신 간다르바의 모습이 그려져 있기도 하다. 청자 위에 그려진 그림들이 불교, 도교, 유교 중 어떤 배경을 지니고 있는지 연구해 볼 만하다.

3) 천장·벽화의 주악도

경북에는 고려 시대 고승 나옹화상(1320~1376)이 창건한 장륙사(莊陸寺)가 있는데 그 대웅전의 비천도에 주악도가 있다. '창공은 나를 보고'와 같은 찬불 가사, 회심곡이나 염불 가사 등 불교문학에 많은 업적을 남긴 나옹화상은 인도의 밀교승 지공(指空 ?~1363)으로부터 법을 전수받아 무학대사(1327~1405)에게 법을 전했다.

32 상주박물관 소장

장륙사는 지공, 나옹, 무학으로 이어지는 3대 고승을 모신 절로 대웅전 앞 빗반자에 주악비천상이 그려져 있다. 경상북도 유형문화재 제563호로 지정된 이 사찰은 고려 시대에 창건된 사찰이기는 하나 색감과 기법으로 보아 이 주악도는 17~20세기 전반에 그려졌을 것으로 추정되고 있다.

〈사진 55〉 영덕 장육사 대웅전 비천도

2. 조선 시대 주악도와 의례 법구

조선 시대의 사찰 주악도는 현재 진행형으로 각 지역 사찰의 천장화 · 벽화 · 괘불 · 감로탱에서 다양한 면모를 보이고 있다. 아직 미개척 분야인 만큼 세간에 회자되는 몇 가지만을 예로 들고자 한다.

1) 사찰 벽화·천장 주악도

동남아, 중국, 일본의 불교 사찰에도 조각과 그림이 있기는 하지만 한국과 같이 벽과 천장에 온통 그림을 그려 놓지는 않는다. 한국 사찰에 유난히 주악도가 많은데, 이들은 크게 보아 인도 계열과 중국 계열로 나눌 수 있다. 석탑이나 종(鐘), 기와나 지붕에 조각된 주악상은 본래의 원형을 유지하기가 쉽지만 그림은 화재나 기타 재난에 취약한 데다 시간이 지나면서 염료가 벗겨져 새로이 그린 경우가 많다. 따라서 현재 전국 사찰에 남아 있는 주악도들은 대개 조선 후기 혹은 근대에 새로 그린 것이다.

(1) 인도 계열 주악도

인도 계열 주악도에는 무궁무진한 상상의 세계와 스토리텔링이 있다. 사찰 입구에서 비파를 타고 있는 간다르바가 석굴암에서는 소마가 담긴 물병을 들고 있다. 천상의 영약인 '소마'로 사람들의 병을 낫게 하는 그에게는 연신(戀神) 압사르바가 있다. 인도에는 "여자 아이들은 16살이 되면 압사르바와 같이 예뻐진다."라는 말이 있을 정도로 압사르바는 미(美)의 상징이다. 간다르바는 천상을 날아다니며 음악을 연주하다 부처님의 설법을 듣고 호법신이 되었기에 영산재나 수륙재를 지낼 때 옹호게와 신중작법으로 대접을 받는다. 요정 압사르바를 연신으로 둔 데다 묘약을 지니고 향을 마시는 뮤즈이며 대접받는 장군까지 된 간다르바는 조선조 억불을 만나 완전 반대의 캐릭터가 되었다.

국어사전에서 간다르바의 한자 표기인 건달(乾達)을 검색하면 '가진 것도 없이 난봉을 부리고 돌아다니는 사람'으로 설명하고, 행동이 불량한 사람을 "건들거린다."라고 한다. 삼국유사의 차득공은 민심을 살피기 위하여 당시 거사 행장의 유행이었던 비파를 들고 유랑했다. 이렇듯 비파는 불교를 떠올리게 하는 악기였으므로 억불 사회의 지배층 사람들은 비파를 외면해 왔다. 그러므로 조선 후기 풍속도에서도 비파는 벼슬 없이 가난하게 사는 포의풍류도(布衣風流圖)로 나타난다.

석굴암을 지키는 8부 신 중 간다르바 외에도 긴나라, 가릉빈가, 마후라가가 음악과 관련 있는 신이다. 고대 서사시 『마하바라타』에서 긴나라는 노래와 춤에 뛰어나고 비나를 타는데, 힌두교, 자이나교, 산스끄리뜨어, 빠알리어, 마라티어, 힌디어, 크메르어 등 문화권마다 각기 설명이 다르니 그만큼 활약의 폭이 넓은 캐릭터다. 티벳에서는 이를 반인반마(半人半馬)로 표현하고, 동남아에서는 반인반조(半人半鳥), 일본에서는 상체가 사람인데 뿔 달린 머리에 하체는 새의 모습을 하고 있다. 한국 석굴암의 긴나라는 뿔은 없고 머리를 가지런히 빗어 올리고 있다.

한국의 주악도에 압도적으로 많은 것은 가릉빈가이다. 두 마리의 새가 한 몸을 이룬 공명조, 불탑이나 기왓장에 새겨진 인면조, 백제금동대향로 뚜껑에 있는 새를 한국에서는 모두 가릉빈가로 여긴다. 중국의 『진서』「악지」에는 "장박망(張博望)이 서역에 갔다가 마하도륵(摩訶兜勒) 한 곡을 얻어 왔고, 이때 박자를 뜻하는 '따라(達拉)'가 동발(銅鈸)의 명칭이 되었다."라는 기록이 있다. 일본 도쿄박물관에 동발을 치는 가릉빈가가 있는데, 8세기에 경주에서 조성된 것으로 밝혀졌다. 평창 동계올림픽이 열리면서 고구려 고분 속 인면조가 등장하자 학계에서는 "인면조가 가릉빈가인가?"라는 논쟁을 벌이기도 했다.

마후라가는 피리를 불며 신들을 공양해 왔다. 석굴암에서 마후라가와 비스듬히 마주 보고 있는 가루라는 금시조로 번역되는데 솔개가 모델이다. 『리그베다』에서 태양이 뜨고 지는 것을 가루라가 하늘을 가로질러 나는 것으로 묘사해 오다, 불교에서 더욱 신격화되었다. 배다른 형제인 마후라가가 가루라의 어머니를 포로로 잡았던 적이 있어 앙숙 관계인 이들의 배경에는 뱀과 맹금류의 먹이사슬의 관계가 있다. 한국에서는 가루라와 긴나라가 그다지 존재감이 없지만 동남아에는 이들이 두드러진다. 대표적인 예가 태국의 궁정에 있는 긴나라, 미얀마 양곤에 있는 꺼러웨익 유람선, 인도네시아의 가루라 항공이다.

요즈음 사람들이 캄보디아에 다녀와서 “보살춤을 보았다.”라는 말들을 하는데 이는 압사라춤을 두고 하는 말이다. 2004년 프놈펜에서 열린 국제학술회의에서 압사라춤을 복원한 사람들을 만나 보니, “근래 들어 앙코르와트 부조를 보고 복원할 수 있었지만 킬링

〈사진 56·57〉 완주 화암사 극락전 닫집과 가릉빈가(국보 제316호, 1605년 조성)

〈사진 58-60〉 태국의 긴나라, 델리국립박물관의 압사라와 간다르바, 도쿄박물관의 동발 치는 가릉빈가

필드 시기에 궁중 예인들이 모두 희생되는 바람에 부조에 없는 악가무는 복원이 불가능했다."라고 했다. 캄보디아의 이러한 사례는 사찰 조각이나 그림이 주는 문화적 학술적 가치와 기능이 얼마나 중요한지를 생각하게 한다.

(2) 중국 계열 주악도

전국의 사찰을 다녀 보면, 일주문을 비롯하여 전각과 도량 곳곳에 음악이 흐르고 있다. 신라는 당나라의 힘을 빌려 통일을 이루었으므로 문무왕 4년(664) 정월에는 부인들까지도 중국 의상을 입도록 했다는 기록이 『삼국사기』에 있다. 그러므로 한국 사찰 주악도에는 당나라 악기가 많이 나타난다. 상원사 동종의 생황을 비롯하여 감은사지 탑형 기단상의 요고, 동발, 횡적, 당비파, 문경 봉암사 지증대사의 적멸탑신의 생황, 당비파, 필률, 횡적, 동발, 박판, 상원사 동종의 상대(上帶)에 새겨진 쟁 · 횡적 · 요고, 하대에 새겨진 요고, 필률, 횡적, 비파, 연기군 비암사의 악기 등 무수히 많다. 이들 중 동발과 비파의 원류는 서역이지만 당시에는 당악기로 분류했다.

사찰 주악도 중 인도 계열은 주로 천상의 뮤즈 내지는 반신반인 등 비현실적인 캐릭터지만 중국 계열 주악도는 악기 자체가 사실적으로 그려져 있다. 상원사 동종에 새겨진 생황은 관대가 길고 관대 수가 몇 개 되지 않는다. 오늘날 한국 전통음악에 쓰이는 생황은 16관이고, 중국의 개량 생황은 수십 개의 관대가 있다. 생황은 시대마다 다르므로 도상을 통해 악기의 변천 과정을 추정할 수 있다. 조선 후기 김홍도와 신윤복의 풍속도에 나타나는 악기들은 그 모양과 연주 자세가 매우 정확하다. 그에 비해서 근래의 사찰 주악도는 비음악적인 경우가 종종 보인다.

3보 사찰의 주악도를 살펴보면, 통도사에는 금강계단에 부처님 사리를 봉안하였으므로 대웅전에 불상이 없는 데다 중건 당시에 그려진 대웅전 불화들이 형체를 알아보기 어려울 정도여서 주악도를 찾아내기에 어려웠다. 이러한데도 전각 전반에 국가지정 문화재 27건, 도지정 문화재 62건이 있다.[33] 이들 중 영산전의 '팔상성도'에 그려진 '도솔래의상'의 비파를 타는 모습이나 명부전의 '탄금지적도'에서는 중국 악기를 타고 있다. 영조 51년(1775)에 유성, 포관 등의 화승(畵僧)에 의해 그려진 도솔래의상에는 흰 코끼리를 타고 내려오는 호명보살상과 이를 둘러싸고 각종 악기를 연주하는 천인과 시종의 모습 중 비파가 보인다. 19세기에 그린 것으로 추정되는 명부전 외부 서측면 포벽의 '탄금주적도(彈琴走賊圖)'는 위나라 군이 몰려오는데 자신들의 병력이 턱없이 모자람을 알았던 제갈량이 망루에 올라 거문고를 타서 적을 물리친 일화를 담고 있

〈사진 61·62〉 통도사 도솔래의상 부분도, 탄금주적도

33 통도사 영축문화연구원, 『통도사』, 담앤북스, 2022, p. 85–89.

어 '서역월야탄금퇴위병(西域月夜彈琴退魏兵)'이라고 한다.

해인사는 대적광전의 주악도가 매우 화려하다. 다음 사진의 정면 표시에는 생황, 금, 북이 그려져 있고 오른쪽 표시에는 북, 비파, 나팔이 그려져 있다.

이들을 좀 더 들여다보면 노란색으로 그린 생황은 상원사 동종의 생황보다 관대가 짧고 많아서 마치 꽃봉오리 같다. 가운데에 옆으로 누여 타는 붉은색의 현악기는 목이 잘록한 형태로 보아 중국의 고금(古琴)인데, 술대를 잡고 거문고를 타듯 그려져 있다. 하단 왼편에 그려진 해금은 활대가 현에 걸쳐 있어야 하는데 입죽에 걸쳐 있고, 그 옆의 장소(長簫)는 지공을 한 손으로 잡고 있어 두 사람 모두 연주 불가능한 상태이다.[34]

〈사진 63〉 해인사 대적광전(사진 인용: 민족문화대백과사전)

34 이재창 외, 『해인사』, 대원사, 2006, p. 56; 현재의 대적광전은 "1816년 제월(霽月), 성안(聖岸) 스님에 의해 중건되었다."라고 하나 단청과 천장은 그 당시에 그려진 것이 아닌 것으로 보인다.

오른편에는 붉은 북통을 둘러메고 춤을 추는데, 북이 머리 위로 올라가 있고 솜방망이 북채를 왼손에 들고 있으며 빨간색 북 테를 두른 북면에는 빨강 · 파랑 · 녹색의 태극 문양이라 중국도 한국도 아닌 모양새다. 한국의 북은 대개 사찰 단청과 같은 채색에 빨강 · 파랑 · 노랑의 태극, 아자, 용무늬가 그려져 있다. 궁중이나 재례 타악기 중에 붉은 계열 북 테가 있기는 하나 그 또한 한국 사찰의 기둥과 같이 검붉은 색이거나 나무색 그대로 사용하는 경우가 많다.

송광사 대웅전에 그려진 비천상에는 장구춤이 그려져 있다. 오른손으로 장구의 허리를 쥐고, 왼손으로 북채를 들고 손을 목 뒤로 돌리는데, 깃털 모양의 치마가 그려져 있어 인면조를 나타낸 것인지 분명하지 않은 데다 장고의 허리를 잡고 칼춤을 추듯 힘을 주고 있어 “저렇게 잡고 북을 칠 수 있나?” 하는 의문이 든다. 지장전의 극락도에는 나뭇가지에 앉아 있는 가릉빈가 위로 생황, 장고, 적(笛)이 그려져 있고, 정행타불접인대(淨行陀佛接連臺)에는 나팔과 두 가지 북이 그려져 있다. 이들은 모두 중국계 악기들인데, 악기마다 달려 있는 긴 끈이 가릉빈가의 날개처럼 바람결에 날리고 있다.

송광사의 반야용선발원도에도 여러 악기가 그려져 있는데, 장고가 특히 눈에 들어온다. 장고에 관한 문헌으로는 고려 문종 30년에 기록된 장고업사(杖鼓業事)가 가장 오래된 것이다. 조선조 『악학궤범』에는 중국의 「문헌통고(文獻通考)」를 인용하여, “갈고 · 장고 · 요고는 한나라와 위나라에서 사용되던 악기였다.”고 한다. 이들을 일러 세요고(細腰鼓)라 했을 정도로 작았던 이들이 조선조에 들어 느린 저음을 추구한 예악 사상에 의해 커다란 장고가 되었다. 그래서 지금도 궁중의 종묘제례악이나 정악에 편성되는 장고는 크고

〈사진 64〉 해인사 대적광전 주악도

〈사진 65·66〉 송광사 대웅전 비천주악도와 지장전 극락도

〈사진 67-69〉 손으로 타는 중국 고금, 술대로 타는 한국 거문고, 실물 비교. 고금(상), 거문고(하)

사물놀이나 산조를 반주하는 장고는 작다. 불교음악에서 간과할 수 없는 또 하나의 악기는 가야금이다. 예전에는 양이두로 된 가야금을 법금(法琴)이라 했다. 법구·법고·법금이 모두 불교와 관련되므로 신라와 고려에서 '음악'이라면 불교음악이었음을 이들 관용 어휘들이 말해 주고 있다.

2) 감로탱과 풍속 주악도

(1) 감로탱 속 불교음악

조선 시대 주악도의 가장 큰 특징은 신중단에 걸려 있는 감로탱에 나타나는 재의식 양상과 민간 기예이다. 감로탱은 불보살이 내영(來迎)하는 상단, 재단(齋壇)을 차리고 의식을 하는 중단, 아귀

(餓鬼) 등 중생의 세계와 고혼이 된 망령(亡靈)을 그린 하단의 3단 구조를 이룬다. 감로탱화는 욕계의 여러 모습을 하단에 배치하므로 탱화가 그려질 당시의 풍속을 담고 있는 경우가 많다.

〈사진 70〉 통영 안정사 감로탱

현존하는 탱화 중 가장 오래된 것은 1589년에 제작된 것으로, 일본 야쿠센지(藥仙寺)에 소장되어 있다. 17~18세기에 그려진 탱화는 의례승단과 민간 유랑 악단을 분리 배치하여 승단은 정자세로 서거나 앉아 엄중하게 의례를 진행하고, 민간의 걸립패나 사당패는 염주를 든 사람과 함께 자유로이 춤추고 있다. 반면 19세기 이후에는 승려가 고깔을 쓰고 춤을 추는 모습이라 의례 승단과 유랑 예인들이 합치된 느낌을 준다. 이들 대부분의 탱화는 현재 국가 혹은 지방 유물로 지정되어 실물을 촬영하기 어렵다. 그러므로 이 책에서는 현재 사찰에서 쉽게 접할 수 있는 사례를 소개해 보고자 한다.

통영 안정사 대웅전에 설치된 감로탱(2021년 촬영)을 보면, 가운데 불단이 있고 상단에는 칠여래와 더불어 각 위의 보살이 그려져 있으며, 불단 아래는 재를 지내는 승려들과 갖가지 세상의 풍속과 지옥 중생의 모습이 그려져 있다. 왼편의 확대된 부분도에는 공양물이 차려진 제상 앞에서 승려들이 바라무, 착복무, 법고무 등을 추는데, 착복무의 고깔과 장삼의 색상이 요즈음 것과 많이 다르다. 오른쪽에는 장구를 치고 피리와 대금을 부는 악사들이 있고, 그 뒤에는 고깔을 쓴 사람이 광쇠를 치고 있다. 오늘날 의례 양상과 차

〈사진 71·72〉 통영 안정사 감로탱 전체와 부분도

이를 보이는 이런 내용이 당시 현실을 어느 정도 반영하고 있는지 동시대 혹은 전후 시기의 작품 등을 통해 다양한 연구 성과를 거둘 수 있다.

(2) 풍속화 속 불교음악

그림은 돌이나 금속에 새긴 조각에 비해 보존이 어려우므로 사찰 주악도와 불교음악 그림은 비교적 후대의 것이 많다. 그중 조선조의 불교는 민간으로 들어와 세속화되었으므로 풍속화 속에 다양한 모습으로 나타난다. 김홍도의 '탁발', '사당패 놀음'을 비롯하여 조선 후기에 사회상을 반영하는 주악 풍속화가 다수 있다. 1880년부터 1890년까지 일제강점기 이전의 조선 풍속을 기록한 기산(箕山) 김준근 작품은 전 세계 주요박물관에 흩어져 소장되어 있다. 김준근의 작품 소재 중에는 사당패, 솟대쟁이패, 줄광대, 굿중패가 있는가 하면 '사당거사가 한량에 돈 따고', '사당패가 한량 만나 돈 따는 모양', '사당거사가 판놀음 하는 모양'이라는 구절을 그림에 적어 놓고 있어 당시 유랑 예인들의 사회적 입지와 풍속을 연구하는 데 유용한 자료이다.

〈사진 73〉 김홍도의 사당패 놀음
왼편 하단에 소고를 들고 춤추는 사람과 주변을 둘러 선 사람들이 보인다.

〈사진 74〉 사당 걸사행

〈사진 75〉 기산 풍속도 굿중패

〈사진 76〉 기산 풍속도 사당패

지금까지 주악도와 주악상에 나타나는 연구를 살펴보니 다른 지역에 비해 통일 신라에 관한 연구가 상대적으로 많았다. 이는 연구자의 관심도에도 원인이 있지만 남북 분단으로 인해 고구려와 고려에 해당하는 북쪽 지역 접근이 어려운 데다 삼국을 통일한 신라에 의해 백제와 가야의 유적들은 보존이 열악했던 환경에도 원인이 있다. 지면 한계상 소개하지 못한 자료나 868년에 조성된 쌍봉사 철감선사탑(雙峰寺澈鑒禪師塔)에 새겨진 비파, 장구, 횡적, 제금, 피리, 긴피리, 퉁소에 대한 연구, 883년에 조성된 지증대사적조탑(鳳巖寺智證大師寂照塔), 연곡사(鷰谷寺)동·북부도, 남원 실상사 백장암 삼층석탑 주악천인상, 상주 석탑의 비파 주악상 등 헤아릴 수 없이 많은 주악상이 연구자들을 기다리고 있다.

앞으로는 호남, 경기, 충정, 제주, 북한에 대한 연구에 좀 더 관심을 가지고 선행연구 자료와 더불어 전국에 산재한 자료들을 총체적으로 파악하여 주악상 분포도와 목록을 작성한 후 이들의 계통별 분류, 주악도의 시대적 배경과 음악적 내용을 파악한다면 미술계, 불교학계, 문화 및 인문학계에도 기여하는 바가 클 것이다.

3) 당간지주와 괘불

당간지주(幢竿支柱)는 법회나 재의식이 있을 때 불화를 그린 당(幢)을 건 장대(竿)를 지탱하기 위하여 세운 두 개의 기둥이다. 이는 당을 세우기 위해 사찰 앞에 설치하는 한편 사찰이라는 신성한 영역을 표시하는 의미도 있었다. 통일신라 시대의 예로는 부석사, 숙수사지, 금산사의 당간지주가 1963년에 보물로 지정되었다. 이들 중 금산사 당간지주는 기단부까지 완전하게 남아 있다.

억불정책을 편 조선 시대에는 통일신라나 고려 시대처럼 거대한 규모의 당간이나 지주가 조성되지는 않았다. 법주사의 당간과 같은 경우도 원래 있었던 신라 시대의 지주에 당간만을 근년에 다시 만들어 조성했다. 조선 시대에는 대개 작고 낮으며 선문 등의 조식이 없는 지주에 목조의 당간을 세웠는데, 지금은 당시 중창한 여러 사찰에 그 흔적만 남아 있다. 그중 강진 무위사는 조선 초기 효령대군

〈사진 77-79〉 영주 부석사, 강진 무위사 극락전 앞, 김제 금산사

의 후원으로 극락전 불사를 이루고, 왕실을 위한 수륙사(水陸祀)의 역할을 했으므로 극락전 앞에 나지막한 당간지주가 세워져 있다.

수륙재 · 영산재 · 예수재와 같은 재의식은 마당에 괘불을 내어 걸고 의식을 하므로 이에 수반되는 의례 절차와 범패가 있다. 국가무형문화유산 제125호 삼화사수륙재에서는 전각 뒤에 모셔진 괘불을 이운하기 전에 바라무를 추고 법석이 마련된 곳으로 모셔 가는 괘불이운 행렬을 한다. 이와 달리 신촌 봉원사의 영산재에서는 미리 괘불대에 걸어 두어 불보살님을 모시는 괘불이운 설행을 한다. 예전에는 괘불을 당간지주에 꽂아 세웠으나 요즈음은 철골 지지대로 대신하는 경우가 많다. 당간 지주에 세우는 괘불은 불교의례와 음악에 직결되므로 이 방면으로도 연구 과제가 많다.

제 4 장

장르별 불교 악가무

Ⅰ. 궁중과 정악 계열 불교음악

1. 사국(四國)의 궁중 불교음악

오늘날 궁중음악이라면 조선조 유교음악을 떠올린다. 그러나 역사의 시계를 조금만 더 거슬러 올라가 보면 한국음악사에 나타나는 대부분의 음악들이 불교 궁중음악이었다. 예를 들어 『고려사』「악지」에 실린 삼국의 속악도 실은 당시의 궁중음악이었다. 해당 항목을 보면 삼국의 속악을 악보화한 대목이 나온다.[1] 당시 궁중 악사들이 아니고서는 악보를 보고 연주할 사람이 있을 리 없다. 따라서 지금은 한국 궁중음악에 대한 인식의 전환이 필요한 때이다.

---

1 『高麗史』「樂志」四十三 '三國俗樂' 新羅百濟高句麗之樂高麗竝用之編之樂譜故附著于此詞皆俚語.

1) 가야의 궁중 불교음악

한국불교음악에서 가야금이 차지하는 비중이 워낙 크므로 간과할 수 없는 국가가 바로 가야이다. 우륵(진흥왕 재위 기간 540~576 시기 인물)이 신라에 복속하기 전 신라에는 가야금 계통 악기인 신라금이 있었다. 물계자와 백결선생(자비왕 재위 458~479 시기 인물)과 원성왕(재위 785~798)의 꿈에 보인 12현금이 있었던 데에도 불구하고 우륵의 귀화 이후 신라금은 자취를 감추고 가야금이 살아남았다. 이것은 그만큼 가야의 음악이 성했음을 말해 준다.

가야는 김해시에 위치했던 금관가야(구야국)를 중심으로 변한의 12개 소국을 결집해 성립되었다. 학계에서는 금관가야가 이끈 가야 연맹을 '전기 가야 연맹'으로 부르기도 한다. 이후 400년 고구려 광개토대왕이 공격하자 '후기 가야 연맹'이 탄생했다. 532년 신라 법흥왕의 공격으로 금관가야가 멸망하였고, 562년 신라 진흥왕의 공격으로 대가야가 멸망하면서 가야 연맹 전체가 멸망했다. 앞서 언급했듯이 우륵의 가야금뿐만 아니라 김수로(?~199)와 결혼한 허황옥과 수로왕의 처남 장유화상, 그들의 고향 아유타 왕국에 이르기까지 가야의 불교음악은 많은 신비의 영역으로 남아 있다.

『삼국유사』는 가야를 한반도에서 가장 이른 시기에 불교문화를 수용한 국가 중 하나로 기록하고 있다. 수로왕의 왕비로 전해지는 허황옥이 서역 아유타국에서 가져왔다는 파사석탑은 가야의 국제 교류와 불교 수용을 상징하는 중요한 유물이다. 파사석탑은 서역의 돌로 만들어져 한반도의 일반적인 석탑과는 다른 독특한 외형이므로 가야의 불교 수용과 서역과의 교류를 엿볼 수 있다. 장유화상이 세웠다는 장유사는 가야 시대에 세워진 대표적인 불교 사찰로, 우리나라 최초의 사찰일 가능성이 높다. 더불어 고려 말에 만든 장유화상 사리탑이 1980년에 중창된 불모산 장유사에 현재 남아 있다. 허황옥과 장유화상으로 인한 불교문화의 수용은 가야인들의 삶과 종교적 가치관에 큰 영향을 미쳤으며, 이후 가야 문화의 일부로서 신라로 전파되면서 우리나라 전체에 불교문화가 확산되는 계기가 되었다.

『삼국사기』에서 가야금은 중국 쟁(箏)과 거의 같고 『나고기(羅古記)』를 인용하며 "가실왕이 唐의 악기를 보고 만들었다."라는 대목이 있다.[2] 그러나 신라통일 이후 신라금은 사라지고, 가야금이 12현금의 대명사가 된 데는 중국의 쟁, 신라금과 확연히 다른 가야금의 고유성과 강점이 있었을 것이다. 여기에는 가야 본래의 음악적 자산과 아유타국의 음악이 만나 형성된 무언가 특별한 비법이 있었을 것으로 보인다. 오늘날 우륵의 가야금은 정악 가야금으로 통칭되는데, 예전에는 이를 '법금(法琴)'이라고 했다. 불교의 북을 '법고', 의례 도구를 '법구'라고 하는 점에 미루어 보면 불교음악과 가야금의 깊은 관계를 알 수 있다. 또한 진흥왕을 비롯한 위정자와의 관계, 『삼국사기』에 기록된 가야금 악조에 미루어 볼 때 궁중불교음악을 연주하던 가야금의 역할이 짐작된다.

2) 고구려와 발해의 궁중 불교음악

소수림왕에 의해 불교가 공인된 이후 제반의 궁중음악이 불교음악으로 변한 것은 자연스러운 현상이었다. 장수왕 15년(427)에 평양으로 도읍을 옮긴 후 당시 불교국가였던 중국과 중앙아시아를

---

2 『삼국사기』 권32, 9a "加耶琴 雖與箏制度小異 而大槩似之, 羅古記云 伽倻國嘉悉王 見唐之樂器以造之"

통해 들어오는 선진 문물이 불교를 매개로 하였으므로 고구려 고분벽화에는 수많은 불교적 내용들이 나타난다. 고분벽화에 장식되어 있는 연꽃 문양과 비천도는 불교적 이상세계를 나타내고, 죽은 남편을 위해 불공을 드리러 가는 안악2호분의 행렬도, 승려를 맞이하는 접객도가 있는 통구고분은 고구려의 궁중 불교음악을 추정하게 한다. 양나라의 무제가 불교무용을 궁중무로 삼았고, 불교 노래와 염불하는 방울 소리가 거리에 울려 퍼졌듯이 고구려도 이와 유사한 분위기였을 것이다

고구려 궁중음악의 또 다른 모습은 수나라와 당나라 궁중악에 나타나는 7~10부기이다. 통일 왕조를 이룬 수나라는 국가적 행사나 연회에 여러 나라의 음악을 연주했다. 수나라 개황(開皇 재위 581~600) 시기에는 서량기, 청상기, 고려기(고구려), 천축기, 안국기, 구자기, 문강기로 이루어진 일곱 나라의 7부기, 대업(大業, 605~616) 때에는 9부기, 당나라 태종(626~635) 때에는 10부기로 확대되었는데, 이들 악단에 항상 고려기가 있었다. 수나라와 당나라의 궁중 기악에 줄곧 편성되어 온 고구려기와 달리 신라와 백제는 '잡기'로 그치고 있다. 이러한 점에서 고구려 궁중 불교음악이 나머지 삼국에 비해 월등히 수준 높은 악가무였음을 알 수 있다. 또한 당시 함께 편성되었던 다른 나라들과 대비되도록 고구려 색체가 짙은 향악적 불교음악이었을 것이다.

당시 '기(技)'로 표기한 공연 형태는 악기 반주에 의한 춤과 노래가 행해지는 종합 공연이었다. 백제의 미마지가 일본에 전한 기악을 볼 때 탈을 쓰고 춤추는 불교 홍법의 악가무였다. 이를 기록한 사람은 가마쿠라 시기 고후쿠지(興福寺)의 한반도 계열의 우무(右舞)인 고려곡물어(高麗曲物語)를 담당하던 고마노치카자네(狛の

近眞)였는데, 그가 기록한 『교훈초(教訓抄)』가 일본 최고의 악서로 평가받고 있다.[3]

고구려의 궁중 불교음악은 통일신라로 흡수되어 그 전통을 이어갔다. 대표적인 것이 신라 효소왕(재위 691~702) 때 적(笛)과 거문고(玄琴)를 신물(神物)로 모신 것이다.[4] 당시 현악기로 비파와 가야금도 있었는데, 이들을 제외하고 거문고를 신물로 모신 데에는 거문고가 귀족 남성층의 악기였던 데다 유희적 음악이 아니라 수행과 연결되는 금도(琴道)의 악기였던 배경이 있다.[5]

한편 일본의 고문헌에서도 고구려의 궁중 불교음악을 짐작해 볼 수 있다. 일본 역사서에 등장하는 삼한악 중 고구려악에 속하는 우무(右舞) 24종 가운데 일본에서 만든 4종을 제외한 신조소(新鳥蘇), 신주덕(新走德) 등의 20가지 중에 10가지는 가면무로 되어 있고,[6] 공후, 고려적, 필율, 산노츠츠미(三の鼓)와 같은 고구려계 악기들도 주목된다. 한편 후세대인 닌묘(仁明 834~847) 조에는 삼한악과 발해악을 합쳐 고려악이라 표기하고 있어 고구려를 잇는 발해의 궁중음악에 대해서도 관심을 가질 필요가 있다. 근래 들어 발해 연구가 활기를 띠고 있으므로 앞으로 이 방면 불교음악 연구도 흥미롭다. 중국 동북부 지역의 불교문화가 발해 불교음악과 관련되는 점에서 한·중 불교음악의 중요한 주제가 될 수도 있다.

---

3 윤소희(2023), 『한·일 불교의례와 쇼묘』, pp. 433−469.

4 『三國遺事』 제3권, 「塔像」, '栢栗寺' ...전략... 是三月十一日也. 大王聞之, 驚駭不勝曰: "先君得神笛, 傳于朕躬, 今與玄琴, 藏在內庫...후략.

5 윤소희(2023), 「삼국유사의 음악과 악기」, p. 78.

6 장사훈(1986), 『한국음악사』, pp. 54−56.

3) 백제의 궁중 불교음악

BC18년에 주몽의 아들들이 남하해서 세운 백제는 고구려 이주민들을 규합하기는 하였으나 마한의 소국 중 하나일 정도로 약소국이었다. 그러나 AD371년(근초고왕26) 무렵에는 3만 명의 군사를 이끌고 고구려의 평양성까지 진격해 고국원왕을 전사시킬 정도로 국력이 강성해졌다. 그리고 약 13년 후인 384년에 중국 동진을 거쳐 백제 땅 법성포로 들어온 마라난타에 의해 불교가 전래되었다. 그러자 백제는 불교를 새로운 사회통합의 원리로 활용하며 중국의 남조 및 일본 등과의 교류를 통해 해상왕국의 위력을 발휘하였다.

526년(성왕4) 겸익이 인도에서 인도 승려 배달다(倍達多) 스님과 함께 산스끄리뜨어본 경전을 가지고 귀국하여 승려 28명과 함께 율부(律部) 72권을 번역했다. 이때 왕이 서문을 지으며 새로 번역된 불전을 궁중에 보관하게 했다. 겸익에 의해 시작된 백제의 율학은 당시 국제적으로 상당한 권위를 가지고 있었고, 특히 일본에 커다란 영향을 미쳤다. 위덕왕 35년(588)에는 일본에서 선신니(善信尼) 등을 백제로 파견해 3년간 불법을 배우게 했는데, 이들이 훗날 일본 율종의 시조가 되었다.

성왕 16년(538)에 경론과 불상을 일본에 전해 준 이래 많은 승려들이 일본으로 건너갔다. 위덕왕 1년(554)에 담혜 등 9명의 승려를 일본으로 파견한 것을 비롯하여 수차례에 걸처 경전과 불상을 전해 주었고, 무왕 3년(602)에는 관륵이 역사·천문·지리·둔갑술 등을 전수했을 뿐만 아니라, 승정에 취임해 일본 승관제의 길을 열었다. 이외에도 많은 승려와 불교 관계 기술자 및 불경·불상 등을 전해 주어 일본불교의 성립에 커다란 영향을 미쳤다.

백제의 승려들이 인도의 나란다 대학에 지속적으로 유학을 다녀왔을 정도로 인도와 직접적인 교류를 했으므로 중국을 거쳐 불교를 받아들인 고구려, 고구려의 불교를 받아들인 신라와는 확연히 다른 백제식 불교음악이 생성되었을 것이다. 미마지가 일본에 전해 준 기악은 인도 승려들의 활동이 왕성했던 오나라에서 배워 온 것이었다. 일본 불교에 막대한 영향을 미친 성왕(聖王 재위 523~554)은 군주를 넘어서 정치·종교·문화까지 아우르는 위정자로 일본인들의 존경을 받고 있다. 성왕에게 제사를 봉행하기 위해 만든 '백제금동대향로'에 담긴 백제 음악은 '제1부 제3장 조각과 그림에 담긴 불교음악'에서 확인할 수 있다.

4) 신라의 궁중 불교음악

불교를 가장 늦게 받아들인 신라는 527년 이차돈의 순교 2년 만에 불교의 정신에 따라 살생(殺生)을 금하는 법을 공표할 정도로 불교 수용에 적극적이었다. 이전의 신라는 차차웅(次次雄)이 천신과 조상신께 올리는 제사로 공동체의 결속을 유지해 왔다. 4~6세기 농업생산력의 발달로 계층 분화가 이루어지면서 새로운 통치 방식에 의한 왕권강화가 필요해졌고, 그때 불교가 전래되었다.[7] 마찬가지로 인도에서 불교가 부상되던 시기에도 이와 같은 사회 현상이 있었다.

불교 수용 후 통일 과정 중 전쟁에 시달리던 신라인들에게 안락한 사후세계를 보장해 주는 아미타신앙이 급속히 확산되어 있었으므로 원효가 무애가를 노래할 때 저잣거리의 사람들이 '나무아미

7 인도에서 불교가 부상되던 시기에도 농업과 상업의 발달로 형성된 신흥세력이 카스트 제도로부터 자유로운 새로운 종교인 불교의 지지세력이 되었다.

타불'을 노래하며 따랐다. 토속신들에게 제사 지내던 팔관회도 불교식으로 전환되었고, 천축(인도)과 서역(인도-중앙아시아)의 불교 국가에서 유입된 놀이들을 향악이라 할 정도로 신라화되었음을 최치원의 '향악잡영오수'를 통해 확인할 수 있다.

신라의 궁중 불교음악의 상징으로 음악기관인 음성서(音聲署)가 있었다. 힌두사제들에게 음성행법인 '성명(聲明)'이 있었듯 '음성'은 제사와 종교의식에 수반되는 율조와 직결된다.『삼국사기』 직관(職官)조를 보면, 예부(禮部)에 속했던 음성서를 경덕왕(재위 742~765) 때 대악감(大樂監)으로 고쳤다가 혜공왕(재위 765~780)이 다시 음성서로 되돌리는 과정이 나타나는데, 여기에 인도의 음성문화와 중국의 문자문화를 오가는 과도기적 현상이 보인다.

원효와 함께 당나라로 유학을 떠났던 의상대사가 671년에 귀국하면서 부석사를 중심으로 화엄종이 크게 부흥했으므로 오늘날 우리나라 전역에 화엄성지가 있다. 일즉다(一卽多) 다즉일(多卽一)의 화엄사상은 현상세계의 모든 대상이 차별 없이 하나 됨을 설파하며 삼국민을 융화하고, 신분간의 갈등을 극복하는 기반이 되었다. 오늘날 한국에서는 의상대사와 관련한 불교음악을 거론하는 경우는 없지만 일본에는 의상대사 법성게와 관현반주에 의한 궁중아악까지 여러 악보들이 전해지고 있다.[8]

교토 쇼묘지(聲明寺)의 가나자와문고(金沢文庫)에서는 의상대사의 일승법계도, 법성게를 가사로 하는 다수의 화엄원융찬 악보, 궁중 아악인 칸겐(管絃) 바이로(焙爐) 악보를 소장해 왔다. 묘에(明惠) 스님은 겐닌(建仁) 2년(1202) 무렵 해탈문으로 들어가는

8 윤소희(2025),「의상대사 법성게와 한·일 불교음악 – 일본 가나자와(金澤)문고 쇼묘하카세(聲明博士)를 통하여 –」.

수행법으로 화엄일승법계도를 활용하였고, 단에이(湛睿)가 필사한 화엄일승법계도의 저자는 해동화엄초조인데, 고려 시대 의천의 『원종문류(圓宗文類)』에서 초출된 것이며, 1120년 도다이지에서 손쇼인(尊勝院)본을 필사한 일승법도기(一乘法圖記)의 원본은 신라의 진숭(珍崇)이 쓴 것임을 밝히고 있다.[9] 이는 화엄원융찬과 일승법계도가 의례로 설행되었음을 추정하게 하는 대목으로 신라와 고려로 이어지는 궁중 불교음악의 일면이 담겨 있기도 하다.

이 외에도 일본의 『제황편년기(帝皇編年紀)』, 『일본서기(日本書紀)』에는 신라에서 일본으로 수차례에 걸쳐 사신과 함께 악사들을 보낸 기록이 있다. 그러므로 현재 일본에는 시라기고토(新羅琴)를 비롯한 통일신라 음악 유물이 다수 전해지고 있다. 당시 양국의 불교 입지를 생각해 보면 악사들이 전해 준 대부분의 음악이 신라의 궁중 불교음악이었을 가능성이 높다.

의상대사의 화엄학이 귀족 중심으로 확산되어 오던 중에 새로운 전환기를 맞은 것이 진감선사의 선(禪)과 범패였다. 진감선사 이전에 선(禪) 수행을 설파하던 몇몇 스님들도 있었지만 그다지 주목받지 못하다가 진감선사의 가르침이 융창한 데에는 범패 율조가 윤활유의 역할을 한 덕분이다.

2. 고려의 궁중 불교음악

앞서 사국(四國)의 불교음악이 전환기 혹은 과도기적 궁중음악이었던데 비해 불교를 국교로 삼은 고려의 궁중음악은 그야말로 장대하고 화려한 궁중 불교음악이었다. 연등회를 맞아 임금이 사

9 사토아츠시(佐藤 厚), 「日本 稱名寺所藏 '一乘法界圖' 諸写本」, pp. 84－85.

찰로 행차할 때 궁중악사들과 민간의 산대악인들의 노래와 춤이 하늘과 땅을 흔들며 굉진천지(轟振天地)했다는 기록이 있다. 이러한 고려의 궁중 불교음악을 담고 있는『고려사』「악지」에는 아악·당악·속악·삼국악(신라·백제·고구려)의 4항목이 있는데, 이들 중 문묘와 종묘에 제사지내는 '아악'을 빼고는 모두 궁중 불교음악과 관련이 있다.

『고려사』에서 속악은 오늘날 민요와 같은 계열의 음악이 아니라 문묘와 종묘에 제사하는 '아악'과 대칭되는 어휘이다. 즉 제사 음악이 아닌 일반 궁중음악이라는 뜻이다. 마찬가지로 삼국악도 궁중에서 연주하는 삼국의 향악이었다. 그 근거로 이들 음악을 악보화한 것을 들 수 있는데, 당시에 악보를 볼 수 있는 사람들은 궁중 악사들에 한정되었기 때문이다.

〈표 9〉 고려사 악지의 항목별 수록곡

분 류	악 곡 명
아 악	고려 태조~충목왕에 이르는 가사, 등가, 헌가, 국왕 거둥 시의 절주와 음악
당 악	**헌선도**, **수연장**, **오양선**, **포구락**, **연화대**, 석노교, 만년환, 억취소, **낙양춘**, 월화청, 전화지, 감황은, **취태평**, 하운봉, **취봉래**, **황하청**, 환궁악, 청평악, 예자단, **수룡음**, 경배악, 태평년, 금전악, 안평악, 애월야면지, 석화춘조기, 제대춘, 천추세, 풍중류, 환궁춘, 화심동, **우림령**, 행향자, 우중화, 영춘악, 낭도사, 어가행, 서강월, 유월궁, 소년유, 계지향, 경금지, 백보장, 만조환, 천하악, 감은다, 임강선, 해패 등 48곡
속 악	무고(舞鼓), **동동**, 무애, 서경, 대동강, 오관산, 양주, 월정화, 장단(長湍), 정산, 별곡조, 원홍, 금강성, 장생포, 총석정, 거사련, **처용**, 사리화, 장암, 제위보, 안동자청, 송산, 예성강, 동백목, 한송정, **정과정**, 풍입송, 야심사, 한림별곡, 삼장, 사룡(蛇龍), 자하동 총 32곡
삼국악	신　라: 동경1, 동경2, 목주, 여나산, 장한성, 이견대 백　제: 선운산, 무등산, 방등산, 정읍, 지리산 고구려: 내원성, 연양, 명주

〈표 9〉에서 보면 제목만으로 불교가 드러나는 것은 당악 연화대, 속악 처용, 무애, 삼장(三藏), 금강성과 같은 악곡이다. 당악 중 연화대의 연행을 보면, 무대 · 악관 및 여기(妓)의 의관과 행차는 앞의 헌선도, 수연장 등과 같고, "봉래에서 내려와 연꽃 속에 태어나시니 임금님의 덕화에 감동하여 가무의 즐거움을 드립니다."와 같은 가사를 노래한 후에 흰 학으로 분장한 사람(白鶴者)이 등장하여 학춤을 추었다. 조선조에는 당악 연화대와 속악 처용을 합한 '학연화대처용무'를 향악으로 연행하였음을 『악학궤범』에서 확인할 수 있다.

그런데 불교와 무관해 보이는 헌선도 · 수연장 · 오양선 · 포구락 · 연화대 등이 연꽃을 노래하는 채련곡(彩蓮曲)에서 연유한 공연이었음을 조선 후기 이익(李瀷 1681~1764)이 『성호사설(星湖僿說)』에서 언급한 바 있다.[10] 김학주는 당악 정재보다 뒤에 나온 남송(南宋)의 채련무(彩蓮舞)와 연화대가 서로 연관이 있다고 하였는데 최근 발표된 연구 논문[11]도 같은 주장을 하고 있다. 이들 악곡의 내용과 가사를 보면 불보살을 찬탄하는 범패와 달리, 연꽃에 비유한 사랑과 세속적 감성을 노래하지만 정서적인 배경이 불교 문화임을 알 수 있다.

이 외에 원구와 사직에 제사하고, 태묘와 선농, 문묘와 같은 제향의 시작과 종료에도 향악을 연주했고, 왕비와 태자 등의 책봉과 궁중 연향에도 삼국의 향악을 연주했다. 그 외의 악곡 중 그 지역의 산(山) 이름으로 보이지만 사실상 선운산(禪雲山), 거사련(居

---

10 이익 저 · 안정복 개찬, 『성호사설유선(星湖僿說類選)』 "蓮花臺亦不過因彩蓮曲之類者也"

11 김수희(2025), 「고려사 악지 소재 당악정재에 나타나는 채련곡 공연요소 고찰」, pp. 105－130.

士戀), 무등산(無等山), 방등산(方等山)과 같은 명칭은 모두 불교 교리를 담고 있다. 예를 들어 석가모니를 무상사(無上師), 석가모니가 설법한 영축산과 같은 것이 모두 이러한 류의 악곡명이다.

3. 조선 시대 궁중 불교음악

조선 시대 국시(國是)가 숭유억불이었으므로 궁중음악을 비롯하여 지배계층의 음악인 정악에는 불교음악이 남아 있을 수 없었다. 그러나 얼음장 아래 강물이 흐르듯, 애초에 불교음악이었던 악곡이 그 포장을 달리하여 전통을 이어 온 면면이 일부 남아 있다. 이 항에서는 그간에 불교음악과 연관 지어 생각하지 못했던 내용과 함께 조선조를 거치며 변화된 불교음악적 연원을 살펴보고자 한다.

1) 한글과 불교음악

음악의 출발점은 언어다. 따라서 언어 체계에 따라 선율이 달라진다. 그러므로 동서고금을 막론하고 고대 시기에 문학은 음악과 같은 의미였다. 예를 들어 중국 음악의 『시경(詩經)』에 수록된 풍(風), 아(雅), 송(頌) 문형은 음악적 분류가 되고, 그리스어의 서정적인(lyric) 시는 '리라(lyre)에 맞춰 노래하는 시'를 뜻했다. 오늘날 음악용어로 통용되는 오드(ode)나 힘(hymn)과 같은 단어들도 시(詩)의 종류를 지칭하는 어휘였다.

(1) 한글 창제의 배경

우리말 표기를 위해 신라 시대 이두나 향찰을 사용하기는 하였으나 어디까지나 한문을 주축으로 하는 방편이었다. 세종의 한글 창제 이전 우리네 고문헌은 한자로 작성되어 왔으므로 한자로 쓰인 향풍범패를 가리기가 어렵다. 세종 5년(1446)에 반포된 한글은 초·중·종성으로 이루어진 소리문자로 인도의 범어와 상통하는 점이 많은 조어체계를 가졌다. 여기에는 한글 창제에 참여한 신미스님의 역할이 컸다. 음절 단위로 적는 음소문자(音素文字)이면서도 활용하기에 편리한 실용성은 범어를 뛰어넘는다. 훈민정음 창제 당시의 문자 체계는 초성 17자, 중성 11자로 모두 28자였으나, 그중 초성의 'ㆁ, ㆆ, ㅿ'과 중성의 'ㆍ'가 폐기되어, 오늘날에는 24자만 쓰인다.

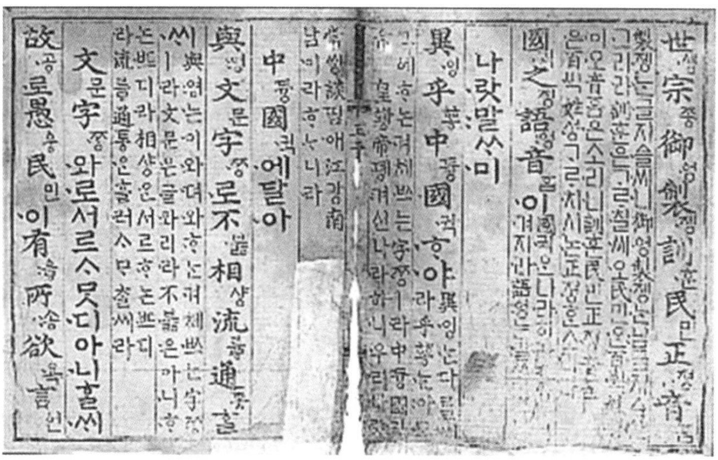

〈사진 1〉 훈민정음 언해본(서강대학교도서관 소장)

세종은 『훈민정음 혜례본』에서 한글이 어떤 원리로 만들어졌는가에 대하여 상세히 밝히고 있다. 발성 위치에 따라 아(牙)·설(舌)·순(脣)·치(齒)·후(喉)로 구분하는 제자 원리와 초·중·종성에 내재된 천지인(天地人)의 삼재 사상 등을 밝히는 훈민정음 기록과 달리, 동양 최고(最古)의 유량악보로 기록되고 있는 '정간보'의 창제 원리에 대해서는 어떠한 기록이나 설명이 없다. 다만 세종 후반기에 임금이 직접 막대로 절주를 짚어 가며 신악을 창제한 기록[12]에 미루어 이 무렵 정간보를 사용하였을 것으로 추정하고 있다. 세종의 정간보는 종(縱)으로 32칸을 이루고 있다. 모든 수에 의미를 부여해 온 당시의 관습에 비추어 보면 32정간에도 그만한 상징성이 있었을 것이다.

① 인도 범어(梵語)와 율조

단 한 글자만으로도 메시지를 전달할 수 있는 중국의 한자와 달리 인도의 범어는 발음 상태와 소리의 길고 짧음의 대비로 운율이 형성된다. 천년이 넘는 세월 동안 구전을 유지하기 위하여 브라만 사제들은 음운 · 문법 · 훈고를 꼭 배워야 했다. 범어는 한글과 마찬가지로 발음하는 구강의 위치에 따라 자음을 구성하고, 자음은 모음에 의지하여 발성된다.

범어의 모음은 원음(아 · 이 · 우)일수록 가치가 높고, 복합 모음일수록 울림의 신비성이 낮다고 여겨졌다. 예를 들어 아(अ)라는 1차 모음에서 한 단계 더 복합적인 2차 모음은 오(ओ), 다시 하나 더 섞인 3차 모음은 아우(au औ)이다. 불교 용어에서 이러한 용례를 들어 보면, '깨닫다'의 어원 부드(√ बुध्)에서 '깨달은 자'라는 의미의 붓다(佛 बुद्ध), 붓다의 가르침을 이르는 보디(法 बोधि Bodhi), 그 가르침을 따르는 사람인 바우다(僧 बौद्ध Bauddha)가 파생된다.

12 『세종실록』 권126, 세종 31년 12월 丁巳: 上謂承政院曰 今新樂 雖不得於雅樂 然形容功德不可廢也. 議政府與慣習都監 共觀之言其可否 予當損益 上邃曉音律 新樂節奏 皆上所制 以柱杖擊地爲節.

이 단어의 모음 변화를 보면, 붓다(Buddha)는 1차의 순수 모음인 '우', 보디는 2차 모음 '오', 바우다는 '아'와 '오'가 결합된 '아우'의 3차 모음이다.

② 중국 한어(漢語)와 율조

중국의 한어는 사물의 형상을 그린 상형문자이므로 언어의 소리보다 의미의 형상화에 주력해 왔다. 따라서 음률에 있어서도 진동의 실체보다 의미론적 인식 성향을 보여 왔다. 율(律)에 대한 중국인의 인식은 다음과 같다.

"노래(歌)란 말을 길게 하는 것이므로 성음을 길게 하여 율려가 성음과 조화를 이룰 수 있다."[13]

중국인의 이러한 관념은 오늘날 한국에서 연창되고 있는 문묘제례악과 범패에서도 드러난다.

송대 휘종이 고려 예종 때 보내 온 이래 지금까지 전승되고 있는 문묘제례악은 음의 시가는 모두가 동일하고, 음고의 변화만 있다. 진감선사가 당나라에서 배워 온 범패의 홑소리와 짓소리 또한 리듬이 없는 무박절의 선율로 모음을 길게 늘여 짓는 것이 특징이다. 이를 반영하듯 한어는 고저승강(高低乘降)의 성조로 음조의 높낮이를 중시하지, 그 시가(時價), 즉 음의 장단에 대한 언급은 없다. 중국 고전의 이러한 율적 특징은 폐쇄어이자 독립어인 한문의 조어 체계와 관련이 있다. 세종이 정간보를 창제하던 시기까지도 중국에는 리듬을 표시할 수 있는 악보가 없었다.

13 『尚書』「舞典」: 歌永言 聲依永 律和聲

(2) 한글과 범어의 상통성

① 조어 원리

종래에는 훈민정음 성조에 대하여 음고와 음장(音長)의 원리를 중국의 4성 원리와 견주어 조명하거나, 한글의 자음 구성을 오행·오음·사시(四時)와 연결 짓기도 했다. 한 예로 아래의 도식을 보면 한글을 아설순치후에 해당하는 자음에 의미를 배열하고 있지만 이러한 대입은 일종의 끼워 맞추기로 실제 그 발음의 상태와 직접적 관련은 희박하다. 더구나 4계절을 무리하게 5음에 맞추다 보니 계하(季夏)를 끼워 넣고 있다.

〈표 10〉 한글과 오행 오음 계절의 도식[14]

발성 위치	오행	해당자	오음	사시
아	木	ㄱ, ㅋ, ㆁ	각(角)	봄
설	火	ㄷ, ㅌ, ㄴ	치(徵)	여름
순	土	ㅂ, ㅍ, ㅁ	궁(宮)	季夏
치	金	ㅈ, ㅊ, ㅅ	상(商)	가을
후	水	ㆆ, ㅎ, ㅇ	우(羽)	겨울
권설·반치		ㄹ, ㅿ		

이와 달리 〈표 10〉의 내용처럼 한글과 범자 원리를 비교해 보면 조음 위치와 문자 체계가 거의 일치함을 알 수 있다. 〈표 10〉에서 범어의 반모음, 비음은 생략했고 한글도 정음 창제 당시의 몇몇 자음은 생략했다. 그러나 주요 자음을 전반적으로 보면 한글과 범어가 지니는 발성 위치와 자음의 구성 체제가 상통하여 범어와 한글의 언어적 친연성이 드러난다.

---

14 정화순, 「初期「正間普」의 易學的 解釋을 爲한 詩論」, p. 8에서 인용.

〈표 11〉 한글과 범어 자음 및 조음 원리

한 글	범 자	한글발음[15]	영문발음
ㄱ ㅋ ㆁ (아) ㄷ ㅌ ㄴ (설) ㅂ ㅍ ㅁ (순) ㅈ ㅊ ㅅ (치) ㆆ ㅎ ㅇ (후) ㄹ 권설음 ㅿ 반치음	क ख ग घ त थ द ध प फ ब भ च छ ज झ ट ठ ड ढ श ष स	까 카 가 ㄱ하 따 타 다 ㄷ하 빠 파 바 ㅂ하 짜 차 자 ㅈ하 딸 달 달 ㄷ할 샤 쌰 사	ka kha ga gha ta tha da dha pa pha ba bha ca cha ja jha ṭa ṭha ḍa ḍha śa ṣa sa

범어는 주격 · 목적격 · 도구격 · 여격 · 속격 · 탈격 · 처격 · 호격의 8격이 있는데 이것이 한글의 조사와 같은 역할을 한다. 〈표 12〉는 범어와 한글의 목적격과 여격을 비교한 것이다.

〈표 12〉 한글과 범어의 문장 구조

격 · 조사	한 글	산스끄리뜨어
목적격	아들에게 간다.	뿌뜨람 가차미(पुत्रम् गच्चमि)
여 격	아들을 위해 간다.	뿌뜨라야 가차미(पुत्रय गच्चमि)

② 한글 표기 진언집

불교가 중국에 전래된 이래 가장 어려움을 겪은 부분이 범어의 음을 표기하는 것이었다. 한어 경전이나 의례집에서 평소 거의 쓰지 않는 한자가 나타나는 경우는 진언 · 주 · 다라니 부분이다. 한문 진언집은 어려운 한자에다 범어 발음과 일치성이 떨어지는 상태로 표기됐었다. 그런데 한글이 창제된 덕분에 표기가 수월해졌다.

15 권설음과 자음 중 기음(h)이 포함되는 자음은 한글 자음으로 표기할 수 없어 근접한 발음을 표함.

창제 이전의 진언집으로 고려 시대 혜영(慧永 1228~1297)의 필사본이 있다. 고려의 『백의해(白衣解)』와 조선조 한글 창제 이후 범어를 한글로 표기한 『진언집』을 비교해 보면 그 효용성에 놀라게 된다. 이들 진언집은 한글과 범어, 나아가 불교음악과의 관계를 밝히는 데에 중요한 연구 자료이다. 1403년~1424년 간행 추정 『관세음보살예문』, 1474년에 간행된 『상교정본자비도량참법』, 1485년 『오대진언집』, 1496년(연산군2)에 출간된 『진언권공』을 비롯한 제반의 진언집 중 중요한 몇 가지만을 예시하면 다음과 같다.[16]

1485년(성종16)에 발간된 『오대진언집』은 당나라의 불공(不空)과 불타파리(佛陀波利)가 공역한 진언 중, 5대 다라니를 한글로 표기하고 있다. 표기 방식은 범어(실담), 한글·한자를 병기한 것으로 현존하는 진언집 중 가장 오래된 문헌이다. 15세기 말~16세기 초에 발간된 『진언집』에는 결수문(結手文)에 49개 진언, 지반문(志磐文)에 35개 진언, 자기문(仔夔文)에 21개 진언, 중위청천선(中位請天仙)에 15개 진언, 가친단(家親壇)에 3개, 고혼단(孤魂壇)에 6개, 점안문(點眼文)에 80개, 관세음보살 시식에 14개로 총 223개의 진언이 수록되어 있다. 이들 가운데는 불정존승다라니를 비롯한 다(多)종의 다라니도 포함되어 있다.

1569년(선조 2년)에 발간된 『제진언집(諸眞言集)』은 먼저 목록에 이어서 언본 항목이 있다. 이때 표기된 '언(諺)'의 사전적 의미에는 '속된 말', '상말'이 포함되어 있다. 한글을 일러 '암클'이라 했듯이 민중의 언어임을 시사했던 것이다. 『제진언집』은 1658년(효종9)에 강원도 신흥사에서 목판으로 개판하였는데, 불정심다라니

16 한국밀교문화총람사업단(2018), 『한국의 전승진언』, 대한불교진각종.

경, 진언집목록, 진언집 등 3편으로 구성되어 있다. 주목되는 점은 한글 자모음의 제자원리를 설명한 후에 소리가 어떻게 나는가를 중국의 평상거입(平上擧入) 사성을 이용하여 설명하고 있다는 점이다. 이는 한글 · 한자 · 범자의 관계뿐 아니라 오늘날 한국 범패의 율조 관련 연구에도 중요한 자료이다.

(3) 세종과 세조의 불교음악

① 월인천강지곡

세종이 한글을 창제한 이후 집중적으로 활용한 분야는 용비어천가와 더불어 불경 발간이었다. 만약 경전을 한글화하는 것이 중요했다면 조선의 국시였던 유교 경전을 한글화했을 테지만 유교 경전의 한글화는 일절 이루어지지 않았다. 반면 부처님 일대기인 『석보상절』과 '월인천강지곡', 진언집 발간에 활용되었다. 이는 범어와 한글이 소리글자로서 동질성을 지니고 있는 데다 세종의 불심과 위민정치의 배경이 있었기 때문이다.

세종 28년(1446) 3월에 소헌왕후 심씨가 세상을 떠나자 세종은 왕후의 명복을 빌기 위해 수양대군에게 불경 언해서를 짓도록 명했다. 수양대군은 신미 스님, 김수온 등과 함께 석가모니의 일대기 『석보상절』을 지어 올렸다. 세종이 이를 보고 기뻐하며 구절마다 찬탄곡을 지었으니, 그것이 '월인천강지곡'이다. '월인천강지곡'은 원래 상 · 중 · 하 3권이었으나 현재 상권 1책과 중권의 낙장이 전한다. 여기에 수록된 찬가가 총 194곡이다. 이 노래 가사는 한글로 지은 노래 가사 중 용비어천가 다음의 것으로 한글 초기의 용운과 문법을 지닌 보고(寶庫)이다.

『조선왕조실록』의 세종 조에는 불교에 관한 기사가 208건이나

된다. 세종은 『석보상절』에 대한 찬탄가 월인천강지곡뿐 아니라 『석보상절』 서문도 한글을 지어 실었다. 이 서문에서 세종의 불심을 여실히 느낄 수 있다.

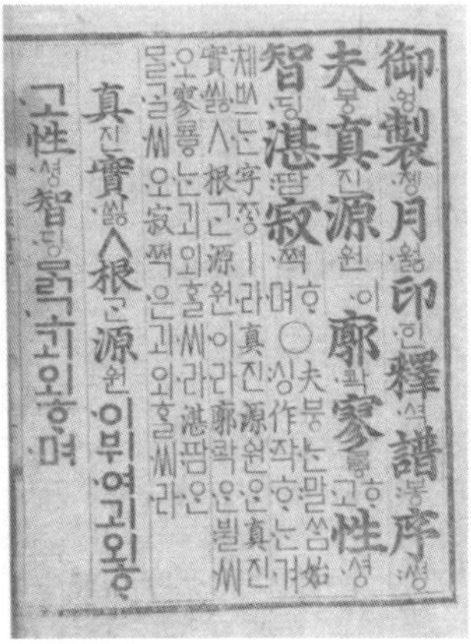
御製月印釋譜序
夫真源이 廓寥ᄒ고 性智湛寂ᄒ며
眞實ㅅ根源이 뷔여괴외ᄒ고 性智 몱고괴외ᄒ며

〈사진 80〉 월인천강지곡 서문

釋譜祥節序[17]
석 보 상 절 서

佛이 爲三界之尊ᄒ샤 부처님은 삼계에 으뜸이라
불 위삼계지존

부톄 三界옛 尊이 ᄃ외야겨샤 드높은 지존이시어
삼계 존

弘渡群生ᄒ시ᄂ니 모든 생명 두루 살피시어
홍도군생

衆生ᄋ 너비 濟渡ᄒ시ᄂ니 널리 제도하시니
중생 제도

無量功德이 그지업서 한없는 공덕이 끝이 없어
무량공덕

몯내 혜ㅿ·ㅸ을 功과 德괘 그 공과 덕을 헤아리기가
공 덕

人天所不能盡讚이시니라 하늘과 사람이 아무리 찬탄하여도
인천소불능진찬

사ᄅᆷ돏콰 하ᄂᆯ돌히 내내 기리 ㅿ디 몯ᄒ?논 배시니라. 다 말할 수 없음이라.

② 『사리영응기』 속 7곡, 9악장의 불곡

세종 31년(1449) 7월에 왕이 내불당을 지을 것을 명령함과 더불어 임금이 직접 노래를 짓고 수양대군에게 명하여 내불당 낙성식

17 정진원(2019), 『월인석보–훈민정음에 날개를 달다』, p. 29.

법회를 준비하도록 하였다. 이 낙성식 법회의 절차와 불사리 감응의 이적을 기록한 것이 김수온의 『사리영응기』이다. 김수온(金守溫 1409~1481)은 세종, 세조의 불교 신봉에 일조하여 불경의 국역에 공이 컸다.

『사리영응기』에 의하면, 11월 28일 재계를 시작하여 12월 6일 낙성연 소(疏)를 올리기까지 불전 앞에 참여한 사람이 261인이었다. 4언 46구 184자의 장편 시와 소(疏)를 쓰고, 임금께서 친히 앙홍자지곡, 발대원지곡, 융선도지곡, 묘인연지곡, 포법운지곡, 연감로지곡, 의정혜지곡과 귀삼보, 찬법신, 찬보신, 찬화신, 찬약사, 찬미타, 찬삼승, 칠판부찬, 희명자 9악장의 새로운 노래를 친히 지으시고,[18] 수양대군으로 하여금 주악법연을 실행하도록 했다. 이를 연주한 악사는 45인, 죽간자 2인, 노래 10인, 화동 10인, 청련(靑蓮) 1인, 황련(黃蓮) 1인, 백련(白蓮) 1인, 황모란 1인, 적모란 1인, 흰 모란 1인, 노란 작약 1인, 붉은 작약 1인, 흰 작약 1인이었다. 이 정성으로 법연을 펼치자 사리에서 빛을 발하는 이적이 일어났다.

③『월인석보』

세조가 왕위에 오르자 『석보상절』과 '월인천강지곡'을 합쳐 『월인석보』를 지었다. 이는 앞의 두 작품이 발표된 지 10여 년 지난 1459년이었다.

---

18 『사리영응기』: … 전략 … 又親制新聲 仰鴻慈之曲 發大願之曲, 隆善道之曲, 妙因緣之曲, 布法雲之曲, 演甘露之曲, 依定慧之曲. 其樂章則有九 曰歸三寶, 曰贊法身, 曰贊報身, 曰贊化身, 曰贊藥師, 曰贊彌陀, 曰贊三乘, 曰贊八部 曰希冥資 命行上護軍臣朴堧 行右副承直臣林童 典樂臣金允山 臣黃貴存 行內侍府給事臣 安忠彦率伶人隷焉언 首陽大君臣瑈奉新譜領之 執악기자 사십오신 執竹竿子二人 歌者十人 童子執花而 舞者十人 一執靑蓮花 一執黃蓮花 一執紅蓮花 一執白蓮花 一執黃牧丹 一執紅牧丹 一執白牧丹 一執黃芍藥 一執紅芍藥 一執白芍藥 乃於十一月 二十八日 庚戌 … 후략

御製月印釋譜序
어 제 월 인 석 보 서

未眞源이 廓寥ᄒᆞ고 性智湛寂ᄒᆞ며
미 진 원 　 곽 요 　 성 지 담 적

眞實人 根源이 뷔어 괴외ᄒᆞ고 性智 ᄆᆞᆰ고 괴외ᄒᆞ며
진 실 인 근 원 　 성 지

靈光獨耀ᄒᆞ고 法身常住ᄒᆞ야
영 광 독 요 　 법 신 상 주

靈 ᄒᆞᆫ 光明이 ᄒᆞ오ᅀᅡ 빗나고 法身ㅣ 샹녜이셔
영 　 광 명 　 법 신

色相이 一泯ᄒᆞ며 能所都亡ᄒᆞ니
색 상 　 일 민 　 능 소 도 망

色相이 ᄒᆞᆫ가지로 업스며 能所ㅣ 다 업스니
색 상 　 능 소

旣無 生滅커니 焉有去來리오.
기 무 생 멸 　 언 유 거 래

위의 내용을 요약해 보면 다음과 같다.

"진실로 근원이 비어 고요하고 성품과 앎이 맑고 고요하며 신령한 빛이 홀연히 빛나며 법신이 상주하여 색과 상이 하나요, 능(能)과 소(所)도 모두 없으니 이미 나며 죽음이 없으니 가며 옴이 어찌 있으리오."

세조의 불교 신심과 경학의 깊이를 짐작하게 한다.

『월인석보』를 편찬한 사람은 세조이지만 그 안에 담긴 불곡은 세종이 지은 것이다. 한편 『석보상절』에 실린 '월인천강지곡' 194곡이라는 뜻은 현전하는 『월인석보』 1책과 중권의 일부에 실린 악곡이 194곡이라는 뜻이다. 낙장된 『월인석보』 악곡들이 세조가 펴낸 『월인석보』에 실려 있는 것이 580여 곡에 이르고, 여기에 사리영응기에 수록된 16곡을 더하면 총 596여 곡이 된다. 다만 조선 초기 수편의 왕조 찬탄가를 지은 정도전이 고려 속요의 선율을 따와서 작곡했던 점을 감안해 보면 세종의 불곡 창작도 편작에 가까웠을 것으로 보인다. 만약 억불이 없었더라면 궁중음악으로서의 조

선조 불곡이 얼마나 많았을지 상상하기 어려울 정도이다.

〈표 13〉 세종이 작곡한 궁중 불교음악

내용		비고
『석보상절』 2구절 마다 찬가 '월인천강지곡' 지음. 194곡 수록본 현존함.	『사리영응기』에 수록. 내불당 낙성식 법회를 위한 찬가 7곡, 귀삼보 · 찬법신 · 찬보신 · 찬화신 · 찬약사 · 찬미타 · 찬삼승 · 칠판부찬 · 희명자 등 9악장	소헌왕후 추천
『월인석보』: 『석보상절』과 '월인천강지곡'을 합하여 재편찬 상 · 중 · 하 3권에 총 580여 곡 수록(세종이 직접 지은 것으로 봄)		세조 재편

2) 정간보 창제와 불교음악

(1) 조선조 악정의 배경

이성계는 태조 원년에 문무백관의 제도를 마련하고 아악서(雅樂署)와 전악서(典樂署)를 세워 악정(樂政)을 펼쳤다. 세종 대(재위 1418~1450)까지 행해진 조선 시대 악정의 실상을 보면 치세의 음악으로 유교의 예악을, 위민(爲民)의 음악으로 불교음악을 활용했다. 예를 들어 왕조를 찬탄하는 음악은 중국의 대성아악과 종묘제례악을, 민심을 수습하기 위해서는 국행수륙재와 불교음악을 창제했던 것이다.

중국에서는 악기의 모양과 색깔, 음계를 이루는 음 하나 하나에 의미를 부여했고, 율정(律程)에는 고도의 산법이 있었다. 그러나 명대(明代)까지도 음의 길이를 표시할 수 있는 악보가 없었다. 조선조 악정은 제반의 법도를 중국에 의존했었지만 세종은 음의 시가를 표시할 수 있는 정간보를 창제하였는데, 그것은 중국에도 없던 획기적인 것이었다.

중국의 고대 악서를 보면, 특종의 1, 음양의 2, 오행의 5, 음계의 7, 여덟 가지 악기 재료의 8, 율정의 12, 6일무의 36, 8일무의 64 등 갖가지 숫자가 음의 기능과 상징적 기호로 활용되어 왔다. 그러나 32와 관련되는 숫자는 어디에도 보이지 않는다. 그에 비해서 인도에서 전래된 불교에서는 32라는 숫자가 특별한 의미를 지니고 있다. 그리하여 『악학궤범』에는 '백성들의 팔고(八苦)의 소리'에 답하는 묘응 32(妙應三十二)의 가사가 있다. 이 노래는 찬불 가사와 함께 설행된다.

(2) 32 정간의 불교적 배경

① 불경의 32상호

인도 베다의 32다르마가 불교로 들어와서 붓다의 32덕상으로 자리 잡았다. 붓다의 32상호에 관한 내용은 『장아함경』, 『대반야바라밀다경』, 『화엄경』 40권본, 60권본, 80권본, 『법화경』, 『금강명경』, 『대법거다라니경』, 『대보적경』, 『대승비분다리경』, 『삼십이상품』, 『근본설일체유부비나야』, 『관찰제법행경』 등에 나타나므로 팔만대장경 중에 없는 곳이 없다 할 정도이다. 이들 경전 중 초기 경전에 해당하는 『장아함경』을 비롯한 다수의 경전에서 '32상호를 성취한 사람이면, 출가한 이는 진리를 설파할 것이고, 속가에서는 전륜왕이 되어 총명하고 지혜가 있어 군사를 거느리고 천하를 다스리며, 스스로 자재하여 법다운 법왕으로서 7보를 성취할 것'이라 설한다.

② 『악학궤범』 32묘응 창사

『악학궤범』 「학 연화대 처용무 합설」의 후반부에는 "음악이 영산 회상의 만기를 연주하면, 여기와 악공이 일제히 소리 내어 '영산회상불보살'을 노래하며 춤추고 … 중략 … 석가세존을 찬탄하는 18구를 노래한 후 관세음보살 후렴구가 있는 관음찬 12구를 부른다. 이어서 '백화ㅣ분기악(白花ㅣ芬其萼)ᄒᆞ고'[19]"와 같이 한글 조사가 붙는 28구의 창사를 노래한다. 32묘음 창사의 일부를 인용해 보면 다음과 같다.

白花ㅣ芬其萼ᄒᆞ고 백화의 꽃받침에 향기 나고
백 화 분 기 악

香雲이 彩其光ᄒᆞ니 향운이 그 빛에 빛나니
향 운 채 기 광

圓通觀世音 두루 통하시는 관세음께서
원 통 관 세 음

… 14구 생략 …

妙應三十二 삼십이 모습으로 응하시며
묘 응 삼 십 이

無畏늘 施衆生ᄒᆞ시고 한 없는 설법을 중생에게 베푸시니
무 외 시 중 생

法界普添利ᄒᆞᄂᆞ니라. 법계에 두루 복을 주시니라.
법 계 보 첨 리

(이하 생략)

(3) 16정간의 경전적 배경

『관찰제법행경』에서는 32상과 16자문을 이어서 설하고 있다. 내용을 보면, 출가자는 부처가 되고, 속인은 세상을 이끄는 큰 인

---

19 『악학궤범』 제5권 16a: … 전략 … 白花ㅣ芬其萼ᄒᆞ고 香雲 彩其光ᄒᆞ니 … 無作自在力과 妙應三十二와 無畏늘施衆生ᄒᆞ시니 法界普添利ᄒᆞᄂᆞ니라. 始終三慧入ᄒᆞ시고 乃獲二殊勝ᄒᆞ시니 金剛三摩地를 菩薩이獨能證ᄒᆞ시니라. 不思의妙德이여 名偏百億界ᄒᆞ시니 淨聖無邊澤이 流波及斯世시니라.

물(世間大人)이 어떠한 덕상을 지녔는지를 묘사하면서 16자문 다라니의 위신력을 설한다. 중국으로 건너간 범어는 불교 사상의 대입과 함께 정착되었고,[20] 기본 자모인 12마다(摩多 마뜨라)[21]에 4개의 모음을 더하여 16모음으로 정착된 후, 16자모 다라니 신행이 형성되었다.

세종의 32개 정간을 반절한 세조의 16개 정간은 3·2·3 / 3·2·3의 단위로 6개의 대강을 이루고 있다. 32덕상의 원류였던 고대 인도의 운율에서 32슬로까 운율은 운율과 행의 구조가 있고, 3과 2가 연결되는 음보 패턴이 있다. 이는 2자씩 짝을 이루거나 4·5·7언 4행으로 이루어진 중국 시형과는 거리가 먼 반면 세조의 대강보 단위와 한글의 조어 체계와 직결된다.

마뜨라(모음) → 악사라(운률) → 파다(행) → 딸라(장단)로 확산되는 인도의 리듬 사이클은 소안(소박) → 정간(보통박) → 대강(대박) → 각(장단)으로 이루어진 한국 장단의 리듬 사이클과도 상통한다. 중국에서는 리듬 절주를 박·박자·박절이라 하지만 한국에는 '장단'이라 하는데, 여기에는 리듬 사이클이 있다. 2음보 위주의 중국 한어(漢語)와 달리 2음보와 3음보 혼합이 많은 한글과 범어 율조는 16정간의 3·2·3 대강 구조와 친연성이 높다.[22]

---

20 윤소희(2015), 「화엄경 입법계품의 音과 字에 대한 고찰」

21 범음의 시가를 지칭하는 마뜨라를 중국에서 마다(摩多)로 표기.

22 상세 내용: 윤소희(2020), 「佛典·梵文이 정간보 창제에 미친 史的 배경–세종·세조대 樂政을 중심으로–」, pp. 313–346; (2019), 「세종·세조 악보와 佛典·梵文의 관계」, pp. 164–193.

4. 현전 궁중 불교음악

『고려사』「악지」에는 '영산회상'이라는 악곡명이 없다. 다만 조선조『악학궤범』에 학연화대처용무합설의 후도에서 "학, 연화대, 의물 등 일체를 갖추어 진설하고 5색 탈을 쓴 처용이 춤출 때, 영산회상의 만기(慢機)를 연주하면 여기(女妓)와 악공이 일제히 '영산회상불보살'을 부른다."라는 대목이 있어 고려조에 연주돼어 오던 악곡을 사용했음을 추정할 수 있다. 영산회상불보살을 노래한 대목을『고려사』「악지」에서 찾아보면,「당악」항목에 연화대,「속악」항목에 처용이 있다. 이를 볼 때, 고려조에 연화대는 당악이고, 처용은 속악이었던 것을 조선조에 향악으로 합설하였음을 알 수 있다.

1) 학·연화대무와 영산회상

『고려사』「악지」의 '당악'조의 '연화대(蓮花臺)' 내용을 보면, "무대, 악관 및 기(妓)의 의관과 행차는 앞의 의례와 같다."라고 했는데, 앞의 항목을 보면 헌선도, 오양선, 포구락 등 오늘날 국립국악원의 연화대무와 거의 같다. 반면『악학궤범』에는 "그믐 하루 전날 밤에 귀신을 쫓는 나례와 구나 후에 처용무를 두 번 춘다."[23] 라고 기록하고 있다. 이때 처용무를 추기에 앞서 학춤과 연화대무를 돌면서 추는 회무(回舞)를 추었음을 알 수 있다.

23『악학궤범』, 第五卷,「鶴蓮花臺處容舞合設」"十二月晦前,一日五更初. 樂師女妓樂工等詣闕.是日儺禮時樂師率妓工奏樂. 至驅儺後 … 중략 … 五方處容舞 … 후략.

2) 처용가와 처용무

『고려사』「악지」의 '속악' 항목을 보면 신라 헌강왕 대에 개운포에 나타난 처용에 대한 기사만 있을 뿐 어떻게 악무를 하고, 어떤 노래를 하였는지에 대한 설명이 없다. 『악학궤범』의 처용무는 「향악조」에 실려 있으며, 영산회상을 노래하고, 불보살을 찬탄하는 악가무와 함께 설행되고 있어, 처용가가 불교와 관련 있었음을 추정해 볼 수 있다. 실제로 『사국유사』에서는 왕이 절을 지어 주자 처용이 그에 대한 답례로 노래하고 춤추었다는 대목이 있다. 오늘날 처용무는 오방작대무로 설행되지만 불교악가무와 합설한 점과 귀신을 쫓는 '처용가'의 내용, 나례무라는 점에서 해골을 들고 악귀를 내쫓는 티벳의 참무와 상통하는 부분이 많다. 처용무의 이러한 성격은 고려조에 원나라를 통해서 들어온 티벳 불교의 영향을 짐작할 수 있다.

〈사진 3-5〉 티벳의 분노존, 화우탈, 복숭아[24]와 꽃을 장식한 처용탈

---

24 한국의 민간 풍습에서 복숭아는 '귀신을 쫓는 것'으로 믿어 왔다.

5. 영산회상

『악학궤범』의 「학연화대처용무합설」에서 영산회상을 연주했던 궁중음악 '영산회상'은 조선 중기 들어 궁중에서 쫓겨나 선비들의 풍류음악이 되었고 오늘날 이를 '정악'으로 분류하고 있다. '정악'은 '아정한 음악'을 줄인 말로, '절제되어 우아하고 격조 있는 음악'이자 양반들이 즐겼던 '풍류음악'이라고 할 수 있다. 『악학궤범』「학 연화대 처용무합설」의 해당 내용을 보면, 영산회상의 만기를 연주하면 여기와 악공이 일제히 소리내어 '영산회상불보살'을 부르며 들어가 춤춘다. 이어서 큰 북을 치면 영산회상의 영(令)을 연주하고, 음악이 점점 잦아지면 오방의 처용무를 춘다. 이어서 연화대무를 추고 나면 아미타불, 석가모니불, 관음찬을 노래하고 마지막에 "백화분기악하고(白花l 芬氣藹ᄒᆞ고) 향운이 채기광하니(香雲이 彩其光ᄒᆞ니)"로 맺는다. 이상의 내용을 보면 영산회상불보살 악곡이 조선 초기에는 만(慢) · 령(令)에 이어 더 빠른 템포의 가락으로 만 · 중 · 삭이 있었음을 추정해 볼 수 있다.

조선 중기의 『증보문헌비고』에는 어숙권이 내전에서 불교음악이 연주되는 것을 한탄한 대목이 있다.[25] 연산군은 '영산회상불보살' 7자 가사를 '군유신복격방밀(君綏臣福擊邦謐)'로 바꾸어 영산회상 가락에 얹어 부르게 했다.[26] 중종 13년(1518) 4월에는 대제학 남곤이 '공헌군왕수만년(恭獻君王壽萬年)'이라는 가사로 대체하여 악곡명이 '수만년사(壽萬年詞)'가 되었다.[27] 조선 중기 이후에

---

25 『增補文獻備考』 권107, 28a

26 『燕山君日記』 권60: 연산군 10년(1504) 12월.

는 궁중에서의 연주 기록이 사라지고, 사랑방에서 선비들이 거문고로 타기 시작했다.

1) 가사가 있는 악보

1651년에 발간된 이수삼산제본금보(二水三山薺本琴譜)는 영산회상이 실린 악보 중 현존하는 가장 오래된 악보이다. 전라북도 고가(故家)에서 발견된 필자미상의 이 악보에는 '영산회상불보살'이라는 가사가 있다. 그다음은 1759년(영조 35)에 발간된『대악후보』이다. 총 16권으로 구성된 본 악보집 중『대악전보』는 청일 전쟁 때 분실되었고,『대악후보』만 국립국악원에 보존되어 있다. 왕명에 의해 발간된 이 악보는 5음약보로, 표기된 16정간 맨 위 칸에 '영(靈)' 자가 있고, 다음 각 첫 줄에 '산(山)' 자가 있다. 이들 두 악보는 공통적으로 악보의 상단에 가사가 있어 어단성장(語短聲長)의 선율이 드러난다.

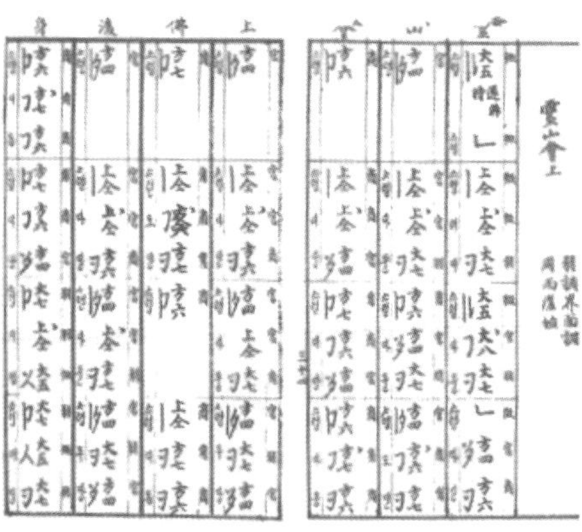

〈사진 81〉 이수삼산제본금보28

27 『中宗實錄』 권32.

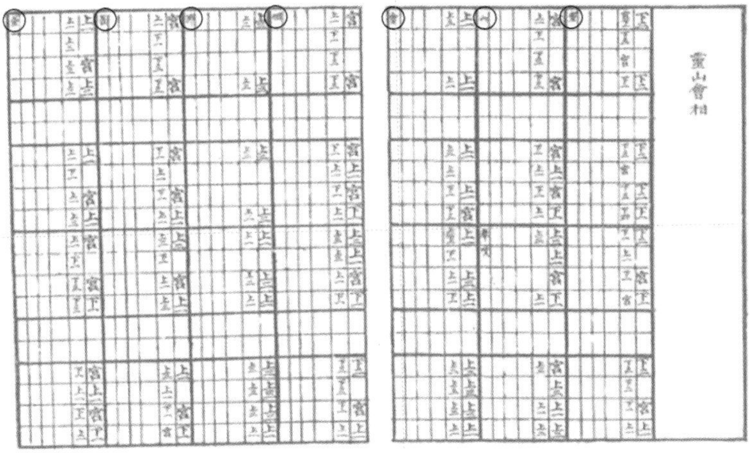

〈사진 82〉 대악후보 영산회상

2) 가사가 탈락된 악보

숙종 7년(1680)에 장악원의 악관이었던 신성이 편찬한 거문고 악보 『신증금보』에는 영산회상의 가사가 보이지 않는다.

이 악보를 펴낸 신성(申晟, 1623~1680)은 인조~숙종 연간을 살았다. 『신증금보』는 병자호란(1636) 이후 흐트러진 악곡을 정돈하고자, 신성이 장악원 악관 시절에 접했던 『악학궤범』의 거문고보를 기반으로 성립된 악보집으로, 불교음악뿐 아니라 조선 후기 거문고 음악의 변화를 보여 주는 중요한 자료이다. 이후 『한금신보』(1724), 『어은보』(1779) 등에서 영산회상의 변화되는 모습을 확인할 수 있다.

서유구(徐有榘 1764~1845)가 발간한 『유예지』에는 현행 영산회상과 유사한 모음곡 형태로 나타나고 있다. 서유구는 왕명에 의

---

28 황준연(1999), 『영산회상연구』, p. 169에서 인용.

해 『대악전보』, 『대악후보』를 편찬한 서명응(徐命膺)의 손자로 거문고에 능했다. 그는 1806년부터 『임원경제지』를 저술하기 시작했다. 총 6권 중 제6권에 해당하는 「유예지」는 당시 선비들이 향유하던 음악을 담았으므로 '방중악보(房中樂譜, 실내악)라 칭했다. 이 악보의 수록 순서를 보면, 염불타령과 육자염불이 영산회상보다 앞에 있다. 이를 통해 제7곡인 염불도 드리는 독립된 악곡이 후대에 이르러 오늘날과 같은 순서로 정형화되었음을 추정할 수 있다. 이들의 변화 양상은 다음과 같다.

〈표 14〉 고악보의 영산회상 구성

현재곡명	신증금보 (17C 말)	한금신보 어은보 (18C 초·중기)	유예지 (18C 말-19C 초)	삼죽금보 (19C 초)	현금오음통론 학포금보 (19C 말)
상령산	영산회상	영산회상	영산회상	영산회상	본령산 (대령산)
중령산	×	영산회상갑탄	중령산	중령산	중령산
세령산	×	×	영산회상2층제지	소령산	세령산
가락덜이	×	×	영산회상3층제지	가락더리	가락덜이
상현도드리	×	×	삼현회입	환 입	상현환입
하현도드리	×	×	삼현회입 2장 두 4장 말	환입에 포함	하현환입
염불도드리	×	×	염불타령, 육자염불	염불	염불
타령	×	×	타령, 군악유입 타령, 우조타령	타령	타령
군악	×	×	군악, 타령	군악	군악

Ⅱ. 풍속과 민간 계열 불교음악

조선조 억불숭유로 궁중의 불교음악뿐 아니라, 사찰에서 의례 중에 행해지던 악가무도 유랑 악사의 밥벌이가 되거나 일반 민요 혹은 기타 음악으로 변화된 악곡들이 많다. 관련 자료가 워낙 많아 다 소개할 수 없으므로 개략적으로 살펴보자.

1. 산대 · 백희가무

1) 신라의 향악잡영오수

헌강왕 11년(880) 3월 최치원이 당나라에서 돌아온 이후 신라에서 행해지던 유희와 놀이를 보고 느낀 감회를 7언 4구 다섯 편의 시로 남긴 것이 '향악 잡영 5수'이다. 이들의 첫 구를 옮겨 보면 다음과 같다.

金丸: 廻身掉臂弄金丸 온몸을 휘돌리고 두 팔을 내두르며
금 환 　회 신 도 비 농 금 환

大面: 黃金面色是其人 황금색 탈을 쓰니 누구인지 못 알아봐
대 면 　황 금 면 색 시 기 인

束毒: 押隊來庭學舞鸞 떼를 지어 몰려와서 마당에서 새(鳥) 춤추니
속 독 　압 대 래 정 학 무 란

狻猊: 遠涉流沙萬里來 이역멀리 사막 건너 만리길을 오느라고
산 예 　원 섭 유 사 만 리 래

月顚: 肩高項縮髮崔嵬 어깨를 올리고 목은 쑥 들어가
월 전 　견 고 항 축 발 최 외

이상의 시를 보면, 구슬 굴리는 재주, 가면무, 새의 모습으로 추는 춤, 사자춤, 어깨를 으쓱 올리고 목을 움츠리며 흉내 내는 모습이 떠오른다. 이들 놀이는 불교가 전해지던 중앙아시아 일대의 민속과 연결된 것임을 불교학과 인문학에서 밝힌 바 있다. 이러한 놀이가 최치원이 살았던 9세기에는 향악이라 할 정도로 신라에 만연해 있었다. 고려 시대에는 산대 · 백희로, 조선 시대에는 민속놀이로 행해지다 현재는 각 지역의 산대놀이, 탈춤으로 무형문화재로 지정되었고 2022년에는 인류무형문화유산으로 지정되었다.

2) 고려의 산대 백희

『고려사』「예지(禮志)」에는 "상원(정월 보름)연등회, 4월 8일 불탄일 등 불교 행사에 교방 주악을 하고, 더하여 좌방과 우방에 속하는 양부악인들과 산대악인이 담당했다."라는 내용이 있다. 이때 좌방악은 당(唐) · 송(宋) · 원(元)에서 들어온 중국계 음악을 통칭하는 것이었고, 우방악은 향악을 뜻했다. 당시의 가무들은 산대악인의 백희잡기(百戲雜技), 창우가무(倡優歌舞)가 펼치는 연희와 행사의 호사스러움이 말로 형언할 수 없을 정도였다. 왕이 봉은사에 올 때 기회(伎會)의 규모가 일천삼백오십이 넘었다. 이들이 주악을 연주하고, 북 치고, 나팔을 불며 노래하고 춤추니 굉진천지(轟震天地)였다. 산대악인이 악관(樂官: 궁중 악사)과 함께 꽃과 주과(酒果)를 나누며 가무와 놀이를 했고, 외국에서 온 상공인을 포함한 팔방상공인(八坊廂工人)까지 그 규모가 장대했다.

고려 산대백희와 연결되는 현재의 전승 실태를 보면, 함경도에는 북청사자놀음, 황해도에는 봉산 · 강령 · 은율탈춤, 강원도는 강릉관노놀이, 경상북도는 하회별신굿 탈놀이, 서울 · 경기는 양주별산대 · 송파산대 · 퇴계원 산대놀이, 경상남도 낙동강 동쪽의 동래 ·

수영야류, 낙동강 서쪽의 고성·통영·가산오광대가 있다. 이 외에도 경향 각지에서 행해지고 있는 수많은 산대놀이를 보면, 정월과 초파일을 보내느라 굉진천지했다는 『고려사』의 기록이 과장이 아니었음을 알 수 있다. 이들을 보면, 놀음·놀이·탈춤·야류·광대 등 지방마다 이름의 차이는 있지만 주요 골격과 성격은 대동소이하다.

〈사진 83〉 산대놀이에서 여인을 희롱하고 있는 먹중

3) 조선의 산대놀이

(1) 불교 비하 산대놀이

서울과 경기도 산대극은 상좌춤, 옴중춤, 먹중과 옴중, 연닢 눈끔쩍이춤, 팔목중춤, 노장춤, 샌님춤, 신할아비와 미얄할미 등의 여덟 과장으로 구성된다. 이들 중 샌님과 할미마당 외에는 모두 승려가 등장한다. 양주별산대놀이에는 팔(8)목중춤이 등장하는데 목중은 곧 먹중(黑僧), '속이 검은 승려'란 뜻으로 파계승을 뜻한다. 은율 탈춤에서는 노승이 새색시의 유혹에 넘어가서 한순간에 파계해 버린다. 이러한 과장에서 연주되는 애사당 법고놀이, '나무아미타불'을 후렴구로 하는 '염불놀이'에서는 극중 인물인 완보가 "염불이면 독경이나 하지."로 시작하여 "우리 절에 대해서 덕담 한 마디를 해야겠다."라며 꽹과리를 치고 노래한다. 표면적으로는 스님들을 놀리는 것 같지만, 노래의 내용을 유심히 들어 보면 사찰 염불, 탁발승들의 염불과 축원 율조에서 가져온 것이라 본래 불교의 기도문이었음을 알 수 있다.

중마당에서는 고승이 먹중들에게 조롱당하고, 술주정뱅이 취발이에게 얻어맞고 쫓겨난다. 고승을 놀려 대는 먹중들은 고승보다 먼저 파계한 사람들인데, 산대극은 이들을 우호적으로 묘사한다. 상좌가 사방신에게 절하는 순서에서 '옴'이 두 막대기를 치다 상좌에게 빼앗기고 제금을 치려다가도 빼앗기고 제금으로 가슴과 등을 맞는 장면이 있다. 여기서 두들겨 맞는 것은 정신 차리지 못한 인물이 제지를 받는 내용인데, 이러한 대목은 불법을 공부하고 외도를 몰아내던 불교 수행과 사찰 교훈과 맥락이 닿는다. 그러나 산대놀이에서는 파계한 승려를 놀리고 혼내는 모습으로 연출된다.

30여 년간 이를 연구해 온 이혜구 박사는 이 대목을 행도(行道) · 고사(告祀)와 연결시키고 있다. 판소리 변강쇠타령에 등장하는 승려도 바로 이러한 탈놀이 속 승려들과 동일 선상에 놓여 있다. 이는 불교 호법신이자 어린이의 수호신이며 천상의 뮤즈였던 간다르바가 놈팽이 건달로 전락한 모습과 같은 형상이다.

(2) 일본의 사찰 교훈극

한국의 산대극과 상통하는 사찰 악가무가 일본의 『교훈초(教訓抄)』에 기록되어 있다. 가마쿠라시기 고후쿠지(興福寺)의 악사 고마노치카자네는 이 책의 서문에서 "백제의 미마지가 오(吳)에서 배워 온 기악(技樂)을 이어 받은 것"이라고 밝히고 있다. 『일본서기(日本書紀)』에서 미마지가 소년들에게 기악을 가르친 시기는 612년 무렵이다. 『교훈초』가 발간된 때는 1233년이며, 치카자네의 성씨인 '고마(狛)'는 고려를 나타내는 글자이다.

10권으로 구성된 『교훈초』는 치카자네를 비롯한 당시 사찰 악가(樂家)의 유래, 좌무(중국 계열), 우무(한국 계열)에 고려곡물어(高麗曲物語)를 이어서 서술하고 있다. 『교훈초』는 "세상살이에 취하지 말고, 불법 공덕에 힘쓰라."라는 교훈을 기예로 표현하여 불법(佛法)의 감화를 증대하기 위한 데서 붙여진 제목이다. 이혜구 박사는 일본의 교훈초 탈춤과 한국의 산대극의 관련성을 다음과 같이 정리했다.

〈표 15〉『교훈초』의 기악과 한국 가면극의 대조표

교훈초의 기악	양주산대도감극	봉산탈춤
치도(治道)	고사(1) 상좌춤(2)	4상좌춤(1)
오공(吳公)	옴(3 · 4) 연닢과 눈끔쩍이춤(5)	없음
사자무(獅子舞)	없음	사자춤(5)
가루라, 금강	팔먹중, 침노리(완보)(6)	팔먹중춤(2)
바라문	사당노리(관 쓴 중) (7)	사자춤(3)
곤륜	노장(8)	노장춤(4)
역사(力士)	취발이(10)	취발이(4)
대고(大孤)	미얄할미(12)	미얄춤(7)
취호(醉胡)	양반(11)	양반춤(5)
무덕악(武德楽)	무당넋두리	다리굿

* 숫자는 과장(科場) 순서를 표시한 것이다. 예를 들면 (1)은 제1과장이란 뜻.

위 표에서 『교훈초』의 항목을 짚어 보면, 첫 순서인 치도는 길을 다스리고 정화하는 순서로 사찰의례로 치면 결계(結界)에 해당한다. '오공'은 백제에 불교를 전한 오나라의 승려 또는 오나라 사신, 가루라(迦樓羅)는 범어 '가루다(Garuda)'로 경전에서 금시조(金翅鳥)로 묘사된다. 금강은 불법의 정수(正首), 일본에서는 바라문을 인도에서 온 승려로 나타낸다. '곤륜'은 불교의 전법 경로 지역이며, 역사 · 대고 · 취호는 불법을 수호하는 호법신이다. 가면극을 통해 홍법의 감화를 주었으므로 이를 '교훈극'이라 했고, 행한 때는 초파일(佛生會)이었다.

2. 유랑 예인들의 불교음악

조선조에는 승과가 폐지되며 강제 퇴속당한 승려들이 사회적 잉여인간으로 전락했고, 그들 중 일부는 유랑생활을 하며 사찰에서 행하던 악가무로 연명했다. 사지(寺地)를 비롯하여 사찰 후원이 끊어진 사찰은 걸립패를 비롯한 유랑 예인들과 제휴하여 사찰 경제를 유지하기도 했다.[29]

1) 떠돌이 예인 집단

조선 후기의 유랑 악사들을 지칭하는 사당패, 남사당패, 걸립패, 중매구패, 광대패, 풍각장이패, 굿중패 등은 모두 사찰 관련 이름을 지니고 있다. 당시 사회 환경과 이들의 활약상을 보면 다음과 같다.

걸립패: 걸립(乞粒)은 필요한 재원을 마련하기 위해 연행을 펼치는 패로 걸궁(乞窮)이라고도 했다. 마을 주민들은 절 건립에 동조하여 자발적으로 돈, 곡식 등을 냄으로써 신앙 공동체의 힘을 발휘했다. 떠돌이 걸립패는 일반적으로 승려 출신인 비나리가 중심이고, 일반 예인들이 동참하여 조직되었다.

29 이종수(2002),「조선 후기 염불계 연구」, p. 20; (2010),「건봉사 제2차 만일염불회 재검토」, pp. 135－163.

〈표 16〉 걸립패의 구성

화주

비나리	보살	잽이	산이	탁발
(고사꾼)	(1~2인)	(10인 정도의 풍물잽이)	(2~3인의 버나나 얼른)	

사당패: 사당(社堂)은 여성들로 구성된 연행패로 사당 벅구춤[30], 산타령 같은 민요, 판소리 등을 노래하며 줄타기와 재담까지 하는 예인 집단이다. 주된 공연 종목으로 판염불이 중심이었다. 사당이 여자들로 구성되었다고는 하지만 때로는 거사와 짝을 이루어 연행하기도 했다. 경기도 안성 청룡사, 경북 하동 쌍계사의 목골, 전라도 성불암, 창평 대주암, 함평 월량사 등 절을 중심으로 활동한 사당패의 활동이 성했다.

무녀(巫女)가 남의 기도를 대신해 주듯 퇴속한 비구니 혹은 여인들이 기복 제의와 연희를 하며 다니자 후기에 이르러서는 매춘 관련 일화들이 양산되었다. 그리하여 이학규의 시 '걸사행'의 사설에는 다음과 같은 구절이 나온다. "동당 동당 동당 호남퇴기 해서 창녀. 한 불당에 내 사당 네 사당 무어 다투랴." 이러한 여파로 사당패의 활약이 퇴행되고 남사당(男社堂)이 부각되었다.

이학규의 걸사행[31]

鼕鐺鼕鐺鼕鐺 둥둥 뎅그렝 둥둥 뎅그렝 둥둥 뎅그렝

一串小皷繩鞔張 한 손잡이 작은북 끈 늘어지고

30 '벅구'는 사찰에의 의례를 할 때 쓰이는 법구(法具)의 방언이다.

31 이학규의 시는 천민 집단에서 부르는 우리말 노래를 한시화한 것으로, 조선 후기에 활발했던 민요를 한시화한 대표적인 예이다.

長柄刓脫作膩光 긴 자루 달아서 번들거리며
連環鑞鐵磨鎗鎗 둘러친 쇠 조각 부딪쳐 소리 나네
一槌俯首長 한 번 치고 머리 굽히고
再槌輪電光 두 번 치고 번개처럼 돌리며
三搥背後藏 세 번 치며 등 뒤로 감추고
四槌當褌襠 네 번 치고 무릎에 내리며
一擲空中翻覆忙 한 번 공중에 던져 뱅그르 돌린다
鼕鏜鼕鐺鼕鐺 둥둥 뎅그렝 둥둥 뎅그렝 둥둥 뎅그렝
… (이하 51구 생략) …

* 남사당패: 예인 집단 중에서 광대패와 함께 가장 규모가 크고 조직이 잘 갖추어진 집단이어서 연희 종목의 다양성과 질적인 수준이 높았다. 여성으로 구성된 사당패와 구별하기 위해서 남사당패라 일렀다. 남자로 구성된 남사당패는 35~50여 명의 구성원이 장터를 찾아다니며 풍물, 대접 돌리기, 땅재주, 줄타기, 탈놀이, 꼭두각시놀음 등을 하며 연행했다.

* 걸사행: 정약용의 「아언각비(雅言覺非)」에는 "비구가 '걸사(乞士)다."라는 대목이 있다. 근원을 보면 석가모니가 걸사의 원조이지만 조선조에 들어서는 떠돌이 천민 집단을 지칭했다. 이와 관련되는 판소리의 한 대목을 보면 다음과 같다. "여사당 거동 봐라. 세(細)장구 통을 턱 밑에 바짝 메고 장구를 치는데, 토르롱 토르롱 …(중략)… 한쪽서는 남사당하고 여사당패가 짝을 지어 갖고 노는듸… 2절-거사와 사당이 나오는데 거사는 떨어진 패랭이 쓰고, 사당은 남루한 치마 걸치고 동당 동당 동당 수술을 늘어뜨린 소고 긴 자루 닳고 닳아 반들반들 백철의 고리는 쟁쟁 소리 낸다."

* **굿중패:** 승려들이 변장하고, 법고와 징을 치며 고사를 비는 패였다. 법고를 타주하고 범패를 노래하며 복을 빌어 주는 것이 주된 연행이었다. 사당패, 걸립패, 중매구패 구성원들과 교류가 빈번하였으므로, 축원 고사에다 공연 종목을 늘려 20세기 전후로 남사당패처럼 확대되는 경향을 보이기도 했다.

* **중 매구패:** 승려가 주도하는 걸립패로, '중 매구'라는 탈꾼을 고용한 데서 비롯되었다. 경남 남해군 화방사 소속의 걸립패 성원 중 탈놀이를 가리키던 데서 유래된 명칭이다. 주로 경상도 지역에서 활동하던 단체로[32] 탈놀이와 천수경 율조를 읊거나 풍물을 더하기도 했다. 경상도에서는 징을 '매구'라고 했는데, 매구는 주로 무속 반주로 쓰였으므로 '매구 굿' 혹은 '매굿'이라는 말도 있었다.

2) 붙박이 예인 집단

특정 지역에 살면서 활동하는 예인 집단을 가리키는 말이다. 서울역 중심으로 활동한 선소리패, 경상도 고성5광대 등을 꼽을 수 있다. 농민이나 천민 출신 구성원이 대부분이었으나 봉산탈춤은 그 지역 중인 출신 향리 집단으로 구성된 경우도 있었다. 경기와 서도 지역을 중심으로 한 붙박이 예인 집단이 선소리를 한데 비해, 지방의 붙박이패는 그 지역의 탈놀음을 독점하여 지역사회·정치적 세력과도 연계된 터줏대감의 성격도 있었다.

서울·경기 지역의 선소리는 '서서 부르는 노래'라 하여 '입창(立唱)'이라고도 했다. 이와 대칭되는 노래로 정악에 속하는 가곡처럼 앉아서 노래하는 좌창(坐唱)이 있다. 그런가 하면 선소리에는 메

32 노동은(1996), 『한국근대음악사』, p. 193.

기고 받는 민요에서 메기는 소리를 지칭하는 선창(先唱)과 받는 소리, 혹은 후렴구를 받는 후창(後唱)의 뜻도 있다. 민요에서 메기는 소리는 공동체 중에서 소리에 능한 사람, 혹은 전문 소리꾼이 주로 한다. '선소리'는 전문적인 소리꾼을 암시하기도 한다.

선소리의 연행을 보면, 장구를 멘 한 사람이 소리를 메기면 나머지 사람이 소고를 치며 제창으로 받는 형식이 많다. 선소리패들의 주된 레퍼토리는 산타령, 보렴(報念), 화초사거리, 방아타령을 비롯한 몇몇 타령조 노래들이다. 이들 중 보렴은 '보시염불'을 줄인 말로 그 내용의 일부는 사찰 기도문 내지는 축원문을 노래한다.

3. 민간 예술과 불교음악

불교는 출발 단계부터 걸식을 하며 탁발을 했지만, 승단이 형성되면서 탁발은 연명이라기보다 수행의 한 과정이 되었다. 국가의 지원으로 사지(寺地)가 배분되고, 왕실과 신도의 보시와 공양으로 사찰의 재원이 생겨 승단의 경학과 의례를 비롯한 제반의 종교 활동이 보장되었기 때문이다. 그러나 조선조 억불로 폐사되는 사찰이 속출하고, 사전(寺田)이 국가로 귀속되면서 연명을 위한 탁발이 불가피했다. 그러자 탁발 보시를 좀 더 효과적으로 하기 위한 예술적 재능이 발휘되었다.

1) 탁발 염불과 민요

임진왜란, 병자호란과 같은 전쟁을 치르며 조선 말기의 사찰은 더욱 궁핍해졌다. 그리하여 승려들이 집집마다 다니며 축원과 염불을 하면서 탁발했다. 한양의 4대 비보사찰 중 남쪽의 삼막사가 있는 관악산 일대는 탁발 염불인 도자메기 소리가 유명했다. 관악산 일대의 삼막사, 연주암, 염불암, 불성사, 성불암 등 16사찰이 탁발 염불로 명성을 얻자, 관악산을 거쳐 인가를 받아야 동령(動鈴) 염불, 탁발염불 잘하는 것으로 인정받을 수 있을 정도였다.

탁발염불을 '도자메기 소리'라고 한 연유는 알 수 없으나 관악산 도자메기 소리 스님 중 청해 스님이 으뜸으로 꼽혔다. 청해 스님은 1906년 태생으로 12세에 관악산 삼막사로 출가하여 염불을 배웠다. 일제강점기의 사찰령으로 회심곡이나 무용 등이 있는 의식을 금지하였으나 고사 소리를 주업으로 하던 관악산은 민간의 요청이 많은 데다 양식을 구하기 위해 탁발과 고사염불을 계속했다. 그러자 "경성 스님네는 범음을 잘해야 하고, 관악산 스님네는 고사 소리를 잘해야 행세를 한다."라는 말이 나오기도 했다.

카세트 테이프에 녹음된 청해 스님의 도자메기 소리를 들어 보니 꽹과리를 치면서 염불하는데, 독특한 시김새의 선율과 꽹과리 가락이 절묘하게 어우러졌다. 도자메기 소리를 하다 기량이 높아지면 범패를 배워서 재를 지냈던 것을 볼 때, 탁발염불, 일상 염불, 축원 등이 범패의 기본이었던 것이다. "신촌 봉원사 송암 스님도 1946년 봉원사 대방을 건립할 때 운파 스님을 화주승으로 하여 걸립을 다니며 천수경과 회심곡을 했다."라는 증언을 들은 바 있다.

2) 민요 속 불교

해방 전후의 한국 사찰에는 대처승이 만연하여 세속 활동과 사원 활동을 넘나드는 경우가 많았다. 그러므로 스님들의 탁발염불로 활용되던 회심곡이 민요 가수의 노래가 되는가 하면 재장에서는 '화청'이라 하여 범패로 불리기도 했다. 사찰에서 재를 마치고 하는 뒷풀이 격인 삼회향에서 스님이 민요를 부르기도 하고, 민요 가수를 초청하여 한데 어울려 신명을 내기도 했다. 조선 초·중기에 강제 환속한 승려들이 민간의 광대와 한 팀을 이루어 유랑 악단 생활을 했던 것과 더불어 스님들의 탁발 염불은 전국 각지의 민요를 통해서도 드러난다. 고려 도성이었던 개성 일대의 긴염불과 자진염불, 강원도 아리랑, 경기 산타령, 호남 지역의 보렴 등 다양한 악곡들이 이를 말해 준다.

(1) 경기 산타령

1915년에 간행된 《무쌍신구잡가(無雙新舊雜歌)》에는 '판염불, 압산타령, 뒷산타령, 자진산타령'의 사설이 실려 있다. 이 사설들은 현행 경기 선소리 산타령으로 계승되고 있고, 이들 중 상당 부분이 걸립패와 탁발 염불 가사로 이루어져 있다.

판염불 사설

진군명산 만즁봉에 청쳔삭츌금부용 음도로음도로시볍이라
ᄂᆞ무어ᄉᆞᆯ바에 동ᄂᆡ라 안산이라 쥬산이라
좌우라 도졍용 ᄂᆞ무ᄉᆞᆯ바 ᄂᆞ무라도ᄉᆞᆯ바 ᄂᆞ무ᄉᆞᆯ바
츙청도라 ᄂᆡ포산에 두루두루 ᄒᆞᆫ량님ᄂᆡ 와계신ᄃᆡ
막걸니 여달동의 걸녀스니 ᄌᆞ시거ᄂᆞ말거ᄂᆞ
ᄂᆞ무라도ᄉᆞᆯ바 ᄂᆞ무ᄉᆞᆯ바
일셰동방에 졀도령 이셰남방에 득청룡 삼셰셔방에 부졍토 ᄉᆞ셰북방에 영안강도령쳥졍에 무화례 삼보쳘영에 강ᄎᆞ자 아금지송에 묘진언
나무라셔ᄉᆞᆯ바 ᄂᆞ무ᄉᆞᆯ바
-놀량-

산쳔초목이 여셩님어나에 구경가기에좃코ᄂᆞ 에에헷띄여 네로구ᄂᆞ나
에에에헤야에헷띄여 네헤에야 어어듸이이이이얼 네로구나
말은네에야 어이이놈 말드러보라 … (후략)

위 사설에서 '아금지송에 묘진언 나무라셔술바 ᄂᆞ무술바'는 진언 송주 대목이다. '일셰동방에 절도령…' 이하의 선율은 사찰 의례문 중에 사방찬에 해당하고, '산쳔초목이~'부터는 산타령 중 놀량에 해당한다. 즉, 사당패 소리 판염불에서 불가어 선소리가 되었고 산타령의 연원은 사찰 신행과 의례와 연결되며, 사찰에서 송주되는 다라니와 게송이 걸립패를 비롯한 유랑 악사들에 의해 세속화되고, 전문 소리꾼들에 의해 예술화되었음을 알 수 있다.

(2) 남도 보시염불

보시염불(報施念佛)을 줄인 '보렴'은 중모리 12장단의 중반부터 절주를 당겨 중중모리로 접어들어 자진모리로 마친다. 보통의 민요가 유절 형식으로 반복되는 데 비해 통절 형식의 선율은 전문가의 [illegible]을 드러낸다. 호남 지역 선소리인 '보렴'에는 유랑 예인 집단과 붙박이 예인 집단, 나아가 전문 소리꾼의 예술 음악에 이르기까지 여러 요소들이 융합되어 있다. 가사를 통해서 불교적 내용을 살펴보면 다음과 같다.

상래소수 공덕해요 회향삼처 실원만을
봉위 주상전하 수만세요 왕비전하 수제년을
세자전하 수천주요 선왕선후 원왕생
제궁 종실 각 안녕 문무백료 진충량 도내방백 위익고

성주합하 증일품 국태민안에 법륜전이라 나무천룡 지신님네
동방화류 서방화류 북방화류 남방화류야 오름이야 도름이
천수천안 관자재보살 광대원만 무애대비가 보살
무상심심 미묘법 백천만겁 난조우
여래법정 진언 옴바라니 대다라니 게청계수
관음보살 석가여래 문수보살 지장보살
옴바라니 옴바라요 옴바라니 옴바라요 (후략)

3) 판소리와 설화 속 불교음악

(1) 불교 설화와 판소리 사설

송만재(宋晩載 1788~1851)의 『관우희(觀優戲)』에는 춘향가, 심청가, 박타령(흥보가), 토끼타령(수궁가), 화용도(적벽가), 배비장전, 옹고집타령, 변강쇠타령, 장끼타령, 왈자타령(무숙이타령), 가짜 신선타령, 강릉 매화타령 등 열두 마당 중 일곱 마당은 도태되었고, 춘향가, 심청가, 흥보가, 수궁가, 적벽가 등 다섯 마당이 판소리로 전승되고 있다. 이들 중 수궁가의 사설은 인도의 우화, 심청가는 백제불교 전래와 관련이 있다.

① 관음사 사적기와 심청가: 영광 법성포 관음사 사적기(事績記)에는 백제에 불교가 들어온 연유와 함께 효녀심청 설화가 적시되어 있다. 오늘날 관음사는 조계종 제19교구 본사인 화엄사의 말사로, AD300년경 백제 때 창건된 사찰이다. 사적기의 내용은 다음과 같다. 원홍장이 장님인 아버지를 위해 팔려 갔다가 진나라 황후가 된다. 늘 아버지를 그리워하다가 관음상을 만들어 배에 실어 보냈는데, 관음상이 도달한 곳에 절을 세워 관음사라 했다.

이 줄거리의 구조를 보자. 산신, 무속과 관련된 부분이 등장하는

민속적 내용, 인당수에 빠져 관음보살을 만나는 내용을 제외하면 서역승이 불법을 전하러 왔다가 고초를 겪는 부분은 판소리 사설과 거의 유사하다. 이 설화를 담은 목판 원본은 소실되었지만, 인쇄본이 현재 송광사 도서관에 보관되어 있고, 『조선사찰사료집』에도 실려 있다. 현재 전남 문화재 자료 제24호로 지정되었다. 중요한 점은 관음사 사적기가 판소리 사설의 심청가보다 시기적으로 앞선다는 점이다. 삼척 안정사의 땅설법에는 원홍장의 이야기를 '심청 효행록'으로 설행하고 있다.

현행 판소리 중에는 불교 교리를 직접적으로 다루고 있는 대목이 없지만, 신재효 본 심청가에는 몽은사 화주승이 심청에게 부처님에 대해 설명하는 대목이 있다. 현행 심청가에서는 모두 화주승이 심 봉사를 구해 주고 떠난 뒤 심청이 돌아오지만, 신재효는 화주승이 떠나기 전에 심청이 대사에게 음식을 대접한다. 심청이 대사에게 음식을 대접하니 심 봉사가 말한다. "이 생에 맹인 되니 전생의 죄악이라, 부처님께 정성을 드렸으면 이 생에 눈을 떠서 천지 만물 보련마는 가세가 철빈(鐵貧)하니 애막조지(愛莫助之) 불쌍하다." 그러자 심청이 대사에게 다음과 같이 묻는다.

"부처님이 사람이오?" "정반왕(淨飯王)의 태자시지."
"지금 살아 계십니까?" "불생불멸 그 공부가 살도 죽도 안 하시지."
"하는 일이 무엇이오?" "자비심이 본심이라 보리중생이 일이시지."

심청가는 무명에 헤매는 민중을 심 봉사로, 심 봉사의 개안(開眼)은 곧 마음의 눈을 떴음을 상징한다. 즉 대중이 함께 눈을 뜨는 대승(大乘)적 실현을 보여 준다. 춘향가 · 흥보가 · 옹고집타령 · 숙영낭자타령은 모두 권선징악의 주제가 담긴 이야기들이다. 이러한 이야기 속에는 자업자득의 불교 교리가 담겨 있어, 관음사 사적기, 땅설법 심청 효행록, 판소리 심청가와 함께 비교 연구가 필요하다.

② 붓다의 전생 이야기와 수궁가: 붓다의 전생 이야기를 담은 인도의 불교설화집 『자따까 Jātaka 本生譚』에는 '원숭이와 악어'[33] 이야기가 등장한다. 옛날 어느 강에 악어 한 쌍이 살고 있었는데 새끼를 밴 암컷이 수컷에게 원숭이의 심장을 먹고 싶다고 하자 수컷 악어가 강가에 살고 있던 원숭이를 잡으려 한다. 그러나 원숭이의 기지에 속아 놓친다는 줄거리다. 이는 석가모니를 죽이려고 돌아다니는 제바달다에 대해 설하면서 전생에도 그러했음을 빗댄 것으로 원숭이는 붓다, 수컷 악어는 제바달다로 설정되어 있다. 이 설화가 중국에서 한어 경전에 수록[34]되면서 자라 또는 용이 원숭이의 간을 탐낸다는 내용으로 바뀌었고, 판소리에서는 토끼와 거북이 설화로 바뀌었다. 『삼국사기』 권41 「열전」의 김유신 조에는 '구토지설(龜兎之說)'로 실려 있다. 토끼와 거북이 설화는 근원적으로 불교와 연관이 있기 때문에 고찰(古刹)의 벽화에도 이러한 모습이 그려져 있다.

(2) 불교와 승려에 대한 묘사

판소리에 내재한 불교적 요소들은 조선 후기 민중이 불교에 바랐던 염원을 비롯하여 유생의 내심에 자리하고 있던 불교적 내면을 담고 있다. 승려를 표면적으로는 중, 중놈으로 낮춰 부르며 천시하지만 실제로는 익살스럽게 표현하여 친근함을 드러내기도 한다.

---

33 『자따까』 중 「원왕본생(猿王本生)」, 「악본생(鰐本生)」, 「원본생(猿本生)」 등이 있음.

34 『六度集經』, 『佛本行集經』 등.

그런가 하면 파계승으로 풍자의 대상으로 삼기도 하지만 신통력을 지닌 비범한 도승·대사로서 주인공을 도와주거나 문제 해결의 실마리를 제공하는 등 악행을 저지르는 주인공을 계도하기도 한다.

① **긍정적 내용:** 판소리 심청가, 흥보가, 옹고집타령, 숙영낭자타령, 변강쇠타령에는 주인공과 직접적인 관계를 맺고 사건을 엮어가는 인물로 승려가 등장한다. 판소리에서 승려에 대한 호칭은 '중'이라 하는 경우가 대부분이고 화자(話者)와 상황에 따라 도승·대사·중놈 등으로도 불린다. 이 중 심청가, 흥보가, 숙영낭자타령, 옹고집전에서의 '중'은 '도승(道僧)'으로서 주인공에게 도움을 주거나 주인공을 계도하는 역할로 등장하며 주요 사건의 발단이 되는 인물로 긍정적이고 호의적으로 묘사된다.

심청가에서는 화주승이 등장하여 물에 빠진 심 봉사를 구해 주고 공양미 300석을 시주하면 눈을 뜰 수 있다고 알려 준다. 심 봉사 눈 뜨는 대목은 깨달음의 세계를 상징한다. 예를 들어 심 봉사가 눈을 뜨니 동료 맹인이 모두 눈을 뜨는 장면은 대승불교의 궁극 목적을 드러낸다. 흥보가에서는 허름한 행색의 승려가 탁발을 나왔다가 흥보의 딱한 사정을 듣고 길한 집터를 잡아 주면서 인과응보의 줄거리로 넘어간다. 이때 흥보에게 복을 가져다주는 제비와의 인연이 도승에 의해 이루어진다. 숙영낭자타령에서 숙영낭자가 죽은 후 옥황상제의 은덕으로 환생하는 내용에는 불교의 윤회사상이 있다.

② **부정적 내용:** 옹고집타령에서는 부모에게 불효하고 승려를 학대하는 부도덕한 인물이 등장한다. '사람 중에서 가장 못난 것은 중이라 … 후략 …' 하며 대사에게 패악을 부리는 옹고집의 말 속에는 조선 후기 유학자의 불교관이 반영되어 있다. 변강쇠타령에

는 용녀가 승려를 유혹하는 대목이 등장한다. 이러한 장면에서는 승려가 익살을 부린다. 산대놀이에서는 파계승을 등장시켜 승려를 놀리기도 한다. 그런가 하면 어떤 이야기 대목에서는 "중 하나 나려온다."와 같이 극도의 비하적 표현을 쓰기도 한다.

조선 후기 광대(倡優)들에 의해 생성된 판소리가 18세기부터는 예술성이 가미되면서 향유층이 사회적 고위층으로 변했다. 그리하여 19세기에는 중인과 양반 계층 지식인의 호응에서 나아가 순조, 고종의 애호를 받으며 소리꾼이 벼슬자리를 얻기도 했다. 그러자 '비가비 광대'라 하여 양반 출신 소리꾼이 등장하며 유교 식자층의 취향에 맞춘 사설이 대거 유입되었다. 그 결과 더늠·아니리·재담·육담과 같은 사설은 대거 축소되고 당시 상위층 사람이 추구하던 유교적 덕목이 추가된 반면, 불교적 풍습을 비하하는 사설이 곳곳에 추가되었다.

이외에도 이야기를 노래하는 성악 장르에도 불교 사상과 인물이 다양한 양상으로 나타난다. 이 방면으로 불교계에서 다수의 연구가 이루어졌으나[35] 불교음악 분야에서는 매우 미약하다. 앞으로 판소리와 소설에 나타나는 사설의 차이, 각 창자마다 동일한 대목의 사설, 선율, 장단의 관계, 무불습합으로 무가와 민요로 확산되어 다양한 양상으로 변화된 불교음악의 관계성 연구가 필요하다.

4) 풍물과 사찰 법구 타주

동초제 춘향가 중모리에 '만복사 불공'의 대목에서 바라, 광쇠, 죽비, 목탁, 중쇠(징), 법고 등을 두드리며 축원하는 모습이 등장할

35 박해당(2012), 「조선 후기 유학자들의 불교관: 승려 문집의 서문을 중심으로」, 외 다수.

정도로 불교의 법구 타주는 한국인의 삶 속에 깊이 자리하고 있다. 법구 타주는 마을 공동체를 위한 풍물과도 밀접한 관계를 지니고 있다. 원시의 수렵 과정에서 신호를 보내는 소리, 병영의 진군악(進軍樂), 공동체의 사기를 고무하며 추었던 제전(祭典), 오락의 여흥과 더불어 사찰 염불과 법구타주, 유랑예인들의 연행과도 불가분의 관계를 지니고 있다.

풍물에는 안택과 축원, 당굿, 샘굿, 지신밟기 등 신을 즐겁게 해주는 오신(娛神)과 잡귀를 쫓아내는 축귀(逐鬼)가 포함되어 있고, 진(陣)풀이와 군기인 영기(令旗), 군인이 쓰는 모자인 군립(戰笠)과 같은 것에는 군악(軍樂)적 요소가 있으며 사물, 고깔, 삼색 띠, 무동들의 나비춤에도 불교적 요소가 있다.

풍물을 예전에는 '농악(農樂)'이라 하였는데, 이 용어가 1936년 조선총독부에서 발행한 『부락제(部落祭)』라는 책에 쓰인 이후, 한국 전통문화를 폄하하는 어휘라는 주장이 있어 1980년 이후 풍물놀이로 대체되었다. 꽹과리, 장구, 북, 징, 소고(버꾸라고도 함)에 태평소(지방에 따라 없는 경우도 많음)를 기본 구성으로 하여 타주, 연희, 행렬이 어우러진다. 정초에 넓은 마당에서 펼치는 판굿과 공연으로 펼치는 판굿도 있다.

풍물은 1978년 2월 28일 서울 종로구 인사동 공간사랑에서 꽹과리 · 징 · 장구 · 북으로 구성된 사물놀이를 탄생시켰다. 김덕수 명인은 사물놀이의 연원으로 사찰사물을 언급한 적이 있다.

4. 무속과 불교음악

무속의 역사는 그 연원이 불교보다 훨씬 앞선다. 그러나 4국(고구려·백제·가야·신라) 시대에 들어온 불교가 사회 지배층의 종교가 되면서 무속인이 불교 의례를 모방하는가 하면 조선조 억불시기에는 무격승니에 의해 불교와 무속 의식이 서로 혼재되기도 했다. 신을 모시는 제석거리의 경우, 무당이 승려의 복식을 흉내내어 고깔을 쓰고 가사와 장삼을 입기도 한다. 불교를 국교로 삼았던 고려의 도성이 있던 황해도 지역 굿에서는 제석거리에서 바라춤을 추는 등 불교 의식적 요소가 더욱 농후하다. 그런가 하면 굿판에서 연주하는 다양한 무가(巫歌)와 무악(巫樂)을 염불이라고 부르는 경우도 있다.

무(巫) 의식을 행하는 사람 중 여자 무당을 무(巫), 남자 무당을 박수라고 하는데 지방에 따라서 차이가 있다. 예를 들어 중부 이북 지방에서는 만신, 중부 이남에서는 단골, 제주도에서는 심방이라고 불렀다. 지방마다 무속인의 명칭이 다르듯이 굿도 지방에 따라 각각의 특징을 지니고 있다. 이들 특징을 지역별로 보면, 황해도와 평안도, 서울과 경기 북부 지역, 경기 남부 지역, 충청도, 경상도·강원도·함경도 등 동해안 지역, 전라도의 서남 지역, 제주도 지역 등 7개의 지역권으로 크게 나뉜다.

1) 지방별 특징

(1) 경기 민요권

서울·경기 굿에는 긴염불(또는 염불타령, 염불), 반염불(또는 자진염불), 염불도드리가 있다. 이것은 대풍류인 염불 풍류의 곡을 가져다 쓰는 것이며, 긴염불－반염불－삼현타령－느린허튼타령－중허튼타령－자진허튼타령－굿거리－자진굿거리－당악으로 진행된다. 이러한 염불 풍류는 서울·경기 지방의 승무, 검무, 탈춤

등의 반주 음악으로도 사용된다. 이러한 선율들이 오늘날 사찰의 재장에서 악사들의 레퍼토리로 활용된다.

(2) 서도 민요권

서도 무가의 '염불'에서는 집안의 명복을 축원하는 내용이 수심가 토리로 불린다. 해당 사설을 보면 아미타불을 '에헤미타불'로 하여 민요와 무속을 오간다.

에헤미타불 이 댁 가중에 철몰이 정성들인 후에
에헤미타불 말미 되면 우리 말보, 아지 되면 우리 마누라
에헤미타불 은은 창창 말은 경경 비단의 수정 같이 은하수 물결같이 그냥 그대로만 점지하소
에헤에헤 신의 만신 놀고 난 뒤에
소나무에 잎이 돋아 설상이 나비 본듯
에헤헤헤 없는 아이는 점지하고,
있는 아이는 수명장수 에헤에헤다 (후략)

(3) 남도 민요권

호남 지역 무가의 염불은 긴염불, 중염불, 자진염불 세 종류가 있다. 보통 긴염불은 무당이 혼자 부르는 통절 형식이고, 중염불과 자진염불은 무당이 메기면 악사가 나무아미타불 후렴구를 받는 유절 형식인 경우가 많다. 남도 민요권의 대표로 꼽을 수 있는 진도 씻김굿의 진행을 보면 조왕반, 안땅, 혼맞이, 초가망석, 처올리기, 손님굿, 제석굿, 고풀이, 영돈말이, 이슬 털기, 각종 풀이(왕 · 넋 · 동갑 · 약) 넋 올리기, 손 대잡이, 희설, 길 닦음, 종천으로 마친다. 이 중 제석굿은 불교의 제석천에서 비롯된 이름으로, 불교의 축원

문이 담겨 있다. 희설에서는 시왕(十王)을 통하여 망자의 극락천도를 빈다.

(4) 동부 민요권

오늘날 전국의 불교 인구 분포를 보면 동해 남부권이 가장 많다. 그런 만큼 이 지역에는 동해안별신굿, 남해안별신굿에 불교적 색채가 농후하다. 동해안 굿에서는 무가를 염불소리라 하고, 경상남도 별신굿에서는 부정장단을 염불장단이라고 한다. 동해안 굿의 염불소리로는 안채비 염불, 고삼 염불, 자삼 염불, 육자 염불, 지옥가 염불, 꽃노래 염불, 뱃노래 염불, 초롱등 노래 염불, 탑등 노래 염불 등 다양한 곡명의 염불소리가 전승된다. 그뿐만 아니라 동해안 별신굿에는 비로자나불, 석가모니불, 아미타불 등의 번을 걸고 있어 불교의식인지 굿인지 구별이 안 될 정도이다.

경상남도 별신굿에서 염불장단의 노랫말은 '일세동방결도량 이세남방득천량'과 같이 불교의 '사방찬'으로 시작한다. 특히 주목되는 점으로, 통영 안정사는 남해안별신굿 보유자인 정영만이 영산재보존회 증명(장엄, 고깔 등)을 맡으므로 사찰 비로관의 연꽃 모양이 굿에 쓰이는 부채의 모란과 닮았다.[36]

2) 무불습합의 음악

불교는 한국의 왕정이 시작될 때부터 불교를 정치이념으로 삼았으므로 기층 종교인 무속과 불교가 구별이 안 될 정도로 습합되었다. 예를 들어 무속의 제석거리에서 제석신을 모시는 굿거리풍의 중타령, 제석신의 내력을 노래하는 엇중모리 장단의 중타령, 제석

36 윤소희(2021), 「통영 안정사 의례전통과 율조에 관한 연구」, p. 65.

거리 중 제석청배, 천왕중 타령을 들 수 있다.[37] 제석천 자체가 불경에서 비롯된 어휘인 데다 무가의 중타령, 판소리의 중타령, 탈놀이, 서사민요 등을 넘나들며 다양한 양상으로 나타난다. 심청가에서 곽씨 부인이 자식 낳기를 바라며 불공 드리는 대목에서는 당시 사람들의 불교 신행의 면면이 실감나게 표현된다.

곽씨 부인의 불공

"명산대찰(名山大刹) 영신당(靈神堂)과 고묘총사(古廟叢祠) 성황당(城隍堂), 석불(石佛) 미륵(彌勒) 서 계신데, 허유허유 다니면서 가사시주(袈裟施主) 인등시주(引燈施主), 창호시주(窓戶施主) 제왕불공(帝王佛供), 칠성불공(七星佛供), 나한불공(羅漢佛供), 가지가지 다 하오니, 공든 탑이 무너지며, 신든 낭기[나무] 꺾어지랴. 갑자(甲子) 사월(四月) 초파일야(初八日夜), 한 꿈을 얻은지라."

5. 상장례와 불교음악

상여소리, 지신밟기, 정월 보름 불꽃놀이, 초파일 봉축놀이, 단오, 추석, 동지 등 한국의 모든 생활이 불교 풍속이었다고 해도 과언이 아니다. 『삼국사기』에 "왕이 병들자 황룡사에 백고좌회를 열어 승려들을 모아 불경을 강의했다."라는 기록은 치병을 위한 불교의 용례이다. 억불을 한 조선조에도 치병과 구복 제화(除禍)를 위해 무속이나 유교적 제례로도 어느 정도 해소되었지만 사후 세계를 위한 염원에는 불교신행이 압도적이었다.

37 이보형(1969), 「무가와 판소리와 산조에서 엇모리가락 비교」, pp. 98-99.

그러므로 의례 형식은 무속이나 유교적이면서도 불교적 극락왕생 발원이 상장례(喪葬禮)에 담겨 있다. 불교에는 죽음 직후에 하는 시다림, 망자의 유족이 지내는 49재, 영가를 위한 천도재, 미리 사후를 준비하는 시왕생칠재 및 예수재, 유주무주의 영가와 고혼을 위한 수륙재까지 죽음과 사후를 위한 의례에는 염불과 불교음악이 필수였다.

전국의 각 지방에서 전승되어 온 상여소리의 가사를 보면, 불교 의례문의 한자를 제대로 이해하지 못하여 소리만 흉내 내는 데서 오는 부정확한 단어 구사나 지방의 방언이 더해져 불교인지 무속인지 분간이 안 될 정도인 경우가 많다. 예를 들어 강원도에서는 발인(發靷)하면서 느리게 '미리미리 타불' 소리를 하고, 전남 지방에서는 '관암보살' 소리와 '너화널' 소리가 결합한 형태의 노래를 하는데, 그 후렴으로 '에헤이 에헤이 에헤 허이 나먼 보살' '관암보이 관암보살' '오호 호호 오호 호오호 나무아미타불'로 노래하거나 '과나미보살'을 후렴으로 하는 경우도 있다.

1) 시다림과 염불

시다림은 죽음 직후부터 장례 의식 전에 행하는 의식이다. 시다림의 어원은 범어 시따와나(śītavana)를 음사하여 시타벌나(尸陀伐那), 의역하여 한림(寒林)이라 했다. 시따와나는 인도 마갈타국 북쪽에 있는 숲이었다. 시체를 버리던 이곳이 우리나라에서는 갓 죽은 사람을 위하여 설법하고 염불하는 의식의 명칭이 되었다. 관련 근거는 『마하승기율(摩訶僧祇律)』, 『사분율(四分律)』, 『살파다부비니마득륵가(薩婆多部毘尼摩得勒伽)』 등에 나타난다.[38] 시다림 의식은 틀에 짜인 절차는 없으나 독경에 앞선 분향 의례 등의 기본 의례 후에 『금강경』, 『반야심경』 등의 경전을 독송하거나, 나무아미타불, 나무지장보살 등의 염불을 한다.

2) 장례 절차 불교음악

조선 시대에는 유교 의례를 중시하면서 종래의 불교적 염원이 유교와 결합한 의례가 되기도 했다. 출상 전야 의례에는 축원소리, 출상 시 운상하며 부르는 상여소리, 묘를 다지는 달구소리, 봉분을 만들 때의 소리 등이 있다. 특히 소리 문화가 발달한 완도 지역의 염불소리는 출상 전야에 부르는 대도둠 소리 7종 11곡, 장례 축원소리 2종 2곡, 호상놀이 노래 2종 3곡 총 16곡이 연행되었다.[39] 이들의 면면을 살펴보면 다음과 같다.

(1) 출상 전야 의례

불교적 용어는 대도둠 소리의 댓소리 · 발인소리 · 염불소리 악곡에서 상여소리 계열의 민요에서 자주 보이는 나모 · 관아 · 염불과 같은 불교 용어들과 회심곡류의 '생(生)'과 관련한 내용이 있다. 이들 가사 중 '관아'는 관세음보살과 아미타불의 첫 음에서 연유된 것이다. 이러한 신앙이 워낙 민중화되었으므로 어떤 지역에서는 '과나미보살'을 받는 소리로 하는 경우도 있다.

(2) 장례 축원소리

염불소리에서는 제보살 · 나무아미타불 · 진광대왕 · 초강대왕 · 송제대왕 · 오광대왕 · 염라대왕 · 방흥대왕 · 태산대왕 · 평등대왕 · 도

38 길상 편저(2003), 『불교대사전』 상, p. 1491.

39 차형석(2022), 「장례축원소리와 불교문화와의 영향관계 및 음악적 특징」, p. 89－113.

시대왕·정륜대왕과 같이 불보살과 시왕의 명칭을 가사로 수용했다. 이들 중 호상놀이 소리에서는 '노승(老僧)'이라는 어휘가 등장한다.

〈악보 1〉 완도군 장례축원 염불소리[40]

3) 상여소리

시다림, 장례, 출상의식 후에 사자의 시신을 장지로 이동할 때에는 상여를 둘러메고 가며 상여소리를 했으므로 전국 각지에 지방색이 있는 소리가 있었다. 이들의 노래는 무거운 상여를 둘러메고 들길과 산길을 올라가므로 노동요적인 요소까지 포함한 복합적인 성격을 띤다. 상여소리의 후렴은 주로 아미타불, 관세음보살을 받는소리로 하여 상여소리의 대표적 후렴구로 자리 잡고 있다. 진도 상여소리는 진양조로 느리게 시작하여 중모리와 중중모리로 빨라지며 선율은 진도소리의 특징과 같다.

40 차형석, 앞의 논문에서 인용.

〈악보 2〉 진도 상여소리 시작 부분[41]

앞의 악보를 보면, 상여를 멘 사람들이 제보살 아미타불을 긴 소리로 늘여 하면 상여 앞에서 소리를 메기는 상두가 '악치무명 성취 숙명원'을 메긴다. 이하 이어지는 가사를 보면 "가다 가다 저물거든 사십팔원에 쉬어를 가소, 여래 염불로 길이나 닦세."로 전형적인 불교적 발원의 내용이다. 진양조로 출발한 상여가 걸음을 빨리하며 중모리로 접어드는 대목은 다음과 같다.

41 위 악보는 백대웅 외(1989), 『팔도의 슬픈소리』, pp. 49–52의 악보에 한문 가사를 더하여 재 작성함.

〈악보 3〉 진도 상여소리 중모리

중모리의 가사를 보면, 대중이 함께 "나무야 나무야 나무 나무 나무야 나무 풀이나 새로 아미 났네."를 후렴소리로 하면 메기는 상두꾼이 "동에로 뻗은 가지 옥두보살, 남에로 뻗은 가지 금호보살, 서에로 뻗은 가지 수호보살, 북에로 뻗은 가지는 화보살로 열렸네."라며 사방의 보살을 부르고 있어 진양조에서 제보살로 시작한 후렴의 가사가 사방보살로 이어지고 있다. 이어서 "가자 서라 북망산천 나무아미타불 새로 아미 났네." 이후의 가사는 망자와 유족의 삶을 노래하는 일반적인 내용을 풀어내다 마지막의 중중모리에서는 "나무아미타불 법성원륭무이상 무명무상절일체 나무아미타불"로, '법성게(法性偈)'의 첫 구절 "법성원융무이상(法性圓融無二相)–"으로 시작하여 법성게의 네 번째 구 "무명무상절일체(無名無常絶一切)"의 구절에서 마친다.

〈악보 4〉 진도 상여소리 종지 부분

〈악보 4〉의 음원에는 명인 박병천의 징과 정주, 피리, 대금, 아쟁, 해금 등 쟁쟁한 연주자들의 반주에 전문 소리꾼이 참여하고 있다. 예로부터 상갓집을 다니며 소리를 하는 예인 집단의 활동이 있었으므로 팔도 상여소리들은 각 지역 민요권과도 상통하는 선율 특징을 지니고 있다. 오늘날 상여를 메고 나가는 문화가 사라졌으므로 현실에서는 만날 수 없다. 그러므로 다양한 루트를 통해 찾아내고, 이들 악곡에 내재된 불교적 요소와 음악적 특징, 나아가 이들 악곡이 지닌 불교의례, 신행과 풍속에 대한 연구가 필요하다.

이상 민간에 전승되고 있는 불교적 요소를 보면, 본래 불교 의례문의 자의(字意)를 모르고 소리만 흉내 내므로 곳곳에 흐트러진 발음들이 많다. 예를 들어, 산대놀이에서 먹중은 스님들이 경학을 하며 붓을 적시던 먹물을 들인 승복에서 연유했다. 무가에서는 '첫번째로 동방에 물 뿌리니 도량이 깨끗(潔)해지고'의 일쇄동방결도량(一灑東方潔道場)이 일세동방 혹은 일셰동방이 되어 있다. 상여소리에서는 관세음보살과 아미타불을 연달아 염칭하다 '과나미보살'이 되었다. 이들의 올바른 해석과 근원에 대한 연구가 필요하다.

제2부

불교신행과 음악

제1장

일상신행과 율조

현재 한국 사찰에서 행하는 의식의 종류에는 크게 일용의식, 상용의식, 제반의식, 전문의식, 평생·명절의례가 있다. 일용의식으로는 도량석, 종송, 조석예불이 있고, 상용의식으로는 불공, 천도재, 시식의식이 있으며, 제반의식은 점안의식(불상과 가사), 이운(괘불, 사리), 방생, 상장례(시다림, 다비)가 있다. 전문의식으로는 상주권공, 시왕각배, 수륙재, 영산재, 예수재가 있다. 일생의례로는 출생·결혼·조문·영결식, 성묘가 있으며, 부처님오신날, 성도절, 열반절과 같은 불교 명절 의례가 있다.[1]

1 대한불교조계종, 『통일법요집』.

Ⅰ. 사찰 일과와 행법

1. 행법

1) 행(行) 주(住) 좌(座) 와(臥)

공자의 가르침에 따라 예(禮)를 중시해 온 중국에서는 승가 공동체의 모든 일상에 율조가 수반되는 예를 갖추었다. 법구 타주 소리를 듣고 잠에서 깨어나 사물 타주와 종성을 한 후에 예불을 한다. 또한 자리에 앉고, 서고, 절할 때도 목탁의 신호를 듣고 예를 갖추었다. 의식을 행할 때 취하는 행법으로는 좌립진퇴(坐立進退), 절(拜), 합장(合掌), 장궤(長跪), 호궤(互跪), 우요삼장(右繞三掌), 안행(雁行) 등이 있다. 절은 반배, 일배, 삼배, 저두례 등이 있다.

저두례는 합장하여 머리를 숙이는 것으로 '합장 저두례'를 줄인 말이다. 간혹 반배로 표기한 경우가 있으나 예법에 적절한 표기는 아니다. 장궤 합장은 무릎으로 엉덩이를 세우고 합장하는 자세를, 호궤는 큰어른에게 공양이나 물건을 드리거나 받을 때 한쪽 무릎은 꿇고 한쪽 무릎을 세우는 자세를 일컫는다. 우요삼잡(오른쪽으로 3번 돎)은 오른쪽으로 세 번 돌며 공경을 나타내는 행법으로, 탑이나 사찰 본당의 주불 둘레(단, 뒤에 통로가 있음)를 도는 것을 말한다. 안행(雁行)은 기러기가 줄지어 날아가듯 일렬로 서서 법당 혹은 예불하러 가는 것을 말한다.

2) 목탁의 타법

사찰에는 의식에 수반되는 여러 법구가 있다. 조석으로 하는 사물의식에 사용되는 법구로는 범종, 법고, 목어, 운판이 있다. 천도재에서는 주법이 요령을, 바라지가 목탁을 잡고 의례문을 염송한다. 영산재와 수륙재 같은 큰 재에는 바라가 쓰이기도 하지만 일상의식에는 소종과 목탁이 주로 쓰인다. 목탁의 타법으로는 굴림, 송주, 정근, 엇박이 있다. 굴림 목탁은 굴리듯이 한 번 때려 주는 주법이고, 내림 목탁은 처음과 끝에 굴림을 한 번씩 주는 것으로 템포에 따라서 만·중·삭이 있다. '만'은 현재 의식에서는 잘 쓰이지 않고, 대개 대중이 많을 때 신호 수단으로 쓰인다. 즉 한 번 쳐서 공양을 알리고, 두 번 쳐서 울력, 세 번 길게 쳐서 대중 공사나 운집을 알리는 신호로 쓰이고, 의식 때는 주로 중(中)과 삭(數) 정도의 타법이 쓰인다.

송주 목탁은 다라니나 진언과 같이 범어로 된 주(呪)를 욀 때 치는 타법인데, 경을 욀 때의 송경 목탁도 같은 방식이다. 대개 Tempo ♩ = 65 정도로 이칠(2.7) 타를 하는데 이것의 리듬을 표기해 보면 ♩ ♩ ♪♪♪♪♪♪♩가 된다. 경문이나 송주가 길면 빠르게, 짧으면 느리게 하는데 빠를 경우는 Tempo ♩ = 96－104 정도로 몰아가기도 한다. 정근 목탁은 '또드락 딱 또드락 딱 하는 것으로 ♬♪ ♩ ♬♪ ♩와 같이 표기할 수 있으며 여기에도 만·중·삭이 있다. 대체로 Tempo ♩ = 96 정도가 표준이며 상황에 따라 조절할 수 있다. 엇박 목탁은 간혹 변화를 줄 때 구사하는 타법이다. 정박으로 가다가 미리 붙이는 것으로 ♩ ♩ ♪ ♩. 과 같은 리듬인데 음악 용어로 하면 싱커페이션이라고 할 수 있다. 이들을 표로 요약해 보면 다음과 같다.

〈표 1〉 목탁 타법과 유형[2]

종류	템포	구음	리듬형
굴림 목탁	일정 템포 없음	또르르륵 또르르륵	𝅗𝅥 𝅗𝅥
송주 · 송경 목탁	♩= 65 ~104	딱 딱 따따따따따따 딱	♩ ♩ ♪ ♪ ♪ ♪ ♪ ♪ ♩
정근 목탁	표준 ♩= 96	또르락 딱 / 또르락 딱	♬♪ ♩ / ♪ ♩
엇박 목탁		딱 딱 따닥	♩ ♩ ♪ ♩.

2. 사물의식

사물타주는 수행처에서 쇠붙이나 나무판을 쳐서 대중을 불러 모으던 것을 의례화한 것이다.[3] 네 가지 법구의 타주에는 자신의 수행과 동시에 모든 생명들이 평안하기를 바라는 자비심이 담겨 있다.

1) 범종

유럽 성당의 종은 지붕 위로 높이 솟은 탑에 설치되어 있고, 종 안에 달린 추를 흔들어 소리를 낸다. 중국은 사찰 입구 양편에 종루와 고루를 따로 설치하여 타주하는데 주로 2층 정도의 처마 밑에 걸어 친다. 한국의 종은 종루나 종각의 바닥 가까이에 설치하고, 종 아래 땅을 파서 소리가 더욱 깊은 울림을 내도록 한다. 종을

2 템포는 인묵 스님, 《불교의식 모음》에서 메트로놈 측정함.

3 윤소희, 「사찰 법구를 통해 본 한국문화의 독창성과 보편성 – 사찰 사물타주를 중심으로」

칠 때는 커다란 막대를 옆으로 밀어서 치므로 음량이 크고 여음이 길어 그윽한 소리를 낸다. 범종 타주는 아침에 28번, 저녁에는 33번 친다. 이는 불교의 우주관인 욕계 · 색계 · 무색계의 28천과 도리천인 33천에서 유래한다. 범종의 타주 목적은 천상과 지옥, 사람을 포함한 모든 중생을 깨우기 위함이다.

2) 법고

법고는 축생을 구제하기 위하여 울린다고 하는데, 이는 북에 쓰인 동물 가죽에서 연유한다. 현재 한국의 법고는 대개 2소박 리듬으로 친다. 일정 시간 동안 북면을 치고 나면 북 테를 훑어 내리고 올리며 마무리한 후 다시 북면을 쳐서 마친다.

〈악보 1〉 2소박 법고 리듬

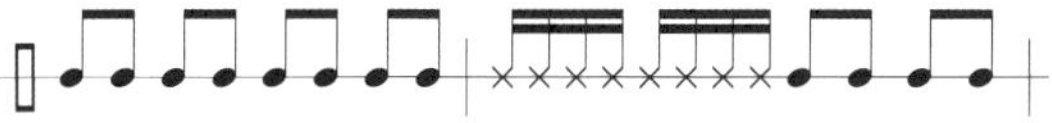

〈악보 2〉 3소박 법고리듬

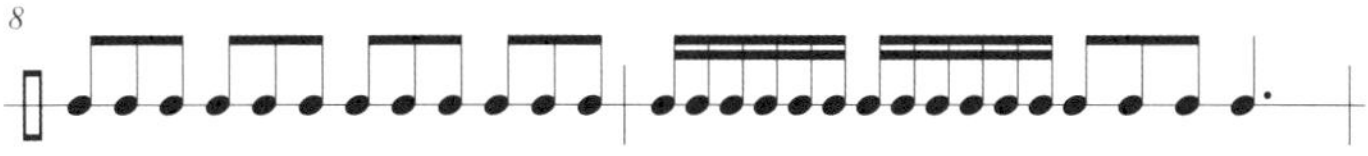

2소박 타주 리듬은 근대 서구 문화의 유입과 함께 변화된 것이므로 3소박이 바람직하다는 주장도 있다.[4] 이렇듯 한국의 법고는 리듬 절주가 있는 데다 그 울림이 매우 음악적이어서 듣는 이로 하여금 환희심을 느끼게 한다.

---

4 혜일(2008), 「불교 법고 리듬에 관한 연구」

3) 운판과 목어

운판은 구름 모양의 쇠판을 나무망치로 치며 공중의 중생을 위하는 자비심을 낸다. 목어는 나무로 만든 물고기 모양의 법구로 속을 파낸 나무통을 두 개의 나무채로 쳐서 소리 낸다. 모양이 물고기를 닮은 데 기하여 수중(水中) 중생을 위해 기도한다.

〈사진 1·2〉 수원 봉녕사 범종루의 목어와 운판 타주 모습

한국의 사물 타주는 불교적 우주관과 한국인의 예술적 감각이 빚어낸 의례 설행이다. 법구를 모신 건축 유형으로, 중국에는 루(樓)만 있으나 한국에는 루와 각(閣)이 혼재해 있다. 요즈음 큰 사찰에는 범종·법고·목어·운판을 한데 모아 사물각으로 표시한 곳도 있다. 한국의 옛 모습을 보면 종각에 종만 걸려 있는 경우가 많다. 조선 시대의 폐불을 맞아 범종을 녹여 다른 기물로 쓴 경우가 있었고, 일제강점기에는 무기를 만들기 위해 쇠붙이를 뺏어 가는 통에 운판을 감추었다가 해방을 맞아 종각에 함께 걸었을 가능성이 높다.

Ⅱ. 예불문

고찰의 하루는 새벽 3시 도량석으로 시작한다. 일반적으로 예불이란 사물의식, 종송, 불단·신중단·각단 기도까지 포함하지만, 협의의 예불은 불단 앞에서 올리는 의식을 지칭한다. 예불은 오분향게, 칠정례, 행선축원, 반야심경, 수행발원으로 마친다.

이 중 칠정례는 석가모니 부처님을 비롯하여 보살·성현 등 7처에 예를 올리므로 칠정례라고 하는데 통도사에서는 아미타불, 미륵존불, 부처님 사리탑, 창건주 자장율사의 4위를 더하여 11정례를 한다. 의례 전문가 중에는 칠정례에 불교의 종지(宗旨)를 다 담아내지 못하므로 보완이 필요하다고 주장하는 이도 있다.[5] 예전에는 아침에 차(茶), 저녁에 향을 올리며 오분향게와 다게를 번갈아 했지만 요즈음은 이러한 구분이 사라져 가고 있다.[6] 근년에는 조계종의례위원회를 통하여 의례의 한글화가 추진되고 있다.

이 항에서는 오분향게, 칠정례, 반야심경과 해인사와 송광사의 한문 율조 그리고 의례위원회에서 발간한 한글 독송집 율조를 비교해 보고자 한다.

---

5 신규탁(2014), 「대한불교조계종 현행 '상단칠정례' 고찰」; 이성운(2012), 「불교예불의 의미와 행법」; 「한국불교 일상의례의 명칭 문제－용례와 인식을 중심으로」, pp. 99－129.

6 김길원(1997), 『불자예절과 의식』, p. 192; 김현준(1998), 『예불, 그 속에 깃든 의미』, p. 29.

1. 오분향게

느리게 읊는 풍송조의 오분향게를 한문과 한글 율조와 비교해 보면 다음과 같다.

〈악보 3〉 한문 율조

〈악보 4〉 한글 율조

앞의 악보를 보면, 한문 가사 악보 중 매 소절의 끝 음에 두 개의 음이 치는데 이것은 합송하는 가운데 어떤 사람은 '미(B)'로 떨어뜨려 마치고 어떤 사람은 '라(E)'로 들어 올려 마치는 것을 표시한 것이다. 이와 같이 개인의 성향에 따라 선율의 변화가 다소 발생한다.

2. 칠정례

칠정례는 일곱 번 반복되는 율조 가운데 마지막 소절의 첫 구를 들어 올려 고조시킨다. 이는 시조에서 종장의 3자를 들어 올려 분위기를 고조시키는 것과 상통한다. 칠정례에서 마지막 구를 알리며 다음 절차로 넘어감을 알리는 역할도 한다. 전체 율조 중 시작과 종지구는 다음과 같다.

* 시작구

〈악보 5〉 해인사 율조

〈악보 6〉 의례위원회 한글 율조

칠정례의 한문 가사에서 '지심'의 2자가 한글에서는 '지극한'의 3자로 바뀌었을 뿐 선율 골격은 같다.

* 종지구

〈악보 7〉 해인사 율조

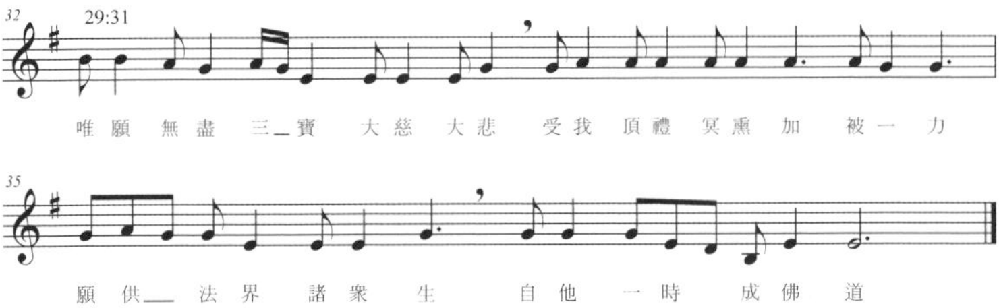

〈악보 8〉 의례위원회 한글 율조

악보에서 첫 소절인 '다함없는'은 가사의 뜻과 고조되는 선율이 어우러지고 있다. 그런데 두 번째 소절 첫 부분에서 다소 어색함을 느끼게 된다. 그 이유는 2자 단위의 한문 율조에 한글을 얹다 보니 '가피력을'이 '가피', '력을'로 전달되기 때문이다. 이 부분이 자연스럽게 전달되기 위해서는 강세와 가사 붙임에 조금 더 유의할 필요가 있다.

3. 반야심경

반야심경은 워낙 한문에 함축된 뜻이 많으므로 이를 한글로 풀기에는 무리가 있어 원문을 유지하는 측면이 많다. 따라서 한글 반야심경이라 해도 율조에 그다지 큰 변화가 없으므로 시작 중간 종지 부분에서 몇 가지 유의할 점만 짚어 보면 다음과 같다.

* 시작 부분

〈악보 9〉 해인사 한문 율조

〈악보 10〉 의례위원회 한글 율조

앞의 악보를 보면, 두 번째 마디부터 한글 번역의 변화가 시작된다. 한문과 달리 '보살이 –, 밀다를 –, 행할 때 –'와 같이 3소박 단위마다 장음 처리가 되어 있어 한글의 흐름이 자연스럽다.

* 중간 부분

〈악보 11〉 해인사 한문 율조

〈악보 12〉 의례위원회 한글 율조

앞의 한글 율조를 보면, 첫 소절의 '오온이－'는 어절에 맞게 장음처리 되었다. 그런데 '비추어 보고'에서 '비추어－'로 장음이 되면서 '보고'가 떨어져서 다소 부자연스러운 느낌이 든다.

* 맺음 소절

〈악보 13〉 해인사 한문 율조

〈악보 14〉 의례위원회 한글 율조

한글 율조에서는 '다르지－'의 끝 자를 장음 처리하여 '않고'가 떨어져서 부자연스럽다 '다르지 않고－'로 하는 것이 우리말의 어감에 더 잘 어울릴 것으로 보인다.

예불문이나 반야심경은 본래 한문 율조에 의한 선율이므로 왠지 한글의 율조가 본래 한문에 뒤떨어진 듯 착시현상을 일으킨다. 김소월의 시를 보면 우리말의 율조가 얼마나 음악적이고 아름다운지 알 수 있다. 그러한 점에서 예불문과 제반의 불교의례문과 기도문도 한문을 벗어나 순 우리말을 잘 살려낼 때 한국불교와 음악이 제대로 살아날 것이다.

Ⅲ. 천수경과 장엄염불

천수경과 장엄염불은 한국에서 가장 많이 낭송하는 기도문인 만큼 의례 여건에 따라 느리거나 빠른 변화의 폭과 수반되는 법기들도 다양하다. 일반 신도까지도 일상적으로 염불할 정도로 대중적 신행인 천수경은 관세음보살과 불모(佛母)인 준제 보살을 향한 기도이다. 반면 아미타불과 정토발원의 내용을 담고 있는 장염염불은 스님의 염불로 다소 전문적인 느낌이 든다. 이들 염불은 그 속에 담긴 내용이 좋기도 하지만 율적 흥이 있어 대중적 인기가 높다.

1. 천수경

천수경은 예불 후에 이어서 하는 것부터 신도의 일상 기도와 재장에서의 염불까지 다양하다. 이들의 염불 방식을 보면 조석예불 후에는 목탁 하나로 낭랑하게 염송하고, 재장에서는 여러 가지 법구들을 타주하며 신명을 돋운다.

1) 내용과 구조

교의와 신행 측면에서 천수경의 구조는 발원성취 · 엄정도량 · 참회와 서언 · 준제행법 의궤로 보는 경우를 비롯해 다소의 차이를 보이는 견해가 있기도 하다.[7] 율적 측면에서 한문 천수경의 전체 흐름을 보면 7언 절구가 대부분인 가운데 자유리듬의 진언이 교차하고 있다. 전체 구조는 전반부의 천수다라니, 후반부의 육자진언과 준제진언이 있고, 각각의 범문 기도 전에 정화 · 결계 · 참회가 있으며, 범문 기도 후에는 발원문이 있다. 이러한 구조 가운데 5언 절구와 각 게송의 제목들이 리듬 절주의 변화를 더욱 다채롭게 한다. 한문과 한글 율조의 전체 구조와 리듬 패턴을 표로 요약하면 다음과 같다.

〈표 2〉 천수경의 구조와 문체[8]

<table>
<tr><th></th><th>구 성</th><th>문형(詩體)</th><th>한문</th><th>한글</th></tr>
<tr><td rowspan="9">전반-관음기도</td><td rowspan="2">정구업진언</td><td>제목</td><td colspan="2">3박자</td></tr>
<tr><td>진언</td><td colspan="2">4박자</td></tr>
<tr><td>오방내외안위제신진언</td><td colspan="3">자유형</td></tr>
<tr><td rowspan="2">개경게 7언 4구</td><td>제목</td><td colspan="2">2박자</td></tr>
<tr><td>7언 4구</td><td>4박자</td><td>7박자</td></tr>
<tr><td rowspan="2">개법장진언</td><td>제목</td><td colspan="2">3박자</td></tr>
<tr><td>진언</td><td colspan="2">4박자</td></tr>
<tr><td rowspan="2">천수주청, 계수관음대비주
나무대비관세음 원아속지일체법</td><td>제목</td><td colspan="2">자유형</td></tr>
<tr><td>7언 36구[9]</td><td>4박자</td><td>7박자</td></tr>
</table>

7 이성운(2009), 「현행 천수경의 구조와 의미」, pp. 236–245 외 다수의 연구.
8 법안 · 우천 공편(2014), 『천수기도법』, pp. 20–54.

<table>
<tr><td></td><td>아약향도산</td><td>5언 12구</td><td>3박자</td><td>4박자</td></tr>
<tr><td></td><td>나무관세음보살마하살</td><td colspan="2">12보살+아미타불 종료</td><td>6박자</td></tr>
<tr><td></td><td>천수다라니</td><td colspan="3">자유형</td></tr>
<tr><td rowspan="13">후반-준제기도</td><td>사방찬</td><td>7언 4구</td><td>4박자</td><td>7박자</td></tr>
<tr><td>도량찬</td><td>〃</td><td>〃</td><td>〃</td></tr>
<tr><td>참회게</td><td>〃</td><td>〃</td><td>〃</td></tr>
<tr><td>참제업장십이존불</td><td colspan="3">자유형</td></tr>
<tr><td>십악참회</td><td>8언 10구</td><td>4박자</td><td>7박자</td></tr>
<tr><td>이참(백겁적집회…)</td><td>5언 4구</td><td>3박자</td><td>4박자</td></tr>
<tr><td>〃 (죄무자성종심기…)</td><td>7언 4구</td><td>4박자</td><td>7박자</td></tr>
<tr><td rowspan="2">참회진언</td><td>제목</td><td>2박자</td><td rowspan="2"></td></tr>
<tr><td>진언</td><td>4박자</td></tr>
<tr><td>준제[10]지송편람</td><td>5언 8구</td><td>3박자</td><td></td></tr>
<tr><td>정법계진언 호신진언</td><td colspan="3">자유형</td></tr>
<tr><td>육자진언 준제진언</td><td colspan="3">자유형</td></tr>
<tr><td>준제발원</td><td>7언 6구</td><td>4박자</td><td>7박자</td></tr>
<tr><td rowspan="5">발원</td><td>여래십대발원문</td><td>7언 10구</td><td>〃</td><td>〃</td></tr>
<tr><td rowspan="2">발사홍서원</td><td>제목</td><td colspan="2">3박자</td></tr>
<tr><td>7언 4구</td><td>4박자</td><td>7박자</td></tr>
<tr><td rowspan="2">발원이
귀명례삼보</td><td>제목</td><td>6박자</td><td>8박자</td></tr>
<tr><td>불법승</td><td>4박자</td><td>7박자</td></tr>
</table>

〈표 2〉를 보면, 한문 가사는 4박자 패턴이 주를 이루는 가운데 3박자가 간간이 섞여 있다. 4박자 패턴이 계속되다 보면 무감각한

9 계수관음대비주로 시작하는 16구에 이어서 나무대비관세음 원아속지일체법 20구는 2구가 짝을 이루어 10소절(7언 4구 20구)의 리듬 패턴이다.

10 준제는 부처의 어머니를 지칭함. 상세 내용: 윤소희(2024), 「관음과 준제의 문화적 상호성과 신행양상」, pp. 25–49.

채로 흘러가 버릴 수 있으나 각 게송이 끝날 무렵 목탁으로 신호를 주고, 게송의 제목이 변화박의 효과를 준다. 한문으로 된 정형시 사이에 있는 진언이 세 번씩 반복되는 가운데 또 다른 패턴이 생성되어 한어와 범어의 율조가 대비된다.

2) 선율

천수경의 시작과 종지, 각 게송은 무심코 읊어 가는 듯하지만 그 흐름을 분석해 보면 기승전결의 전개 형식이 있다. 자유리듬의 다라니에도 이러한 흐름은 마찬가지이다. 특히 맺음형과 시작구가 결합되어 앞뒤를 연결하는 점은 더욱 절묘하다. 전체적으로 보면 한 가지 선율이 일관되게 활용되지만 이들이 서로 다른 리듬 패턴으로 변주되고 있다. 송광사에서 발간한 《승보의 울림》에 담긴 율조를 채보·분석해 보면 다음과 같다.

(1) 시작구와 종지형

송광사 승단의 천수경은 목탁 1타(♪)의 템포를 약 200으로 시작하여 점차 빨라져서 끝 무렵에는 220 이상에 이른다. 다른 승단의 흐름에 비해 비교적 빠른 템포로 진행되지만 일치하는 호흡과 균일한 음률로 매끄러운 진행을 보인다.

〈악보 15〉 천수경 시작구

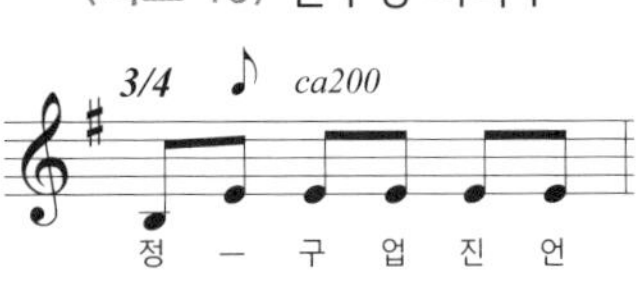

~

〈악보 16〉 천수경 종지구

(2) 기승전결 선율 유형

'정구업진언'의 제목에 이어지는 진언의 율조는 천수경의 전체 선율을 예시하고 있다. '수리수리'는 '라(La) 음'을 기점으로 시작되는 기(起)의 A패턴, 한층 소리를 들어올려(4도) '레(Le) 음'을 주축으로 하는 승(承)의 B패턴, 한 음 더 상승된 전(轉)의 C패턴, 전개된 선율을 마감하는 결(結)의 D패턴을 보인다. 악보로 예시하면 다음과 같다.

〈악보 17〉 송광사 천수경의 율조의 기승전결

위 악보 두 번째 마디부터 표시된 ABCD의 요소는 7언 절구, 5언 절구, 진언과 다라니의 자유리듬에서도 일관되게 이어지는 반면 이들 선율이 다양한 리듬 변화로서 낭송의 신명을 배가한다.

3) 리듬

천수경을 구성하는 문체 중 7언 절구는 개경게, 천수주청, 사방찬, 도량찬, 참회게, 이참(理懺)의 후반, 준제발원, 여래십대발원문, 발사홍서원이 있고, 5언 절구는 아약향도산, 이참 전반부, 준제지송편람, 8언 절구는 십악참회가 있다. 리듬 패턴을 보면, 7언 절구와 8언 절구는 4박자, 5언 절구는 3박자로 낭송하는데 선율은 앞서 예시한 A · B · C · D가 그대로 적용된다.

(1) 4박자 패턴

〈악보 18〉 송광사 천수경 7언 절구의 기승전결

4언 절구의 선율이지만 앞서 제시한 정구업진언의 네 가지 선율 요소가 그대로 반복되는 가운데 박절만 변화된다.

(2) 3박자 패턴

〈악보 19〉 송광사 천수경 5언 절구의 기승전결

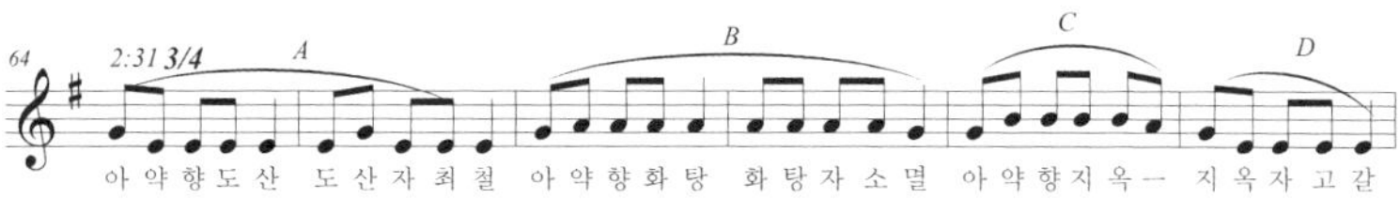

3박자 절주 위에 놓인 위의 선율 중 '아약향도산, 도산자최철'까지는 A유형의 변화형이다. 이어지는 '아약향화탕 화탕자소멸'까지는 B유형, '아약향지옥'은 C유형, '지옥자고갈'은 D유형으로 마무리되고 있어 전체적으로 보면 4박절에 비해서 짧고 경쾌한 느낌을 준다.

(3) '나－무'의 리듬 꼴

2박으로 분절되던 ABCD의 패턴이 계속되는 가운데 '나무'의 붓점 리듬으로 유연함과 변화감이 주어진다. 박자 패턴은 4박자이지만 '나－무'의 시작 선율 변화로 반복과 변화의 조화를 이룬다.

〈악보 20〉 송광사 천수경

(4) 자유 패턴

〈악보 21〉 송광사 천수경 다라니에서 변주되고 있는 기승전결

위 악보 두 번째 줄 첫째 마디는 마무리하는 D와 시작하는 A의 역할이 중첩되어 있다. 이러한 구성은 자칫 단조로워질 수 있는 선율과 리듬 패턴에 변화를 주면서 유기적 관계를 더욱 밀도 있게 한다.

4) 율조의 유형

일상 신행에 수반되는 율조를 유형별로 간추려 보면, 촘촘하게 읊는 염불부터 다소 선율이 부가된 풍송조까지 몇 가지 유형이 있다. 조계종의례위원장 인묵 스님은 이를 낭송조, 풍송조, 거불조의 3가지로 설명하기도 하였는데,[11] 이들은 의문(儀文)이나 기도문을 읊는 빠르기에 기인한 것으로 만(曼) 중(中) 삭(數)으로 요약할 수 있다. 가장 빠르고 촘촘한 것은 낭송조, 일명 염불조이고, 중간은 풍송조이며 느린 거불조는 범패조라고도 한다. 범패는 모음을 늘

11 2014. 7. 4. 인묵 스님과의 인터뷰 내용.

이는 정도에 따라 홑소리, 반짓소리, 짓소리로 확대된다. 이러한 율조는 전문의례인 수륙·영산·예수재에서 연행하고, 일상의례 율조는 염불조와 풍송조 두 가지로 볼 수 있다.

(1) 염불조

염불조에는 경전을 염송하는 율조와 석가모니불, 관세음보살과 같은 불보살 명호를 목탁을 치며 크게 소리 내서 칭명하는 정근 염불도 있다. 이때 목탁은 1자에 1박 혹은 2자에 1박과 같은 규칙성이 있다. 시중에 출반되어 있는 경전 낭송 음반은 주로 승려가 혼자 염불을 한다. 이에 비해서 중국이나 대만에서는 대중이 다 함께 경전을 낭송하며 '송경(誦經)'이라 한다.

(2) 풍송조(諷誦調)

염불이나 경전 혹은 의례문에 풍월(선율)을 넣어 읊는 것으로, 사전적 의미로는 '글을 읽거나 시를 읊음'을 뜻하며 풍송문(諷誦文)이라고도 한다. 조석으로 행하는 종성·오분향게·칠정례가 이에 해당한다. 이들은 대개 느린 템포이며 선율은 염불조와 범패의 중간, 안채비소리와 바깥채비의 중간이므로 '반염불조'라고도 한다. 이들 선율 곡태를 보면 1자 1음의 경우가 대부분인 가운데 특정 부분에 한 음 정도 늘여 짓는다.

〈악보 22〉 천수경[12]

범패: 용운스님과 영남 어장

음원: 《영남범패》 CD3 TR9-b

이상 불교 신행에 수반되는 율조들을 배열해 보면, 염불조 → 풍송조 → 반염불조 → 홑소리 → 반짓소리 → 짓소리가 된다. 이들 중 반염불은 염불조와 홑소리의 중간 정도이므로 풍송조 혹은 평염불이라 하기도 한다. 동일한 율조라도 재장의 관습에 따라 동일한 율조를 다른 이름으로 부르는 경우도 있으므로 용어에 너무 얽매일 필요는 없다. 이렇듯 한국의 범패는 재장의 여건에 따라 만중삭을 자유로이 넘나들므로 '견기이작(見機而作)'이라는 말이 있다.

범패의 견기이작이 자유로운 것은 중국과 일본에서는 있을 수 없는 일이다. 범패는 대개 신도와 승려, 혹은 여러 승려가 합송하는 것이 일반적이라 마음대로 줄이고 늘일 수가 없다. 이에 비해 한국은 승려 독창으로 노래하는 경우가 많으므로 변화의 제약을 받지 않은 데서 오는 유연함이 있다.

한편 영남 지역 범패나 경기 지역의 짓소리는 여러 승려가 합송하는데, 이때는 어장이 징이나 광쇄를 치며 소리를 지휘하며 늘이고 줄임을 조절한다.

12 전체 악보는 윤소희, 앞의 책, pp. 329–332 참고 바람.

2. 장엄염불

중국에서 불교가 대중화되면서 정토염불이 확산되었다. 이때 혜원(慧遠 335~417), 담난(曇鸞 476~542) 두 계파 중 혜원의 계열로 전해진 정토종이 유력했던데 비해, 신라에서는 순수 왕생정토 신행이 강했다.

고려 시대에는 영명연수(永明延壽 904~975)의 영향을 받은 보조(普照), 나옹(懶翁), 태고(太古) 등의 선사들에 의해 자성미타 유심정토 신행이 유행하여[13] 조선의 억불 정책하에서도 17~18세기에 『염불보권문』이 집중적으로 편간되었으며, 19세기에는 염불경사의 성행과 왕생류 불교 가사가 민간에 확산되었다. 향토적인 정취를 물씬 풍기는 장엄염불은 천수경과 함께 한국 사람들이 가장 좋아하는 염불이므로 여러 스님에 의한 다양한 염불 음반이 출시되어 있다.

장엄염불 가사 중 '큰소리의 염불 열 가지 공덕(高聲念佛十種功德)'은 일자공덕능배수면(나무…) 이자공덕천마경포(나무…) 십자공덕왕생정토(나무…)… 제45구 천강유수천강월(나무…) 만리무운만리천(나무…)라는 대목이 있다.[14] 이러한 부분을 독립시켜서 강강수월래(江江水月來)를 후렴으로 하는 장엄염불도 있다. 이것이 민요 '강강술래'가 되었다.[15] 이 책에서는 경기도무형문화재 예수시왕생칠재 어장인 상진 스님의 장엄염불을 분석해 보았다. 대

13 이종수(2002), 20; (2010), 135－163.

14 법안 스님 장엄염불: https: //music.bugs.co.kr/track/80254159

15 2024. 10. 13. 조계종 종정 송파 스님, 2025. 7. 11. 통도사 염불원장 법산 스님 인터뷰.

개의 음반에서는 목탁이나 법령을 타주하며 염불하는 것이 일반적이나 상진 스님의 음반에서는 북 가락과 염불이 어우러지는 예술성이 돋보인다.

1) 염불의 내용과 구조

아미타불을 칭명·염송하는 장엄염불은 염불자에 따라 내용이 가감되는 차이가 있다. 상진 스님의 장엄염불 첫 번째 장은 '원아진생무별념'으로 시작하는 천태법사의 발원에 이어서 '나무서방대교주'에 '나무아미타불'로 받는 십념염불이다. 두 번째 장은 '극락세계십종장엄'으로 시작하여 '삼십종익공덕장엄'까지 극락세계의 수승함을 염송한다. 세 번째 장은 '청산첩첩미타굴'로 시작하여 '일락서산월출동'까지 12구로 된 게송과 '십념왕생원'으로 시작되는 5언 4구, '원공법계제중생'으로 시작되는 7언 4구의 염불이다. 네 번째 장은 '나무서방정토'로부터 시작하여 4언 절구와 5자, 7자를 자유로이 오가며 아미타불과 극락성중을 찬탄한다. '시방삼세불'로 시작하는 마지막 장은 일체 모든 영혼이 극락왕생하기를 발원하며 법성게로 마친다. 전체 내용 중 일부를 발췌하여 보면 다음과 같다.[16]

2) 가사와 형식

상진 스님의 장엄 염불은 일반적인 구조를 따르면서도 마지막에 법성게를 추가하였다. 염불은 문형에 따라 율조가 달라지므로 음악 형식은 2소박 리듬과 3소박 리듬에 의해서 A B A'의 3부분 형식

장엄염불

16 전체 악보와 분석은 윤소희(2018), 「청련사 서산상진 범음성 계보와 성음의 특징」.

으로, 내용적 구조와 상이한 틀로 짜여 있다. 이를 표로 요약해 보면 다음과 같다.

〈표 3〉 가사와 음악 형식

<table>
<tr><th></th><th>가사 구조</th><th></th><th>선율 구조</th><th>리듬 구조</th></tr>
<tr><td rowspan="2">1장</td><td rowspan="2">발원문 8구
십념염불</td><td>A</td><td>도입부: 발원문 7언 8구</td><td>2소박 4박자</td></tr>
<tr><td rowspan="3">B</td><td>B-1: 6자 염불(나무아미타불)</td><td rowspan="3">3소박 4박자</td></tr>
<tr><td>2장</td><td>정토찬탄게송
+6자 염불</td><td>B-2: 게송, 십종장엄+6자염불</td></tr>
<tr><td>3장</td><td>10종장엄
+6자 염불</td><td>B-3: 십념왕생원+6자염불</td></tr>
<tr><td>4장</td><td>극락성중 찬탄</td><td rowspan="4">A′</td><td>A′-1: 6 · 4 · 5자 2소박
불규칙 패턴</td><td>2소박 불규칙박</td></tr>
<tr><td rowspan="3">5장</td><td rowspan="3">일체영혼
극락왕생 발원</td><td>A′-2: 7자 극락성중성호</td><td>2소박 4박자</td></tr>
<tr><td>A′-3: 시방삼세불 이하</td><td>2소박 불규칙박</td></tr>
<tr><td>A′-4: 7언 30구, 법성게</td><td>2소박 4박자</td></tr>
</table>

3) 선율과 유형

(1) A 부분: 도입부

7언 율시로 된 8구의 발원문은 2소박 (♪♪ = ♩) 4박자로 시작한다. 템포 ♩82로 하는 한 박자에 두 자씩 배분되어 마지막 자를 1박자(♩)로 잡음으로써 7자는 4박자 리듬을 생성하고, 선율 골격은 미(C) · 라(F) · 도(Ab)의 3음을 골격으로 한다. 어장 상진 스님은 장엄염불을 비롯해 여러 염불에 북 가락을 타주하는데 그때 마다 즉흥가락의 변화가 다채롭다. 본 연구를 위해 활용한 《염불》 CD에는 염불 음성이 잘 들리도록 북 가락 음원이 약화되어 들리지 않는 가락이 많으므로 실제 염불을 재녹음하여 북 가락 리듬을 보완하였다.

〈악보 23〉 A 부분 도입부

염불 : 상진스님
음원 : <염불> CD1 TR5
채록 :윤소희

(2) B 부분: 육자염불

가사의 내용상으로는 발원문에서 '나무서방대교주 무량수여래불 나무아미타불'까지가 첫째 장이지만 음악적으로는 '나무서방대교주'부터 육자염불조로 들어가 3소박을 (♪♪♪ = ♩.) 1박자로 하는 리듬으로 바뀌었으므로 음악적 틀이 달라진다. 3소박 1박자의 절주는 굿거리장단과도 유사한 느낌으로 흥청거리는 느낌을 준다. 소박(♪) 3개를 한 박으로 하는 ♩. 80의 템포는 도입부의 A와 후반부의 A'에 비해 여유롭다. '나무아미타불' 후렴구가 들어가는 B 부분은 3부분으로 나누어지는데, 다음 악보에서 두 번째 줄 이후 나무아미타불 염불만 반복하므로 B-1로 표시하였다.

〈악보 24〉 B-1: 육자염불 시작 부분

'나무아미타불' 육자염불로 지속되던 염불조는 '아미타불제하방'으로 접어들며 '높은 미(C')'로 들어 올려 힘 있고 산뜻한 율조가 구사된다. 게송에 이어서 십종장엄에 해당하는 7언 율시와 나무아미타불 염불이 교차하는데, 앞에서 육자염불만 반복하던 것과 달리 7언 게송과 '나무아미타불' 육자 염불이 교차하면서 변화와 반복이 조화를 이룬다. 예로부터 영남의 재장에서는 이 부분이 되면 보살들이 덩실덩실 춤을 추었다는 이야기가 전하는데, 이러한 모습은 원효대사의 무애가에 저잣거리 사람들이 '나무아미타불'을 노래하며 따랐던 풍경을 떠올리게 한다.

〈악보 25〉 B-2: 7언 율시와 육자염불[17]

17 이하 악보 공간을 줄이기 위해 막대채와 솜채 모두 같은 방향으로 표시함.

10구의 극락장엄 후에는 5언 절구의 문체로 접어든다. 글자는 5자이지만 율조는 앞과 동일한 4박자로 염송하므로 5자 중 앞의 2자를 각각 1박자씩 잡음으로써 미세한 선율 변화가 일어난다. 그러나 크게 보면 3소박 4박자라는 패턴은 동일하고, 그 가운데 육자염불도 계속되므로 B형의 범주 안에 든다.

〈악보 26〉 B-3: 5자 율시와 육자염불

7언 율시 30구로 된 법성게는 2소박 4박자로 건듯하고 촘촘하게 지어 가므로 3분 12초 정도의 길이로 마무리된다. 신명나게 지어오던 법성게는 마지막 구에서 길게 늘여 마치는데 이때의 음 조직은 대개의 범패와 같이 동부민요조의 메나리 토리이다.

〈악보 27〉 종지구

4) 북 반주와 리듬

장엄염불의 시작구 '원아진생무불념'부터 '관거서방아미타'의 8구를 8마디에 걸쳐 타주하는 절주는 가사의 강조점과 반대 지점에 북 가락의 악센트(>)를 주어 가사의 전달을 방해하지 않으면서도 북 가락이 도드라지는 효과를 낸다. 전체적인 북 가락 중 돋보이는 부분은 2소박(♪♪) 1박자로 돌아와 템포를 당기면서 끊임없이 변화장단을 구사하는 A'부분이다. 다음 악보는 '나무서방정토 극락세계 삼십육만억 일십일만 구천오백'에 해당하는 북 가락으로 6·4·6·4·4자의 운율이 3·2·3·2·2박으로 자유로운 패턴이 형성되어 있다. 여기서도 세 번째 마디 중간에 테를 강하게 (> 표시) 쳐서 가사와 북 가락이 어긋나는 듯하면서도 묘하게 맞아드는 멋이 있다.

〈악보 28〉 A' 부분의 다채로운 변화박

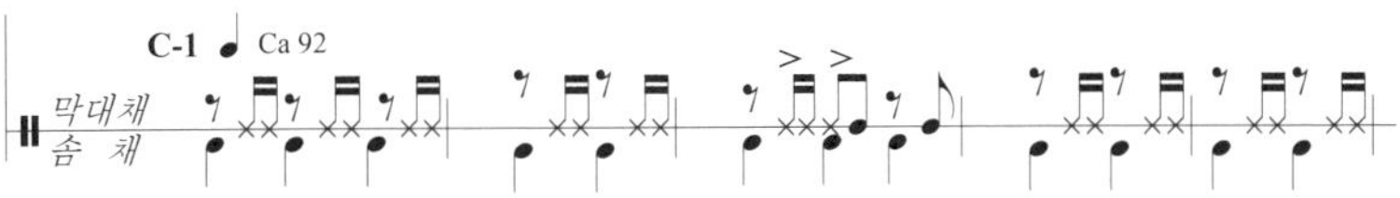

어장 상진 스님의 북 가락의 기교가 가장 화려해지는 대목은 제4장 자유체 가사를 엮어 가는 대목이다. 4자·5자·6자·7자의 가사가 들쭉날쭉하면서도 정형시의 규칙이 있어 이들을 절묘하게 살려 낸다. 더욱이 염불할 때마다 자유자재로 즉흥 북 가락을 구사하므로 다년간의 수련 없이는 불가능하다. 그런데 이러한 기교를 구사하면서도 염불 가사의 강세를 해치지 않는 범위에서 적절히 절제하고 살려 내는 것은 더욱 고도의 기교와 예술적 감각이 있어야 가능하다. 대개의 전통 장단은 첫 박에 합장단을 치거나 북면을 치는 것이 일반적이다. 그런데 상진 스님의 북 가락은 채로 북을 치고 약박에 솜으로 싼 북채를 쳐서 너무 흥에 빠져들지 않게 하는 묘미가 있거니와, 단순한 리듬 절주를 벗어나는 예술성과 종교음악으로서의 절제된 감흥이 일품이다.

제 2 장

재(齋)의 전통과 설행

Ⅰ. 재례의 성립과 전승

1. 재의 기원과 전개

1) 재의 어원과 생성

재(齎)의 어원은 출가 승려가 지켜야 할 계율과 관련된 산스끄리뜨어 ऊपोसथ(우포사타)에서 존승의 접두어 ‘우’를 뺀 ‘포사타’를 한자로 음사한 포살(布薩)에서 비롯된다. 스리랑카, 미얀마 등 남방 지역에서는 매달 보름날에 도량을 정돈하고 계율을 독송하는 포살 전통이 있다. 중국에서는 계율을 돌아보며 성찰하는 의미를 살려 설계(說戒), 재계(齋戒)로 의역하다가 재(齋)가 되었다. 한자 ‘齋’는 제사 지내기 전 심신을 정결하게 하기 위해 부정한 음식과 행동을 하지 않는 것을 의미해 오다 불교 용어가 되었다. 『대불능엄신주』에 "파사익왕이 부왕의 제삿날에 재를 한다."라는 구절이 있고 『범망경』에 "부모, 형제, 고승대덕이 돌아가신 날과 3·7일, 7·7일에 대승의 경율 독송, 강설, 재회를 열어 복을 구한다."라는 구절이 있다.

재가 의식화된 것은 양나라 무제(武帝) 때부터다. 양무제는 승려들과 우란분재를 비롯한 의식문(儀式文)을 재정하여 행했고, 당대에 널리 확산되었다. 그리하여 돈황 강창문에 '재를 지내는 긴 밤[1]'이라는 대목이 나타나는가 하면 엔닌이 기록한 『입당구법순례행기』에도 "재를 지낸 후 차를 마셨다."[2]라는 구절이 등장한다. 그러나 오늘날 중국에서는 이들 제반의 의례를 우란분법회, 수륙법회와 같이 '법회'라는 용어를 쓰고 있다.

2) 한국 재의식 전통

근래까지만 하더라도 재는 밤재를 중심으로 행해 왔다. 이러한 모습은 둔황 석굴에서 발견된 강창문학에도 거의 비슷하게 나타난다. 그러므로 진관사에는 밤재를 먼저 한 후 낮재를 행한다. 경상도에서도 옛 스님들은 '밤새도록 재를 지내고 다음 날 회향하는 것'이라고 했다. 오늘날 한국에서의 '재'는 "망자의 천도와 명복을 빌기 위해 불보살께 공양하고 육도중생에게 법식을 베푸는 의식"으로 통용되며, 영산·예수·수륙재가 무형문화유산으로 지정되어 있다.

재 공양은 종일 혹은 3일에 걸쳐 행하는 의례인 만큼 장엄한 악

---

1 조명화(2003), 『불교와 돈황의 강창문학』, p. 125.

2 엔닌, 『입당구법순례행기』, 제3권, 개성 5년(840) 5. 21: 什一日 齋後 却到中臺菩薩寺喫茶 向東北遙望.

가무가 수반된다. 중국에서는 송경을 비롯해 신행에 수반되는 모든 율조를 범패라고 하지만 한국에서는 재장에서 창화되는 율조를 범패라 하고, 안채비소리, 바깥채비소리로 분류해 왔다. 즉 재를 연 사찰의 스님이 그날 재가 열린 연유와 불보살을 비롯하여 재례에 배석한 손님들께 안내하거나 설명하는 의례문을 낭송하는 것을 안채비소리라 한다. 바깥채비는 의례문의 찬탄 가사를 노래하는 전문 범패승을 외부에서 초청해서 설행하는 데서 생겨난 명칭이다. 그러나 요즈음은 바깥채비가 모든 의례율조를 다 하므로 종래의 이러한 용어는 적절하지 않다.

재장의 율적 양상을 보면, 안채비소리는 주로 사설문을 풍송조로 하고, 바깥채비는 홑소리와 짓소리로 길게 짓는다. 이에 이 책에서는 재장에서 창화되는 율조를 안채비소리, 바깥채비소리로 나누지 않고 풍송조(반염불조), 홑소리, 짓소리로 지칭하고자 한다. 의례문에는 진언과 다라니를 송주하는 범어범패, 한문 가사를 노래하는 한어범패, 그리고 한자이지만 한국 스님들이 지은 축원화청과 같은 향풍범패의 세 갈래로 나누었다.

2. 재의 종류와 특징

오늘날 한국에서 행해지는 재의식은 수륙의문을 기본 텍스트로 한다. 수륙재는 양나라의 무제가 505년에 금산사(金山寺)에서 설행한 이후 당(唐)·송(宋)·명(明)·청(靑)대를 지나며 계속 수정 보완되어 오늘에 이른다. 한국은 조선조에 억불을 하였으므로 명·청대의 의궤는 유입되지 않았고, 고려조에 들어온 의문이 한국적 변화를 거쳐 오늘에 이른다. 이들 재의식의 차이를 간단히 나누어 보면, 영산재는 상단의 불보살을 찬탄하는 범패이고, 예수재는 중단의 시왕(十王: 사후 심판관)을 향한 기도이며, 수륙재는 상·중·하단에 사자단, 오로단까지 갖추어 설행하는데 하단 시식(施食)의 비중이 크다. 이들 중 문화재는 영산재로 시작하여 수륙재, 예수재에 이어 의식의 뒤풀이 격인 삼회향까지 지정되어 있다.

1) 영산재

영산재를 크게 보면 시련·재대령·관욕·조전점안·신중작법·괘불이운·영산작법·식당작법·중단권공·관음시식·봉송의식으로 진행된다. 이 중 영산작법에만 40여 곡이 불린다. 모든 재차 중에 범패의 분량이 가장 많은 순서이다. 영산작법 절차에 불리는 악곡을 간추려 보면, 할향게, 연향게, 할등 연등게, 할화, 서찬게, 불찬게, 대직찬, 법찬게, 중직찬, 승찬게, 소직찬, 개계소, 합장게, 고향게, 개계, 관음찬, 관음청, 향화청, 산화락, 내림게, 향화청, 가영, 고아게, 걸수게, 쇄수게, 복청게, 천수다라니, 사방찬, 도량정엄게, 법화거불, 단청불, 헌좌게, 다게, 일체공경, 향화게, 정재게 등이 있다. 이들 가운데 삼귀의는 불찬게와 대직찬, 법찬게와 중직찬, 승찬게와 소직찬으로 이루어져 있다.

〈표 4〉 영산작법 중 삼귀의 절차에 불리는 악곡

절 차	해 당 악 곡
삼귀의	불보: 불찬게(佛讚偈)·대직찬 (지심신례·삼각원)
	법보: 법찬게(法讚偈)·중직찬 (〃 ·보장취)
	승보: 승찬게(僧讚偈)·소직찬 (〃 ·오덕사)

앞의 표를 보면 중직찬과 소직찬에도 지심신례가 있으나 간단히 쓸어서 지으므로 중직찬과 소직찬의 지심신례는 악곡명으로 쓰이는 경우가 거의 없다. 삼귀의는 불법승을 모두 포함하지만 불찬에서만 지심신례로 시작하는 첫 대목을 길게 짓는다. 재장에서 스님들이 '삼귀의 소리'라고 하는 내용을 보면 불찬을 지칭하는 경우가 많다. 그러나 삼귀의라면 불법승에 해당하는 대직 · 중직 · 소직찬을 모두 포함해야 삼귀의이다. 해당 의례문은 다음과 같다.

大直讚
대직찬

志心信禮佛陀耶兩足尊 三覺圓 萬德具 天人[阿] 調御師 [阿阿
지심신례불타야양족존 삼각원 만덕구 천인아 조어사 아아

吽] 凡聖大慈父 從眞界等 應持悲化報 竪窮[阿] 三際時 橫徧十
훔 범성대자부 종진계등 응지비화보 수궁아 삼제시 횡변시

方處 震法雷鳴法鼓 廣敷權實敎 大開方便路 若歸依能消滅地獄
방처 진법뇌명법고 광부권실교 대개방편로 약귀의능소멸지옥

苦
고

지극한 마음으로 복과 지혜를 갖추신 부처님(佛)의 두 발에 엎드려 절하옵니다. 삼각[3]이 원만하시고, 모든 덕을 갖추시어 하늘과 사람을 [아] 이끄시는 스승이요, [아 하 훔] 범부와 성인의 자비로운 아버지이십니다. 진정계에 오셔서 두루 응하시며 도와 자비로 교화하시는 보신이시라. 과거 현재 미래 모든 때에 다하시고, 시방의 모든 곳에 두루 하시며 진리의 말씀을 우레와 같이 떨치시고 북소리와 같이 울리시어 바르고 알찬 가르침을 널리 펼치며 방편의 길을 널리 펴십니다. 그러므로 저희들이 귀의하오면 지옥의 고통에서도 능히 벗어날 수 있습니다.

---

3 三覺: 자각(自覺) · 각타(覺他) · 각행원만(覺行圓滿)

中直讚
중직찬

志心信禮 達摩耶離欲尊 寶藏聚 玉函軸 結集於西域 飜譯傳東土
지심신례 달마야이욕존 보장취 옥함축 결집어서역 번역전동토
祖師弘賢哲 判成章疏 三乘分頓漸 五教定宗趣 鬼神欽龍天護 導
조사홍현철 판성장소 삼승분돈점 오교정종취 귀신흠용천호 도
迷標月指 除熱斟甘露 若歸依能消滅餓鬼苦
미표월지 제열짐감로 약귀의능소멸아귀고

지극한 마음으로 탐욕을 여읜 달마(法)께 예경 올립니다. 법의 보배를 담은 옥함을 수레에 싣고 인도에서 동쪽으로 가져와 번역하였습니다. 조사께서 널리 법을 전하자 현명하고 명철한 사람들이 이를 듣고 논소를 지었고, 문득 깨닫거나 점차 깨달은 삼승[4]이 다섯 가르침[5]을 올곧게 세우니 귀신들도 공경하고 천룡과 천신은 미혹한 중생을 인도하여 보호합니다. 장경과 논소는 달을 가리키는 손가락과 같으나 번뇌를 없애는 감로수가 되기도 합니다. 그러므로 법의 가르침을 따르면 아귀의 고통도 능히 면할 수 있습니다.

小直讚
소직찬

志心信禮 僧假耶衆中尊 五德師 六和侶 利生爲事業 弘法是家務
지심신례 승가야중중존 오덕사 육화려 이생위사업 홍법시가무
避擾塵常宴座靜處 遮身阿拂毳衣 充腸菜莘芋 鉢降龍錫解虎 法
피요진상연좌정처 차신아불취의 충장채신우 발강용석해호 법
燈常徧照 祖印相傳府 若歸依能消滅傍生苦
등상변조 조인상전부 약귀의능소멸방생고

지극한 마음으로 승가(僧)의 모든 분께 예경 올립니다. 오덕[6]을

---

4 삼승(三乘): 산스끄리뜨어 tri-yāna로 성문(聲聞)·연각(緣覺)·보살(菩薩)을 이름.

5 오교(五教): 부처님의 가르침을 5종으로 분류하여 설명하는 것. 인천교(人天教), 소승교(小乘教), 대승법상교(大乘法相教), 대승파상교(大乘破相教), 일승현성교(一乘顯性教).

6 오덕(五德): 마군을 두려워하게 하는 덕, 생업을 끊고 걸사하는 덕, 바른 계율로 거룩해지는 덕, 정법대로 생활하는 덕, 악을 물리치는 덕.

갖추신 스승과 육화[7]를 갖춘 도반들은 중생을 이롭게 하고자 하는 사명감을 지니셨기에, 법을 널리 전하는 것이 또한 승가의 책무입니다. 번뇌를 멀리하고 조용한 수행처에 머물며 낡은 옷을 걸치고, 나물과 풀뿌리로 배를 채우며, 발우로 용을 항복받고, 석장으로 호랑이를 물리치며, 항상 법의 등불을 밝히어 조사님의 법인을 전하여 주십니다. 그러므로 승가에 귀의하면 벌레와 같은 미물로 태어나는 고통도 능히 없애 버립니다.

이상 의례문을 보면, 대·중·소직찬 모두 지심신례가 있지만 대직찬의 '지심신례불타야양족존'만 길게 짓고 중직찬 소직찬의 지심신례는 대개 쓸어서 짓기 때문에 따로 악곡명으로 적지 않는 경우가 많다. 지심신례 이후의 가사 중 대직찬의 '삼각원', 중직찬의 '보장취', 소직찬의 '오덕사'는 홑소리로 짓고 나머지 사설들은 대부분 쓸어 짓는다. 이들 의문을 짓는 유형을 표로 정리해 보면 다음과 같다.

〈표 5〉 삼귀의를 짓는 유형

짓소리	홑소리	쓰는 소리
대직찬 중 지심신례	불찬게, 삼각원 법찬게, 보장취 승찬게, 오덕사	대직찬 중 삼각원 이하 일부 선율 중직찬 중 지심신례와 보장취 이하 선율 소직찬 중 지심신례와 오덕사 이하 선율

(1) 봉원사 영산재

1973년 봉원사에서 행하는 영산재를 중요무형문화재 제50호로 지정했다. 이후 각 지방에도 영산재보존회가 결성되어 부산 영산

7 육화(六和): 보살이 중생과 화합하며 서로 경애하는 여섯 가지 덕.

재, 전북 영산재, 광주 영산재가 지방문화재로 지정되었다. 봉원사 영산재가 문화재로 지정될 당시에 김운공(紜空 1902~1982), 장벽응(碧應 1905~2000), 박송암(松巖 1915~2000) 세 사람이 범패 보유자로 지정되었다. 3인의 보유자 중 가장 연장자였던 운공 스님이 1982년에 입적했다. 5년 후인 1987년에 영산재가 단체 종목으로 지정되고, 범패 보유자로 벽응 스님, 송암 스님이, 장엄 보유자로 지광(志光 1926~1996) 스님, 작법무 보유자로 일응(一應 1920~2003) 스님이 지정되었다. 2009년에는 유네스코 세계 무형문화유산으로 등재되었다. 이후 문화재 보유자 1세대의 모든 스님들이 입적하여 2005년 11월 15일 구해(九海 1943~) 스님이 범패 보유자로 지정됐다. 현재의 문화재 종목 명칭은 국가무형문화재 제50호다.

영산재의 의례 진행은 수륙재와 대동소이하여 일반인들이 보면 구분이 어려울 정도이다. '영산재'는 불보살을 모시는 상단의 불보살을 찬탄하는 범패와 작법무의 비중이 높다. 이때 불보(佛寶)를 찬탄하는 대직찬(代直讚), 불법(佛法)을 찬탄하는 중직찬, 승보(僧寶)를 찬탄하는 소직찬에 수십 곡의 범패가 창화되는데 이를 불·법·승 삼보(三寶) 찬탄이라 한다. 이는 부처님이 영취산에서 설법하실 때, 온갖 천신들과 수행자들이 모여들어 설법을 들었던 모습을 재현하는 것이다.

봉원사 영산재의 또 하나의 특징은 공양의례인 '식당작법(食堂作法)'이다. 이는 행주좌와에 예와 율을 부여한 석도안의 승가규범과 관련한 가장 장엄한 의례화의 일면이라 할 수 있다. 모든 의례는 상황에 따라 길고 짧은 차등이 있다. 가장 일상적인 공양의례는 매일 식사하기 전에 하는 감사기도이다. 사찰에서 여러 사람이 함께 식사할 때는 다 함께 "이 음식이 어디서 왔는가? 내 덕행으로는 받기가 부끄러우나 도업을 이루고자 이 공양을 받습니다."라는 공양게를 한글로 암송하기도 한다. 영산재에서는 이 공양게송을 '오관게'라는 장엄한 범패로 노래한다. 7언 절구의 가사는 다음과 같다.

吳觀偈(다섯 가지를 깊이 생각하는 게)
오 관 게

計功多小量彼來處 이 음식이 어디서 왔는가
계 공 다 소 양 피 래 처

忖己德行全缺應共 내 덕행으로는 받기가 부끄럽네
촌 기 덕 행 전 결 응 공

防心離過貪等爲宗 마음의 온갖 욕심 버리고
방 심 이 과 빈 등 위 종

正思良藥爲療形枯 육신을 지탱하는 약으로 삼아
정 사 양 약 위 료 형 고

爲成道業應受此食 도업을 이루고자 이 공양을 받습니다.
위 성 도 업 응 수 차 식

오관게를 할 때는 5명의 승려가 사물(四物)을 울리고, 호적소리와 함께 바라춤을 춘 다음 법고춤을 춘다. 이어서 오관게를 짓소리로 하면 팔정도[8]를 적은 기둥 양편에 두 승려가 좌정하여 관(觀)한 후에 타주무(打柱舞)를 춘다. 승려 2명이 타봉을 하면서 춤추는 것은 팔정도를 실천·수행하겠다는 의지를 표현하는 것이다. 이때 배석한 승려들이 생반게(生飯偈)·정식게(淨食偈)·삼시게(三匙偈)·절수게(絶水偈)·수발게(收鉢偈)를 하고 나면 식당작법을 지휘하는 중수(衆首) 스님이 정쇠(영남에서는 '광쇠', 민간에서는 '꽹

8 팔정도: 정견(正見), 정사(正念), 정어(正語), 정행(正行), 정업(正業), 정명(正命), 정진(正進), 정정(正定).

과리'로 칭함)를 친다. 그 후 대중들과 함께 '삼덕육미 시불급승 법계인천 보동공양(三德六味施佛及僧法界人天普同供養)'을 염송한 후에 발우공양을 한다.

〈사진 3·4〉 식당작법 전경과 팔정주(八正柱)

(2) 각 지방 영산재

1972년 범어사 용운 스님이 부산시 무형문화재 제1호, 1973년 봉원사 영산재의 김운공, 장벽응, 박송암이 중요무형문화재 제50호로 지정되었다. 그러자 각 지방에서도 영산재보존회를 결성했

〈표 6〉 문화 지정 영산재

시기	지역	종목	비고
1993	부산영산재	부산시문화재 제9호	부산시문화재 제1호와 연결
1998	전북영산재	전북문화재 제18호	지정 당시 봉서사영산재
1999	인천영산재	인천시문화재 제10호	2004년 인천시문화재 제15호 수륙재와 병립
2002	불모산영산재	경남문화재 제22호	아랫녘수륙재와 동일 승단
2008	내포영산대재	충남문화재 제40호	충남 예산 내포영산재 보존회
2014	광주영산재	광주시문화재 제23호	전북문화재와 범맥 연결

다. 지역 보존회 승려들이 민속경연대회에 출전하여 수상한 것이 주요 경력으로 평가받으면서 문화재 지정의 토대가 되었다. 지방문화재로 지정된 영산재를 지정 순으로 정리해 보면 다음과 같다.

2) 수륙재

고려 광종 21년(970)에 갈양사에서 수륙재를 행한 이후, 선종 시기(1049~1094)에 태사국사였던 최사겸(崔士謙)이 수륙의문을 송나라에서 구해 왔다. 이를 계기로 보제사(普濟寺)에 수륙당을 새로 세움으로써 수륙재가 보다 성대하고 격식에 맞게 행해지기 시작했다.

조선 시대 태조는 조선 개국에 희생된 고려 왕씨의 영령들을 위로하고자 국행으로 행했다. 진관사를 사사(寺社)로 지정하여 수륙재를 열었고, 1395년(태조4)에는 견암사, 석왕사, 관음굴, 강원도 삼화사 등에서도 수륙재를 설행했다. 1433년(세종15)에 효령대군이 시주를 맡아 한강에서 행한 수륙재는 양반·평민이 인산인해를 이루어 길을 메울 정도였다. 1515년(중종10)까지 국행수륙재가 행해졌으나 유생들의 반대로 국행이 금지되고 민간 사찰 주도로 전환되었다.

임진왜란(1592~1598)으로 많은 생명이 희생되자 이를 위로하기 위한 수륙재가 곳곳에서 열렸다. 그러자 민간에 흩어져 있는 수륙의문의 판각이 성행했고, 1606년(선조39) 6월에 창의문 밖에서 행했던 수륙재에 대한 기록이 있다. 이외에도 병자호란(1636~1637)을 비롯한 국난을 겪은 후에 전쟁 고혼을 위한 수륙재가 성행했다. 오늘날까지 전래되고 있는 수륙재 의문(儀文)은 『범음집(梵音集)』 속에 포함된 「수륙재의문」, 『천지명양수륙재의문산보집(天地冥陽水陸齋儀文刪補集)』, 백파(白坡)의 『작법귀감(作法龜鑑)』에 수록된 「수륙재의문」, 『석문의범(釋門儀範)』 중 「수륙재의문」 등이 있다. 국가무형문화유산원에서는 2013년 12월에 강원도 삼화사(제125호), 서울 진관사(제126호), 창원 백운사에서 행하는 아랫녘수륙재(제127호)를 국가무형문화유산으로 지정했다.

(1) 삼화사수륙재

태조 4년인 1395년에 동해시 두타산 삼화사에서 국행수륙대재를 베풀었다. 이러한 일의 배경에는 조선 건국 당시 희생된 고려 왕씨들의 핏물이 두타산 골짜기를 붉게 물들였던 역사적 배경이 있다. 삼화사수륙재는 「천지명양수륙재의찬요」를 바탕으로 시련소, 대령소, 관욕소의 3소(三所)와 사자단, 오로단, 상단, 중단, 하단의 5단(五壇)을 기본으로 하면서 방생단, 용왕단, 성욕소, 마구단을 차린다.

조계종 어산장인 인묵 스님을 어장으로 하여 조계종어산작법학교 스님들이 주도하는 범패와 작법무는 대부분 경제 계통 스님들이 행한다. 이러한 가운데 전주 출신으로 완제와 경제를 두루 섭렵한 인묵 스님이 하는 봉청소리는 작법무와 함께 완제로 행해진다. 이에 더하여 강원도 지역 풍물단과 민요가 어우러지는 삼화사수륙재는 조계종 비구스님들과 지역민들이 3일간에 걸쳐 행하는 장엄한 의례축제이다.

(2) 진관사수륙재

진관사는 태조 4년에 수륙재를 개설하기 시작하여 태조 6년(1397)에는 수륙사로 지정된 후 왕실 중심의 수륙재를 설행했다. 1916년 진관사 마포 포교당에서 수륙재를 설행했다는 기록이 있고, 이후 승려 진관, 승려 자운의 노력에 힘입어 1977년 현재의 모습으로 재현되었으며, 2010년 장엄과 지화 일체를 복원하여 해마다 설행해 왔다. 현재는 어장 동희 스님을 중심으로 승려 동환을 비롯한 비구니스님들이 주된 구성원이 되어 진관사수륙재학교 신도들의 참여가 활발하다. 설행은 양력 8월 말 무렵 칠칠재 입재로 시작하여 6재를 하고, 제7재는 10월 둘째 주 토요일부터 이틀간 행한다. 제7재의 첫날은 낮재, 일요일인 둘째 날에는 밤재라 하는데, 이는 본래 낮에 시작해서 밤새도록 재를 하고 새벽에 회향하던 관습에서 비롯된 것이다.

(3) 아랫녘수륙재

아랫녘은 경상도 이남 지역을 뜻하는데 범패와 작법무에서 경남 지역 특징이 돋보인다. 창원 불모산에 주석한 웅파 스님을 중시조로 하여 어장 석봉 스님을 중심으로 어산단이 형성되었다. 석봉 스님은 영남의 북 가락과 농악에 능했고, 영남 지역에 전승되고 있는 불교의례를 두루 섭렵하여 아랫녘 수륙재의 기반을 다졌다. 설행은 상단, 중단, 하단, 고사단, 증명단, 신중단, 사자단, 오로단, 마구단, 봉영 부욕단의 10단과 외대령소, 소전소, 유나소, 정재소, 관욕소의 5소를 갖춘다. 제6재 이틀 후에 용왕재를 별도로 설행하는 등 아랫녘수륙재는 영남 지역 의례의 특징이 곳곳에 담겨 있다. 범패와 작법무도 영남 범패의 선율과 시김새를 이어 오는 가운데 석봉 스님 고유의 성음을 더하여 불모산제라고 지칭하기도 한다. 서울을 비롯한 웃녘 의례에서 범패 반주로 징을 쓰는 데 비해 영남은 광쇠(꽹과리)를 중심으로 하는 법구 타주가 두드러진다.

〈표 7〉 국가무형문화유산 수륙재

구 분	삼 화 사	진 관 사	아랫녘수륙재
개최지	동해시 삼화사	서울 은평구 진관사	경남 창원 백운사
시 원	조선 태조 4년 국행수륙재	조선 태조4년 국행수륙재	창원불모산 일대 민속재
어산단	조계종어산작법학교	진관사어산단	백운사어산단
어 장	인묵 스님	동희 스님	석봉 스님
설 행	매년 10월 셋째 주 금~일요일 3일간	양력 8월 칠칠재 입재 10월 둘째 주 토~일요일 낮재, 밤재 2일간	양력 8월 칠칠재 입재 10월 둘째 주 토~일요일 제7재일 2일간

(4) 인천수륙재

인천수륙재 어장인 일초 스님은 2002년 인천 지방무형문화재로 지정되었으며, 영산재의 범패와 나비춤의 예능 보유자이기도 하다. 인천 수륙재 범패의 전승은 서울 봉원사의 범패와 같은 맥을 지니는 가운데 인천 특유의 일부 선율적 차이를 드러내기도 한다. 특히 인천수륙재의 회심곡(回心曲)은 어업에 종사하는 어부들의 애환을 담은 선율이 특징이다. 이는 어부들이 바다에 나가 고기를 잡으며 슬프거나 흥겨울 때 부르는 노랫가락의 영향을 받았기 때문이다. 또한 인천수륙재의 길가름 의식도 타지역 수륙재에서는 볼 수 없는 독특함을 지니고 있다.

3) 예수재

예수재는 살아서 미리[豫] 수행하여[修], 극락에 왕생하고자 하는 의식[齋]이다. 이 의식은 『예수시왕생칠재의(預修十王生七齋儀)』라는 의식집에 근거를 둔 것으로, 도교의 시왕신앙(十王信仰)

을 불교적 수행과 의례로 포용한 것이다. 『고려사』에 시왕신앙 관련 기록이 있고, 고려 후기에 지장시왕도(地藏十王圖)가 많이 나타나는 것으로 보아 고려 시대에 시왕신앙이 유행했음을 알 수 있다. 오늘날 전하는 예수재의문은 『범음집(梵音集)』, 『작법귀감(作法龜鑑)』, 『석문의범(釋門儀範)』 등에서 찾을 수 있다.

불교음악적 관점에서 보면 예수재는 중단(中壇)의 여러 신 중 사후 심판을 관장하는 시왕에게 기도하는 것이 핵심이므로 영산재 상단에서의 장엄한 범패보다 다소 선율이 간소한 기도문을 창화한다. 그러므로 짓소리나 홑소리의 긴 선율 중 앞부분은 본래의 어단성장(語短聲長)의 선율대로 짓기 시작하여 중간에는 평염불로 쓸어 가는 경향이 있고, 살아서 자신을 위해 미리 재를 올리는 사람들의 염원을 발현하는 장엄염불과 축원성의 선율은 일자일음으로 노래하는 향풍범패의 면모를 드러낸다.

(1) 봉은사 예수재

『동국세시기(東國歲時記)』에는 "경기도 광주 봉은사에서는 윤달이 되면 장안의 부녀자들이 몰려들어 많은 돈을 불단에 놓고 불공을 드린다. 이 같은 행사는 달이 다 가도록 계속된다. 이렇게 하면 죽어서 극락으로 간다고 믿어 사방의 노파들이 와서 정성을 다해 불공을 드린다. 서울과 그 밖의 다른 지방의 절에서도 이런 풍속이 많다."라는 기록이 있다. 지금은 봉은사의 행정구역이 서울시 강남구 서초동이지만 당시는 경기도였다. 이 기록에 예수재라는 직접적인 표현은 없지만 지금의 예수재의 목적과 설행 방식이 같으므로 예수재였음을 알 수 있다.

봉은사가 지닌 이러한 역사성 때문에 2017년 6월 사단법인 생전예수재보존회를 발족했고 2019년 10월에는 서울특별시 무형유산 제52호로 지정되었다가 2025년 5월에 국가무형문화재로 지정되었다. 조계종 어산작법학교장인 법안 스님이 어장을 맡고 있는 어산작법학교 승단과 봉은사 불악단이 함께하는 봉은사생전수재는 외국인의 문화 참여도 활발하게 이루어진다. 설행은 칠칠재 형식으로 시작하여 10월 셋째 주에 회향하므로 매년 50일 동안 '생전에 미리 닦는 재'라는 본래 취지에 맞게 수행의례로 자리매김하고 있다.

(2) 청련사 예수재

경기도 양주시 장흥에 자리한 청련사는 본래 서울 왕십리에 있던 안정사(당시에도 청련사로 부르기도 하였음)가 도시 개발로 인해 이곳으로 이주한 사찰이므로 '천년고찰 청련사'라는 명칭을 붙인다. 안정사는 비보사찰로 의례를 해 온 이력이 있어 역대 주지스님들이 범패에 능했다. 현재는 조실 해경 스님 예하에 도암, 지홍 스님이 증명을 서고, 심곡, 벽산 스님이 인례와 해설을 맡아 재장을 통솔하고, 어장 상진 스님과 바라지 거진 스님이 범패를 한다. 효능, 일심, 일효, 혜각, 일진, 덕산 등 작법무 스님에 이르기까지 탄탄한 인적구성을 갖추고 있다. 2022년 경기도 무형문화재 제66호 생전예수재 보유단체로 지정된 청령사 예수재는 음력 9월 9일 중양절 타종으로 시작하여 '예수시왕생칠재(預修十王七齋)'를 본식으로 설행하고 일반 재의식과 같이 소대와 봉송으로 회향한다.

(3) 밀양 작약산 예수재

2019년에는 밀양 작약산 예수재가 경남도문화재 제45호로 지정되었다. 이곳은 경남 · 경북의 경계 지역으로 대구 팔공산 동화사와 밀양 표충사, 청도 일대의 스님들이 활동하는 지역이다. 예로부터 팔공산제 염불과 범패의 명성이 높았던 데다 양산 통도사의 말사이기도 했던 표충사의 통범소리가 융합된 이곳은 단절되었던 팔공산제 소리를 되살리는 점에서 의미가 있다.

근년에는 양산 구불사에서 소장해 온 『예수시왕생칠재의 찬요』가 발견되어 문화재 지정을 앞두고 있다. 선조 9년(1576) 안동 광흥사(廣興寺)에서 간행된 목판본을 인쇄한 본 의례집에는 예수재의 유래를 담은 육화(六和)의 예수천왕통의(預修薦王通儀)와 예수시왕생칠재의찬요 31편과 「소청사자소(召請使者疏)」 등이 실려 있다. 권말에는 간행 일자와 간기(刊記), 발원문(發願文), 70여 명의 시주자 명단이 있어 당시 불교 의례 연구에 중요한 자료로 인정될 뿐 아니라 임진왜란 이전에 간행된 불서의 판본 연구에 좋은 자료로 여겨진다.

4) 우란분재(盂蘭盆齋)

우란분은 산스끄리뜨어 Ullambana를 한자로 음사한 것으로 '거꾸로 매달리는 고통을 받는다'는 뜻이다. 석가모니의 제자였던 목련(目連) 스님이 신통력으로 돌아가신 어머니를 찾아보니, 아귀가 되어 굶주리는 고통을 겪고 있었다. 어머니를 구제하려 했으나 어머니의 죄가 너무 무거워 구제할 수 없었다. 석가모니 부처님께 간청하니, "수행자들의 여름 안거가 끝나는 음력 7월 15일에 갖가지 음식과 과일을 정성스럽게 공양하면 어머니를 아귀의 고통에서 구할 수 있을 것"이라고 했다. 이렇게 하여 목련이 부처님의 가르침대로 해서 어머니를 구제했다는 『우란분경』에 기초하여 중국의 양무제가 동태사(同泰寺)에서 처음 행했다.

성현(成俔 1439~1504)의 『용재총화(慵齋叢話)』에는 “장안의 사찰에서는 7월 15일에 백 가지 꽃과 과일을 모아서 우란분재를 베풀고, 가정집에서는 돌아가신 부모의 영혼을 위로하는 제사를 지내며, 승려들은 거리로 나가 탁발했다.”라고 하며, 이능화(李能和 1869~1943)의 『조선불교통사』에는 “7월 15일 백중날(百中一)에 각 사찰에서는 죽은 이를 위해 불단에 위패를 세우고 재를 지낸 뒤 그 위패를 불사르는데, 이 의식은 가정집에서 제사 지내는 의식과 같았다.”라고 했다. 현재는 여름 안거가 끝나는 음력 7월 15일 백중날에 사찰에서 행한다.

5) 천도재(薦度齋)

천도재는 망자(亡者)의 영혼이 극락왕생하도록 빌어 주는 불교 의식이다. 장례를 치른 후 칠칠재(7일씩 7주 간)에 해당하는 49재로 지내기도 하고, 특정한 날에 망자를 위해 행하기도 한다. 망자를 위한 제사는 중국의 유교식 제사를 비롯하여 한국의 무속에도 다양한 제의 전통이 있었다. 불교는 인도의 조령제(祖靈祭)를 수용하여 중국을 거쳐 한국으로 유입되었다. 신라 시대에 망자를 위해 재를 올린 기록, 고려 시대 이후 왕실과 지배층을 중심으로 사십구재와 기재(忌齋)에 이르기까지 다양한 천도재가 행해져 왔다. 고려 중반까지는 망자를 위한 불교의례를 ‘추천(追薦)’이라 했고, ‘천도’라는 용어는 고려 말에 처음 등장했다. “수륙재 · 영산재 · 예수재 · 우란분재에서 행하는 영가를 위한 기도를 간추리면 천도재가 된다.”라고 할 정도로 재의식의 축약된 절차이다.

Ⅱ. 의례문과 율적 갈래

1. 언어 계통과 범패

범패는 전파되는 지역마다 인도 본래의 범어와 자국 언어에 의한 율조가 있다. 그러므로 남방에는 빠알리어와 각 나라 언어에 의한 율조가 있다. 중국에는 범어와 한어(漢語) 범패가 있고, 중국의 경전을 쓰는 한국과 일본에는 범어·한어에 더하여 자국 언어까지 3가지가 있다. 역사를 거슬러 올라 보면 신라의 향가, 한국 스님들이 지은 경문찬조와 게송, 축원문 등은 한어범패와 다른 우리네 범패이므로 선학들께서는 고풍·당풍·향풍으로 분류해 왔다. 이 중에서 '고풍'범패는 당풍범패가 들어오기 전의 범어범패와 관련 있으므로 범풍[고풍], 중국에서 들어온 당풍, 한국 고유의 향풍으로 분류할 수 있다.[9]

1) 범풍[범어]범패

(1) 범어의 어원과 뜻

진언과 다라니를 송주하는 범어범패의 대표적인 악곡으로 바라무를 출 때 노래하는 천수다라니가 있다. 진언으로는 '수리수리 마

---

9 이혜구, 『증보 한국음악연구』, pp. 252–253; 장사훈(1986), 『한국음악사』, p. 134; 한만영(1990), 『한국불교음악연구』, pp. 14–15를 통해 한국의 범패는 고풍·향풍·당풍 범패의 세 갈래를 언급해 왔다. 이 중에서 '고풍'범패는 월명사가 언급한 '성범'과 관련이 있음을 윤소희(2015), 「월명사의 성범에 관한 연구–한국 초전불교와 서역 불교문화를 통하여–」, pp. 111–144.

하수리 수수리 사바하'로 송주하는 개법장진언이 있다. 범어범패는 여러 법구를 치며 일자일음으로 하는 경우가 많다. 작법무를 출 때는 춤의 동작에 맞추어 노래한다. 그 가운데 재장에서 노래하는 헌좌진언은 한문으로 된 헌좌게의 선율과 같이 모음을 늘여 짓고,[10] 범어범패의 가사로 주(呪), 진언(眞言), 다라니(陀羅尼)가 있다. 이들 중 "길이가 가장 짧은 것은 '주', 그다음은 진언, 가장 긴 것이 다라니"라고 하는 경우가 있다. 그러나 능엄주는 '주'이지만 천수다라니보다 길다. 이는 범어를 한어로 번역할 때 음역과 의역에 따라 다르고, 번역자와 시대에 따라 변해왔기 때문이다.

다라니(Dhāranī)는 산스끄리뜨어로 '보존하고, 지지한다'라는 뜻으로, 다라니문(陀羅尼門)을 의역하여 '총지문(總持門)'이라 한다. 총지문의 첫 번째 의미는 총체(總體)와 총강(總綱)이요, 두 번째는 '보호하여 지님[持]'이고, 확실히 기억해 두는 '기주(記住)'로 의역하기도 한다. 이때 '지(持)'는 법문을 염송하며 지님을 비롯하여 지주(持呪), 관상억념(觀想憶念), 선정수차(禪定修次) 등의 함의가 있다.[11]

진언은 산스끄리뜨어 만뜨라(Mantra)를 의역한 것으로 '만'은 생각 · 신비 · 진실, '뜨라'는 지님 · 도구 · 그릇이라는 뜻으로 마음(manas)의 도구, 진실어 즉 진언으로 의역되었다. 예로부터 "말이 씨가 된다."라고 했듯이 사람의 음성에는 에너지가 있으므로 진언은 제화초복을 위한 주술의 도구로 활용되기도 했고, 인도의 초기 불교에서는 이를 수행 성취 및 의례 기능의 실현으로 활용해 왔다.

---

10 윤소희(2019), 「삼화사수륙재 儀禮梵文과 율조의 특징」; (2017), 「범어범패의 율적 특징과 의례 기능－아랫녘수륙재를 통하여－」.

11 傳暮蓉(2013), 「华严字母佛教意义的研究」, pp. 152－153: 陀罗尼门(Dharam－Mukha)意译为 '总持门'

그러므로 『천수경』에서 '개법장진언'을 한 뒤에 이를 찬탄하는 '무상심심난조우 백천만겁난조우 아금문견득수지 원해여래진실의' 게송을 서주로 염송한 뒤에 '옴 아라남 아라다'를 한다. 즉 '옴 아라남 아라다'가 실제로 법장(경전)을 열어 주는 것이다.

이러한 진언을 송주할 때는 신비의 에너지를 모아 설행하므로 밀주(密呪)라고 하는데, 이는 밀교의 교의에서 비롯된다. 밀교는 산스끄리뜨어 '멘따'를 음사한 것으로 '멘'은 마음, '따'는 구제하다는 뜻을 지니고 있다. 이러한 밀교를 영어로 '딴뜨리즘'이라 하는데, 이 또한 산스끄리뜨어를 그대로 발음한 것이다. 산스끄리뜨어 어근 '딴(√तन्)'은 확장 · 연장으로 그릇 · 지님을 뜻하는 '뜨라'와 결합하여 확장된 방법, 즉 수행법을 지칭한다.

밀교 경전에서는 진언을 공덕성취의 목적에 따라 4종류로 분류하고, 거기에 맞는 음절을 진언의 시작과 끝음에 부가하여 정형화했다. 그리하여 의례를 행할 때 의식 공간을 정화하여 구획 짓는 결계진언을 비롯하여 호신 · 서원 · 베풂 등의 여러 용도로 활용된다. 일상생활에서는 건축물, 법구, 탑, 거울 등에 비의적 염원을 담아 상징 문양이나 문자로 장식하기도 한다. 이들은 몇 가지 유형이

〈사진 5·6〉 양주 회암사지 막새기와에 새겨진 '옴'과 천은사 극락보전 아미타 후불탱에 새겨진 범자들

있는데, 대개 많이 쓰인 것은 실담문자와 나가리형 란차문자이고, 티벳 문자와 쿠나크샤라 상징 문자가 부분적으로 나타난다.

(2) 범음의 용례와 기능

원래 진언은 독송할 때 운율을 중시하며 시작 음과 끝 음에 따라서 진언의 성격이 결정된다. 진언의 종류가 증가하고, 독송의 목적이 다양해지면서 그 성취의 목적에 따라서 정형화된 형식을 갖추게 된 것이다. 예를 들어 진언의 송주에서 중시되는 운율의 경우 식재진언은 조용하게, 마귀를 퇴치하기 위한 항마진언은 강렬하게 발성한다. 송주자는 남성조와 여성조, 그리고 중성조의 세 종류로 나누어 독송하며 음률을 조절한다. 이는 범어 문법에 세 가지 성(性)이 있는 것과 결을 같이한다.[12] 몇 가지 예를 들면, 여성조의 운율은 옴(oṁ)과 스바하(svāhā), 남성조의 운율은 훔(hum), 후움(hūṁ), 파트(phat), 중성조의 운율은 나마하(namaḥ)가 들어간다.

〈표 8〉 진언의 성격별 음조

성별	활용 음조
여성조	옴(oṁ)과 스바하(svāhā)
남성조	훔(hum), 후움(hūṁ), 파트(phat)
중성조	나마하(namaḥ)

진언의 처음 음절과 끝 음절을 통해서 송주의 목적을 나타내기도 한다. 『대일경』 제7권 「지송품」에서는 식재, 항복, 구소, 증익의 4종류로 구분하고 그 진언의 처음과 끝에 들어가는 음절에 대해서 다음과 같이 규정하고 있다. 즉 식재진언은 '옴'으로 시작하

12 산스끄리뜨어와 라틴어에는 여성 · 중성 · 남성의 3가지 명사가 있다.

여 스바하로 끝나고, 항복진언은 '훔'에서 시작하여 '후-움'과 파트로 끝나며, 구소진언은 옴으로 시작하여 훔과 파트로, 증익진언은 나마하로 시작하여 스바하로 마친다.[13]

2) 향풍범패

중국은 범어범패와 한어범패 두 가지이지만 중국을 통해 불교를 받아들인 한국과 일본은 자국의 언어와 악풍에 의해 한 가지 더 있다. 일본에 범찬 · 한찬 · 화찬[14]이 있듯이 한국에는 범어 · 한어 · 한글 범패가 있어야 마땅하나 우리네 옛 스님들이 한글로 가사를 짓지 않았으므로 한글범패라 하기에는 적절하지 않다. 혹자는 한글로 된 회심곡을 한글범패로 여기기도 하지만 회심곡은 의례문이나 기도 · 축원과 같은 가사가 아니므로 범패로 분류하지 않는다. 반면 우리네 옛 스님들은 한자로 가사를 지었으므로 문자만으로는 중국 텍스트인지 우리네 불가인지 구분이 잘 되지 않는다. 이 항에서는 한국 승려들이 지은 불곡 가사와 노래들을 통해 향풍범패의 면모를 살펴보고자 한다.

(1) 신라 시대

『삼국유사』에는 "원효(元曉 617~686)대사가 광대들이 가지고 노는 큰 바가지를 두드리며 '일체무애인(一切無㝵人) 일도출생사(一道出生死)'를 노래하며 마을을 돌아다니자 사람들이 '나무아미타불'을 부르며 따랐는데, 이를 일러 무애가라 했다."[15]라는 기록

13 대한불교진각종(2019), 『밀교 의식의 전통과 전개 양상』, pp. 262－263.

14 화(和)는 겨조 있는 일본을 표현할 때 사용함.

15 『三國遺事』 第四卷 「義解」, 元曉不羈3: 前略, 偶得優人舞弄大瓠, 其狀瑰奇. 因其形製爲道具, 以華嚴經一切無㝵人, 一道出生死, 命名曰無㝵, 仍作歌流

이 있다. 원효가 무애가를 부른 때는 진감선사가 귀국한 830년보다 100여 년 정도 앞선다. 신라 시대에는 향찰로 표기된 우리 고유의 향가가 있었다.[16] 그러나 현재는 전하지 않고 『삼국유사』의 14수, 『균여전』의 11수로 총 25수가 전해진다. 이들 중 『삼국유사』에 실린 14수를 보면, 서동요, 모죽지랑가, 찬기파랑가 외의 10수가 모두 불교적 내용이다.

엔닌의 『입당구법순례행기』에 따르면 "산동 적산법화원의 신라인들은 예불과 예참은 당풍으로 하고, 한낮에 행하는 강경의식, 일일강의식, 송경의식은 신라풍으로 했다."라고 한다. 이들 의식 중 대중이 불명 칭탄을 하는데 신라풍(…講師上堂 登高座問 大衆同音 稱嘆佛名 音曲一依新羅音…)이었고, 의식을 마칠 때 부르는 회향사와 대중이 함께 부른 삼례가 모두 신라풍이었다.

(2) 고려 시대

고려 시대는 통일신라의 향악을 이어받아 팔관회, 연등회, 별신사 등과 같은 국가적인 행사에 불교음악을 연주했고, 속악에도 다양한 불곡이 편성되었다. 이들 문체를 보면 신라의 이두에 이어서 한어체(漢詩體), 이어체(俚語體), 현토체(懸吐體)가 있어 향풍범패의 선율이었을 것으로 보인다.

균여(均如 923~973)대사는 『화엄경』의 보현십행원(普賢十行願)에 향가 한 수씩 짓고, 마지막으로 사뇌가(詞腦歌)로써 맺었다. 향찰(鄕札)로 기록된 11수는 예경제불가(禮敬諸佛歌), 칭찬여래

于世. 嘗持此, 千村萬落, 且歌且舞, 化詠而歸, 使桑樞瓮牖玃猴之輩, 皆識佛陀之號, 咸作南無之稱, 曉之化大矣哉. 其生緣之村名佛地, 寺名初開, 自稱元曉者, 蓋初輝佛日之意爾, 元曉亦是方言也, 當時人, 皆以鄕言稱之始且(旦)也.

16 진성여왕 때 편찬된 『삼대목』에 많은 향가가 실려 있었다.

가(稱讚如來歌), 광수공양가(廣修供養歌), 참회업장가(懺悔業障歌), 수희공덕가(隨喜功德歌), 청전법륜가(請轉法輪歌), 청불주세가(請佛住世歌), 상수불학가(常隨佛學歌), 항순중생가(恒順衆生歌), 보개회향가(普皆廻向歌), 총결무진가(總結無盡歌)이다.

(3) 조선 시대

세종 28년(1446)에 훈민정음을 반포한 후 한글로 된 석가모니 일대기 『석보상절』을 편찬했다. 이어서 석보상절의 2구마다 찬가를 지어 '월인천강지곡'을 노래했다. 세종 31년(1449)에는 선왕들의 명복을 빌기 위해 불당을 건립하고 귀삼보, 찬법신, 찬보신, 찬화신, 찬약사, 찬미타, 찬삼승, 찬팔부, 희명자(영가의 명복을 빎)를 지어 수십 명의 궁중 악사들이 연주하며 법회를 열었다.

세종·세조대의 궁중악을 기록한 『악학궤범』 「학연화대처용무합설」에는 미타찬을 연주하면 여기(女技) 2인이 '서방대교주 나무아미타불'을 노래하고, 이를 받아서 모든 여기가 '서방대교주 나무아미타불' 후렴을 부른다. 이어서 꽃을 든 무동들이 춤춘 후 석가모니불을 찬탄하는 본사찬, 관음찬을 노래하고, 새로 지은 한글을 활용하여 '백화분기악하고(白花芬其蕚ᄒᆞ고…)'로 이어지는 28구의 찬불 가사를 노래했다. 이 악곡의 28구 가사는 한글 28자와 같고, 가사 중간에 백성의 바람에 32음으로 응답하는 가사는 세종의 32정간의 수, 부처님의 32상호와 같은 숫자이다.

(4) 향풍범패

한국의 고문헌을 조사해 보면, '범패'라는 어휘는 진감선사가 당풍범패를 배워 온 이후에 나타난다. 그 전에는 성범, 향가가 전부였다. 그리하여 범패라는 어휘가 생성된 중국의 용례를 보면 송경,

염불, 의례문, 기도 · 축원문을 통틀어 지칭한다. 한국에서는 전문 승려에 의해서 행해지는 율조를 범패로 여겨 왔다. 기준이 이러하다 보니 전문 승려들이 노래하는 회심곡을 범패로 여기고, 경전이나 염불을 범패로 여기지 않는 기(奇)현상이 생겨났다. 이는 억불을 지나며 원활한 범패 전승이 이루어지지 못한 결과이다. 따라서 이제라도 범패의 개념과 범위를 경전 독송 염불까지 포함하고, 연희와 함께해 온 회심곡 계열은 설창류 불곡으로 분류할 필요가 있다.

이상의 논지를 이어서 보면, 향풍범패는 한국의 조사들이 경전과 다라니문의 요지를 간추린 독송용 경문 찬초(經文纂鈔)나 기도 · 축원문으로 한정할 수 있다. 이러한 가사는 대부분 한문으로 쓰였거나 사이사이에 이두 · 향찰 · 현토를 붙여 쓰기도 했다. 예를 들면 화엄경약찬게, 법화경약찬게와 같이 주로 경전 약초(略抄)나 불보살에 대한 찬탄을 간략히 줄인 약찬(略纂), 서(序)와 같은 유형이다. 또한 승가예문(僧家禮文) 중에는 망자(亡者)를 위한 시다림(屍多林), 십이불(十二佛), 무상게(無常偈), 미타청(彌陀請), 명정식(銘旌式) · 송자(頌子)가 있다. 또한 새벽의 도량송, 아침 종송, 한국적으로 경문화된 『천수경』. 아미타불 염불을 후렴으로 하는 장엄염불, 향토조로 창송되는 축원화청 등이 있다.

불교 음반 《금강경》, 《천수경》 등의 독경류, 《장엄염불》, 《법성게, 화엄경약찬게, 축원화청》, 《정근송》과 같은 축원 · 염불류는 모두 향풍범패라 할 수 있고, 《회심곡》, 《화청》[17]은 설창류 불곡이다. 향풍범패 중 대중적 인기가 높은 장엄염불은 향풍범패의 종합세트라 할 정도로 다양한 율조를 지니고 있다. 가사의 내용을 보면 발원과 아미타불 십념으로 시작하여 극락세계와 제불보살의 공덕

---

17 회심곡을 '화청'으로 표기한 경우가 많음.

을 찬탄하는 게송, 아미타불 귀명 · 염불 · 회향 · 왕생발원으로 마무리한다.

3) 당풍(한어)범패

의례문이 모두 한문으로 쓰여 있으므로 진언 · 다라니를 제외한 대부분의 범패가 이에 해당한다. 이들 중 유치(由致) · 청사(請詞) · 소(疏) · 착어(著語) · 축원(祝願) · 편(篇)은 모두 사설조이고, 게(偈) · 가영(歌詠) · 찬(讚)은 4 · 5 · 7언 절구 정형시이다. 사설조 의례문은 풍송조로 낭송하는데, 이를 '안채비소리'라고 하고, 시형으로 된 가사는 홑소리로 늘여지으며, 불보살을 향한 찬탄과 관욕 진언 등 일부 의미심중한 불명 · 찬탄문 · 범문은 짓소리로 장엄하게 짓는다.

중국에서는 예로부터 '노래는 말을 길게 늘여 하는 것(歌永言)'이라는 개념이 있었다. 이는 글자 하나만으로도 뜻의 전달이 가능한 한자의 특성에서 유래한다. 그러므로 조선 시대 악서인 『악학궤범』에도 "노래는 말을 길게 하여 율에 맞추는 것이고, 춤은 팔풍을 행하여 그 절주를 이루는 것이다.[18]"라는 구절이 있다. 불교문학과 음악이 가장 흥성했던 당나라 시기에 진감선사가 범패를 배워 와서 전했으므로 오늘날 한국의 범패는 대부분 이러한 악풍을 지니고 있다.

---

18 "歌所以永言而和於律 舞所以行入風而成其節"

2. 범패의 선율 유형

서양 음악은 악보에 정해진 템포, 선율, 박자를 벗어나면 틀린 것이지만 한국 음악은 기존 선율을 지키면서도 얼마나 절묘하게 잘 벗어났다 돌아오는가에서 예술성이 발휘된다. 의례와 신행의 여건에 맞추어 견기이작하는 율조 또한 상황에 따라 자유로이 줄이고 늘인다. 넓은 범위의 범패는 경전 독송, 염불, 조석 예불문, 재례문을 포함하지만 좁은 범위는 재의식에서 설행되는 의례문 율조를 지칭한다. 재의식 의례문에는 의례의 연유와 의미, 목적, 내용을 낭송하는 사설(辭說), 불보살을 찬탄하는 게(偈), 주력(呪力)을 행하는 진언 · 다라니, 삼보를 고루 청하며 기도하는 화청[19] · 발원문, 축원문 등이 있다. 이들 중 의례의 배경과 의미를 설명하는 사설은 의례를 주최하는 사찰의 스님이 낭송하므로 안채비소리, 그 외에는 외부에서 온 범패 승단이 하므로 바깥채비소리라고 했다. 그러나 오늘날 재장에서는 사찰 주지가 안채비와 바깥채비를 모두 맡기도 하고[20], 외부에서 승단을 초청했을 경우 바깥채비가 모든 의례문을 다 하므로 이러한 구분이 실제 의례상황과 맞지 않는다. 의례와 신행에 수반되는 율조를 총체적으로 분류해 보면 다음과 같다.

---

19 이 화청은 회심곡이 아니라 의례문에 있는 각단 화청을 지징함

20 경기도 청련사, 창원 백운사는 범패 승단을 이끌고 있는 주지가 곧 어장이므로 이와 같다.

〈표 9〉 의례문 율조와 분류

구 분	문 형	언어와 문형	율 조	계 통
의례문	비정형	한어 사설(辭說)	풍소, 홑소리	당 풍
	정형시	4 · 5 · 7 절구 정형시	홑 · 짓소리	당 풍
	축 원	한어 · 한자(한국 승려 作)	염불-풍송	당 · 향풍
언 어	한 어	의례문, 기도 · 축원문	염불-짓소리	〃
	범 어	주, 진언, 다라니	〃	범 풍
율 조	염불조	독경, 정근 염불		향 풍
	풍송조	일자일음-일자다음 사설, 의례문		당 풍
	홑소리	일자다음 대부분의 범패		〃
	짓소리	장엄굴곡 인성, 불보 예경문, 관욕		〃
	민요조	축원, 화청, 천수경 외 신행		향 풍

재장의 여건에 따라 홑소리도 더욱 촘촘히 쓸어 노래할 수 있으므로 1자 1음과 같은 염불조에서부터 1자 2음 이상까지 확대가 되어 반 염불조로 할 수도 있다. 여기서 더 확대하여 홑소리, 더더욱 모음을 장인하여 굵직하게 자출이는 발성에 허덜품과 4구성(口聲)까지 더하면 짓소리가 된다.[21]

1) 풍송조

(1) 의례문 사설

사설에는 의례를 설행하게 된 연유를 밝히는 유치(由致), 불보살께 청하는 청사(請詞), 각 단의 소(疏)가 있다. 소는 법회 공간에 대한 수설대회소(修設大會所)를 말하는데 법단을 마련하였음을

21 윤소희(2014), 「짓소리의 개념과 음악적 실체－경제 · 완제 · 영제 비교－」, pp. 119－153.

고하는 건회소(建會疏)가 있고 사자단에는 사자소와 더불어 사자들에게 법회를 알리는 일을 맡기는 행첩소(行牒疏), 오로단에는 사자들이 오방으로 가는 길을 여는 개벽 오로소(開闢五路疏)가 있다. '편(篇)'에는 목욕소로 안내하는 인성귀의편(引聲歸依篇), 불단에 모신 대상이 자리에 앉기를 권하는 헌좌안위편(獻座安位篇)이 있다. 이와 같이 절차마다 내용과 형식의 차이가 있다.

한문에는 성조가 있으므로 의례문 사설을 낭송할 때는 그 성조와 성격에 맞게 낭송한다. 이에 대하여 경제는 유치성 · 착어성 · 편게성 · 개탁성의 4가지 율조가 있다고 설명해 왔다. 그러나 개탁성은 의례 여건에 따라 촘촘히 엮어 낭송하는 것을 통칭하므로 현재는 세 가지 율조로 설명하고 있다.[22] 불보살을 향한 유치 · 청사가 공손하게 낭송하는 율조라면 착어성은 영가들을 향한 엄숙하고 강한 어조이다. 편게성은 영가들에게 목욕할 것을 안내하는 인예향욕편(引詣香欲編)[23]과 같이 사설 끝에 편(篇)이 있다. 영남 지역에서는 상단의 불보살께는 부드러운 자비성으로 하고 중단의 신장들께는 강한 엄성(嚴聲)으로 하며 하단의 영가들에게는 슬프고 자비로운 비성(悲聲)으로 한다."라고 설명한다.[24]

---

22 손인애(2020), 『경제 안채비소리 성조의 수용과 변천』; 차형석(2024), 「경제 범패 안채비소리 '개탁성'의 음악적 특징과 기능」

23 인예향욕편:
惟願 佛慈攝受 法力加持 頓息貪瞋癡 同圓戒定慧 出六道輪廻之苦處 入一路
유원 불자섭수 법력가지 돈식탐진치 동원계정혜 출육도윤회지고처 입일로
涅槃之慈門 上來 已憑佛力法力 三寶威神之力 召請法界 一切人倫 洎無主孤
열반지자문 상래 이빙불력법력 삼보위신지력 소청법계 일체인윤 계무주고
魂 及有情等衆 已屆道場 大衆聲鈸 請迎赴浴:
혼 급유정등중 이계도장 대중성발 청영부욕
하단의 영가들에게 부처님의 자비와 신통력으로 탐내고, 성내고, 어리석었던 잘못을 모두 씻어 내는 향탕으로 목욕하러 가도록 인도하는 설명문.

24 윤소희(2010), 『영남범패 대담집』, p. 34.

〈표 10〉 사설조 유형과 재차

지역	유치성	착어성	편게성
경제	상단, 중단, 지장	대령 · 시식 · 영반[25]	설회인유편 외 다수, 관욕의식 인예향욕편 외 다수
영제	상단 부드러운 자비성	중단 강한 엄성	하단 슬프고 자비로운 비성

위의 표를 보면 경제 유치성은 불보살께, 착어성은 하단의 영가들에게, 편게성은 도량을 정화하고 법회가 열린 연유를 아뢰며 영가들이 죄업을 씻어 내는 목욕 재차에 설명조로 낭송됨을 알 수 있다. 이렇듯 범패는 의례의 목적에 의해서 율조가 달라진다.

(2) 진언과 다라니

의례문의 각 절차에는 각각의 대상마다 찬탄하는 게(偈)가 있고, 이를 신비력으로 실행시키는 진언이 있다. 실제로 의례문의 제목은 '헌좌진언'이라 표기되어 있는데 이를 찬탄하는 한문시(게)에 이어서 진언을 송주한다. 진언에는 신비력이 있어 한 잔의 물[淨水]을 바닷물같이 많은 우유가 되게 하는가 하면, 한 그릇의 밥이 온 법계의 영가들에게 줄 수 있는 법식(法食)이 되게 한다. 이때 한문 게는 모음을 늘여 짓고 진언은 법령과 법구를 타주하며 낭송하여 정(靜)과 동(動)의 율조가 대비를 이룬다. 다라니는 바라무의 반주로 노래할 때는 춤사위에 맞추어 다소 느리게 부르지만 다라니만 송주할 때는 촘촘히 엮는 경우가 많다.

25 영반(靈飯): 영혼들을 위해 차려진 밥상.

(3) 축원 · 염불

각단에 화청이 있는데 이는 『부모은중경』과 같은 회심곡이 아니라 의례문에 있는 사설문 화청이다. 이들 중 하단의 영가에게 의례문 화청 대신 민요조 설창(說唱)인 회심곡을 노래하면서 '화청'이라 부르다가 점차 회심곡이 화청으로 굳어졌으나 현재는 이들을 범패에 포함시키지 않는다. 또한 재의식에는 장엄염불, 축원 화청, 법성게 등을 염불하기도 한다. 이들은 한국의 조사들이 지은 것으로 문자는 한자이지만 율조는 향풍범패에 속한다. 대표적인 예로 일상의례에서 살펴본 장엄염불과 천수경도 포함된다. 3일간 하는 수륙재나 예수재 중, 단을 이동하거나 의례 진행의 전환 부분에 참여 재자들과 함께 염송하는 경우가 많다.

2) 홑소리

홑소리는 재장에서 가장 많이 듣는 소리이다. '홑소리'의 '홑'은 홑이불과 같이 '한 겹'이라는 뜻으로 영남 지방에서는 '모음을 홑겹으로 늘여짓는 것'을 의미한다. 경제에서는 '혼자서 하는 소리'라고 설명한다. 마이크가 없던 큰 도량에서 재를 지낼 때 어장이 첫 소절을 시작하면 여러 승려가 다함께 하는 것이 일반적이었다. 그러므로 경기지역 어장스님들이 소지하고 있는 의례집을 '함께 같이 하는 소리집'이라는 뜻으로 '동음집'이라 했다. 그러나 경기 지역의 재 문화를 보면 바깥채비 승단이 특정 사찰에 가서 의식을 해 줄 때 주로 독소리로 했던 관습으로 인해 홑소리는 '혼자하는 소리'로 통용된 것으로 보인다.

홑소리 악곡을 보면, 의식을 시작하며 향을 피우는 것을 찬탄하는 할향, 불보살을 모시면서 하는 거불, 찬탄의 가영(歌詠), 예를 올리는 합장게, 재장에 오신 대상에게 자리를 내어 주는 헌좌게, 차(茶)를 대접하는 다게, 이 외에 불보살 찬탄 후 보내 드리는 봉송게 등이 모두 홑소리로 불린다. 홑소리를 재장의 여건에 따라 줄여서 부를 때 평염불 혹은 반염불이라 하고, 짓소리로 부르던 것을 줄여서 반짓소리라고 한다.

승려가 출가하면 가장 먼저 하는 공부가 천수경을 비롯한 각종 염불을 외는 것이다. 경전 공부와 함께 조석예불, 독경, 염불 등을 하고 기본 과정을 마친 사람 중 범패에 관심이 있는 사람은 봉원사 옥천범음대학교, 조계종 어산작법학교, 경제어산전승원, 각 지방의 영산재·예수재·수륙재 보존회에서 개설한 전수원에서 범패를 익힌다. 이때 서울은 상주권공의 할향, 영남지역에서는 삼보통청의 거불로 시작하는 경우가 많다.

3) 짓소리

'짓소리'는 "길게 짓는다."라는 의미에서 비롯되었으며 여러 승려가 합창으로 짓는 장엄소리이다. 짓소리는 시련 행렬의 인성, 부처님께 예경하는 '지심신례', 영가들의 죄업을 정화하는 의식 등 최상위의 찬탄과 죄업을 씻어 천도하는 엄중한 절차에 불린다. 인성은 한양에서 국행으로 행할 때 임금의 행렬에 맞추어 길게 노래했으므로 짓소리로 하나 궁중과 먼 영남에서는 시련 행렬이 없었으므로 인성을 짓소리로 하지 않는다.[26] 영산재 중 삼귀의 절차에서 불·법·승을 찬탄할 때 불찬이 가장 길고, 법찬은 중간, 승찬은

---

26 요즈음은 영남에도 서울의 영향을 받아 시련 행렬을 하지만 예전에는 외대령(外對靈, 재장 바깥에서 영가들이 재장으로 입장하기 위하여 대기하는 절차)으로 시작하는 경우가 많았다.

짧다. 이러한 율조는 한국 전통음악의 만·중·삭과도 상통한다. 이렇듯 짓소리는 상단에 집중되지만 하단의 관욕의식에서 영가들을 위해 창화하기도 한다.

짓소리는 경기·영남·호남 지역의 음악적 차이가 있다. 경제와 영제는 반탁성과 저음확대라는 공통점이 있기는 하나 경기 지역에는 모음을 늘여 짓는 사구성, 격한 장식음과 시김새를 동반하는 자출이는 소리, 고음으로 치솟는 시김새가 있는데 비해, 영남은 모음을 겹겹이 늘이는 가운데 최저음으로 뚝 떨어진 음소리와 아아훔소리가 있다. 반면 완제는 '높은 음을 질러 낸'다는 점이 독특하다.

전주 태생으로 일응 스님의 소리를 전승하고 있는 인묵 스님은 "짓소리는 유장하게 물결치고, 깊은 산속에서 들려오는 범종 소리와 같아 주로 합창으로 웅장하고 장엄스럽게 노래한다."라고 설명했다. 일암(장상철) 스님은 "짓소리는 높여서 지른다."라는 말로 질음(叱音)소리라 하며, 우조와 계면성을 혼용하여 고저가 극심(極甚)하고 음도(音度)에서 의외의 등강성(騰降聲)이 있어 3도반(三度半)의 음역이 사용되어 느리고 장(長)차고, 호아에 ―야아 등 중간 도아어성(度餓語聲)이 많다.[27]"라고 했다. 이상 호남 지역에

〈표 11〉 지역별 짓소리 설명과 특징

지역	길 이	허덜품	음 역	창 법	선율 성격
경제	겹소리	허덜품·사구성	전체 음역	자출이는 소리, 잦는 소리	장엄, 굴곡
완제	겹소리	도아어성	고음 강조	질음소리	등강성(騰降聲)
영제	겹소리	음소리 아아훔소리	저음 강조	창법에 큰 차이 없음	저음·장엄성

27 장상철(1988), 『勸供 靈山 各拜 註解 旌譜 要集』, pp. 284-285.

서의 짓소리의 설명 중 도아어성은 경제의 허덜품과 연결되고, "짓소리는 높여서 지른다."는 경기 지역의 짓소리 개념과 거의 같다.

예전에는 짓소리가 72곡이었다고 하나 1996년 이후 짓소리 15곡과 반짓소리 3곡이 전승되고 있다. 그러나 근래 재장의 연행을 보면 인성, 거령산, 지심신례, 관욕 정도가 간신히 짓소리로 연행되고, 경제범패 짓소리에서 선율을 장인하는 데는 허덜품과 4구성이 있다. 반면 영남에서는 '음소리'와 '아아훔소리'가 있다. 《영남범패》 중에 이러한 요건에 해당하는 곡은 지심신례, 삼각원, 거령산, 연향게 등이다.

〈표 12〉 짓소리 악곡과 성격

<table>
<tr><th></th><th>해 당 곡</th><th>규 모</th><th>모음</th><th>창법</th><th>연창</th></tr>
<tr><td>경제</td><td>인성, 거령산, 식영산, 지심신례, 삼남태, 오관게, 거불, 보례, 정례, 관욕게, 목욕진언, 특사가지, 삼남태 등 13곡</td><td rowspan="2">길고 장엄</td><td>허덜품 4구성</td><td>꿋꿋하고 격한 시김새 반탁성</td><td rowspan="2">합창</td></tr>
<tr><td>영제</td><td>지심신례, 삼각원,[28] 거령산, 연향게</td><td>아아훔 음소리</td><td>부드러운 저음</td></tr>
</table>

4) 민요조

재장에서는 민요조 범패가 더러 있다. 다라니나 진언 혹은 긴 사설의 의문을 노래할 때 재자(齋者)들의 지루함을 덜고 소통·동참을 위해 교창하거나 메기고 받는 경우가 있는가 하면 축원·발원 기도문을 민요조로 노래하기도 한다. 1969년 국악 학자들이 영남 지역 범패를 녹음하여 올린 국립무형문화유산원의 아카이브를 보

28 지심신례와 삼각원은 모두 삼귀의 중 불찬 의례문으로 연결되는 의례문이지만 소리를 길게 지으므로 독립해서 연창함.

면, 상단 절차에 속하는 삼귀의 사설 중 '지심신례불타야양족존'을 노래하는 대목은 '지심신례'라는 제목으로 길게 짓지만, 나머지 가사는 쓸어 짓는 것이 많다. 이 대목을 영남 지역에서는 어산단이 다 함께 민요조로 노래하였다.

〈예보 1〉 영남범패 삼귀의의 민요조 부분

범패: 용운스님

음원: 《영남범패》 CD2 TR6

위 악보는 영남 지역 어장들이 울력소리(단선율 합창)로 '삼귀의'를 노래하다가 '종진게'부터 민요조를 부르는 대목이다. 그런가 하면 오공양에서도 4박자 패턴으로 민요조 선율을 노래하기도 한다. 또한 민요조 중에 〈천수경〉이나 〈반야심경〉과 같이 대중이 많이 알고 있는 경문을 법구 타주와 함께 신명나게 노래하는 경우도 있다. 이들은 문장을 촘촘히 읽는 점에서는 염불조라고 할 수 있으나 장단 위에 반복되는 율조가 있으므로 민요조로 분류했다.

Ⅲ. 재례의 전승과 승단

영조 24년(1478) 『범음종보(梵音宗譜)』를 발간한 대휘대사는 당시의 범패 계보를 이렇게 정리하고 있다.

"진감대사의 범패가 조선 초에 모범국융(模範國融)에 이르러 응준(應俊) → 혜운(惠雲) → 천휘(天揮) → 연청(演淸) → 상환(尙還) → 설호(雪湖) → 법민(法敏)까지 8세를 이었다. 국융의 8대손 법민 스님은 범패뿐 아니라 법에도 정통하여 만년에 서산 대사의 제2세 법손인 수현(守玄) 대사를 따라 선교(禪敎)를 이었고, 범음성은 혜감(惠鑑)에게 전했다."

조선조 들어 불교를 억압했지만 태조, 세종, 세조의 강한 불심으로 국행수륙재를 비롯해 궁 내외에서 불교의례와 함께 범패 전승이 유지되고 있었음을 알 수 있다.

중종 이후 궁내 불교의례와 음악 연주가 폐지되었지만 도성 밖에 비보사찰을 두어 왕실을 위한 기도와 의례를 해 왔으므로 범패 전승이 완전히 단절되지는 않았다. 그 가운데 한양 도성의 동교와 서교를 중심으로 어산단의 활동이 있었다.

지방에는 영제와 완제가 명맥을 이어 오다 최근에는 충청도와 제주도까지 불교의례 관련 문화재 지정이 이루어지고 있다. 최근까지 전국의 불교의례와 관련한 문화재 지정을 연도순으로 정돈해 보면 다음과 같다.

〈표 13〉 불교의례 무형문화재

연번	지 역	호수	명칭	지정연도
1	부산	1	범음 범패/ 용운 스님	1972
2	국가(서울)	50	영산재/운공, 벽응, 송암 → 구해	1973
3	부산	7	영산재/제1세대 → 제2 · 3세대	1993
4	전북	18	영산작법/ 제2세대	1998
5	인천	10	범패와 작법무(영산재)	2002
	10-가호 능화 스님 범패, 10-나호 일초 스님 바라무			
6	경남	22	불모산 영산재	2002
	2014년 수륙재 지정되며 취소, 2016년 재등록			2016
7	제주	15	제주불교의식	2002
8	인천	15	인천수륙재	2004
9	충남	40	예산 내포 영산대재	2008
10	충북	25	단양 구인사 삼회향놀이	2012
11	서울	43	경제어산	2013
12	국가(강원)	125	삼화사 수륙재	2013
13	국가(서울)	126	진관사 수륙재	2013
14	국가(마산)	127	아랫녘 수륙재	2014
15	광주	23	광주전통불교영산재	2014
16	서울	52	봉은사 생전예수재	2019
			국가무형유산으로 승격	2025
17	경남	45	밀양작약산예수재	2019
18	경기	169	청련사예수시왕생칠재보존회	2022

1. 서울 · 경기 지역

1) 동교와 서교의 스님들

조선 시대 한양의 도성 안에 있는 모든 사찰은 폐사(廢寺)되었고, 한양 4대문 안에는 승려의 출입이 제한되었으므로 범패 승단은 4대문 밖 동교와 서교의 사찰에 살았다. 동교의 만월 스님 문하에 벽봉 스님과 전우운 스님이 있었는데, 이들은 개운사 스님들이었다. 개운사의 전우운 스님은 함흥 석왕사로부터 금강산 신계사, 유점사, 장안사, 황해도 신광사, 장단 화장사, 평안도 보현사, 평양 영명사를 다니며 가르쳤으므로 문하에 제자들이 많았다. 당시에 "화계사 공양주가 고향게(告香偈)를 짓고 벽절(양주 흥국사) 부목[29]이 시왕초(탱화의 밑그림)를 그렸다."라고 할 정도로 동교 사찰의 범패가 성했다.[30]

한편, 서교 사찰 중 진관사에 응탄 스님이 있었다. 고종대에 출가한 응탄 스님은 진관사로 출가하여 공양주 소임을 하면서 범음성을 성취하겠다는 서원을 세우고 기도와 정성을 다했다. 어느 날 목이 트여 개성 화장사에서 범패사로 활동했다. 충청도의 대찰 마곡사에서 범패를 가르치자 전국에서 500여 명이 모여들었다. 역사적인 큰 흐름에서는 한양의 스님들이 개성의 영향을 받았지만 조선 말기에 이르러서는 한양의 스님들이 개성뿐 아니라 북한 지역

---

29 '부목(負木)'은 사찰 땔나무를 마련하고 아궁이에 불을 때는 등 허드렛일을 하는 사람을 지칭. 원효가 스승의 역할을 접고 부목을 했다는 일화가 있을 정도로 승려가 맡는 경우가 많았으나 일반인을 고용하기도 했다.

30 한상길(2013), 「근대 화계사의 역사적 위상」, p. 347.

까지 다니면서 가르친 스님들 덕분에 경제범패가 확산될 수 있었다.[31]

2) 동교와 서교의 가교 월하 스님

동교에는 개운사, 흥천사, 화계사, 흥국사, 보광사, 안정사(현 양주 청련사)[32], 경국사가 있었는데 이 중 제일 큰 사찰이 개운사였고, 그다음에는 흥천사, 화계사였다. 이들 사찰에 의례가 번성하여 범패를 잘하는 승려들이 많았던데 비해 서교에는 백련사, 진관사 정도가 전부다. 1870~80년 당시 봉원사 스님들이 재장에 가면 망신을 당하거나 하(下)보시를 면치 못했다. 봉원사의 이러한 사정을 안타까이 여기던 월하 스님(1875년 태생)은 동교 수유리 화계사로 가서 범패를 익힌 후 돌아와 후학을 가르치면서 봉원사 범패가 빛을 보기 시작했다.

월하 스님은 남벽해, 운파, 화담, 일파 스님 등을 가르쳤고, 남벽해 스님은 송암 스님을, 운파 스님은 구해 스님을 집중적으로 가르치면서 국가무형문화재이자 유네스코 세계문화재의 도량이 되었다. 반면 동교의 개운사, 화계사 등은 해방 이후 사찰정화분규 이후 조계종 사찰이 되어 의례 간소화를 주장했다. 대부분 대처승이었던 의례 전문 승려들이 조계종단 밖으로 나옴으로써 전승의 명맥이 끊겼다가 근년에 들어 조계종어산작법학교를 통해 맥을 잇고 있다.

---

31 관련 내용: 윤소희 외(2023), 『국립국악원 구술총서 25』, pp. 202－203.

32 왕십리 안정사는 현재 양주로 이주한 청련사로, 2022년 청련사예수시왕생칠재로 경기도 무형문화재 보유단체가 되었다. 관련 내용, 윤소희(2019), 「청련사 예수시왕생칠재의 범맥과 예술적 세계」, pp. 45－79; 이종수(2018), 「양주 청련사의 역사적 변천과 위상」, pp. 190－224.

3) 1970년대 전후 경제범패 계보

봉원사영산재가 중요무형문화재로 지정되면서 이 방면의 연구 자료들이 나오기 시작하였는데, 대표적으로 한만영의 『한국불교음악연구』를 꼽을 수 있다. 이후 이를 근거로 한 성과물이 계속되며 경제범패의 전승 계보가 정리되었다. 이들 연구 자료에 실린 경제범패의 계보를 도표로 나타내면 다음과 같다.

〈표 14〉 해방 전후 경제범패 계보

동만월(개운사) / 동·서교 / 응탄(진관사) / 서만월(백련사)

- 대원(大圓) — 박운월(朴雲月)
- 벽봉(碧峰) — 황성기(黃晟起), 김운공(金耘空), 안덕암(安德庵)
- 전우운(田雨雲)
- 완담(完潭)
- 표금운(表錦雲) — 한재은(韓觀恩)
- 동화(東華)(화계사)
- 이월하(봉원사)
  - 김운파 — 김화담, 조일파
  - 최영월 — 조덕산, 남벽해, 김구해
  - 박송암 — 이동주, 마일운, 임명원, 김형택, 한동희
- 김운제(진관사)
- 이범호(백련사)
  - 김운공(개운사 김운공과 동일인)
  - 유창렬(천학: 시조명창)
  - 장벽응
  - 김보생(秋聲)
  - 안덕암
  - 만허
- 설봉
- 금봉

문화재 1세대인 운공, 벽응, 송암 스님 중 가장 젊었던 송암 스님이 좀 더 오래 활동하면서 많은 공적을 남겼다. 1969년에 설행한 제1회 옥천범음대학 강좌는 지금까지 지속되며 많은 어장 스님들을 배출했다. 현재 봉원사 영산재 어장 구해 스님을 비롯하여 서울시무형문화재 제43호 경제 어산 어장 동주 스님, 국가무형문화재 제125호 진관사 수륙재 어장 동희 스님, 인천시 무형유산 보유자 능화 스님과 일초 스님 등 유수의 어장들이 전국에서 활동하고 있다.

그간 의례와 범패 전승이 단절되었던 조계종 사찰에서도 21세기 접어들며 문화 홍법에 관심을 가지게 되었다. 그리하여 동교의 개운사에 조계종어산작법학교를 운영하며 의례 전공 승려들을 양성하고 있다. 그 결과 강원도 삼화사 국행수륙재 어장 인묵 스님, 서울 서초동 봉은사의 생전예수재 어장 법안 스님을 비롯한 범패 전문 승려들이 전국적인 활동을 펼치고 있다.

경제범패에 대한 연구로 한만영이 『한국불교음악연구』를 집필했고 이병원이 영문 논문을 쓰기도 했다.[33] 장휘주는 반짓소리에 관한 연구에서부터 홑소리 유형으로 경제범패의 전반적인 면모를 망라했고, 법현 스님은 영산재와 악보집, 음반 출반, 학술대회 개최, 후학을 통한 다양한 연구를 진행해 왔다. 근년에는 혜일 스님이 『시련』을 비롯하여 『불교, 화청의식 복원에 관한 연구』, 『불교의식관련 자료집』 외에 다수를 저술했다. 손인애는 개성범패의 영향을 받은 경제범패 외에 의례집과 범패 관련 연구에 다양한 성과

33 이병원(1971), 「Hossori and Chissori of Pompae: An analysis of Two Major Styles of Korean Buddhist Ritual Chant」 University of Washington 박사 학위 논문 외 다수.

를 보이고 있다. 화청에 관심을 보이고 있는 이종미, 안채비 소리 및 불교음악을 연구하는 차형석, 송암 스님의 홑소리 연구로 박사 학위를 취득한 양영진 외 여러 사람에 의해 인문학, 불교학 등 연구 영역이 확대되고 세분화되고 있다.

2. 충청 지역

2008년에는 충청남도 무형문화재 제40호로 예산 내포영산대재를 지정했다. 내포영산대재 기능보유자로 지정된 법륜사 주지 보명 스님은 무용학 박사 학위를 취득했을 정도로 작법무에 두각을 보인다. 판소리, 성악, 무용 등의 지역 예술인들의 공연과 불화 전시회를 개최하는 등 지역 예술단체와 긴밀한 관계 속에서 의례를 통한 지역 행사를 추진해 왔다. 보명 스님은 법륜범음대학 학장으로 내포지역 법음범패 작법연구소를 설립하여 이수자를 교육하고 있다.

2012년에는 '충북 민속문화의 해'를 맞아 단양 구인사 '삼회향 놀이'를 충북 무형문화재로 지정했다. '삼회향'은 『대승의장(大乘義章)』의 삼종회향(三種回向)에서 유래된 말로, 자신이 닦은 선근 공덕을 중생 · 보리 · 실제 회향 하는 것으로, 의식에 참여한 사람들의 노고를 위로하는 뒷풀이 성격이다. 고려조 산대백희로 행해지던 불교 민속이 억불과 일제강점기를 지나며 전승이 간신히 이어지다 1960년대 부산 금수사에서 정순종 스님의 회향 설법을 전후하여 그 명맥이 보이지 않았다. 이후 권수근 스님이 여주 신륵사에서 삼회향을 했고 천태종단이 권수근 스님을 초대하여 의식규범을 마련할 때 변효근(춘광) 스님이 삼회향 놀이를 전수받았다.

현재는 '천태범음범패보존회'에서 36명의 보존 회원들이 삼회향 놀이의 각 부분을 담당하고 있다. 길놀음으로 시작하며 땅재주, 버나 돌리기, 줄타기, 지게놀음, 학춤, 민요, 농악, 장엄염불, 회향으로 마치는 양상을 보면 고려 시대 산대백희를 떠올리게 된다. 삼회향 놀이는 승속(僧俗)이 함께 범패, 민요, 승무, 북춤 그리고 문답 법문으로 진행되는 음악, 무용, 연극이 어우러진 종합예술로서 고려조의 연등회와 팔관회에 행해졌던 백희잡기를 그 바탕으로 한다.

3. 영남 지역

1) 통범소리

교통과 정보의 흐름이 빨라진 요즈음은 모든 생활 패턴이 서울을 중심으로 획일화되고 있다. 방언이 사라져 가듯 범패도 경제를 닮아 가는 가운데 부산·경남 지역의 범패만은 자신들의 고유한 소리길과 성음을 유지하고 있다. 일제강점기 사찰령으로 총림에 있던 염불원이 폐지되자 부산의 승려들은 어산계를 만들어 범패 전승 교육을 했다, 일제강점기에는 사람들이 많이 모이는 '회'를 결성할 수 없었으므로 '어산계'로 활동했던 것이다.

어산계 스님들이 의례를 통한 수익금을 모아 사찰 불사에 헌납한 공덕이 지대하여 범어사 입구 어산교 옆에 '어산계보사유공비'가 세워졌다. 해방 이후 어산계는 어산회가 되었고, 한국전쟁 후 전쟁 희생자들의 천도재를 지내 주는 의례 봉사를 통해 범패 전승이 이루어졌다. 동래군에서 비롯된 동래 어산계가 동부산어산회를 거쳐 부산어산회가 되기까지의 역사는 한국불교 역사의 살아 있는 한 장면이다.

정화분규 이후에는 조계종, 법화종, 태고종을 넘나들며 어산수련회가 열렸는데, 이러한 활동은 어떤 특정한 문중이나 사찰이 아니라 공동체적 활동이었다. 사찰정화운동을 펼친 조계종에서는 악가무가 있는 의례를 금지하였다. 그러자 영제 범패의 산실이었던 통도사와 범어사에서 범패 활동을 하던 승려들이 종단을 나와 소수 종파를 형성하며 범패 계맥을 이어 왔다. 이 무렵 부산어산회의 범패 지도를 맡은 범어사의 용운 스님은 보성(寶聲)이라는 칭호를 들으며 전국적 명성을 얻었다.

1960년대부터 전통문화에 대한 사회의 관심이 높아졌다. 1969년 국립문화재청에서 용운 스님의 범음성에 대한 조사를 국악학계에 의뢰했다. 그리하여 국악학자 이혜구를 비롯한 일원이 용운 스님을 어장으로 하여 영남 일대의 어산 승려들을 모아 범패를 녹음했다. 그에 대한 보고서가 작성되어 1972년 12월 부산시무형문화재 제1호로 용운 스님이 지정되었다. 범패로 한국 최초의 문화재 보유자가 된 것이었다. 그러나 당시 용운 스님은 이미 일흔이 넘은 연령이었고 몇 달 뒤인 73년 정월에 입적하신 탓에 후학을 잇지 못했다.

그러자 부산어산회에서 용운 스님으로부터 범패를 배우던 제자들이 다시 모였다. 부산시 모라동 관음사 주지 구암 스님, 대신동 관음사의 혜륭 스님, 괘법동 법성사의 해강 스님, 좌천동 불정사의 청공 스님에 의하여 영산재보존회가 결성되었고, 당시에 문화재 등용문이었던 전국민속경연대회에서 수상하면서 1993년 부산영산재가 부산시무형문화재 제9호로 등재되었다. 이때 혜륭 스님은 범패, 구암 스님은 장엄, 해강 스님은 바라무, 청공 스님은 나비무 보유자로 종목별로 나누어 지정되기는 했지만 의례를 하는 스님에게는 범패가 기본이므로 모두가 어장급 실력을 지닌 스님들이었다. 현재는 문화재 1세 용운 스님에 이어 2세인 혜륭, 구암, 해강, 청공 스님도 세상을 떠나고, 제3세대에 의해 전승되고 있다.

2) 아랫녘수륙재와 통고소리

경남 일대 주요 사찰은 통도사와 범어사의 말사(末寺)이므로 이들의 범패 또한 통범 소리권이다. 가야 문화권인 김해 불모산 장유암은 AD48년경 아유타국의 장유화상이 가락국 김수로왕의 왕후가 된 누이 허씨와 함께 이곳으로 와서 사찰을 세웠다. 해방 이후 사찰정화 분규를 지나며 장유암(현 장유사)과 성주사가 조계종 사찰이 되면서 인근의 창원 성주사와 함께 범어사 출신 우담 스님 문하의 스님들의 범패 전승이 어려워졌다.

한국전쟁을 지나며 우담 문중 스님들은 창원 불곡사에서 의례와 범패 강습을 실시했다. 창원 백운사의 석봉 스님도 이곳에서 범패 학습을 하면서 민속경연대회에 출전했다. 시간이 지나면서 석봉 스님이 문중으로부터 독립하여 2002년 2월 경상남도 무형문화재 제22호 불모산영산재로 지정되었다. 2014년 국가무형문화유산 제127호 아랫녘수륙재로 지정되며 불모산영산재를 내놓았으나 이후 재신청했다. 이에 경남도에서 "국가무형문화유산 제127호 아랫녘수륙재와 영남영산재는 그 목적과 내용이 다르다."라는 결론을 내리고 2016년 12월 경상남도 무형문화유산 제41호 불모산영산재로 재지정했다.

3) 밀양 작약산 예수재와 그 밖의 전승

밀양에는 양산 통도사 범맥과 연결되는 표충사가 있다. 대구 팔공산 동화사 출신 스님들도 곳곳의 사찰에 있다. 예로부터 팔공산제 염불과 범패가 큰 범패 줄기였으나 사찰정화운동을 지나며 조계종 사찰이 되어 범패 전승이 끊겼다가 근년에 옛 전통을 회복하려는 노력으로 작약산 예수재가 문화재로 지정되었다. 대구 동화사 출신 응산 스님(應山 1921~?), 동화사 팔봉 문중의 태우 스님(泰宇 1933~)에 이어 근년에는 어장 원봉 스님이 밀양 작약산 예수재로 경남 무형문화재 제45호로 지정받게 된 것이다. 극락으로 가는 가마타기, 탑돌이 행렬 등 축제 성격을 띠는 가운데 예수재의 발원을 성취하는 작약산예수재는 경북 팔공산 소리맥으로 영제 범패의 또 하나 지류가 살아난 셈이다.

근래에는 『구불사 예수시왕생칠재의 찬요』를 문화재로 지정하자는 움직임을 보이고 있다. 이 의식집은 임진왜란 이전에 간행된 조선 시대 불교의례집이다. 「예수시왕생칠재의찬요(預修十王生七齋儀纂要)」는 조선 시대 승려 송당 대우(松堂大愚)가 찬술한 것이다. 선조 9년(1576) 안동 광흥사(廣興寺)에서 간행된 목판본인데 예수재의 유래를 담은 육화(六和)의 예수천왕통의(預修薦王通儀)와 예수시왕생칠재의찬요 31편과 「소청사자소(召請使者疏)」 등이 실려 있다. 간기(刊記)와 더불어 국왕과 왕비의 장수를 비는 내용이 담겨 있는 발원문(發願文), 대시주 손세(孫世) 양주(兩主)를 비롯하여 70여 명의 시주자 명단 등이 실려 있다. 이 의식집은 임진왜란 이전에 간행된 불서의 판본 연구와 당시 불교의례를 추정하는 자료로 평가받고 있다.

서부 경남 지역의 통영 용화사와 고성 안정사는 남해 지역 소리가 다소 가미되어 통범소리의 한 지류이면서 다소 색깔이 다른 통고소리의 맥을 형성하고 있다. 더불어 문화재 밖의 중진 어장들도 영제범패 전승의 중요한 줄기이다. 부산 온천장 원광사의 도진 스님 문하, 학장동 승학사의 종욱 스님, 김해 화장사의 한파 스님 문하, 함안 달전사의 원명 스님 문하, 밀양 팔봉문중 태우 스님 문하 그 외 크고 작은 승단이 산재해 있다. 문화재의 보호나 혜택을 받지 않고도 역량을 발휘하고 있는 부산·경남 지역 어장들이 문화재 밖에서의 전승과 활동이 가능한 것은 이 지역 불교의례의 수요가 있기 때문이다.

4. 호남 지역

호남 지역 범패를 일러 완제라 하는 데는 완주의 소리문화와 관련이 있다. 대휘 대사의 『범음종보』에 전해지는 혜감의 제자들은 주로 전라도 사찰의 승려들이었다. 소리의 고장 호남 지역은 조선 시대까지만 하더라도 『작법귀감』과 『범음종보』를 발간하는 등 의례활동과 범패 전승에 두각을 보였으나 현대에 접어들어 다소 약세를 보이고 있다. 산업화로 인해 사람들이 도시와 산업지대로 이주해 간 탓에 영남에 비하면 불교 인구가 적은 편이다. 호남 지역 범패 전승의 특별한 점은 일응 스님을 비롯하여 봉서사영산재 범패 보유자인 일암(장상철) 스님이 모두 국악 활동을 한 점이다.

일응 스님 봉청

회심곡

일응 스님은 전국 시조창 경연대회에서 국무총리상을 수상하였으며, 1974년에는 전국 시조인 연합회의 수석 부회장직을 맡기도 했다. 일응 스님 회심곡 음반에서 절묘한 엇박과 변화박으로 장단을 넣은 솜씨가 뛰어나다. 마찬가지로 전북영산재 범패 보유자인 일암(장상철) 스님 또한 시조창에 남다른 식견이 있어 시조보를 활용하여 범패보를 만들었다. 일응 스님은 완제의 의례악가무 중 운심게 작법무에 특히 조예가 깊었다. 1983년 서울 문예극장에서 '만석중놀와 운심게 작법'이 공연되었는데, 그림자극과 함께 일응 스님의 작법무가 활용되었다.

서울을 오가며 의례 활동을 해 오던 일응 스님은 호남의 후학들을 가르쳐 1986년 민속예술경연대회에서 문공부장관상을 수상하였고, 1987년 11월에는 일응 스님 자신이 서울 봉원사영산재 작법무보유자로 지정되었다. 일응 스님이 보유한 완제 '운심게작법무'의 예술성이 전문가들로부터 인정을 받았던 것이다. 1988년에는 광주에서 열린 제29회 전국민속경연대회에서 제자들이 대통령상을 수상한 결과로 봉서사영산재보존회가 결성되었고, 일응 스님이 초대 회장이 되었다.

이후에도 일응 스님은 전주를 중심으로 익산 태봉사, 광주 율곡사 등지에 어산·작법 강습회를 마련하여 정기적인 교육을 실시했다. 그리하여 호남 전 지역에서 일응 스님 범패를 전수하는 제자들이 양성되었다. 이후 10년간의 노력 끝에 1998년 1월 9일 봉서사영산재는 제18호 무형문화재가 지정되었고, 범패 보유자로 일암(장상철) 스님, 작법무에 석정(이강선) 스님이 지정되었다.

2003년 일응 스님이 입적한 이후에도 호남 일대 제자들의 활동은 계속되어 전주에 전승원이 건립되었고, 광주에서는 율곡사의 혜령 스님을 중심으로 활동이 펼쳐졌다. 그 결과로 2014년에 광주시 무형문화재 제23호로 광주 전통불교영산재가 지정되었다. 이때 범패 보유자로 혜령 스님, 작법무 보유자는 법륜사 주지 월인 스님, 바라무 보유자는 전남 곡성군 무각사 주지 호산 스님이 지정되었다.

한국 전통음악과 불교음악의 관계에 있어 완제범패의 어장이 보이는 국악 활동은 많은 점을 시사한다. 일응 스님과 일암 스님이 가곡과 시조창 분야에 뛰어난 가객으로 인정받을 수 있었던 것은 범패와 한국 전통 성악의 발성에 서로 상호적인 관계가 있기 때문이다. 그간 한국전통음악계 학자 사이에서는 범패가 시조·가곡과 닮은 점이 많다는 주장을 더러 나왔지만 이에 대한 연구 성과는 이루어지지 못했다. 앞으로 이 방면 후학들의 연구가 있기를 기대한다.

5. 제주 지역

제주도에는 제주도무형문유산 제15호로 제주불교의식이 지정되어 있다. 주요 의식으로는 한라 영산재가 있는데 이는 1933년 제주불교 중흥조 봉려관 스님이 관음사 산천단 아래서 산신제를 올린 것으로 시작하여 한라 산신과 설문대 할망 등 제주의 주요 수호신에게 시왕제, 천도재 등 사자(死者)를 위한 의식이 행해졌다. 특히 제주 4.3사건 이후 희생된 영령들을 위로하는 재의식에 제주 도민의 동참이 적극적으로 이루어졌다.

제주무형문화재 제15호 보유자로 지정된 성천 스님은 2008년에 제주시 애월읍에 건립된 제주불교의식 전수관에서 범패와 작법무를 지도하고 있다. 제주도 범패는 안채비소리가 육지의 다른 지역 소리보다 느리고, 범패 또한 다소 느리고 무거운 느낌이 드는 특징을 가진다. 이에 대하여 성천 스님은 "제주도 사람들의 한이 너무 많아서 소리를 길게 하여 한을 풀어낸다."라고 설명했다. 그러나 선율의 골격은 경제 범패와 같은 결을 지니고 있다. 이는 제주 민요의 다수가 경기 민요 토리를 지니고 있는 것과 상통하는 점이다.

제 3 장

재장의 음악과 장르별 특징

불교의식을 행하는 재장은 노래 · 춤 · 연극 · 기악이 펼쳐지는 종합예술의 장이기도 하다. 이 항에서는 의례를 설행하는 데 수반되는 음악적 면면을 살펴보고자 한다.

Ⅰ. 의례문과 율조

의례 절차를 담고 있는 텍스트는 중국으로부터 유입된 것이므로 한문 율조와 불가분의 관계를 지닌다. 이들 의례문이 쓰일 당시 중국에서의 노래[歌]란 '가사를 늘여 짓는 것[歌永引]'이었으므로 어단성장(語短聲長)의 멜리스마 선율이 재장의 음악, 즉 범패의 대부분이다. 그러나 의례문의 전반적인 내용을 보면, 사설조, 시, 불호, 진언, 다라니 등 다양한 요소가 있다. 따라서 율조에 따른 어휘의 개념을 정리해 보면 다음과 같다.

〈표 15〉 문(文)과 율(律)의 특징

구분	특징
사(辭)	운문의 한 체로 소(騷)[1]의 변체(變體)이다. 주역의 괘를 설명하는 것도 사(辭)라고 하여, 사(詞)보다 더 문학적이고 격조 있는 것으로 친다.
가(歌)	노래로 번역되며 소리를 내어 억양을 붙여 읊는다.
사(詞)	노랫말로 번역되는 동시에 당나라 중기에서 시작하여 송나라까지 성행한 장단구 (長短句) 운문의 선율을 지칭하기도 한다.
곡(曲)	노래 및 기악을 포함, 원나라 때 유행한 운문체를 곡(曲)으로 지칭해 왔다.
요(謠)	악기의 반주 없이 노래하는 것으로. 풍설(風說), 유언비어(流言蜚語)란 뜻도 있어 떠돌아다니는 노래나 어린이들의 노래에도 이 어휘를 쓴다.

불교음악의 근간인 경전과 염불에는 율조와 성조의 차이가 있다. 경전에 나타나는 율적 어휘를 요약하면 다음과 같다.

〈표 16〉 불경과 의례문에 나타나는 율적 특징

구분	특징
송(誦)	경전을 외는 율조로 송경(誦經)을 위한 특정 율조가 있다.
송(頌)	시체(詩體)로 된 가사를 다소 늘여 짓는 선율, 노래와 읊기(詠)의 중간 선율
창(唱)	예술 혹은 기예(技藝)가 가미된 선율로 발성을 적극적으로 한 선율이다.
독경	"경을 읽는다"라는 뜻을 지닌 독경은 율조를 염두에 두지 않고 염송한다.

1 소(騷)는 굴원(屈原 BC340–278)의 「이소(離騷)」가 대표적이다. '이소'는 373구 2,490자로 고대 중국의 시가(詩歌) 중에서 가장 긴 서정시로 문학성이 뛰어난 낭만주의 걸작으로 평가받는다. 관련 내용: 윤소희(2024), 『음악인류학–불교와 세계종교–』, pp. 54–62.

1. 풍송조

종래에 안채비소리로 지칭해 오던 율조이다. '안채비소리'는 낭송하는 사람의 신분(재를 주최하는 사찰 스님)을 나타내는 말이므로 율조와 상관이 없다. 더구나 요즈음은 바깥채비스님들이 안채비소리를 모두 다 하는 일이 많으므로 본 책에서는 이를 '풍송조'로 지칭하고자 한다.

경제 풍송조의 4가지 율조 중 유치성은 각단의 유치 · 청사 · 소 · 관음예문에 이르기까지 공손한 어조로 낭송한다. 착어성은 하단의 영가들을 향해 일러 주는 말이므로 발성에 힘을 주어 엄중한 어조로 낭송한다. 편게성은 설명조의 내용이므로 유연하고 평이한 어조로 낭송한다. 개탁성은 의례 여건상 시간의 단축할 필요가 있을 때, 특별히 강조할 부분 외에는 촘촘히 엮어 짓는 것이다. 율조 유형으로는 유치 · 착어 · 편게성 3가지를 볼 수 있고, 이들 세 가지 율조 모두 개탁성으로 낭송할 수 있다.[2] 반면 영남 지역에서는 홑

〈표 17〉 풍송조의 유형

구분	풍송조(안채비소리)			
	유치성	착어성	편게성	개탁성
경제	유치 · 청사 · 소	하단 영가를 위한 설법	의례문 편(설명)	촘촘히 쓸어 지음
영제	자비성(慈悲聲)	엄성(嚴聲)	특정 명칭으로 지칭하지 않음	

2 관련 연구로 차형석(2024), 「경제 범패 안채비소리 '개탁성'의 음악적 특징과 기능」; 손인애(2020), 『경제 안채비소리 성조의 수용과 변천』 등이 있다.

소리 짓소리 범패에 4성이 있으나 의례문 사설은 불보살께는 부드럽고 공손한 자비성, 영가들을 향해서는 엄격한 어조로 낭송하는 엄성의 두 가지가 있다.

1) 유치성

유치성은 법회를 열게 된 연유와 의미를 아뢰는 내용이므로 부드럽고 공손한 율조를 띤다. 대개 ‘앙유(仰惟 우러러 아뢰오니)’로 시작한다. ‘절이(切以 간절히 아뢰오니), 복문(伏聞 엎드려 청하오니), 소(疏 아뢰는 글)’도 대부분 이와 같은 청유문이다.

“仰惟 三寶慈尊 法身湛寂 絶 視聽而包含太虛 報體圓明 離 … 중
앙유 삼보자존 법신담적 절 시청이포함태허 보체원명 이
략 … 暫辭寶界 略降香筵 謹運一心 恭陳三請
잠사보계 약강향연 근운일심 공진삼청

우러러 아뢰오니 삼보자존이시여, 고요의 법신은 보고 듣는 모든 것이 텅 비어 … 중략 … 잠시나마 이 법회에 강림하시길 일심으로 공손히 엎드려 청합니다.”

〈악보 1〉 상단 유치

〈악보 2〉 상단 소성

범패: 동희 스님, 진관사 수륙재(2016)

사설조 의례문을 홑소리로 짓는 개계성도 있다. 대개 영산작법에서 장엄하게 짓는 경우인데 ♩. 30-40으로 느리고 유려한 선율로 짓기도 한다. 『석문의범』에는 개계소와 개계편이 있다.

이들을 간략히 비교해 보면 다음과 같다.

〈표 18〉 사설조 의례문

종류	내용
開啓疏(개계소)	蓋聞(개문) 覺皇垂敎(각황수교) … 하략 … 엎드려 청하오니 깨달음의 황제께서 가르침을 베푸시어 … 하략
開啓篇(개계편)	切以(절이) 法筵廣啓(법연광계) 誠意精虔(성의정건) 欲迎諸聖以來臨(욕영제성이내림) … 하략 … 간절히 바라오니 법의 자리를 널리 펴시도록 정성으로 마련하였사오니 성현께서 강림하여 오시기를 … 하략

이들 사설조는 모두 개탁성으로 쓸어 지을 수 있고, 그 가운데 특정 음들은 모음을 늘이며 시김새를 구사하기도 한다, 그런가 하면 홑소리 범패도 의례 여건에 따라 개탁성으로 쓸어짓기도 한다. 이렇듯 한국 범패는 의례 여건에 따라 자유롭게 늘이고 줄여야 하므로 재장의 승려들은 견기이작(見機而作)에 능해야 한다.

〈악보 3〉 영산 개계편(개계소)

채보: 양영진[3]

2) 착어성

착어성은 하단 영가들에게 일러 주는 소리다. 영가들이 재장에 입장하기 전 대기하는 순서인 대령, 하단에서 영가들에게 설법을 들려 줄 때 이와 같은 어조로 의문을 짓는다. 착어성에는 어떤 절차를 하기 전에 하는 선착어와 그 절차를 마친 후에 하는 후착어가 있다. 다음의 악보는 대령 중에 하는 선착어로 가사의 일부를 인용하면 다음과 같다.

生本無生 滅本無滅 生滅本虛 實相常住 今日靈駕 還會得 … 중
생본무생 멸본무멸 생멸본허 실상상주 금일영가 환회득

략 … 靈駕 旣受香供 已請法音 合掌專心 參禮金仙
영가 기수향공 이청법음 합장전심 참례금선

태어남도 멸함도 본래 없어 실상은 항상 그대로이니 오늘 영가는 이 법회에 오시어 … 중략 … 향그러운 공양과 법음을 받았으니 참례하여 금선(승천)하십시오.

이 가사 중 8자의 가사 선율은 다음과 같다.

3 양영진(2020), 「범패 홑소리의 의식음악 양상 연구 – 박송암창을 중심으로 –」, p. 31에서 인용.

〈악보 4〉 대령의식 중 착어

범패: 일운 스님

채보: 손인애[4]

3) 편게성

설명 · 안내 · 당부의 어조를 지닌 사설은 내용에 따라 설행의 차이가 있다. 관욕절차에서는 듣지 못하는 영가들을 위해서 수인으로, 보지 못하는 영가들에게는 소리(범패)로, 멀리 있어 보이지도 들리지도 않는 영가들을 위해 바라를 크게 치며 불보살의 은덕으로 죄업을 씻어 주는 향탕으로 오라는 신호와 메시지를 보낸다. 해당 의문을 인용해 보면 다음과 같다.

引詣香浴 上來 已憑佛力法力 三寶爲神之力 召請人道 一切人倫
인예향욕 상래 이빙불력법력 삼보위신지력 소청인도 일체인륜
及無主孤魂 洎 有情等衆 已屆道場 大衆聲鈸 請迎浴
급무주고혼 계 유정등중 이계도장 대중성발 청영욕

유주무주의 모든 영가들이시여 이 도량에 오시어 바라치고 노래하는 저 곳, 부처님과 삼보의 은덕으로 차려진 향그러운 탕으로 들어가 목욕하십시오.

4 손인애(2020), 앞의 책 p. 25 인용.

〈악보 5〉 인예향욕 시작구

범패: 송암 스님

채보: 손인애[5]

모든 범패는 의례 여건에 따라 염불조–반염불조–홑소리–반짓소리–짓소리를 오가며 늘이고 줄일 수 있듯이 의례문도 사찰과 어산단에 따라 다소 차이가 있다. 강원도 삼화사수륙재의 경우다.

引詣香浴篇: 惟願 佛慈攝受 法力加持 頓息貪瞋癡 同圓戒定慧
인예향욕편 유원 불자섭수 법력가지 돈식탐진치 동원계정혜
出六道輪廻之苦處 入一路涅槃之慈門 上來 已憑佛力法力 三寶
출육도륜회지고처 입일로열반지자문 상래 이빙불력법력 삼보
威神之力 召請法界 一切人倫 洎無主孤魂 及有情等衆 已屆道場
위신지력 소청법계 일체인륜 계무주고혼 급유정등중 이계도장
大衆聲鈸 請迎赴浴 -
대중성발 청영부욕

모든 영가들이여 이 도량에 오시어 바라 소리 울리는 향탕으로 드시어 탐내고 성내고 어리석은 잘못들 씻으시고 부처님의 자비와 삼보의 은덕을 받으십시오.

문장은 다소 차이가 있지만 관욕소 앞에서 바라를 치며 향탕으로 안내하는 취지와 맥락은 같다.

4) 개탁성

개탁성은 '게탁성'으로 표기하기도 하였으나 최근 연구 경향을

5 손인애(2020), 앞의 책 p. 152 인용.

따라 '개탁성'이라 하였다.[6] 사설조 의례문이라도 3일 영산으로 행할 때는 풍송조로 늘여 지으므로 예전의 영산개계는 마치 시조창과도 같이 긴 선율로 지었다. 그러나 요즈음은 1자 1음으로 촘촘히 엮어 가는 율조를 지칭하는 경우가 많다. 유치 · 착어 · 편게성 모두 개탁성으로 할 수 있다.

〈악보 6〉 후착어 일자일음형

채보: 차형석[7]

〈악보 7〉 후착어 일자일음+일자다음

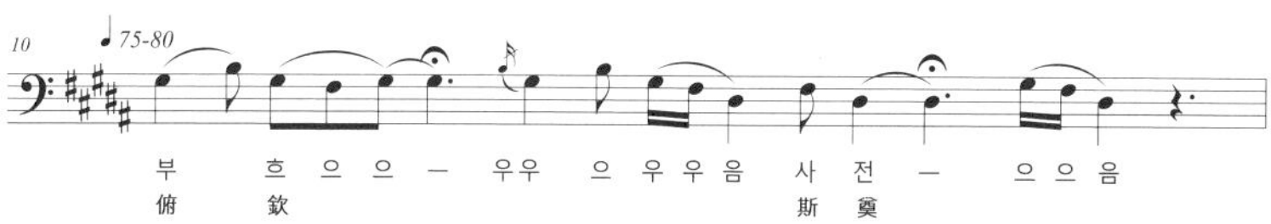

이상 사설조 의례문의 악보는 최소한의 참고 자료일 뿐이므로 이들 음원을 들어 보고 실제 재장에서 체험해 봐야 풍송조의 멋을 알 수 있다.

2. 홑소리

사설조에도 율조에 따른 성(聲유형)이 있듯이 홑소리에도 다게성, 개계성, 헌좌게성, 진언성, 황화게성, 할등성, 고향게성, 가영

---

6 차형석(2024), 「경제 범패 안채비소리 '개탁성'의 음악적 특징과 기능」

7 차형석, 앞의 논문 p. 282 인용.

성, 사다라니성 등의 선율의 유형(聲)이 있다. 이들을 보면 거의 같은 선율에 다른 가사를 얹어 부르는 계열, 사설조의 의문을 늘여 짓는 계열, 헌좌게와 같이 주고받으며 연창하는 계열, 진언을 홑소리 형태로 하는 계열이 있다. 그 외 작법무와 법구 타주의 특징을 공통적으로 지닌 악곡들도 있다.[8] 영남 범패는 '거불성 계열', '진묵게(찬불게) 계열', '복청게 계열'의 세 가지 유형이 있다. 거불성은 저음에서 시작해서 상승하는 유형, 진묵게는 중간 음역에서 시작해서 상하로 진행하는 유형, 복청게 계열은 높은 음으로 질러내어 하강하는 유형이다.[9]

1) 경제 기초소리 할향

(1) 재의식과 게문(偈文)

영산작법의 절차는 할향(喝香)으로 시작하여 연향게 · 할화(喝花) · 할등(喝燈)으로 이어진다. 할향은 상주권공, 각배재, 영산재에 따라 가사의 차이가 있고, 상 · 중 · 하단마다 가사가 다른 거불, 헌좌게, 가영 등이 있다. 반면 할향은 의례를 시작하기 전에 한 번만 피우므로 각단 할향은 없다.

이렇듯 범패는 의례의 내용과 목적에 의해서 제반의 유형이 정해진다. 재의식의 기초인 상주권공은 일상으로 하는 재공(齋供)이다. 범패를 배울 때 가장 먼저 배우는 곡이기도 하여 '초할향'이라 한다. 각배는 대례왕공재(大禮王供齋)와 시왕각배재(十王各拜齋)를 줄인 말로 천도재와 상통한다. 각 의례의 할향 가사는 다음과 같다.

---

8 양영진(2020), 「범패 홑소리의 의식음악 양상 연구－박송암창을 중심으로－」, pp. 21－94.

9 윤소희(2013), 「불모산범패의 선율유형 연구－우담문중 은파스님을 통하여－」

〈표 19〉 의례에 따른 할향 가사

상주권공	각 배	영산재	영남 할향
奉獻一片香 봉헌일편향 德用難思議 덕용난사의 根盤塵沙界 근반진사계 葉覆五須彌 엽복오수미	出自須彌巖畔 출자수미암반 常在海藏龍宮 상재해장용궁 耿耿焚爇金爐內 경경분설금로내 上通佛國如人間 상통불국여인간	玉斧削成山勢聳 옥부삭성산세용 金爐爇處瑞煙濃 금로설처서연농 僚天鼻孔悉遙聞 요천비공실요문 戒定慧香薰法界 계정혜향훈법계	戒定香 계정향 一片栴檀沒價香 일편전단몰가향 須彌第一最高崗 수미제일최고강 六株通遍薰沙界 육주통편훈사계 萬里伊蘭一樣香 만리이란일양향

경제초할향	경제영산할향	영제영산할향

각각의 가사와 뜻을 풀어 보면 상주권공 할향은 "하나의 향을 봉헌하오나 그 정성(덕용) 헤아리기 어려워라. 향기가 사바세계부터 수미산까지 퍼지네." 각배재는 "금향로에 피운 향이 수미산 암반, 바다 속 용궁, 불국토와 인간세계까지 두루 향기 퍼지네." 영산재는 "옥도끼로 빚은 산세 웅장한 금향로에 사른 상서로운 향연이 퍼져서 막힘없는 마음이 하늘같아 계정혜의 향기가 온 우주에 퍼집니다."라는 내용이다.

(2) 초할향의 선율

이들 가사 중 초할향의 선율을 송암 스님의 범패에서 채보해 보면 악보가 3~4페이지에 달할 정도로 길다. 이들 중 첫 구 '봉헌'의 선율을 한만영의 채보를 보면 다음과 같다.

〈악보 8〉 경제 초할향 시작구

채보: 한만영 각주[10]

경제 초할향은 5언 4구 20자 가사이다. 이들 중 첫 구 5자를 짓는 데 16줄의 악보를 차지할 장도로 긴 선율이다. 이 선율의 전반적인 흐름을 보면 첫 구의 봉헌을 위와 같이 지은 후 모음을 늘여 짓는다. 그러고 마지막 소절에서 '일편~~향'으로 맺는다. 시작 구의 '일편' 후에 모음을 늘이다가 마지막에 '일편향' 가사를 하므로 비로소 알아들을 수 있게 된다. 제1구의 전체 선율 중 모음을 장인하는 11줄의 악보를 생략하고 종지구인 '일편향' 부분을 제시해 보면 다음과 같다.

〈악보 9〉 경제 초할향 제1구 종지

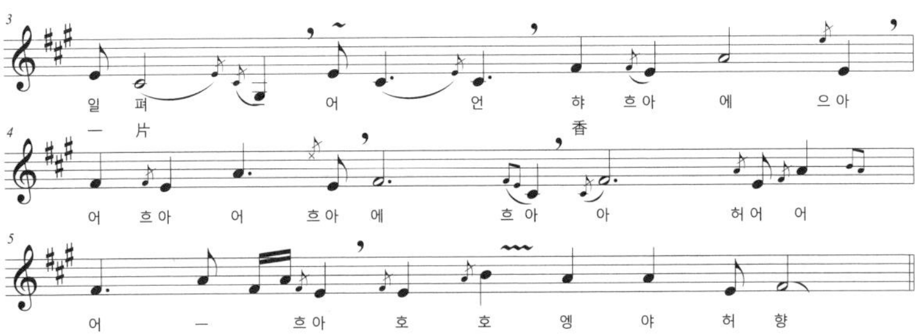

10 한만영(1990), 『한국불교음악연구』, pp. 190－193.

위와 같이 제1구를 마치고, 제2~3구도 같은 방식으로 이어진다. 제4구의 마지막 소절인 '오수미'의 선율은 다음과 같이 짓는다.

〈악보 10〉 경제 초할향 마지막 종지구

이상 할향의 선율에 나타나는 음은 '미 · 솔 · 라 · 도 · 레'로 이루어진 5음 음계이며, 그중에서도 '미(C#)'와 '라(F#)'가 골격을 이루고 있다. 제1구의 종지음 '라'를 흘려서 맺고, 제4구의 최종구는 '라'에 장식음 '라'를 한 번 짚고 '라'로 마친 후 한 음 흘러내려 '솔(E)'로 종지한다. 전반적인 선율 흐름을 보면 장식음, 꺾는음, 요성을 하다가 음의 뒤를 4도 혹은 5도로 올려서 맺는다. 영남 범패가 '라솔미'로 하강하는 메나리토리가 강한데 비해 경제 할향은 '솔'의 출현음이 더러 있어 경제 민요와 궁중음악의 느낌이 다소 들기도 한다.

〈악보 11〉 경제 초할향의 출현음

(3) 영제 할향

할향을 축약하면 조석예불 '계향 정향 혜향 해탈향 해탈지견향'을 낭송하는 오분향게가 된다. 영남 지역에서는 연향게를 가장 긴 짓소리로 하는데 요즈음 연향게 짓소리를 창화하는 곳은 보지를 못했다. 이러한 가운데 아랫녘수륙재 석봉 스님은 계정혜로 시작하여 7언 절구를 길게 짓는다. 세번째 줄에는 음정이 내려가서 악보의 조표가 바뀌어 있다. 이럴 경우 예술음악에서는 의도적으로 전조 혹은 변조에 해당되겠지만 범패는 스님의 컨디션과 재장의 여건에 따라 음이 변하는 경우가 더러 있어 판명하기가 어렵다.

〈악보 12〉 석봉스님 할향 중 계정향

채보: 서정매[11]

2) 영제 기초 소리 거불성

(1) 재의식과 게문(偈文)

교통과 정보의 발달로 전국이 획일화되어 가는 요즈음, 불교음악도 경제범패로 통일되는 경향을 보인다. 그리하여 충청도의 중

11 서정매(2017), 『영제 범패의 전승과 변화양상』, p. 251에서 인용.

제, 호남의 완제, 경북의 팔공산제는 경제범패와 합송이 가능하다. 그러나 부산·경남 지역의 영제는 서울과 확연히 다른 소리세계를 지니고 있어 다른 지역 승단과 합송이 불가능하다. 이러한 영남 지역은 삼보통청 거불성을 기초소리로 한다. 거불성은 각 단 마다 대상이 다르므로 가사가 다르다. 이들 가사를 보면 의례와 범패의 관계가 한 눈에 보인다.

〈표 20〉 각 단의 거불성 가사

삼보통청	사자·오로단	대령(對靈)
나무 불타부중 광림법회 나무 달마부중 광림법회 나무 승가부중 광림법회	나무 상주 시방불 나무 상주 시방법 나무 상주 시방승	나무 극락도사 아미타불 나무 관음·세지 양대보살 나무 접인망령 인로왕보살

상단	중단	하단
나무 청정법신 비로자나불 나무 원만보신 노사나불 나무 천백억화신 석가모니불	나무 천장보살마하살 나무 지지보살마하살 나무 지장보살마하살	나무 극락도사 아미타불 나무 좌보처 관세음보살 나무 우보처 대세지보살

〈표 20〉에서 나타나는 거불성 중 대령과 하단의 거불성은 밀접한 관련이 있다. 즉 재장에 초대된 하단의 영가들이 재장에 입장하기 전에 밖에서 기다릴 때 거명하는 거불이므로 같은 대상을 위한 범패인 것이다.

대령 때는 아미타불, 관세음보살, 대세지보살의 3위에 인로왕보살까지 4위이다. 하단에 시식할 때는 인로왕보살은 없고, 관세음과 대세지보살이 좌우에서 하단의 영가를 보살피고 있다. 이렇듯 의례문은 불교 교리가 의례 절차와 범패 가사로 유기적인 관계를 이루고 있다.

(2) 거불성의 선율

영제범패의 소리길과 성음은 4성의 바탕에서 이루어지므로 거불 4성을 파악함으로써 영남범패의 바탕과 골격을 간파할 수 있다. 이는 당나라 츠우종 스님이 설명하는 4성, 조선 시대 백파 긍선 스님이 저술한 『작법귀감』의 4성과 같다. 그 법도가 영남범패에 살아 있는 것이므로 신라 시기 고제(古制)의 면모가 유지되고 있음을 추정할 수 있다. 이러한 영남범패는 홑소리 · 긴소리 · 겹소리로 확대되어 가는데, 시작 소리와 끝부분은 그다지 큰 변화의 폭이 없고 중간 부분의 모음을 늘여서 짓는 것을 확인할 수 있다.

〈악보 13〉 영남범패 선율과 4성

① 홑소리 거불

영제 기초소리 거불성은 삼보통청이 기본이다. 다음의 악보를 보면 홑소리, 긴소리, 겹소리가 점차 확대되는데, 이들 가사는 불 · 법 · 승을 동일 선율에 세 번 반복하므로 참고삼아 홑소리는 불보, 긴소리는 법보(달마), 겹소리는 승보로 가사 채보를 했다.

〈악보 14〉 영제 거불성 홑소리

② 긴소리 거불

〈악보 15〉 영제 거불성 긴소리

③ 겹소리 거불

〈악보 16〉 영제 거불성 겹소리

이상 거불성의 출현음을 보면, '미솔라도레'의 5음이지만 '솔(C)'의 역할은 장식음에 포함되는 정도여서 사실상 4음 계면조로 파악된다. 또한 단락을 지을 때 수시로 '라솔미'로 하강하고 있어 메나리토리 계면조가 확연히 드러난다.

〈악보 17〉 영제 거불성의 출현음

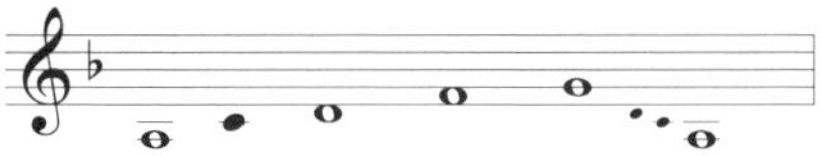

3. 짓소리

짓소리는 '길게 짓는다'라는 뜻에서 비롯되지만 서울 · 경기 지역은 합창이라는 특징이 하나 더 있다. 반면 영남 지역에서는 홑소리와 짓소리 모두 합창한다. 이는 일본이나 중국에서도 마찬가지다. 음향기기가 없던 시절, 넓은 재장에서 의례를 설행했으므로 범패는 본래 합창이 기본이다.

1) 경제 짓소리의 음악적 특징

상단에는 불보를 찬탄하는 대직찬, 법보 찬탄 중직찬, 승보 찬탄의 소직찬이 있고, 각각의 절차에 여러 찬탄 게송이 있다. 그중 불보를 찬탄하는 내용은 다음의 대목을 노래한 후에 여러 찬탄 게송을 창화한다. 특히 불보를 찬탄하는 첫 문장 '지심신례 불타야 양족존'을 짓는 대목을 '지심신례'라 한다. 지면 한계상 전체 악보를 실을 수 없어 골격 선율만 제시해 보면 다음과 같다.[12]

---

12 전체 악보와 분석 내용은 윤소희(2020), 『문화와 음악』, pp. 372－391; (2017),

(1) 지심신례 구조와 선율

경제와 영제 모두 짓소리로 하는 '지심신례'는 영산재, 수륙재, 예수재의 상단 절차 중 삼귀의 시작 부분에 설행된다. 경제의 대표 어장인 송암 스님의 범패를 채보해 보니 '지심신례불타야양족존'의 가사를 노래하는데 약 24분이 소요된다. 허덜품으로 시작하여 가사 사이사이에 모음을 늘여 짓는 4구성이 있다. 4구성은 모음창(口音)이 네 단락으로 이루어져 있다는 뜻이다. 이러한 구성이 지심신례를 통틀어 3번 등장한다. 이들은 반복되는 가운데 미세한 변화를 보인다. 이들 중 서주에 해당하는 허덜품을 채보하면 다음과 같다. 범패의 허덜품은 판소리의 단가, 산조의 다스름과 같이 목을 풀어 발성을 준비하는 역할이 같다.

〈표 21〉 지심신례 전체 구성

〈악보 18〉 지심신례 허덜품

「짓소리 연구 Ⅰ – 삼귀의 절차와 지심신례(두갑) 분석 –」 참고 바람.

허덜품으로 목을 풀고 난 후, 삼귀의 중 불보를 찬탄하는 첫 구절 '지심'의 선율은 다음과 같다.

〈악보 19〉 시작구 '지심' 소리

가사의 첫 소절인 '지심' 소리에 이어서 모음을 늘여 짓는 사구성으로 접어든다. 제1-4 구성에 이르는 선율을 분석해 보니 A · B · C · D · E · F에 이르는 선율 요소가 이어졌다. 이들 중 A-B까지만 제시하면 다음과 같다.

〈악보 20〉 4구성 1-1의 A-C 유형

이와 같은 모음창은 다음 가사인 '신례'를 지은 후 다시 모음창 4

구가 이어진다. 이때 제1 구성의 선율을 반복하면서 시김새와 선율 변화가 이루어진다. 제2 구성을 B-F까지 제시해 보면 다음과 같다.

〈악보 21〉 4구성 1-2 변화선율

가사와 모음창(口聲)을 번갈아 노래한 후, 마지막 가사인 '양족존'은 다음과 같이 마무리된다.

〈악보 22〉 종지구 양족존 소리

'지심신례'는 긴 악곡인 만큼 청(Key)이 변하는 부분이 있으나 주된 악조는 다음에 예시한 바와 같이 '솔라도레미' 음계에 '미(C)' 라(F) 도(Ab)가 주된 골격음이다. 종지형은 홑소리 초할향과 거의 같고 음역은 홑소리보다 넓으며 시김새의 폭과 다양성을 극대화한다.

〈악보 23〉 지심신례 출현음과 음역

지심신례

(2) 짓소리의 시김새

지심신례에는 다양한 시김새가 구사되고 있다. 이들 중 점차 음이 잦아들며 자출이는 소리는 다음과 같다.

〈악보 24〉 '례' 자를 지으며 잣는 소리

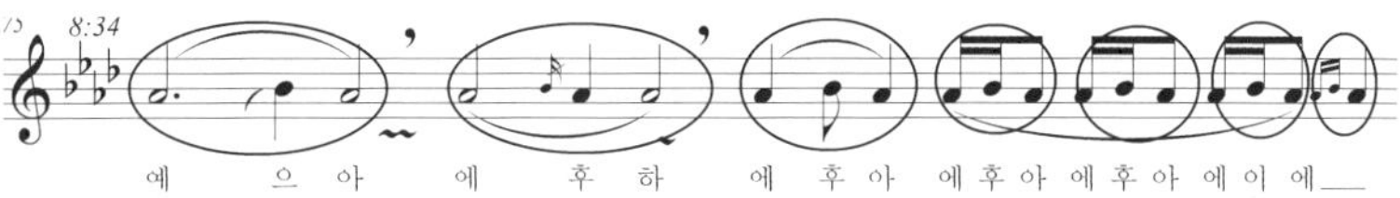

〈악보 25〉 '타' 자를 지으며 잣는 소리

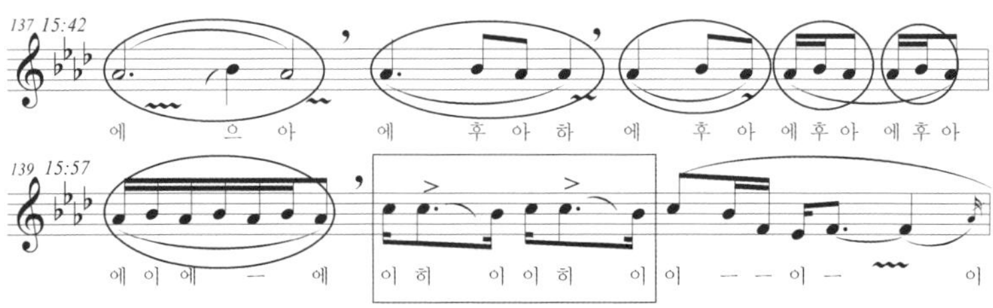

〈악보 26〉 '신' 자 잦아드는 리듬

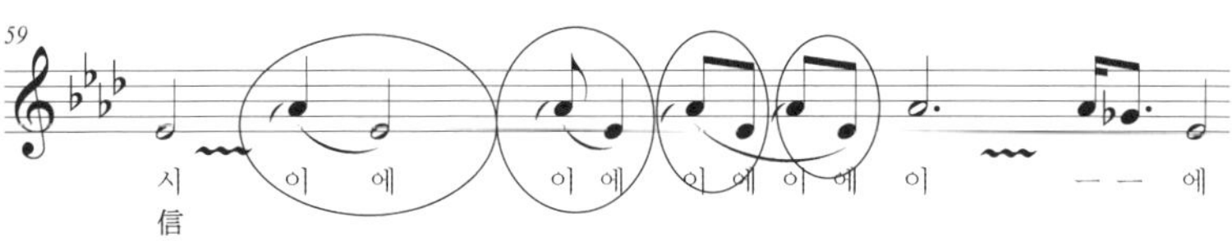

(3) 짓소리 모음창

4구성에는 음을 최상승으로 끌어 올렸다 뚝 떨어뜨리는 시김새가 두드러진다. 이들의 용례를 보면 다음과 같다.

〈악보 27〉 제Ⅰ사구성 중 구성4 이후의 변화 선율

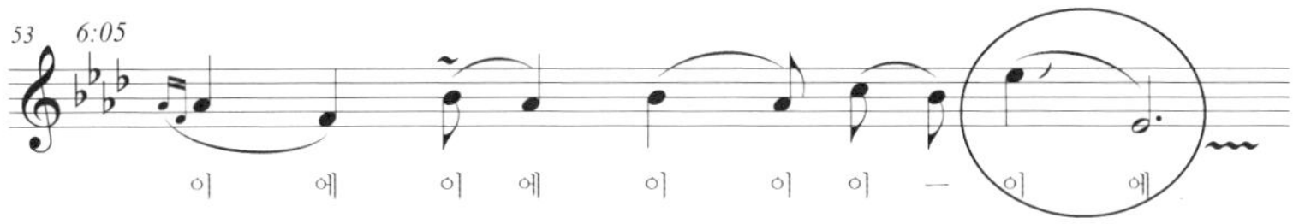

〈악보 28〉 제Ⅱ사구성 중 구성4 이후의 변화 선율

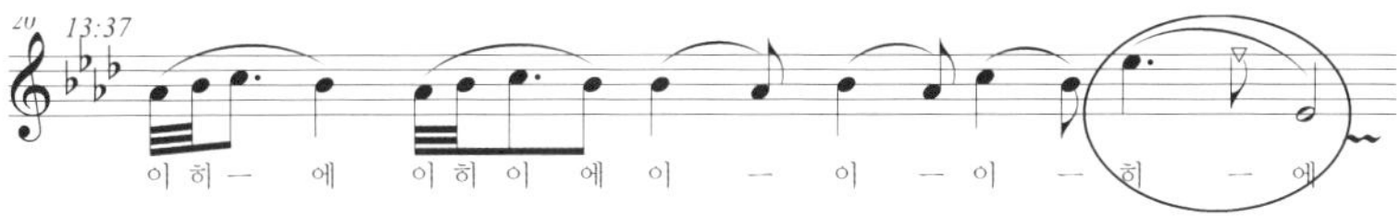

〈악보 29〉 제Ⅲ사구성 중 구성4 이후의 변화 선율

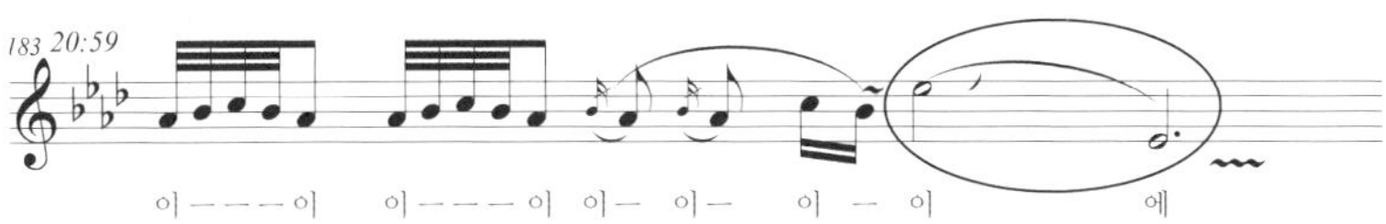

2) 영제 짓소리의 음악적 특징

(1) 지심신례의 선율 특징

영남 지역의 승려들이 범패를 배울 때면 처음에 홑소리로 익히고, 이어서 긴소리·겹소리로 늘려 간다. 이때 중간 부분의 모음을 한 겹, 두 겹, 세 겹으로 늘리는 데 더하여, 짓소리는 저음으로 뚝 떨어져서 울려 내는 '음소리'와 '아아훔소리'가 있다. 이들 중 지심신례의 시작 부분을 보면, 경제와 같은 허덜품 없이 바로 '지심'의 가사를 짓는다.

〈악보 30〉 시작구 지심 소리

범패: 용운 스님

음원: 영남 범패 CD TR1-2

앞의 선율은 거의 실음에 가깝게 채보했다. 영제범패가 경제보다 음역이 낮은데 그중에서도 지심신례는 더욱 저음으로 짓는다. 출현음을 보면 미(G#) 라(C#) 도(E), 레(F#)로 영남범패 거불성의 4성의 골격을 지니고 있음을 알 수 있다. 다만 짓소리인 만큼 장식음과 시김새가 좀 더 다양하고 길게 구사되고 있다. 다음의 '양족존'에 이르는 선율을 보면 한 옥타브 아래 표시가 되어 있지만 사실상 정확한 옥타브라기보다 음정으로 측정되지 않는 저음을 나타내고 있다. 이렇듯 영남 지역은 저음에서 부처님에 대한 존숭과 귀의심을 드러내고 있다. 이는 예로부터 저음을 숭상해 온 동양음악의 심미관이 배경에 있다.

〈악보 31〉 종지구 양족존 소리

〈악보 32〉 지심신례 삼각원 출현음

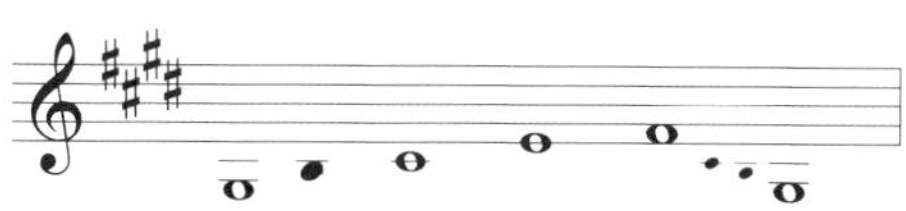

영제 지심신례

(2) 짓소리 모음창

다음의 악보는 '삼각원' 중에서 '음소리'이다. '지심신례 불타야 양족존, 삼각원만덕구'로 이어지는 가사이므로 사실상 한 곡이다. 그러나 선율이 길어 끊었다 부르므로 별개의 곡으로 인식되기도 한다.

〈악보 33〉 음소리

〈악보 34〉 아아훔소리

영남 지역은 신라 시대 당풍의 면모를 좀 더 많이 지니고 있다. 그리하여 영남범패는 대만범패와 닮았다는 평을 듣기도 한다. 영제 범패 '음소리'와 '아아훔소리'는 중국의 '찬'류 범패의 '탄창(歎唱)'과도 닮았다. 저음으로 길게 늘여 가다 소리가 빈 듯한 이 부분을 "선정(禪定)에 들어 쉬는 듯하다."라고 표현하기도 한다.

4. 진언과 다라니

재장에는 무박설로 모음을 길게 늘여 짓는 한어범패의 정적인 율조와 법구 타주와 함께 리드미컬하게 송주하는 범어범패의 동적인 율조가 씨줄과 날줄처럼 짜여 있다. 범어범패 율조 유형을 크게 분류하면, 홑소리와 같이 늘여 짓는 형, 풍송조로 약간 늘여 읊는 형, 3소박과 2소박을 자유로이 오가는 민요형, 촉급하고 촘촘하게 읊는 염불형의 4가지로 나눌 수 있다.

1) 홑소리형

진언은 대개 한문 게를 노래한 후에 마무리하는 듯이 보이지만 실제는 한문 게가 서주이고, 진언이 실질적 기능을 한다. 그러므로 의례문 제목도 '헌좌진언'으로 표기하고 헌좌게에 이어서 헌좌진언을 한다. 재장에서 한문 게를 길게 늘여 짓고, 진언은 촘촘히 낭송하다 보니 마치 게를 마무리 짓는 듯 들리지만 실상은 그 반대인 셈이다. 이러한 진언율조 중에 헌좌진언 '옴 바아라 미나야 사바하'는 헌좌게와 동일하게 선창과 후창으로 주고받으며 늘여 짓는다. 즉 뒷부분인 '미나야~ ~'부터 다음 소절이 겹치며 소리한다.

〈악보 35〉 홑소리형 진언 율조

범패: 삼화사수륙어산단

음원: 국립무형유산원 2012삼화사수륙재2-2tr2 상단

2) 풍송조

진언은 대개 법구를 치며 촘촘하게 송주하지만 진언의 제목을 늘여 지은 후 진언의 몇 음은 소리를 늘여 풍월 읊듯이 짓기도 한다. 이때 요령과 법구는 변함없이 타주하여 대비를 이룬다.

〈악보 36〉 파지옥진언

범패: 문현 스님

음원: 국립무형유산원 2012삼화사수륙재 1-1tr3 대령

3) 민요조

재장에서 바라무를 출 때 천수다라니와 사다라니를 노래할 때면 마치 민요를 듣는 듯하다. 천수다라니는 '신묘장구대다라니'로 불려 왔다. 그러나 이는 형용하는 내용이 부각되고 실제 내용은 드러나지 않는다. 관세음보살의 자비심으로 모든 사람들의 소망을 성취하기를 비는 기도문이므로 중국에서는 '대비주(大悲呪 큰 자비를 청하는 주문)', 일본에서는 '대비심다라니(大悲心陀羅尼)'로 통칭한다. 한국에서는 『천수경』 염송으로 송주하므로, 천 개의 손과

눈으로 세상을 보살피는 관세음보살을 뜻하는 '천수천안관세음'의 뜻을 살려 '천수다라니(千手陀羅尼)'로 제목을 붙였다. 천수바라는 "신묘장구대다라니를 엎드려 청합니다."라는 가사 '복청게(伏請偈 神妙章句大陀羅尼)'를 노래한 후에 다음의 다라니를 노래하며 바라무를 춘다.

〈악보 37〉 천수다라니 시작구

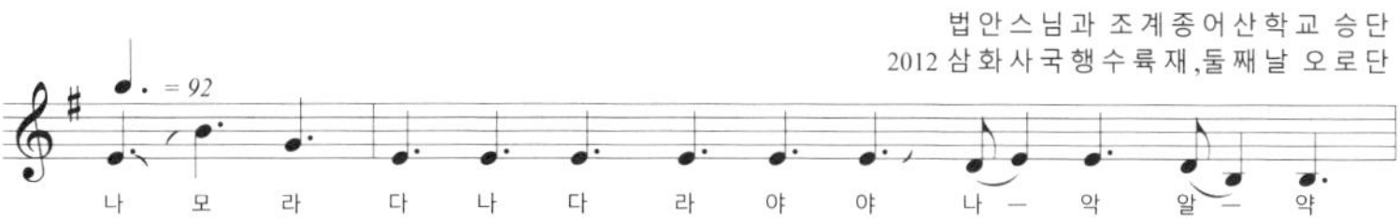

재장에서는 천수바라무 못지않게 신명을 내는 사다라니가 있다. 천수바라무를 하기 전에 복청게를 하듯이, 사다라니를 하기 전에 4개의 다라니를 청하는 가지변공(加持變供 공양물이 법식으로 변하기를 비는 기도문)을 노래하는데 이때 시작구의 가사를 따서 '향수나열'이라고도 한다. 가지변공(加持變供): 香羞羅列(향수나열) 齋者虔誠(재자건성) 欲求供養之周圓(욕구공양지주원) 須杖加持變化(수장가지변화) 仰唯三寶(앙유삼보) 特賜加持(특사가지), 변식진언(變食眞言), 시감로수(施甘露水)진언, 일자수륜관(一字水輪觀)진언, 유해(乳海)진언을 한 뒤에 행여 빠지거나 미처 공양을 다 받지 못한 대상을 향하여 보공양진언을 한다. 이때의 바라무는 법구를 신명나게 치면서 민요조로 송주한다.

〈악보 38〉 조계종어산학교 보공양진언

범패: 삼화사수륙어산단

음원: 국립무형유산원 2012삼화사수륙재 2-3tr3

앞의 악보에서 어장 인묵 스님의 독소리로 '보~' 자를 길게 늘여 짓는 부분은 생략하고 대중이 다함께 짓는 부분만을 채보했다. 상단 절차에서 진언 제목의 첫 자를 길게 늘여 짓는 것은 대상을 향한 존숭의 마음을 드러내는 것이다.

〈악보 39〉 아랫녘 보공양 진언

범패: 아랫녘수륙재[13]

13 윤소희, 「범어범패의 율적 특징과 의례 기능 – 아랫녘수륙재를 통하여 –」, p. 243에서 인용.

앞의 두 악보에서 경제 계열의 어산학교는 목탁 · 법고 · 징1 · 2로 구성된데 비해 아랫녘은 광쇠(꽹과리) 타주가 더해진다. 광쇠의 유무로 인해 웃녘은 부드러운 음향, 아랫녘은 강한 울림을 자아낸다.

4) 염불조

모음을 늘여 짓는 홑소리 범패에 이어지는 진언은 2소박으로 촘촘히 마무리하는 경우가 많다. 보궐진언, 헌전게(獻錢偈)와 헌전진언 등 모든 다라니와 진언도 시간이 촉급할 때는 이와 같이 하므로 사설조 의문을 촘촘히 짓는 개게성과도 상통한다.

〈악보 40〉 보궐진언

범패: 삼화사수륙어산단

음원: 국립무형유산원 2012삼화사수륙재2-3tr3

〈악보 41〉 일반 염불조의 천수다라니14

14 영인 스님(2010), 《천수경 · 아미타경》

〈악보 42〉 재장의 어산단이 하는 천수다라니

아랫녘수륙재 어산단

소리 글자인 범어(산스끄리뜨어)를 뜻 글자인 한자로 음사했다가, 그것이 한국으로 들어와 한국식 한자음으로 발음하다 보니 실제 진언과 다라니의 발음에 많은 차이가 있다. 그런가 하면 범어의 글자와 음, 문장구조, 문체를 전혀 모르고 송주하다 보니 "나모 라뜨나 뜨라야야"를 "나모라 다나다라 야야"와 같이 송주하는 경우도 많이 생겼다. 이와 달리 중국은 범어와 중국어를 정확하게 구분해서 송주하고, 일본 또한 범어 · 일본어 발음과 어문을 정확하게 표시하며, 티벳도 표기와 음, 띄어쓰기가 비교적 정확하다. 이러한 점에서 한국의 진언과 다라니 송주는 앞으로 개선해야 할 점이 많다.

5. 민요조 범패와 불곡

예전에는 사찰에서 재를 할 때 스님과 재자가 서로 호흡을 맞추며 신행이 이루어졌다. 이를 말해 주듯 영남 지역에는 엄숙하고 장엄한 상단의 삼귀의 불찬에서도 세마치로 신명을 내는 부분이 있다.[15] 이외에 축원과 화청, 회심곡에서 민요조 선율이 민중의 호응을 얻었다.

1) 민요조 범패

예전의 의례문에는 상단·중단·하단에 모두 화청이 있었다. 촉급한 현대 생활환경 탓에 이들을 생략하고 찬탄가사만 노래하고, 하단 화청 대신에 회심곡을 부르면서 화청이라고 했음을 앞서 '화청' 항목에서 설명하였다. 민요조 불곡 중에 축원화청, 장엄염불 등은 기도문이자 발원문으로 의례 절차에 포함되므로 이들은 범패로 분류된다. 음악적으로는 모음을 늘여 짓는 당풍 범패와 달리 한국식 선율과 리듬으로 창화되므로 향풍범패이다. 수륙재에서 창화되는 축원화청의 시작 부분을 채보해 보면 다음과 같다.

〈악보 43〉 축원 시작

범패: 수범스님, 법고: 천상스님

음원: 2023 전남 무위사 수륙재, 채보: 윤소희

15 윤소희(2013), 『용운 스님과 영남범패』, pp. 186－189.

위 악보를 보면 세마치장단의 법고 가락에 맞추어 진행되는 선율에서 경기 민요의 느낌이 날 정도로 한국적 감성이 묻어난다. 법고 리듬을 보면 첫 부분에서 2소박(♫/♪ ♪)으로 시작하여 3소박(♫)의 변화를 구사하며 선율을 살린다. 그리고 맺는 부분에는 법고를 크게 치며(악보 □ 표시 부분) 신명을 내고 있어 범패와 북 가락 모두 전문가 다운 예술적 기량을 느끼게 한다. 이어서 "억조창생~"으로 고조되는 선율을 구사한 뒤 축원 가사로 접어들어 촘촘히 가사를 읊는 데 비해, 법고는 화려한 리듬 절주를 구사한다. 다음 악보는 잔가락을 도저히 따라 적을 수 없어 개략적으로 표시했다. 이러한 가락은 승려의 재량에 따라 다양하게 표현된다.

〈악보 44〉 법고 장단의 절정 부분

몰아치던 가락은 종지부로 가면서 이완되어 "마하반야바라밀"의 마지막 구를 맺을 때는 북 가락 또한 느슨하게 이완하여 ♪ ♪ ♪ ♪/♪ ♪ ♪ ♪ 으로 변화를 주면서도 반복하는 패턴과 함께 맺어 축원의 여운을 남긴다.

〈악보 45〉 마하반야바라밀 종지구

이와 같은 염불은 범패를 전문으로 하는 스님들 사이에서는 각자의 음악적 성향에 따라 시김새와 장식음의 차이를 보이며 자신의 개성 있는 음악세계를 드러낸다. 앞서 축원염불을 한 수범 스님은 봉원사 옥천범음학교에서 소리를 익혔다.

같은 교육 과정을 거친 청련사예수재 어장인 상진 스님도 장엄염불과 북 가락에서 명성이 높다. 이 음원에서는 스님이 직접 징을 타주하며 연주하는데, 수범 스님과 비교해 보면 골격음이 같은 가운데 미세한 차이를 보인다. 반주는 징으로 하므로 북과 다른 음향의 대비를 이룬다. 또한 북 가락에 능한 상진 스님이 직접 법고를 치며 노래하는 장엄염불 또한 일품이다. 이렇듯 향풍범패는 스님과 신도들의 공감대가 넓은 한국불교음악의 중요한 장르이다.

〈악보 46〉 축원화청 시작 부분

범패: 상진 스님

음원: 2018. 9. 9(음) 청련사 예수재 막재 녹음, 채보: 윤소희

2) 설창 가요 회심곡

그간 회심곡을 화청으로 통칭해 왔다. 그러나 이는 의례의 간소화와 세속화 때문에 어느 정도 와전된 측면이 있다. 본래 의례문에는 상·중·단의 화청이 있었다. 상단 화청은 불보살님께 청유하는 내용, 중단 화청은 제신(諸神)에게 고루 청하는 내용, 하단 화청은 영가들에게 일러 주는 의문을 범패로 노래하는 내용이었다. 그러나 의례를 간단히 행하면서 상단과 중단 화청은 생략하는 경우가 많았고, 하단 화청 범패 대신 회심곡을 노래하다 보니 회심곡을 화청이라 하게 되었다.[16] 회심곡은 당나라 후반기부터 유행한 속강에 이어 송나라 때 사찰 마당에서 유행한 부모은중경, 목건련구모(求母)변문을 비롯한 설창(設唱)류 노래로부터 이어졌다.

불교가 부흥한 고려조에 정토신행이 민중으로 확산되었다. 그리하여 영명연수(永明延壽 904~975) 스님의 영향을 받은 보조(普照), 나옹(懶翁), 태고(太古) 등의 승려에 의해 다양하고도 많은 불교 가사들이 창작되었다. 특히 나옹화상(1320~1376)은 충숙왕 7년(1320) 한족계 이주민 출신의 아버지 슬하에서 태어나 1347년에 옌징(燕京, 현 베이징)으로 가서 수학했고, 공민왕 4년(1354)에 원나라 전역을 다니며 두타행을 했다. 이 무렵 송나라 때 유행한 설창류 불곡을 많이 들었으므로 돌아와서 낙도가(樂道歌), 토굴가(土窟歌), 심우가(尋牛歌), 자책가(自責歌), 승원가(僧院歌) 등을 지어 널리 회자되어 왔다. 당시에는 한글이 없었으므로 한문과 우리말 현토가 함께 쓰였다가 조선조를 지나며 한글로 번역되어 오

---

16 이것은 일제강점기에 일본의 민요조 쇼묘 화찬(和讚)의 영향을 받았을 가능성이 있다. 상세내용: 윤소희(2022), 「한국범패에 나타난 일본쇼묘의 영향」

늘에 이른다.

"청산리 깊은 골에 일간토굴 지어 놓고, 송문을 반개하고, 석경에 배회하니~"로 진행되는 나옹화상의 토굴가와 "닦는 길을 말하라면 허다히 많건마는 대강 추려 적어 보세… 고양이가 쥐 잡듯이 주린 사람 밥 찾듯이, 목마른 때 물 찾듯이~"로 서술되는 조선 시대 경허선사의 가사를 비교해 보면 문학적 틀이 다름을 알 수 있다. 즉 고려조에 쓰인 가사들은 한문에 향찰의 조사가 붙는 식이지만 조선조에 들어서는 순 한글식으로 바뀌었다. 이러한 가사들은 워낙 많은 승려들 사이에서 편작되어 왔으므로 나옹화상, 서산대사를 창자로 하는 가사들이 큰스님의 명성에 기대어 민중 계몽으로 확산시켜 온 일면도 있다.

고려조부터 창작되어 온 설창류 가사들은 조선조 들어 교화승들의 방편으로 개작과 편작이 성행하며 각 사찰에서 이들을 판각하여 보급하였다. 이러한 흐름이 억불 때문에 불교의례의 원만한 설행이 불가능해지며 조선 말기에는 무격승니(巫覡僧尼)의 노래가 되었다가 결국에는 무가(巫歌)로 불리기도 했다. 이를 말해 주듯 회심곡류의 선율은 무가의 청배장단으로 불린다. 회심곡 연구의 초기에는 이를 엇모리장단(10/8)으로 채보하는 경우가 많았으나 무가와 불곡을 통섭한 근년의 연구는 8박인 청배장단으로 표기하고 있다.

회심곡의 8박 장단은 한국 전통음악의 가장 오래된 양식인 가곡, 굿 음악을 관통하는 리듬 절주가 있다. 문헌에 나타나는 가장 오래된 리듬 구조이면서 현존 전통음악 장단의 원류인 6 대강 16박은 15세기 초 세종대(1418~1450)에 32박에서 15세기 중반 세조대에 주기가 절반으로 줄어든 것이다. 그것이 1세기 정도 지난 1610~

1657년 즈음 '번음촉절'(繁音促節)해져 8박으로 줄었다. 8박은 복합박자이면서 불균등한 리듬 구조인 채로 속도가 빨라져서 현존 음악의 여러 장르에 정착되었다.[17]

현존 음악에서 장단은 주기가 더욱 다양해지고 속도가 빨라졌다. 리듬 구조는 불균등형 장단(혼합 박)과 균등형 장단(균등 박)의 두 갈래로 나뉘어 있다. 이는 현존 음악 장단의 총체적 모습이면서 '6 대강의 지속과 변화'로 축약된다. 장단 변화의 공통성은 장르를 초월해 있어서 현존 음악을 거시적 안목으로 바라보게 한다.

〈악보 47〉 일응 스님 회심곡[18]

조선조 억불에서 사찰 유지가 어려워지자 민간의 기복에 응하면서 무격승니의 활동이 있었다. 그 과정에 무속과 불곡이 상호 작용하며 서로 융합되었다. 따라서 오늘날 가곡 · 시조 · 회심곡을 관통하는 8박 장단은 한국 전통음악의 흐름에 많은 것을 시사한다. 이러한 리듬 절주의 근저에는 세종의 32정간, 세조의 16정간, 근현대에 8박으로 반절되며 이어지는 한국음악의 리듬 체질이 있어 정악, 불교음악, 무속음악까지 이 방면의 연구과제가 많다.

17 김혜숙(2023),「회심곡과 한국 전통장단의 유기적 관계에 대한 고찰–일응스님 회심곡을 통하여–」

18 김해숙, 앞의 논문 p. 130 인용.

Ⅱ. 법구 타주와 악사들의 음악

1. 법구의 종류와 기능

사찰 신행에는 목탁을 비롯한 여러 가지 법구가 활용된다. 많은 사람들이 참여하는 재장에서 대중의 행동을 이끌기도 하고, 의례문 낭송과 창화의 시작과 끝을 알리는가 하면 범패와 작법무 절주에 지휘와 반주 역할을 하기도 한다. 다수의 법구는 금속성 울림의 징과 광쇠(꽹과리), 나무(목탁)와 가죽(법고)의 짧은 여음과 음색이 음향적 균형을 이룬다.

1) 법구의 종류

(1) 법고: 법고는 진언 · 다라니 송주와 기타 염불의 반주로 타주하며, 법고무를 출 때 춤과 함께 타주한다.

(2) 법령: 들고 흔들어 소리 내는 방울이라는 뜻에서 '요령(搖鈴)'이라고도 하나 불교의식에 쓰일 때는 법령이라 한다. 염불, 의례문 낭송에 쓰인다.

(3) 목탁: 의례 집전, 경전 독송, 진언 · 다라니 송주, 염불, 범패 반주로 타주된다.

(4) 징: 범패 반주와 염불 반주, 작법무 지휘에 타주된다.

(5) 광쇠: 꽹과리와 같은 울림 판에 손잡이가 달려 있다. 영남 지역에서는 의례의 지휘와 범패 반주의 주도적인 역할을 한다.

(6) 목어: 물고기 모양의 목어는 범종각에 걸어 두고 아침 예불

전 사물의식에서 타주한다. 서울 봉원사 영산재에서는 재장에 목어를 걸어 두고 타주하는 순서가 있다.

2) 지방별 특징

(1) 경제 법구 타주

서울·경기 지역에서는 범어로 된 진언이나 다라니를 반주할 때 북과 목탁을 비롯한 여러 가지 법구로 반주하기도 한다. 의례문을 풍송조(안채비소리)로 낭송할 때 법령을 흔들며 창화한다. 봉원사영산재 식당작법에 정쇠(영남의 광쇠)로 지휘하는 역할을 절차가 있기는 하나 일반적으로 서울·경기 지역은 징 하나만으로 범패를 반주한다.

〈사진 7〉 징을 치며 범패하는 봉은사예수재 어장 법안 스님 (촬영 2012년 10월 20일)

〈사진 8〉 봉원사 영산재에서의 정쇠 타주 (촬영 2006년 6월 6일)

(2) 영제 법구 타주

영남 지역에서는 홑소리 범패에도 징·광쇠·북·목탁 등 사물을 갖추어 타주한다. 영남 지역 스님들은 "사물을 갖추어야 '재'지 아니면 그냥 약식인 거지. 서울은 약식"이라고도 한다. 조선 후기 의례 상황을 보여 주는 감로탱에도 광쇠가 빠지지 않고 등장한다. 중국과 대만에도 조석예불을 할 때면 적어도 4~6가지의 법기를 갖추어서 의례를 진행한다. 광쇠를 수반한 사물 타주로 요란한 영제에 비해 경제 범패는 징 하나로 반주를 한다. 서울·경기 지역은 불교를 억압하던 도성 인근에 있었으므로 요란한 소리를 내며 의식을 하기는 어려웠을 것으로 보인다. 경기 지역의 홑소리는 승려 혼자 노래하는 경우가 많다. 이는 광쇠로 반주하면 음량의 균형이 깨지므로 음량의 밸런스에도 맞지 않았기 때문일 것이다. 영남의 재장에서는 어장이 독소리로 시작하면 대중이 울력소리(합창)를 하므로 음량 밸런스에도 광쇠가 적절했을 것이다. 한편 서울·경기 지역에서는 범패를 반주하는 징을 '태징'이라고 하는데 이는 전쟁터에서 '진고(進鼓) 퇴(退)징'[19]이라는 데서 기인한 것으로 보인다.

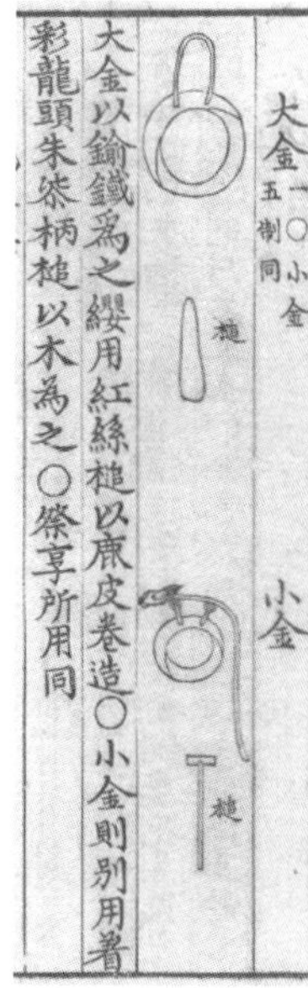

〈사진 9〉 악학궤범

〈사진 10〉 다수의 광쇠로 반주하는 아랫녘수륙재 (촬영 2012년 10월 12일)

〈사진 11〉 다대포수륙재에서 사물을 타주하는 영남범음범패보존회 (촬영 2008년 6월 8일)

19 예전에는 쇠 '금'자를 '징'이라고 발음한 적이 있다.

조선 시대 감로탱에서도 광쇠를 타주하고 있는 모습을 쉽게 찾아 볼 수 있다.[20] 이를 통해 예전에는 재장에 광쇠가 일반적으로 쓰였음을 추정해 볼 수 있다. 그런가 하면『악학궤범』에는 징과 꽹과리를 대금(大金), 소금(小金)으로 기록하며 꽹과리에 손잡이가 달린 모습을 볼 수 있다. 또한 중국의 불교의식에서도 꽹과리와 같은 법구를 치는 사람이 한국의 손잡이가 있는 꽹과리를 치는 모습을 볼 수 있다. 이러한 제반의 모습을 볼 때 예전의 꽹과리에는 손잡이가 있다가 후대에 손잡이가 탈락한 것으로 보인다. 손잡이를 없애고 꽹과리를 조절함으로써 빠르고 기교적인 연주가 훨씬 용이해졌다. 조선조 불교의례의 모습을 담고 있는 감로탱 중 고종 5년(1868)에 그려진 경기도 수락산 흥국사 감로탱을 비롯하여 다수의 감로탱화에 광쇠를 들고 춤추는 모습이 있다. 그런가 하면 고종 29년(1892)에 그려진 서울 봉은사 감로탱에는 광쇠를 들고 착복무를 추고, 그 앞의 승려 두 사람이 광쇠를 들고 반주하고 있다. 이러한

〈사진 12〉 봉은사 감로탱

20 이미향(2007),「불교의식 광쇠에 대한 연구」

모습들은 불교의례에 쓰이는 법구와 궁중 악무의 상호 관련성에 흥미로운 연구 주제가 될 수 있다.

2. 악사들의 연주

1) 의례에 수반되는 음악

재의식에는 악사들의 음악이 함께 연주된다. 이들 연주 양상을 보면, 시련 행렬, 작법무의 반주 역할과 더불어 유치문이나 소(疏), 기타 사설문을 낭송할 때 피리나 대금이 수성가락을 연주하기도 한다. 이러한 음악은 특정 순서에 어떤 음악을 연주해야 한다고 정해진 것이 없으므로 악사의 재량에 따라 선곡된다. 조선초 국행 수륙재를 행한 진관사에서 연주된 악곡을 살펴보면 다음과 같다.

〈표 22〉 진관사 재차와 음악[21]

재차	사용 악곡과 내용
시 련	무령곡(武寧曲), 자진능게, 긴염불, 대취타
관 욕	관욕게 바라무, 화의재 바라무: 자진능게
신중작법	요잡바라: 자진능게
괘불이운	옹호게 삼현육각 연주 / 요잡바라, 명바라: 자진능게삼현육각
수륙연기	천수바라: 자진능게 / 나비춤: 긴염불+ 대취타, 태평소
사 자 단	사다라니 바라: 자진능게+대취타(태평소)
오 로 단	〃
상 단	나비춤: 긴염불, 자진능게
중 단	사다라니 바라무: 자진능게+대취타(태평소)
하 단	없음

21 이용식 외(2011), 『진관사 국행수륙대재』, pp. 224–229.

이 외에 수륙연기 낭송, 입정(入定), 축원(祝願)과 같은 순서에는 독주 악기가 정적인 악곡을 연주하곤 한다. 이때 사용되는 악곡으로는 영산회상 상영산을 비롯하여 악사들이 분위기에 맞추어 선곡 · 연주한다. 예수재를 봉행하고 있는 서울 서초동 봉은사에는 전속 국악합주단이 있으므로 기악 연주가 보다 적극적으로 활용된다.

국가무형문화재 제50호 벽응 스님의 가락을 전수한 악사를 비롯해 이 방면 고유한 가락을 전승하는 스님과 악사가 곳곳에서 작법무와 행진에 활용되는 태평소 가락을 잇고 있으나 아직 뚜렷한 계보는 없는 상태이다. 벽응 스님께 직접 태평소를 배운 청련사 어장 상진 스님은 청련사 예수시왕생칠재를 통하여 악사의 연주를 적극 활용한다. 청련사의 수석 악사 위재영은 어장 상진 스님, 벽응 스님의 태평소를 전승하고 있다. 각 재차에 수반되는 악곡들은 취타, 상령산 가락, 염불 가락, 대풍류 가락과 이로 인한 변주 등 영산회상에서 파생된 정악계열이 주를 이룬다. 그 외에 법고무에 수반되는 능게 자진모리, 휘모리와 같은 민속 가락 등이 있다.

〈표 23〉 청련사 재차와 음악[22]

재차		악곡
시 련		운집쇠, 대취타
탑 돌 이		허튼 타령 가락
의례 수반 음악		상령산풀이(주로 긴 풍송조 의례문에 수반)
작법무	착복무	대풍류 중 염불 가락과 변주
	바라무	천수바라, 막바라 가락
	법고무	능게, 자진모리, 무속 휘모리 즉흥 연주
기 타		수석 악사의 재량에 따라 적절히 Solo 및 합주

22 윤소희(2019), 「청련사 예수시왕생칠재의 범맥과 예술적 세계」, pp. 45－79; 위재영(2022), 「청련사 악사들 음악」

2) 행렬에 수반되는 음악

의례가 시작됨을 알리기 위하여 수석 악사가 태평소로 운집쇠 가락을 연주하면 어산단의 법구와 악사들의 타주가 따른다. 악기 구성은 피리, 대금, 태평소, 아쟁, 해금, 장구로 구성되는 5인 체제이다. 악사들은 피리와 태평소를 절차에 맞추어 번갈아 연주한다.

〈악보 48〉 의례의 시작을 알리는 운집쇠 가락

운집쇠 가락이 끝나면 태평소는 대취타 가락을 불고 어산단은 시련 행렬을 시작한다. 시련이 마당의 탑 앞에 이르면 악사들은 허튼가락을 연주한다. 허튼가락은 극락왕생의 염원을 비는 탑돌이와 법당 안에서의 순당(巡堂)에도 연주된다.

〈악보 49〉 시련의 태평소 가락과 취타 및 법구 타주

3) 범패 수성가락과 작법무 반주

긴 의례문을 지을 때 독주로 수성가락을 연주한다. 다음 악보는 관욕을 하기 전에 연주하는 피리 선율로, 의례의 진중함에 부합하는 정중동(靜中動)의 분위기로 입정(入定)을 유도한다.

〈악보 50〉 상령산 푸리

착복무에는 대풍류의 염불가락, 바라무에는 천수바라 및 막바라 가락, 법고무에는 능게, 자진모리와 휘모리가락이 수반된다. 관욕 의식에서 수인을 하고, 어산단에서 바라무를 출 때 막바라 가락을

연주한다. 벽응 스님의 가락과 청련사에서 연주하는 위재영의 가락을 비교해 보면 다음과 같다.

〈악보 51〉 벽응 스님의 막바라 시작 부분

호적: 벽응 스님, 채보: 이승민

음원: 벽응 스님 강의 녹음[23]

〈악보 52〉 악사 위재영의 막바라 시작 부분

호적: 위재영, 채보: 이승민

2018 생전예수재 9.4 막재 관음시식

위 악보를 보면 '라(남려C) → 솔(임조Bb)'로 시작하여 두 번째 줄 마지막 단락의 종지 음형이 같은 패턴으로 일치하는 데다 중간 부분의 주요 골격음과 선율 진행의 윤곽이 거의 같은 맥락으로 진행되고 있다. 이어지는 맺음부분에서는 벽응 스님의 가락에서 한 소절 정도의 변주 가락이 추가되는 가운데 선율의 변화가 확대되고 있다.

---

23 제자들에게 호적가락을 강의하며 시연한(연도 미상) 동영상 자료 채보

〈악보 53〉 벽응 스님의 막바라 맺음 가락

〈악보 54〉 악사 위재영의 막바라 맺음 가락

후반부에서는 다소의 변화가 보이나 단락을 맺는 '라(남려) → 솔(임종)'의 골격이 벽응 스님의 선율이 유지되고 있어 무형문화재 제50호 벽응 스님의 태평소 가락이 현재의 재장으로 이어지고 있음을 알 수 있다.

이상 사찰 재장의 법구 타주와 기악 연주를 보면 불교는 의례 자체가 음악이요, 설행 전반에 걸쳐 춤과 음악이 함께하는 종합예술이다. 오늘날 국·공립합창단에서 연주하는 레퍼토리를 보면 불교음악은 찾아보기 힘들다. 이에 관한 세간의 의견을 들어 보면 '기독교는 음악, 불교는 미술(불화와 조각)'이라고들 한다. 그러나 불교 신행과 의례에서 보이는 음악적 양상을 보면 이러한 표현은 말이 안 된다. "한국전통음악은 불교음악이다."라고 할 정도로 불교를 모르고는 한국 전통음악을 알 수 없다. 불교는 경전을 낭송할 때도 법구를 치며 리듬 절주에 맞추어 염송한다. 이는 불교경전이 합송 율조에 의해서 형성되었기 때문이다.

제 4장

설법 연희와 불교민속

Ⅰ. 설법 연희의 역사적 배경

중국에 불교가 전래된 초기에 서역승들은 중국인에게 익숙한 도교에 빗대어 불교를 설명하거나 이국적 호기심을 자극하며 불교 전법이 이루어졌다. 역경으로 대부분의 한어 경전이 완성된 당대(唐代)에는 엘리트 승려들과 귀족층을 중심으로 강경 및 송경의식이 성행했지만, 당대 후기 민중불교가 확산되면서 노래와 연희를 통한 속강이 유행했다.

한국에도 속강이 들어와 설행되었을 테지만 해당 기록이 없어 알 길이 없었다. 그러다 2016년 삼척 고속도로 공사를 하면서 산골에 있던 안정사의 땅설법이 세상에 알려지게 되었다.

1. 중국의 창도와 속강

1) 속강의 발단과 전개

중국 사료에 나타나는 '속강'이라는 어휘는 시기에 따라 지칭하는 대상과 설명하는 내용의 차이가 있다. 불교가 들어온 서기전 1~2세기 무렵, 인도에서는 불교 본연의 정체성을 잃어 갈 정도로 힌두교와 갖가지 인도의 민간 신행이 습합되었다. 예를 들어 관세음보살, 지장보살은 초기 불교에는 없던 신행이다. 다라니 송주, 재(齋 uposatha)와 포살(Poya day)[1]에도 힌두적 관습이 스며들었다. 불교가 들어올 당시 '속강'이라는 명칭이 나타나는 것은 6조(六朝)[2] 이후의 재강(齋講)에서 경전 암송과 범패 창도(唱導)를 대중의 취향에 맞추어 하던, '대중을 위한 쉬운 설법'을 지칭하는 보통명사 정도였다. 그러므로 『속고승전』 권20 「선부전(善伏傳)」의 정관(貞觀) 3년(629)에 속강이 이미 있었다는 기록이 있다.

더 거슬러 가면 불경이 들어오면서 경전 암송과 패찬이 형성되는 과정과 맞물려서도 이러한 예들이 보인다. 돈황막고굴 장경도에서 발견된 두루마리에서 변문(變文)과 연결되는 여러 어휘들이 발견되었다. 즉 변(變)을 비롯하여 '시(詩), 사(詞), 사문(詞文), 빈(斌), 화(話), 서(書), 전(傳), 전문(傳文), 강경문(講經文), 문(文),

1 남방불교 승단에서는 매월 보름을 포월제(蒲月祭: 포야데이) 신행을 한다. 이때 포월제 법탁에 차려진 의물은 힌두 의식의 구성 요소와 상통하는 면이 많다. 관련 내용 윤소희(2015), 「스리랑카의 찬팅율조와 공양타주」; 윤소희(2021), 『세계 불교음악순례』 pp. 319－373.

2 건강(建康)에 도읍을 정한 孫吳, 内晉, 劉松, 南齋, 南梁, 南陳 등 중국 남부의 여섯 왕조를 총칭.

명(名), 경(經), 론(論), 연(緣), 인연(因緣), 연기(緣起)와 같은 어휘들이 강경의식 및 속강과 연결된다. 따라서 속강은 강경의식이 자리 잡기 전에 나타났던 초기 홍법 활동을 지칭하는 용어이기도 했다.[3]

불교에 대해 전혀 모르던 중국에서 서역승들은 다라니를 하며 이적을 일으켜 관심을 끌었다. 예를 들어 강승회가 오나라에 갔을 때 황제 손권이 "불교가 무엇인지 증거를 보이라."라고 했을 때 사리에서 빛을 발하는 이적을 행함으로써 불교를 받아들이게 한 일화가 있다. 이처럼 당시에는 불교를 이해시키기 위해 다라니와 진언을 외며 신통력을 보여 주고, 나아가 도교에 빗대어 설명하기도 했다. 이러한 홍법 방식을 '초기 속강'으로 보고 있다.

수·당대 초기의 창도는 경전의 뜻, 원리, 그에 따른 실천 이치에 더하여 잡다한 스토리텔링으로 일반 대중이 불교의 가르침을 쉽게 이해할 수 있도록 하기 위한 것이었다. 『고승전』 권13 「창도」 편에서 혜교는 '창도란 법리를 설하여 백성의 마음을 계몽시키는(宣唱法理開導衆心) 것'이라 했다. 초기의 창도와 속강의 성격은 다르지만 둘 다 대중교화를 위해 다양한 방편을 활용하는 요소가 있다. 당대 중기로 접어들면서 강경·창도·속강이 장르를 넘나들며 등장했다.

구마라집을 중심으로 한 구역 시대를 맞아 한역 경전이 다양해지면서 불법 논의가 가능해지자 강경의식·일일강과 같은 체계적인 논의식이 열렸다. 또한 조식에 의해 한어 송경 율조가 형성되면서 집단에 의한 송경의식도 가능해지자 당대(唐代)에 강석(講席)

---

3 『續高僧傳』第二十卷「善伏傳」: 所載伏日聽俗講師, 即貞觀三年(629年)頃俗講即已存在.五代以後，俗講雖不大流行.

이 번성했다. 승려와 식자 계층을 위한 강석에 수천 명에 달하는 승속(僧屬)과 문도들이 모여들었다는 것은 불교에 대한 이해가 그만큼 확산되었음을 말해 준다. 이 무렵 '속강'은 강경의식에 밀려나게 되었다. 그리하여 후대 연구서에는 강경의식이 먼저 생기고 속강은 후대에 생긴 것으로 설명하는 경우가 많다.

불교가 지식층에 의한 외래 종교의 학습을 넘어서서 민간으로 확산되면서 속강(俗講)이 재부상했다. 이 무렵에 생긴 속강은 초기에 불교를 전혀 모르던 민중과 달리 한어 경전을 바탕으로 하였기 때문에 앞서 성행한 강경·일일강의 일부 형태가 속강에 자리하고 있다. 속강의 본 절차라 할 수 있는 변문은 초기 속강사들이 했던 기이한 신통 묘력이 아니라 중국인의 정서를 자극할 수 있는 예능을 활용했다. 이 모든 과정을 볼 때, 속강은 칼로 자르듯이 하나의 장르로 단정할 수 없다.

그러므로 중국의 사료에서는 사찰에 사람들이 모여들면서 이야기가 만들어지고, 노래와 춤을 통해 서로 동화되어 신앙 공동체를 형성하였으며, 그 과정 중 사찰에서 노래를 가르친 창도사에서 속강이 생겨났다고 보기도 한다. 더불어 재강(齋講)에서 비롯된 것으로 보기도 한다. 속강에 황제가 배석할 정도로 장엄하게 설행된 배경에는 수·당 시기의 의궤 발전이 중요한 요인이었다. 이 무렵 마련된 『염구의궤경(焰口儀軌經)』, 『시서아귀음식(施緒餓鬼飮食)』 및 『유가집요(瑜伽集要)』 등이 불교 의례의 체계화와 장엄화를 불러왔고, 이에 수반되는 불교음악이 대량 생산되어 중국 전역으로 퍼져 나갔다.

『고승전』을 비롯한 여러 문헌에는 "팔관재를 지내는 긴 밤 자정이 넘어갈 즈음 사람들이 졸음에 고개를 끄덕이면 목소리가 맑고 상쾌한 어떤 승려가 징을 크게 치며 대중의 잠을 깨운다. 그 후 범패를 하면 졸던 사람들의 정신이 열리고 다시금 정진하게 된다."라는 구절들이 있다.[4] 『고승전』에서 혜교는 일인극 형식의 연행을 통틀어 '창도(唱導)'라고 명명했는가 하면 선창(宣唱) · 강설(講說)이라고도 했다.

2) 속강의 정형화와 다변화

(1) 속강의 텍스트

속강의 내용으로 '목건련구모변문', '부모은중경변문', '아미타경변문', '팔상성도변문' 등이 유행했다. 속강의 개강 전에 노래하여 청중의 마음을 사로잡기도 하고, 변문을 압좌한 범문을 속강 시에 영창함으로써 강(講)을 더욱 효과적으로 전달하는 역할을 하기도 했다. 이는 본래 불교 경전을 내용으로 하는 강창이 대중화된 것으로, 강경문, 압좌문, 변문의 3단의 구조를 이루었다.

산문과 운율로 이루어진 강경문(講經文)은 경전의 맥락과 내용을 설명한다. 운율은 주로 7자로 이루어지나 간혹 3자, 5자, 6자도 있었다. 이들의 말미에는 "누가 창하겠습니다(某某某某唱將來)"라는 구절로 맺고, '금강반야바라밀다경 강경문', '불설아미타경 강경문', '묘법연화경 강경문' '불설 관미륵보살 상생도솔천경 강경문, 무상경 강경문, 부모은중경 강경문 등으로 넘어간다. 이러한 내용이 둔황변문집으로 간행된 바 있다.[5]

압좌문(押座文)은 서문(入話), 소개(引子), 핵심설(楔子), 해자

---

4 조명화(2003), 『불교와 돈황의 강창문학』, p. 124.

5 爰德华 · 谢弗 著, 吴玉贵 譯(2005), 『唐代的外来文明』; 郑汝中(2002), 『燉煌壁畫樂舞研究)』 등 제반 참조.

(解子)로 이루어진다. 거혜림(據慧琳)의 『일체경음의(一切經音義)』 권26에는 "압통작압(押通作壓)으로 4인이 자리하고, 강의가 시작되기 전 범어로 된 압좌문을 독창하며 청중이 강의에 집중하도록 유도한다."[6]라는 기록이 있다. 이로써 압좌문은 범어압좌임을 알 수 있다. 압좌문은 7자 또는 8자 운율로 된 짧은 문구로, 압자문의 끝에도 "아무개가 노래하겠습니다(某某某某唱將來)."라는 문장이 있는데, 이는 강설할 경전을 예시하는 효과가 있다. 이 외에 연기문(緣起文)도 있는데 이 또한 압좌문과 같은 역할을 하지만 압자문보다는 길이가 길다.[7]

속강의 본론이라 할 수 있는 속문(俗文)은 변문(變文) · 창문(唱文) · 강창문(講唱文) · 연기(緣起) 등으로도 불린다. 강경문은 경전을 중심으로 하고, 압좌문은 도입부(引子), 변문은 보충설명 역할을 하는데 비해 속강의 목적이라 할 수 있는 속문은 설법의 주제가 핵심이다. 속강의 초기에는 주로 아미타경변문, 대목건련 명간구모변문(冥間救母變文)과 같이 경전을 내용으로 하였지만 후기 들어 세속화가 만연해졌을 때는 공작동남비(孔雀東南飛), 목란사(木蘭辭)와 같은 장편의 내용으로 민속놀이와 악가무를 불교적 내용으로 표현하며 다양한 설창 예술을 형성했다.

속강의 마무리에는 해좌문(解座文)과 더불어 이야기체 소설인 화본(話本)까지 모두 포함하는 광의의 영역이 있다. 이들 중 화본

---

6 일본에는 유마경압좌문(維摩經押座文), 온실경강창압좌문(温室經講唱押座文), 팔상압좌문(八相押座文), 삼신압좌문(三身押座文)등 4종의 압좌문이 있다.

7 중국과 일본에는 압좌문의 설행 면면이 다소 보이나 한국에는 이와 비교할 만한 것을 보이지는 않는다. 밀교적 성향이 짙은 일본에는 한시 형태에 맞추어 7언 절구로 된 범찬이 이와 같은 맥락으로 창화되고 있다. 참고: 윤소희(2023), 『한 · 일 불교의례와 쇼묘』, pp. 374－383.

은 송대에 크게 유행한 통속 소설의 모태가 되었다. 화본을 연출하는 사람, 즉 이야기꾼을 설화인이라 하였는데, 이러한 풍속이 조선시대 후기에 소설을 읽어 주는 일을 업으로 하는 전기수(傳奇叟 이야기 장수)를 거쳐 전문 소리꾼에 의한 판소리로 연결되기도 했다. 이렇듯 속강은 시대와 지역을 따라 다양한 모습으로 설행되어 왔다.

〈표 24〉 속강의 구조와 내용

강경문	압좌문	속문	해좌문
경전, 한어 운문	경의 압축 범어 7언	변문, 창문, 창문, 연기(緣起)	마무리 및 인사말

(2) 다양한 방식의 속강

당 중기 문종(文宗 827~840) 시기에는 속강이 번성하여 태화 9년에 "장안의 사찰에서는 황제의 칙령에 따라 속강을 하는 법회를 자주 열었다."라는 기록이 있다. 양현(楊炫)이 쓴 『낙양가람기』에는 '경락사(景樂寺)의 16재(十六齋)에 여악사가 대뜰을 돌며 노래하고, 얇은 비단 옷소매를 날리며 춤추고, 관현 악사들의 음악이 어우러지는 모습이 정말 아름답고도 매혹적'이라고 적고 있다. 이렇듯 속강이 한창 유행할 당시 장안의 사원은 곧 공연장이었다. "장안 대부분의 극장은 자은(慈恩)에 모여 있고, 소규모 공연장은 청룡(靑龍)에 있으며 천복(薦福)과 영수(永壽)가 그 뒤를 잇는다."라는 말이 있었는데, 북송대의 기록인 『남부신서(南部新書)』[8]에 의하면 자은, 청룡, 천복, 영수는 모두 사찰 이름이다.

8 북송의 전역(錢易)이 편찬한 문헌으로 총 10권에 이른다. 청나라 초기의 4고전서(四庫全書)에 들 정도로 사료적 가치가 높다.

이 무렵 속강을 하는 사람들을 화속법사, 혹은 속강승(俗講僧)으로 불렸다. 이들은 대중의 기호에 맞춘 재담과 여러 가지 교화 방법을 구사하며, 대칭 혹은 주(主)와 보(補)의 두 가지 요소를 대비시키며 설법의 효과를 배가시켰다. 예를 들어, 강사와 도강, 경사와 가창사, 비구와 비구니, 스님과 재가 불자가 대칭을 이루는 것이다. 강사와 도강의 대비를 보면, 강사는 경전을 강술하고, 도강은 강사와 문답을 하여 강경을 도왔다. 경사(經師)는 민중에게 불교를 전하는 역할을 맡아 하고, 가창사(歌唱師)는 전독을 이끌거나 범패를 했다.

이들은 서로 협력하여 경전을 세속적인 설법으로 전환시켰는데 그 수단으로 낭독과 가창을 활용했다. 비구와 비구니 강연을 배열하여 성별을 대비시키는가 하면, 스님과 재가 법사의 강연을 같은 행사에 편성하기도 했다. 이는 청중의 근기에 따라 혹은 다양한 청중의 기호에 따라 공감을 사는 다층 내지는 이중 구조로 설법의 효용성을 극대화했다. 서민들에게 설법을 할 때에는 대중적인 이야기를 소재로 삼고, 절의 단골 신도들을 향해서는 보시금을 내도록 권선함으로써 홍법과 사찰 재정을 북돋았다.

속강의 초창기에는 강경문 정도의 내용이었으나, 세월이 흐르면서 변문이 더해지고, 거기다 대중적인 설창으로 변문이 만들어지며 풍속 변화에 적응해 왔다. 이에 대하여 중국 학자들은 속강의 변문과 강경의 체제와 유래를 서로 다른 것으로 설명하기도 한다. 『광홍명집(廣弘明集)』[9] 제15권에는 양나라 간문(簡文) 황제의 『창

9 당나라 도선(道宣)이 편찬한 문집으로, 총 30권에 내재된 10편의 구성은 1. 귀정(歸正) 2. 변혹(辯惑) 3. 불덕(佛德) 4. 법의(法義) 5. 승행(僧行) 6. 자측(慈惻) 7. 계공(戒功), 8. 계복(啓福) 9. 회죄(悔罪) 10. 통귀(統歸)로 이루어졌으며 매 편에 간략한 서문이 있다.

도문(唱導文)』 1편이 있고, 왕승유(王僧孺)의 예불창도발원문(禮佛唱導發願文) 1편, 파리박물관 소장 『장흥4년중흥전응성절강경문(長興四年中興殿應聖節講經文)』, 런던박물관에 소장된 '회향문(迴向文)'을 보면, 창도와 속강을 넘나드는 성격이 보이는데, 이들의 양식이 대개 『광홍명집』의 것과 유사하며 창도의 방식과 상통한다.

속강이 지방으로 확산됨에 따라 속강승 외에도 재가인이 하는 설법사, 읍사(邑師), 속인 법사 등 다양한 전문 직승과 예인이 활동했다. 마침내 속강의 기예가 사찰을 벗어나 민간으로 옮겨져 민중 예술이 되고, 궁궐에서부터 일반 서민에 이르기까지 중국 사회의 모든 계층에 걸친 관객이 형성되었다. 『불조통기(佛祖統紀)』 권39에 인용된 『석문정통(釋門正統)』에서 "오대(五代) 이후 속강에 대한 인기가 식었지만 남송의 이종(理宗 1225~1264)까지 지속되었으므로 7세기부터 13세기까지 약 500년 동안 속강이 전승되었다."라고 언급하고 있다.

(3) 속강의 탈종교화

세간에서 속강의 인기가 날로 상승하자 속강을 전문으로 하는 직승의 활약이 대두되었다. 이러한 직승 중 가장 유명한 사람은 당나라 장경(長慶)시대(821~824)의 문서(文溆)였다. 『자치통감(資治通鑑)』에 "당나라 경종(敬宗)이 문서의 속강을 보러 흥복사(興福寺)를 직접 찾아가서 관람했다."라는 기록이 있다.[10] 속강의 인기가 높아지면서 창도사들은 스승으로 존경받았다. 지금도 중국의

10 『資治通鑑』: 唐敬宗寶曆二年六月, 唐敬宗於寶曆二年(826)駕臨興福寺，觀看文敍俗講的事實.

여러 문헌에는 문서를 '화상'이라 하는데, 화상은 연륜과 덕망이 높은 승려에게 붙이는 호칭이다. 또한 『입당구법순례행기』에서 산동적산법화원에서 신라인이 행한 강경 · 일일강 의식을 기록한 엔닌(圓仁)이 장안에 있을 때 속강에 관하여 쓴 기록[11]을 보면, '천자(天子)의 칙령에 의하여 장안 사찰 7곳에서 속강이 열렸고 문서가 『법화경』을 비롯한 속강을 했음'을 기록하고 있다.

『자치통감』 대종(大中) 2년 12월의 기록에는 "만수(萬壽)공주가 자은사에 연극을 보러 갔다."라는 대목이 있다.[12] 사찰에서 하는 속강의 이야기가 쉽고 재미나며, 각종 연희가 감동을 불러일으키므로 인기를 끄는 요인도 있었지만 공연예술로서도 수준급이었음을 말해 준다. 세간의 인기에 부합하여 속강의 교화적 색채가 점차 약화되면서 과도한 세속화가 진행되자 정통 승려와 봉건 지배층으로부터 비난을 받기도 했다. 그리하여 문서는 "경전을 날조했다(假託經論)"라는 혐의로 수차례 유배를 갔다. 이러한 중에도 속강의 흥행이 계속되자 『인활록(因活錄)』[13]에는 '속강의 세속화는 가혹한 처벌로는 막을 수 없음'을 토로하고 있다.

마침내 속강은 종교적 변문에서 벗어나 민중가요나 설창으로 행해지며 내용과 형식면에서 불교와 무관한 음악, 연희로 발전했다. 그리하여 순자의 효 변문(舜子至孝變文), 열국전(列國傳), 오자서과소관고사(伍子胥過昭關故事), 추호변문(秋胡變文), 명비곡(明妃

---

11 圓仁, 『入唐求法巡禮行記』 第三卷, 開成6(會昌元年 841)正月9日條.

12 『資治通鑑』 大中二年十二月: 中還記載了萬壽公主到慈恩寺看戲的事.這說明了寺廟活動的娛樂性與世俗化的程度。由於俗講的故事動人歌唱悅耳，成為寺廟活動中極受歡迎的節目.

13 『因話錄』, 당나라 때 趙璘이 쓴 중국 전래 기록과 소설 모음집으로, 총 6권에 궁중, 황제와 신하, 승려, 민간의 재담, 희곡과 소설적 내용까지 5부분으로 이루어져 있다.

曲), 왕소군변문(王昭君變文), 당나라의 정세에 관한 서정기(西征記), 장의조변문(張議潮變文), 민간 고사(古事)인 한붕부(韓朋賦) 등이 생겨났다. 지역적으로 보면 장안에서 속강의 중심지로서 황실 칙령에 따라 정기적으로 연행되었으며, 대부분의 지역 사원에서는 봄, 가을, 여름(혹은 겨울, 음력 정월, 5월, 9월에 있는 齋月)에 맞추어 설행하는 경우가 많았다.

당시에 유행한 속강의 순서 중에는 경문 전독, 작법과 더불어 강경문과 압좌문의 구성이 틀을 이루었다. 이들은 당시에 번성하던 속악과 결부하여 불교 음악의 민족화와 세속화를 재촉했다. 『당회요(唐會要)』 권33, 『구자불곡(龜玆佛曲)』 등에 다수의 불교 음악 곡목이 남아 있고, 『돈황곡교록(敎煌曲校錄)』에는 284곡에 해당하는 불교 음악 곡목이 남아 있다. 남탁(南卓)의 『갈고록(羯鼓錄)』에 있는 수·당의 불교 음악뿐 아니라 '바라아미타'(娑婆阿彌陀)와 같은 서역의 불교음악, 돈황의 막고굴 벽화에 나타나는 수·당·오대 시기 불교 음악에 사용한 수많은 악기들이 속강에 영향을 주거나 받아서 양산된 것으로 보고 있다.[14]

2. 한국불교와 설법 연희

1) 한민족 불교문화 영토

양나라의 양직공도(梁職貢圖)에 그려진 삼국의 사신 중, 가운데 있는 고구려는 머리 장식과 의상에서 신라와 백제에 비해 월등한 격식을 지니고 있다. 수나라 개황(開皇 589~600) 초 '칠부기'에도

14 袁静旁(2003), 『中国汉传佛教音乐文化』, pp. 9－11.

고구려기가 있었던 데 비해 백제와 신라는 잡기(雜伎)에 그쳤다. 그만큼 고구려의 악가무는 삼국 중 선진국이었고, 그 바탕에 불교가 있었다. 그러나 조선조 이후 한국인의 영토 인식이 두만강과 압록강 이남으로 한정된 데다 일제강점기에 한국을 한반도로 한정함으로써[15] 고구려의 문화영토를 망각해 온 측면이 있다. 그런데 강원도 안정사 땅설법에는 압록강, 두만강 이북을 북조, 그 이남을 남조로 하는 문기를 걸고 있어 주목된다.

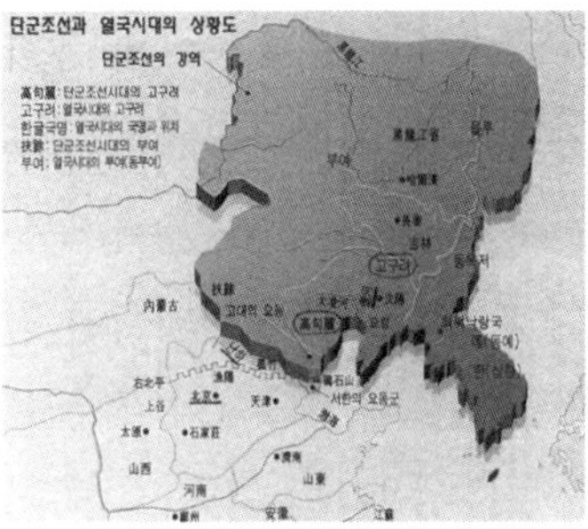

〈사진 13·14〉 고구려 영토 및 신라, 고구려, 백제의 사신(왼쪽부터)

고구려가 멸망하자 유민은 대륙과 한반도의 관문이었던 산동일대에 집단을 이루고 살았다.[16] 이 지역 사람들은 동이족의 동진과 혈통적으로 친연성을 갖고 있었으므로[17] 수·당의 침입 이래 줄곧 한·중 혈맥이 혼합된 지역이었다. 통일신라 당시 중국 동부 해안

15 박창화 찬술, 김성겸 역(2008), 『고구려의 숨겨진 역사를 찾아서』, p. 5－21, p. 27, 일본은 조선사편수회를 통하여 고조선 역사를 설화로 기술하고, 『삼국유사』와 『삼국사기』도 왜곡·축소되었다고 주장함.

16 신형식(2002) 외, 『山東半島一帶의 新羅遺蹟調査』, p. 55; 오수정(1996), 「張保皐 在唐 活動의 背景」, p. 52에서 공히 주장하는 사실.

17 김상기(1948), 「韓·獩·貊 移動考1」; (1964), 「東夷와 淮夷·徐戎에 대하여」; (1965), 「東夷와 淮夷·徐戎에 대하여」 등.

지역에 거주하고 있던 신라인은 독립된 방(防)과 촌(村)을 이루고 치외법권의 특권을 누리면서 대륙 동부의 해상권과 상권을 장악하고 있었다. 신라 통일 후 고구려와 백제 유민은 내부적으로는 고구려계 · 신라계 · 백제계로 나뉘어 인식되어 왔다.[18]

2) 신라의 범패와 강경·설법 연희

(1) 산동적산원 강설의식

해상무역을 장악하던 장보고는 산동 일대에 고구려 · 백제 · 신라인들을 통치하고 있었다. 이때 신라 통일에서 밀려난 삼국의 유민이 적산법화원을 중심으로 결속했다. 이 무렵 적산법화원의 장보고와 신라인의 도움으로 구법활동을 한 일본 승려 엔닌(794~864)이 839년(개성4) 11월 적산법화원의 강경 · 일일강 · 송경의식을 기록하였다. 의례를 통하여 경전 강의를 행했던 이들 의식이 훗날 유행한 속강의 전 단계였다.[19] 강경의식에서는 법좌의 고승(高僧)이 경의 논지를 설명하면 하좌의 복강사가 되받아 질문하고, 강사가 그에 대한 답을 하였다. 이러한 의례에는 범패와 염불은 있으나 연희나 세속적인 설창은 없었다.

일일강에서는 강사 · 도강(都講) · 독사(讀師)가 경전 강설과 토의를 했다. 강사는 경의 제목을 해설하고 삼문으로 나누어 경의 대의를 강술하는 등 경전을 읽고 해석하는 절차에 대중의 범패가 수반되는 의례 형식으로 진행되었다. 송경의식 또한 경전을 합송하는 의례 성격이 강했다.[20] 따라서 강경 · 일일강 · 송경의식은 재담

18 오수정, 앞의 논문, p. 24.

19 김문경 역주(2001), 『엔닌의 입당구법순례행기』, pp. 209－213; 윤소희(2023), 『한중 불교의례와 범패』, pp. 339－350.

20 『入唐求法巡禮行記』第二卷 (839. 11. 22): 赤山院講經儀式 原文: 辰時打講

과 연희가 수반되는 속강에 비해서 엄숙하고 정제된 분위기였다. 반면 강경의식 다음 날에 복강사(覆講師)가 어제 강의한 경문을 읽고, 중요한 교의를 지닌 구절에 이르면 강사가 그 경문을 다시 읽고, 이어서 복강사가 다음 구절을 설명하는 것으로, 이를 매일 행했다.[21] 강경의식 후에 그날의 강의 내용을 담(談)으로 설명하는 복강사의 역할이 속강이 등장하기 전의 과도기적 역할로 보인다.

(2) 최치원의 향악잡영오수

진감선사의 대공탑비문을 쓴 최치원(857~908)은 향악잡영오수를 지었다. 『삼국사기』「악지」에 실린 최치원의 7언 4구의 시 금환(金丸) · 월전(月顚) · 대면(大面) · 속독(束毒) · 산예(狻猊)는 신라 가무백희의 모습을 보여 준다. 다섯 수의 시 내용을 보면, 중국과 서역에서 전래된 무악(舞樂)과 산악(散樂) 등의 영향을 받은 삼국악을 집성한 것으로 보인다.

최치원은 12살 때인 868년에 당나라 유학을 갔다. 당시 신라에서는 837년 한 해에만 216명이 당나라에 유학생으로 떠났다. 학문적 역량이 뛰어났던 최치원은 당나라에서 빈공과에 급제하며 현실적 활동을 하다 귀국 직전에 산동 반도 등주에서 겨울을 보낸 뒤

經鐘 打驚衆 鐘訖 良久之會 大衆上堂 方定衆鍾考鍾池本作了 講師上堂 登高座問 大衆同音 稱嘆佛名 音曲一依新羅音, 不似唐音 講師登座訖 稱佛名便停 時有下座一僧作梵一據唐風 卽云何於此經等一行偈矣 至願佛開徵密句 大衆同音唱云新戒香正香解脫香等 – 中略 – 講師下座壇 一僧唱處世界如虛空偈音勢頗似本國. 여기서 大衆은 승려 대중인지, 일반 대중을 포함한 것인지 다소 의문이 들기도 하지만 전체 문맥의 흐름과 내용으로 볼 때 일반 신도들과 승려를 모두 포함한 것으로 보인다.

21 『入唐求法巡禮行記』第二卷 (839. 11. 22), 赤山院講經儀式: … 전략 … 出堂歸房更有覆講師一人 在高座南下座 便談講師作所講文 至如會義句 講師牒文釋義了 覆講亦讀 讀盡昨所講文了 講師卽讀次文 每日如斯.

885년, 만 28세인 당 희종이 신라왕에게 내리는 국서를 가지고 귀국했다. 이때 당나라에서 지은 책 20권을 헌강왕에게 바치고, 헌강왕, 정강왕, 진성여왕 시대에 걸쳐 벼슬을 했다. 또한 최치원은 진감선사대공탑비문을 썼다. 이 비문의 내용에 의하면 진감선사는 수행과 의례에서 창화되는 범패만 가르쳤을 뿐 민간의 연희를 구사하는 속강과는 거리가 멀었다. 반면 최치원이 지은 향악잡영에 관한 다섯 가지 시에는 그가 당나라에서 보았던 불교적 연희가 신라의 향악이라 할 정도로 토속화되었음을 드러내고 있다. 신라 말기의 이와 같은 향악이 고려조에 산대잡희로 행해졌고, 조선조의 나례잡희와 산대극으로 행해지다 오늘날 전국 각지의 지방문화재로 지정되었고, 2022년 11월 유네스코문화재로 지정되었다.

(3) 속강과 연결되는 인물

속강과 연결되는 시기와 인물을 간추려 보면 수나라와 당나라에서 활동한 신라 유학승들에 관한 기록이 중국의 『고승전』에 다수 등장한다. 이들은 속강의 바탕이 되는 여러 가지 문학적 텍스트를 접하고 곳곳에서 행해지던 설법 연희를 보았을 것이다. 이러한 점에서 한국의 설법 연희는 원효의 무애가와 더불어 당나라와 천축을 오가는 승려들에 의하여 다층적 요소들이 융합되어 한국의 설법연희에 영향을 미쳤음을 알 수 있다.

원효(617~686)는 민중들과 어울리며 불법을 노래했다. 그러자 사람들이 '나무아미타불'을 노래하며 춤추고 따랐는데, 이 시기는 진감선사가 귀국하여 범패를 가르친 시기보다 200년이 앞선 시기이다. 이러한 점에서 한국의 설법 연희는 중국의 영향을 받기 이전에 자생적으로 이미 형성되어 있었음을 추정해 볼 수 있다.

진감선사(774~850)가 당나라에서 수학한 기간(804~830)[22]은 속강으로 명성을 누렸던 문서(文潡: 中國唐代俗講僧人)가 활동한 장경(長慶)시대(821~824)와 같은 시기였다.[23] 그러나 진감선사는 수행과 교학에 전념하였으므로 연희가 수반되는 세속적 설법과 관련된 기록은 없다.

3) 고려조의 불교 연희

『삼국사기』「악지」에 실린 최치원의 향악잡영오수의 금환(金丸)·월전(月顚)·대면(大面)·속독(束毒)·산예(狻猊)[24] 등이 고려 시대에도 그대로 이어졌다. 551년(신라 진흥왕12)에 개설된 팔관회(八關會)가 국가적인 행사로 자리 잡은 후 고려 때에도 성행했다. 그러므로 『고려사』 원년의 기록에 임금이 팔관회와 연등회를 맞아 사찰에 행차하여 악관(樂官)과 함께 꽃과 주과(酒果)를 나누며 가무와 놀이를 할 때 산대백희가 요란하였음을 기록하고 있다. 팔관회는 한반도의 토속신앙과 불교가 결합되어, 나라의 안녕과 번영을 불보살과 토속신에게 기원하던 행사였다.

고려 시대에는 태조의 『훈요십조(訓要十條)』에 의거하여 연등회가 거국적인 행사로 행해졌다. 이 무렵 50척 높이로 연화대(蓮花臺) 모양의 누각을 설치하고 그 앞에서 갖가지 노래와 춤을 추

---

22 진감선사는 애장왕 5년(804)에 당나라로 가서 헌덕왕 2년(810)에 숭산 소림사에서 구족계 수지, 종남산(終南山)에서 선수행, 대화(大和) 4년(830)에 귀국.

23 윤소희(2024), 「땅설법의 전승 맥락과 공연 양상–한·중·일 불교 문화사를 통하여–」, pp. 199–228.

24 중국의 연구서에서도 사자기 등이 천축에서 중앙아시아를 거쳐 들어온 외래문화임을 밝히고 있다.
爱德华·谢弗 著, 吴玉贵 譯(2005), 『唐代的外来文明』, pp. 28–29, p. 88.

면, 태조 왕건은 그 누각에 올라가 이를 관람했다. 팔관회, 연등회를 통한 고려조의 산대백희가 불교 축제와 홍법의 매개였음은 일본에서 행해진 사찰 교훈초(敎訓抄)를 통해서도 확인할 수 있다. 가마쿠라 시기(1185~1333)에 고후쿠지(興福寺)에서 행해진 '고려곡물어(高麗曲物語)'의 내용을 보면 그 순서와 절차가 한국의 산대극과 같은 맥락을 지니고 있다.

이 무렵 이인로가 기록한 『파한집』의 내용을 보면, "원효가 표주박 모양의 그릇을 들고 저자에서 노래를 부르고 춤을 추니, 이를 '무애'라 했다"고 한다. 뒤에 호사자(好事者)들이 호리병 모양의 박에 금으로 만든 방울을 달고 채색비단을 장식해 두드리며 음절에 맞추어 춤을 추면서 경론에서 가려 뽑은 게송을 지어 불렀는데 이를 '무애가'라 했다. 이것이 널리 퍼져 밭 가는 늙은이도 따라 할 정도였다. 원효대사가 민중과 함께 춤추고 노래했던 무애가 노래와 춤이 고려조에 이르러 귀족에서부터 시골에서 농사짓는 노인도 따라 하였을 정도로 널리 유행했던 것이다.

4) 조선조의 억불과 세속화

1415년(태조15)에 전통적으로 해 오던 초파일 연등을 중지시켰다. 정월 연등을 대신하여 건국에 희생된 고려 왕씨와 고혼들을 위로하는 수륙재(水陸齋)를 열므로써 1416년 이후의 조선왕조실록에는 정월 연등에 관한 기록 대신 국행 수륙재가 등장한다. 그러나 조선 후기로 접어 들며 불교 축제와 홍법 의식에 수반되는 산대백희가 불교를 흉보고 놀리는 풍자극으로 전도되었다. 오늘날 전국에 문화재로 지정되어 있는 산대극에서 파계한 스님을 놀리고 흉보는 먹중놀이가 바로 그것이다.

불교의례와 축제에서 행해지던 악가무와 연희는 유랑 악사들의 밥벌이로 전락하거나 탁발승들의 염불로 명맥을 유지하기도 했다. 당나라와 송대의 사찰에서 행해지던 속강 및 설법연희가 조선조 억불사회에서는 사찰이라는 고정된 공간을 확보하지 못하고 유랑 예인 혹은 승려들에 의해 행해져 왔던 것이다. 그 결과 조선 말기 수많은 유랑 예인 집단이 사찰과 연계하며 활동했다. 조선조 의례 풍속을 담고있는 감로탱을 보면 16세기 무렵에는 정자세로 서거나 앉아있는 의례 승단이 그려져 있다.[25] 그러다 17세기에 이후로는 불교의식을 하는 승단과 유랑 예인들이 양편에 배치되고,[26] 19~20세기 무렵의 탱화에는 의례승단에서 춤을 추며 의례 승단과 유랑 예인이 합치된 모습을 보인다.[27] 재의식을 마치고 뒷풀이 격으로 하는 삼회향에는 중국의 속강과 같이 3부분의 골격을 이룬 연희설법이 설행되었음을 최근 연구로 밝혀졌다.[28]

안정사 땅설법 강통 무명 스님은 전국을 다니며 설법해 오다 6.25한국전쟁으로 인해 남북이 단절되자 삼척 안정사에 안착하였다. 안정사 땅설법의 문기에 '대발해국상경강통석정문(大渤海國上京講統釋貞門)'이라는 점은 연구자들에게 믿기지 않는 사실로 다가온다. 그러나 발해 관련 근래 역사학계의 주장으로 통일신라 시

25 일본 야쿠센지(藥仙寺) 소장 1589년 작, 일본 죠텐지(朝田寺) 소장 1591년 작 감로탱.

26 1730년 작인 운흥사 감로탱, 18세기 중반에 그려진 쌍계사 감로탱에는 의례승단과 유랑예인들이 감로탱 좌우에 있고, 프랑스 기메 박물관에 소장되어 있는 감로탱에는 '우바새'라는 표시와 함께 유랑예인들의 모습이 그려져 있다.

27 1887년 경국사, 1890년 불암사, 1892년 봉은사, 1898년 보광사, 1916년 청련사의 감로탱이 거의 같은 형태이고, 일본군대의 행진까지 현실적 반영을 한 1939년 흥천사 감로탱에는 오늘날 재장과 거의 같은 모습이다.

28 손인애(2025), 「불교민속놀이 〈삼회향(속칭 땅설법)〉의 공연 음악 연구-경기 서북부와 서울(京制)을 중심으로」.

기를 통일신라(676~935)와 발해(698~926)가 공존했던 남북국시대라는 역사관이 대두된다. 668년에 고구려가 당나라에 항복하자 고구려 유민 일부가 670~673년에 한성 고구려국을 세우며 저항하였다. 이어서 674~684년에 익산 보덕국을 세웠으며 677년에 고구려 보장왕을 요동도독조선왕에 봉하고, 681년에 고구려 부흥 운동을 벌여 오다 일부 세력이 발해와 연계한 기록들이 있다.

그동안 우리는 남국(통일신라) 역사에만 관심을 가져 왔다. 여기에는 일본의 한국역사 왜곡과 식민사관도 작용했다. 독립군이 간도, 연해주, 소비에트에 이르기까지 활동이 가능했던 것은 이 지역에 살고 있었던 고려인 혈맥의 동조 덕분이다. 그러나 안정사 문중기에 적힌 '발해' 관련 내용을 간단히 확인할 수 없으므로 앞으로의 과제로 남겨 두고 현재 안정사 의례와 설법 연희의 면면을 살펴보고자 한다.

Ⅱ. 안정사 의례와 불교 민속

1. 의례의 종류와 내용

안정사에서 행하는 불교의례에는 민간 신앙과 불교 풍속이 융합되어 있는 데다 다양한 설법 연희가 있어 불교 민속, 구전문학, 의례와 연희 등 여러 방면에서 관심을 받고 있다. 안정사는 일반 사찰에서 하는 의례를 기본으로 하

〈사진 15〉 키

는 가운데 여느 사찰에서는 볼 수 없는 민속적 의례가 있다. 이들은 강원도 지역의 민속신행을 넘어서서 한국인의 옛 풍속을 담고 있어 주목된다.

1) 시절 의례

(1) 정월신수불공

정월 대보름에 1년 기도 등(燈)을 달고 1년 신수 불공을 한다.

(2) 재석천왕재

2월 초에 제석천왕을 중심으로 104가구가 한 가구당 한 분의 화엄성중을 위한 공양 상을 올린다. 이때 주된 공양물은 그 신들을 상징하거나 의미하는 지화로 한다. 예를 들어 건달바에게는 춤과 악기 공양, 명과 복을 상징하는 제석천왕에게는 실[絃], 쌀 주머니, 목단 꽃을 올린다. 불공 후 실[絃]은 신도들 목에 걸어 주고 쌀 주머니는 나눠 준다.

(3) 영등재

2월 초하루 영등일에 1년 24절기를 관장하는 바람신(주풍신)에게 새벽 고사를 지내고 마지막에 키 속에 윷을 던져서 구성원 개개인의 신수점을 친다. 낮에는 비누, 성냥, 냄비 등을 사다 놓고 윷놀이를 하면서 풍물을 울리며 놀이한 후 이긴 팀이나 진 팀이나 큰 차이 없이 상품을 타 간다.

2) 화엄·법화 신행

(1) 화엄성주대재

신도들 가정의 성주신을 사찰로 모셔 와서 화엄신중으로 승화시킨 후 다시 모셔 간다. 전날 자정에 우물에서 마지물을 뜨는 정신청으로 시작하여 다음 날 아침 시련 행렬, 관욕, 공양을 한다. 오후에 펼쳐지는 땅설법에는 성주신을 비롯하여 일상의 여러 신들이 불법에 감화되어 화엄성중이 되는 탈놀이를 한다. 이어서 성주단의 공양물을 나누며 축원하고, 도량과 불단을 꾸민 장엄과 지화에 대한 설법과 함께 대중이 춤추고 노래하며 회향한다.

(2) 영산수륙재

영산재와 수륙재의 결합된 의례로, 정해진 날짜를 두지 않고 택일해서 설행하고, 방생으로 마무리한다.

3) 밀교신행

(1) 불정존승다라니가지재

목탑 또는 한지에 쓴 불정존승다라니와 불정존승다라니에 있는 부처님의 명패를 세우고 번을 걸고 공양을 올린다. 신도들은 다라니를 독송하며 무병장수와 극락왕생을 발원한다.

(2) 호마관정성도재

과거7불 즉, 비바시(毘婆尸 파타리수), 시기불(尸棄 푼타리타수), 비사부불(毘舍浮 사라수), 구류손불(拘留孫 시리샤수), 구나함모니불(拘那含牟尼 우둔바리수), 가섭불(迦葉 구로다수: 석가모니의 제자 가섭과 다른 인물), 석가모니불(마지막 부처님)의 위목을 세우고, 『관정경』 제7권에 의한 문두루법[29]을 행하며, 사천왕, 산지대장(신중단에 있음)께 기도한다. 신들의 명호를 부르며 호마

29 문두루법(文豆婁法 Mudra): 밀교경전을 기반으로 하는 수행과 교법으로 진언, 다라니, 수인 등에 의한 신행.

관정무를 추고 7불의 진언을 외우며 법고춤을 춘다. 주로 문중의 산소 이장을 원활히 하거나 국가 이변을 막기 위한 신행으로 행해졌다.

4) 민속 신행

(1) 산마지

1년 중 정월 또는 3월에 공양을 올린다. 최상의 닥나무 한지로 산신의 위목을 만들어 올리고 기도한 후, 공양 올렸던 그 한지를 지탱화, 변상도, 지화를 만드는 데 사용한다. 정성으로 만든 꽃과 지물은 신묘한 가르침을 담는 성물로 승화된다. 산마지 때는 땅설법은 하지 않는다.

(2) 화엄칠성대재

음력 7월에 천상열차분야지도(天象列次分野之圖)를 걸어 두고 자신이 속한 띠의 신에게 기도한다. 천상열차분야지도의 시원은 중국 한(漢)나라의 무제(武帝) 때 했던 천체 관측과 연결되며, 남송을 거쳐 고려조에 들어와 이를 제작한 기록이 있다. 그러나 한국은 중국과 별개로 삼국 시대 이전에 관련 천문도가 있어 조선 세종대에 중국을 뛰어넘는 천문학의 성과가 있었으나 일제강점기에 사라졌다.

이러한 제반 의례에서 시련-공양에 이르는 과정은 대동소이한 절차로 행해진다. 그 외 초파일, 우란분재, 동지 등은 일반 사찰에서도 행하므로 생략했다. 특기할 점은 7월 백중에 일반 사찰에서는 주로 우란분재를 하지만 강원도에는 음력 9월 9일 중원에 고혼을 위한 천도재를 중하게 했다. 이는 일제강점기에 징용에 끌려가 돌아오지 못한 사람들, 한국전쟁 사망자들을 위해 천도재를 지내온 역사적 배경이 있다. 또한 연중 신행에 있는 '산마지'는 산악지대에 위치한 안정사의 자연환경 관련 풍속이자 한국 사찰 내에 산신각이 있는 것과 궤를 같이한다. 이상 안정사의 연중 의례를 시기순으로 요약하면 다음과 같다.

〈표 25〉 안정사 연중의례와 내용

의 례	시 기[30]	신 행	땅설법
일년신수불공	정월 보름	1년 등 달기, 1년 신수 불공	성주신 일대기
영등재	2월 초하루	바람신께 기도, 윷놀이	땅설법 無
재석천왕재	2월 초	104위 화엄성중께 공양	신중탱화 설법
산마지	정월, 3월	산신께 공양기도	땅설법 無
부처님오신날	초파일	당일 등 달기	전날 만석중 득도기
불정존승 다라니 가지재	윤달 드는 해	9불 명호, 불정존승다라니 기도	정토삼부경, 약사경
호마관정성도재	〃	과거칠불, 관정경, 사천왕께 기도	사천왕청·신중단 성중(聖衆) 설법
화엄칠성대재	7월	천상열차분야지도, 자기 띠 기도	신중신 일대기
화엄성주대재	9~10월, 정월	가정의 신주를 화엄성중으로 모심	성주신 일대기
영산수륙재	택일	영산재와 수륙재 융합	부처님 일대기

2024년 10월에 행해진 화엄성주대재 설행 절차를 보니 의례의 저변에 한국적 신행이 곳곳에 배치되어 있었다. 대재를 설행할 날짜가 정해지면 사찰 입구에 금란방을 걸고 문방을 붙여 재(齋)가

30 음력에 맞추어 농경생활을 했으므로 모든 의례 일정은 음력으로 행해졌다.

열림을 알렸다. 의례 당일 자시(子時)에 사찰 내 우물의 정수를 떠서 마지를 지을 물과 의례에 필요한 정수(淨水)를 마련하는 정신청(井神請)을 행한다. 설행 방식은 공양간에 향적천, 법회를 총괄하는 장소에 당사소를 붙이고, 성주 위목을 접고 신도 중 의례 수반을 위해 선발된 도가(都家)가 솔잎을 꺾어 상에 올려놓고 정화수에 버드나무 가지를 걸쳐 놓으며 강통과 법사가 결계와 쇄정 의식을 행한다.

〈사진 16·17〉 정신청: 우물 앞에 차려진 단 앞에서 배례하는 모습

2. 의례 설행과 율조

1) 설행 정신과 성격

우리네 노래에는 종교, 궁중 사대부, 권번, 민중의 소리에 따라 표현되는 음악 양상에 차이가 있다. 그중 불교의례와 설법은 담담하고 여여한 발성으로 설법과 의례의 메시지를 전달해 왔다. 안정사에는 강통 무명 스님부터 여러 스님들이 다여 스님에게 일러 온 소리 정신과 원칙이 있다. 이들은 다음의 네 가지로 간추릴 수 있다.

첫째, 기교를 부리는 화려함보다 쉬운 소리로 가능한 참여 대중과 함께할 수 있는 소리를 구사한다. 둘째, 신심이 자연스럽게 우러나게 하는 소리로써 재자들이 그 소리를 듣고 저절로 숙연해지고, 환희심을 내어 부복하는 마음이 일도록 한다. 셋째, 의례와 신행을 위한 적절함을 넘지 말아야 한다. 예를 들어 반배할 때는 단기성, 일배(一拜)는 중기성, 삼배(三拜)는 장기성으로 하여 의식행위를 넘어서는 긴 소리나 의식을 촉급하게 하는 급한 소리를 하지 않는다. 넷째, 땅설법 소리 중 민중 친화적 대목에서는 그들 지역과 감성에 부합하는 소리로 일심동체의 신명을 내는 것이 허용된다.

의례문 율조와 땅설법에는 시절과 때에 따른 소리 성격이 있다. 아침에는 일으키는(일쿠는) 소리, 낮에는 성하게 질러 내는 소리, 저녁에는 재우는 소리로 성조를 달리한다. 이때의 장식음과 시김새는 강원도 민요 특유의 구성지면서도 엄숙한 분위기를 연출한다. 의례에 수반되는 율조는 느긋하게 짓는 소리, 북조와 같이 힘주어 촘촘히 엮는 소리, 높은 청으로 질러 내는 소리도 있어 상황에 따라 유동적이다.

2) 의례문 율조

안정사 의례의 시련과 각단의 이운 행렬에는 불보살, 신중, 조사, 영가를 모시는 운송구를 위격(位格)에 따라 차등을 두어 연(輦)·여(輿)·교(轎)·거(車)에 모시고, 행렬과 제반 절차에는 범패가 창화된다. 이들 의식은 대개 2~3일이 소요되지만 근래에 들어 하루에 마친다. 의례는 오전에 완료하고 오후에는 땅설법을 하므로 긴 소리를 할 시간적 여유가 없어졌다. 이들 율조 중 소(疏), 유치(由致), 청사(請詞)의 율조는 다음과 같다.

(1) 상위 소

안정사의 소문(疏文)은 봉투에 '선소~~'로 시작하는 소문이 쓰여 있고, 이를 노래한 후 봉투 안에 있는 소문을 꺼내어 '수설대회소(修設大會所)'를 낭송한다.

〈악보 1〉 시작 선율

상위소의 시작구 "소청문소배헌 시방삼보자존전(召請文疏拜獻十方三寶慈尊前)" 대목을 채보해 보면, 소-청 대목은 4도 도약하는 선율로 시작하여 '시방'의 '시' 삼보의 '보'에서 꺾는 소리를 구사한다. 이러한 선율은 경제 소성과 같으며, 영남범패 4성의 골격과도 상통하는 소리길이다.

〈악보 2〉 상위(上位)소

각 위를 향한 소를 하고 나면 수설대회소를 한다. 이때 본청인 라(E)보다 단3도 높은 도(G)음으로 들어서 시작한다. "수설화엄성중 복문 법신무상 내즉상이 … 사바세계(修設華嚴聖衆 伏聞 法身無相 乃卽相以 … 娑婆世界 南贍部洲)남섬부주 동양 대한민국"

대목까지 채보해 보니, 시작 구는 앞의 소성과 확연히 다른 소리길을 구사하지만 다음 소절의 첫 구절 '복문'의 '복'에서 4도 상행하는 선율로 시작하는 패턴이 동일하다.

〈악보 3〉 수설대회소 시작구

(2) 유치 · 청사

대개의 재장에서는 유치나 소를 낭송할 때 두루마리에 적힌 의문을 들고 정해진 율조로 낭송하여 일단락한다. 이와 달리 안정사에서는 유치문과 청사를 이어서 낭송하므로 한 악곡 내에서 율적 변화가 있는 듯이 느껴진다. 이는 상 · 중 · 하단 관욕과 공양을 모두 오전에 마치고 오후 땅설법에 많은 시간을 써야 하는 데서 오는 견기이작의 결과이다. 다음의 악보는 상위 유치문 중 "절이 천광하영 서기상응 성범지경불수 인천지로 상접 상래단내 … 중략 … 진사막유(切以 天光下暎 瑞氣上凝 聖凡之境不殊 人天之路 相接 上來壇內 … 중략 … 塵沙莫喩)"의 의문 중 "절이 ~ 단내"까지의 율조이다.

〈악보 4〉 유치문 시작구

위의 유치문 시작구 이후의 율조는 같은 패턴으로 이어지다 마지막 구 '…전략…근병일심 선진삼청(謹秉一心 先陣三請)'의 종지구는 중심음(본청 라E) 주변에서 꺾고 장식하며 늘여서 메나리토리의 특징인 '라솔미'로 맺는다.

〈악보 5〉 유치문 종지구

이어서 청사로 넘어갈 때 '나무일심봉청'으로 시작하여 분위기가 전환된다. 다음 악보를 보면 '일심~~~' 대목을 한 옥타브 위로 올려 갖은 시김새를 구사하며 재자들의 소망과 신심을 강하게 드러내고 있다.

〈악보 6〉 청사로 넘어가는 부분

위 선율에 이어지는 진진찰찰 대목은 힘을 주어 따박따박 소리 내어 앞 소절과 대비를 이룬다. '진진찰찰 찰진진찰 시방삼세 천도등중 욕계색계 무색계중 … 중략 … 일일진찰 원승불력 동강도장 함피자광 보첨법공(塵塵刹刹 刹塵塵刹 十方三世 天道等衆 欲界色界 無色界中 … 중략 … 一一塵刹 願承佛力 同降道場 咸被慈光 普沾法供)'으로 마무리 되는 선율은 다음과 같다.

〈악보 7〉 청사 후반부~종지구

이상 안정사 불교의례 중 유치, 청사의 전반적인 선율을 보면 범패 안채비소리 소성의 골격에 강원도 메나리토리 선율이 부각된다. 즉 '미'와 '라'를 골격으로 하며 '솔(D)'은 경과음과 장식음으로 짧게 출현하고, '도(G)'에서 꺾거나 '도' 주변에서 다양한 시김새를 구사한다. 음역으로는 본청 4도 아래에서 옥타브 위의 본청까지 넓은 음역을 구사하고 있어, 일반적인 안채비성에 민요가락이 부여된 소리길은 다음과 같은 음계와 음역으로 표시할 수 있다.

〈악보 8〉 유치, 청사 음조직과 음역

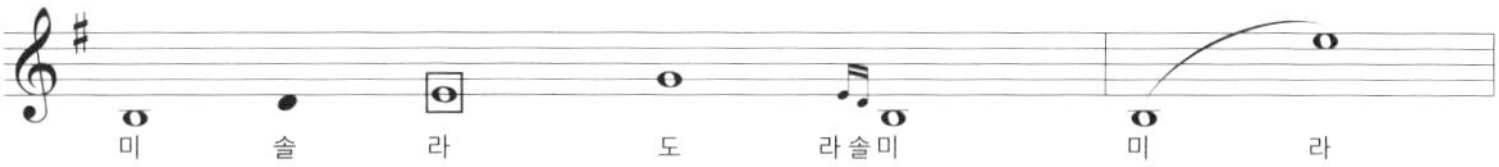

다여 스님의 소리길은 시작구에서 4도 도약하는 점은 경제 안채비소리 소성과 상통하고, 라솔미로 맺는 점은 영제 범패와도 상통하고 있어 주된 골격이 한국 범패와 맥을 같이 하며, 청사로 넘어가는 대목의 화려한 선율은 강원도 민요의 특징을 지니고 있다.

Ⅲ. 속강과 안정사 땅설법

대개의 사찰에서 의례를 할 때는 초청된 법사나 주지스님의 설법이 수반된다. 안정사에서는 이를 '땅설법'으로 행하는 가운데 다양한 연희가 수반된다. 안정사의 땅설법에는 중국의 속강과 한국 고유의 불교 민속이 융합되어 있다.

1. 전승 배경과 법맥

안정사 땅설법 설행에는 세 개의 깃발이 걸린다. 가운데 '대발해국상경강통석정문(大渤海國上京講統釋貞門)'을 적은 문기(門旗), 오른편에는 당일 창도 법사를 나타내는 상경석정문 비성다여(上京釋貞門 飛聲茶如), 왼편에는 그날의 강제(講題)를 걸어서 땅설법의 전승 법통과 주제를 알린다.

다여 스님의 스승 무명 스님(1910~1988)은 경술년 1월 15일 발해의 수도 상경(현 중국 영안)에서 태어나 자라며 두만강 일대, 만주 지역에 사는 어른들에게서 배웠으므로 누구를 스승이라 특정하기는 어렵다. 남조는 포해 스님이 흥전리 절터에 초막을 짓고 살 때 무명 스님이 찾아가 함께 기거하며 배웠다. 주로 만주에서 살았던 무명 스님은 알타이 산맥의 토울치들이 부르는 토울에 리듬을 얹어 부르는 노래와 송화강가 민족 영웅서사인 '이마칸'을 노래하는 이마칸치들과 어울리며 소리를 배웠는데, 이러한 노래들을 모두 북조라 한다. 무명 스님은 한국전쟁으로 국토가 분단되자 북쪽으로 돌아가지 못하고 삼척 안정암 주지 운성 스님과의 인연으로 그곳에 정착했다.

〈사진 18〉 땅설법 3기(旗)

삼척 안정사 주지였던 대법 스님(大法 1938~2016)은 영주 부석사로 출가해서 은사인 운성(澐省) 스님을 만났고, 부석사의 비구니 암자였던 봉래원에서 지냈다. 대법 스님은 운성 스님과 함께 경북·강원도 일대에서 탁발·염불 활동을 해 오다 무명 스님을 만나면서 북조의 설법 연희를 새로 익혔다. 땅설법의 진행에는 역할을 맡을 사람이 여럿 필요하므로 무명, 운성, 대법, 다여 스님의 공동작업으로 제반의 설행이 이루어졌다.

다여(茶如 이상동) 스님은 1966년 안정암 근처 마을에서 태어났다. 두 살 때부터 안정사에서 자라며 무명 스님으로부터 땅설법을 익혔다. 10살 때부터 땅설법을 배우기 시작하여 방대한 레퍼토리들을 외우고 숙지할 수 있었다. 1988년 무명 스님은 다여 스님에게 전법패(傳法牌)와 전법게(傳法偈)를 내린 후 열반했다. 2016년에는 대법 스님도 입적하여 현재는 다여 스님 단독으로 북조, 남조의 레퍼토리를 전승하고 있다.

2. 설법 내용과 방식

1) 설행 절차와 형식

땅설법은 도강·불단진설법문·문단설법·도창·도평으로 이루어진다. 도강(都講)은 당일 설법의 주제와 의미에 대해 알려 주고, 불단진설법문(佛壇陳設法門)에서는 불단에 진설된 장엄물·공양물·법구가 지닌 의미를 설명하며, 문답 설법으로 앞에서 미처 이해하지 못했거나 참석한 사람들의 질문에 답하며 보충 설명을 한다. 답하는 과정에 청중의 기호에 부합하는 재담이 섞여 들기도 한다. 이때 청중의 수준과 관심사를 파악하여 도창의 내용을 조절한다. 본 마당인 도창(導唱) 연희와 설법에서는 변상도와 불화 등을 활용한 설법 연희를 행한다. 설법 중간에 승려, 학자, 전문 연희자가 설행하는 간강(間講)·간창(間唱)이 더해진다. 마지막으로 큰 스님이 총평하는 도평(都坪)으로 마친다.

〈표 26〉 땅설법 순서

도입부	설법	마무리
도강 → 불단진설법문 → 문답 설법	도창(설법과 연희) → 간강(間講)	도평[31]

31 도평을 마치고 그날 시주한 사람들과 시주 항목을 대중에게 알리고, 소요된

위 순서를 보면 설행 양상이 지닌 소박한 모습과 달리 논리적인 체계성이 보인다. 이는 당대(唐代)의 강경의식에서 하던 창도와 속강에 이르는 설법체계가 내재해 있기 때문이다. 이들을 중국의 속강 텍스트와 비교해 보면 다음과 같다.

〈표 27〉 한 · 중 · 일 공통적 비교 요소

순서	중국 속강	땅 설법	일본 쇼묘
도입부	강경문-한어 운문	도강-설법 배경, 강설	법회 도입부
	압좌문-경의 압축-7언 범음	불단진설법문	전찬: 송경 전에 하는 범찬(梵讚)
	속문(변문,창문,강창문, 연기(緣起)	문답 설법	
강 설	해좌문-마무리 및 해산 인사말	도창, 간강	경전 송경
마 침		도평: 보완 및 총평향	후찬: 한찬(漢讚)

〈표 27〉의 내용을 보면, 땅설법의 도강은 당대(唐代)의 강경문과 같이 경전적 내용이 주된 텍스트이다. 설법을 하기 전에 행하는 문답 설법은 참여 청중에게 질문을 던지며 청중의 수준을 파악하고 그들이 관심사에 답하는 점에서 일일강의식과 상통하는 점이 보인다.[32] 중국의 속강에서 강경문과 압좌문이 속문을 하기 전의 서문(入話), 소개(引子) 역할을 하듯이 땅설법의 도강 · 불단 진설법문 · 문답 설법도 땅설법의 본론인 도창의 도입부 역할을 한다. 이때 설법할 내용을 7언 범자로 노래하는데, 한국에는 없지만 일본에는 경전을 낭송하기 전에 하는 전찬(前讚)쇼묘가 있다.[33]

경비를 정산하며, 다음 법회 안내와 함께 축원을 함.

32 상세 내용: 윤소희(2023), 『한 · 중 불교의례와 범패』, pp. 339－350.

33 일본에는 경전 독송하기 전에 범어로 전찬(前讚)을 노래하고, 경전 독송 후에

중국에서는 속강을 마치면 마무리하는 해자문을 하는데 땅설법에서는 도평을 한다. 이렇듯 땅설법의 진행 방식을 보면, 속강의 형태가 내재해 있음을 알 수 있다. 그러나 안정사에서 행하는 신행과 설법 연희를 보면 민속적 놀이와 민간 신앙이 융합되어 있다. 다여 스님이 땅설법에서 구사하는 선율을 들으면 동해안 무가를 듣는 듯한 느낌이 든다.

2) 내용과 연행 방식

땅설법의 주요 콘텐츠는 본전 5마당, 별전 4마당, 별외전이 있다. 이들 중 불교의 104위의 신들 중 96번째 신으로 한 몸 안에 여러 신의 모습을 지닌 신중신일대기(身衆神一代記)는 전국을 다니며 그 지역 사투리와 함께 지역민이 좋아하는 민요나 유행가를 노래하는 점에서 한국적 창작 요소가 두드러진다. 이는 성주신 일대기와 함께 통일신라 팔관회로 수렴된 우리네 기층문화의 뿌리를 지니고 있어 앞으로 무속 및 토속 신앙과도 비교할 사안이다.

〈표 28〉 땅설법 본전 · 별전 · 별외전

본전 5 마당	별 전
석가모니 일대기	만석중득도기, 안락국태자경
선재동자 구법기	위재희부인만원연기, 심청효행록
목련존자 일대기	태자수대나경, 삼한세존일대기
신중신 일대기	금우태자전 외 다수 별외전 포함 200여 가지
성주신 일대기	

는 한어(漢語)로 후찬(後讚)을 한다. 상세 내용: 윤소희(2023), 『한 · 일 불교 의례와 쇼묘』, pp. 370－398.

〈표 29〉 신중신 일대기의 음악 레퍼토리

지 역	내용
요동, 압록강	공무도하가
개경	쌍화점, 만전춘
전라도	어라하 노래
경상도	신라 향가
강원도	아라리, 민아리
충청도	조선의 노래, 찔레꽃 등
서울,경기	창부타령, 춘앵무, 무고, 검무

〈표 30〉 땅설법 연행 방식과 내용

연행방식	내용
인 형 극	『관무량수경』 위제희부인만원연기, 『부모은중경』, 『능엄경』 중 '칠처정심, 『밀린다왕문경』, 「성주신 일대기」의 신중신 탈놀이 중 활인선생, 「우인 성도기」
가 면 극	「성주신 일대기」 중 신중신 탈놀이, 「십신설법」, 「선재동자 구법기」
그림자극	「신중신 일대기」 중 만석중 득도기
역 할 극	『법화경』 '법화칠유놀이
놀 이	「목련존자 일대기」, 『안락국태자경』 중 업경대 환생처 놀이
민속악무	「신중신 일대기」 중 무당굿, 귀신잡아 가두기, 상여소리, 가래소리, 목도소리, 아라리, 어랑타령, 포구락무, 단심주(丹心柱)놀이, 농사놀이 등

위 표의 내용들은 각각의 특징에 맞추어 그림자극, 인형극, 탈놀이, 그림풀이와 같은 연희가 행해진다. 공연 지역마다 그 지역의 노래를 활용하는 신중신 일대기는 요동과 압록강 지역에서는 공무도하가를 부르고, 서울·경기 지역에서는 경토리 노래에다 한양 도성 사람들이 향유했던 무고와 검무를 추는 등 지역마다 다른 공연을 펼친다.

3. 땅설법 연희와 율조

1) 땅설법 연희 율조

땅설법에서 행해지는 제반의 줄거리는 창도사의 이야기와 노래로 진행하며 경전을 노래하는 강창과 이야기를 풀어 가는 설창이 행해진다. 이때의 선율은 대개 강원도 지역 민요, 무가와 친연성을 지니고 있다. 동일한 선율에 가사를 붙여 가며 설법하면 신도들이 '에이~~ 에이에이에 천백억화신'으로 받거나 혹은 설법 내용에 따른 후렴 가사를 붙인다. 다음의 선율은 촘촘하게 짓는 북조 선율이다.

〈악보 9〉 설법과 받는 소리

법회의 내용과 절차에 따라 스님이 선창하면 신도들이 받는 소리를 한다. 2024년 11월 2일 안정사에서 행해진 화엄성주대재에서는 '화엄회상불보살'을 노래하는 가운데, 각 절차마다 스님은 다른 가사를 노래했다. 전반의 특정 절차에서는 '법성원륭 무이상 제법부동 본래적'으로 시작하는 법성게를 노래했는가 하면 좌불거 바라무를 춘 이후에는 화엄회상불보살과 영산회상불보살을 번갈아 노래했다. 이때 스님은 자유로이 소리하고, 신도들은 같은 선율로 받았다.

〈악보 10〉 화엄회상불보살 염불춤

이상 안정사의 의례에서 행해지는 음악적 면모를 보면, 사설조 의례문의 시작구는 경제 유치 · 청사와 같은 골격과 유사한 가운데 영남범패 4성과도 상통하는 면모를 보이다가 후반으로 가면서 변화선율이 구사되었다. 변화선율은 강원도 특유의 민요 및 무가와 유사했다. 이는 불교민속과 신행의 밀접한 관계를 말해 준다.

2) 작법무와 악사들의 역할

안정사 재의식에는 착복무, 바라무뿐 아니라 땅설법에서 행해지는 학춤, 호랑이 춤 등 다양한 종류의 춤이 행해진다. 반가좌 의식에서 추는 좌불거 바라무는 석가모니불의 탄생을 나타내는 것으로 승려가 추는 작법무였다. 이외에 조왕청, 불보살청과 기타 여러 재차에 착복무와 바라무가 수반되었고, 신중 탈놀이와 연희에 등장하는 여러 캐릭터들이 춤과 재담을 함께 연행했다. 이러한 절차에 모두 신도들과 악사들이 함께 연행하므로 예술적 경지보다 즉흥적 놀이 성격이 더 강하다.

의례와 땅설법에 참여하는 악사들은 창도사를 중심으로 몇몇 승려의 법구 반주 혹은 신도들이 함께했다. 때에 따라서는 전문 악사를 초빙하는데, 2024년 화엄성주대재에서는 장구 반주를 중심으로

징, 꽹과리, 피리(태평소 포함), 대금으로 구성된 5인의 악사가 참여하였다. 이들은 이운 행렬에 태평소와 타악을 연주하며 행렬을 이끌고, 의례문에 수성가락을 연주했다. 땅설법 성주신 일대기에는 국시성황, 방아신, 마당장군, 우물신 통시장군[厠神], 산신, 화덕장군, 삼신과 같은 토속신이 등장하므로, 이를 둘러싼 장단 절주에 엇청보, 청보장단, 재마수와 같은 무가 장단을 비롯하여 굿거리와 자진모리 등 다양한 민속 장단과 즉흥 가락이 쓰였다.

안정사 의례와 땅설법에 참여하는 악사들은 일반 재장의 악사들이 반주 역할에 한정되는 것과 달리 의례 전반에 걸쳐 능동적인 역할을 한다. 장구잽이는 땅설법 재담과 설창에 추임새를 넣고, 스님의 메기는 소리에 받는 소리를 신도들과 함께 하기도 한다. 그뿐만 아니라 연희마당에서 호랑이춤을 추는가 하면, 각 악기 주자들이 장기 자랑을 펼치는 등 재자들과 어울리기도 한다. 악사들의 이러한 모습은 예로부터 재장이나 무속판에서 "잽이들이 반(半)을 한다."고 했던 전통적 모습이기도 하다.

BTN땅설법	화엄성주대재	설법연희

제3부

21세기 불교음악

제1장 현대 불교와 음악

제2장 한국의 창작 불교음악

제3장 음악치료와 명상음악

제 1 장

현대 불교와 음악

Ⅰ. 남방의 불교의례와 음악

1. 인도 · 스리랑카 불교음악

붓다 입멸 후 아소까왕 대까지 확장되어 오던 인도불교는 교단이 분리되고 민간신앙을 불교로 융합하면서 불교 본래의 정체성을 잃어 오다 9세기에는 완전히 사라졌다. 8세기 이후 이슬람이 북서인도를 점령하고, 11세기에는 이슬람 왕조가 북인도에 자리 잡으면서 일부 잔재해 있던 불교가 사라졌지만 스리랑카에 인도불교의 일부 전통이 살아 있다.

1) 불교의 전래

스리랑카는 사자를 뜻하는 스리(Sri)와 나라를 뜻하는 랑카(Lanka)

가 합쳐진 이름으로 옛 문헌에는 사자국(師子國)으로 나타난다. 인도의 통일왕조를 이룬 아소까왕이 불교에 귀의한 뒤 각처에 전법사를 파견했다. 스리랑카에는 그의 아들 마힌다를 보냈는데, 당시 스리랑카의 왕 데와낭삐야-띳사(Devanampiya Tissa 재위 BC250~210)의 적극적인 호위 아래 전법 활동을 했다.

아누라다뿌라(Anuradhapura)에서 마하[大]위하라[寺院]를 건립하여 포교를 시작한 마힌다 장로는 마하위하라(Maha Vihara) 교단을 형성했다. 마하위하라는 일명 대사파(大寺派)교단이라고도 불리는데 수행과 불법 사상에 대해 보수적이었다. 그러자 진보적이고 개방적인 교리를 주장한 사람들이 분파했다. 기원전 1세기경 왓따가마니 아바야(Vattagamani Abhaya 재위 BC43~17) 왕이 등극한 후 자신과 친한 마하띳사(Maha Tissa) 장로에게 무외산파(無畏山寺 Abhayagiri Vihara)를 헌납함으로써 보수적인 대사파와 크게 대립했다. 분파는 계속되어 기타림사파(祇陀林寺派 Jetavana)가 새로이 생겨나며 스리랑카의 불교 3파가 성립되었다.

상좌부 불교와 대승불교의 치열한 대립으로 야기된 교파 경쟁에 더하여 남부 인도 왕국의 침략 등 끊임없는 분열과 이견이 제시되자 대사파 승려들은 올바른 불법 전승의 위기를 느꼈다. 그리하여 자신들이 구전으로 전승해 온 붓다의 말씀을 기록하는 결집을 열었다. 빠알리어는 본래 문자가 없었으므로 싱할리 문자로 붓다의 설법을 소리 나는 대로 음사하여 나뭇잎에 새겼고, 이로 인해 최초의 문자 경전이 되어 오늘날 동남아시아의 빠알리 경전으로 자리 잡았다.

2) 종파와 승단

남방 상좌부 불교의 종주국이라 할 수 있는 스리랑카는 일찍이 태국, 미얀마, 캄보디아로 불법을 전파했지만 16세기 이후 포르투갈의 침공을 받으면서 전법의 위기를 맞았다. 네덜란드 지배(1655~1799)에 이어 영국 식민지를 지나며 승단의 법통이 변방으로 숨어들거나 민간화되기도 했다. 17세기 초 비말라 담마 수리야(Vimala-Dhamma Suriya 재위 1687~1706) 2세는 미얀마에서 비구를 초빙해 법통을 이었으며, 17세기 후반에는 태국으로부터 다시 전계(傳戒)를 받았다. 현재의 스리랑카에는 태국으로부터 들어온 씨암파(Siam sect), 미얀마에서 들어온 아마라뿌라파(Amarapura Sect)와 라마냐파(Ramanna Sect)의 3가지 주된 종파가 있다.

이들 중 가장 많은 인구를 차지하고 있는 씨암파는 옛 왕도였던 캔디와 그 주변 지역에 형성되었고, 미얀마 계열의 아마라뿌라는 동부 해안 지역, 라마냐는 전국적으로 흩어져 있다. 외형적 차이를 들자면 씨암파는 주홍색 가사, 미얀마 계열은 짙은 갈색 가사를 입는다. 그러나 스리랑카 승려들은 신도들이 가사공양을 하는 대로 받아 착용하므로 오렌지색과 갈색 가사를 자유로이 입기도 한다. 왕실과 지배층의 후원에 의한 공식적인 전계가 이루어지지 못했지만 지방과 민간에는 의례와 신행 전통이 유지되었으므로 찬팅 율조를 이을 수 있었다.

3) 스리랑카의 불교의식

(1) 연중 신행

스리랑카를 대표하는 3대 불교 행사를 들면, 포야 데이(Poya day),

페라헤라(Perahera), 보리수 공양(Bodhi Tree puja)을 꼽을 수 있다. 포야데이는 '포살(布薩)' 혹은 포월제(蒲月祭)로, 매월 음력 보름날을 금욕·참회의 날로 삼아 육식을 금하고, 독경과 정진·설법을 듣는다. '페라헤라'는 캔디 사원에 모셔진 불치(佛齒)를 코끼리의 등에 싣고 벌이는 행렬이다. 캔디 페라헤라는 수백 마리의 코끼리와, 이를 수행하는 악사와 무용단이 행렬하는 축제로, 스리랑카 공연예술의 총 집합이기도 하다. 보리수 공양은 석가모니의 성도지인 붓다가야에서 보리수 가지를 잘라 아누라다뿌라의 마하보디 사원에 옮겨 심은 데서 시작되었다. 사람들은 성수(聖樹)가 있는 마하보디사에서 나무 주위를 7번 돌며 물을 뿌리는 의식을 행하며 석가모니의 수행과 깨달음에 경배한다.

이러한 3가지 행사는 일상 의례로 연결된다. 마을과 사원에는 어김없이 보리수나무가 있어, 보리수를 향한 공양타주를 하고, 사찰에서는 조석예불 때 보리수 공양부터 시작한다. 불치신앙은 사리신앙으로 연결되어 하나의 탑에 모셔진 사리를 계속해서 쪼개거나 혹은 여러 조각의 사리들을 나누어 탑에 모시는데, 그럴 때마다 사리이운 행사나 탑에 대한 공양의례가 펼쳐진다. 이때 사찰 내에 설치된 단에서는 수일간에 걸쳐 찬팅 법회를 연다.

(2) 조석예불과 공양

스리랑카에는 "보리수가 없으면 사찰이 아니다."라고 할 정도로 보리수 신앙이 강하므로 조석예불도 보리수공양으로 시작한다. 공양 타주는 아침 6시, 오전 10시 30분, 저녁 6시, 하루에 3차례에 걸쳐 매일 행해지므로 큰 사찰에는 전속 악사가 상주하고 있다. 사찰 악단의 연주와 찬팅은 같은 형식으로 신행되지만 악사들의 기량에 따라 태평소가락이나 타악 절주에는 미세한 즉흥변화가 있다. 스리랑카는 승단의 계율에 따라 사원에서는 요리를 하지 않으므로 신도들이 돌아가며 공양을 올린다. 스님들은 매일 아침 식사를 하기 전 음식을 가져온 신도들에게 감사와 축복을 내리니 그것이 매일 오전 10시 무렵 행해지는 공양의식과 찬팅이다. 이러한 제반의 신행이 한국의 사찰에서 10시에 행하는 사시마지의 연원이다.

〈사진 1〉 페라헤라 행렬을 이끄는 악사들의 모자와 상모줄이 한국과 많이 닮았다.

4) 스리랑카 범패의 고유성과 상호성

스리랑카의 빠알리 찬팅이 인도에서 온 사람들에 의해 생성되고 보존된 점을 고려해 볼 때, 이들의 찬팅 율조는 인도의 고대 힌두 경전 율조, 라가 선율과 연결된다. 초기 빠알리 찬팅은 우파니샤드의 베다 찬팅, 장식음과 요성 등 음악적인 면은 인도의 라가와 율적 친연성이 있다. 그러므로 인도의 라가 중 스리랑카의 찬팅 선율과 같은 선율이 발견되기도 한다. 빠알리 경전을 공유하고 있는 태국, 미얀마, 스리랑카 찬팅의 전승 현실과 특징을 간추려 보면, 크게 두 가지로 요약할 수 있다.

첫째, 미얀마에는 범패로 외부 활동을 하는 승려가 없다. 계율이 철저한 미얀마 승단의 풍토를 감안해 볼 때, 스리랑카 승려들의 바깥채비 활동은 기근과 전쟁을 지나며 생겨난 것으로 보인다. 한국에도 억불과 일본의 사찰령 하에서 승단의 유지가 어려워지자 승려들의 바깥채비 활동이 많아진 것과 무관치 않기 때문이다. 스리랑카 범패에 장식음과 시김새 표현이 많은 것 또한 외부 활동으로 인한 음악적 변화로 볼 수 있다.

둘째, 미얀마의 찬팅에는 선율의 장식음이나 요성이 거의 없다. 또한 태국의 찬팅은 스리랑카에 비해서 발성음이 다소 경직되고 율조 또한 그다지 유려하지 않다. 그에 반해 불교음악을 연구하는 학자나 세계 여러 지역의 승려들이 '찬팅 운곡은 스리랑카가 최고'라고 할 만큼 스리랑카의 찬팅은 인도의 음악적 성격을 좀 더 많이 지니고 있다.

스리랑카 찬팅을 한국 범패와 비교해 보면, 요성과 시김새 등이 중국이나 일본에 비해서 스리랑카와 한국 범패가 더 높은 친연성을 지니고 있다. 철야 기도회의 망다파(法樓)에서 10여 명의 승려들이 빙 둘러앉아 찬팅하는 모습은 한국의 재장에서 짓소리를 하는 모습과도 닮았다. 이들 선율 중 높은 음을 반복해서 꺾는 것을 보면 영남 범패의 거성과 흡사하다. 편의상 복청게의 일부분을 비교해 보면 다음과 같다.

〈악보 1〉 스리랑카 마하피릿 찬팅 중 붓다 예경 율조[1]

〈악보 2〉 용운스님 복청게[2]

중국에 들어온 범어 율조와 경전 번역이 한어 성조에 많은 영향을 주었음을 감안해 볼 때, 고풍범패의 면모를 좀 더 많이 지니고 있는 영남 범패와 스리랑카 찬팅 율조와의 친연성은 주목해 볼 만하다. 그러나 이러한 친연성은 과도한 관계 설정이 될 수도 있으므로 앞으로 좀 더 많은 보완 자료와 함께 면밀한 분석이 따라야 할 것이다.

2. 미얀마의 불교의례와 음악

국경의 서북부가 인도와 접하고 있는 미얀마는 붓다 생존 시에도 인도와 교류가 잦았다. 붓다 입멸 후 10세기 말에 접어들면서 북인도에 이슬람 군대가 침입하자 많은 불교도가 미얀마로 이주했다. 그런가 하면 불교가 불가촉천민의 집단 개종을 중심으로 성장하여 사회적 개혁을 강조하다 보니 힌두교도의 탄압을 피하여 미

1 Buddhist cultural centre, 《Maha Pirith Chanting》 중 〈초전법륜경〉 TR1, Sri Lanka.
2 국립무형문화유산원(2007), 《영남범패》, 〈CD 3〉, TR 8.

얀마로 이주한 인구가 다수고, 지리적 · 사회적 환경으로 불타 입멸 후 교단이 형성되는 시기부터 미얀마에 인도불교가 유입되었으므로 미얀마에는 초기불교 전통이 많이 남아 있다.

1) 미얀마 역사와 경전 결집

미얀마 최초 통일 왕조의 수도 버강(Bagan)에 있는 마제디 비석(Myazedi inscription)에는 마가다(훗날 빠알리 경전어가 됨) · 몬(Mon)족 · 쀼(Pyu)족 · 버마(Gurmese)족의 언어가 새겨져 있어 주변 일대를 통일한 버강 왕조의 위상을 알 수 있다. 버강의 역대 왕들은 주변국들을 복속시킨(1044년 무렵) 아노여타(Anawratha)왕이 받아들였던 초기 불교를 더욱 발전시켰으며, 후대의 왕들은 불탑을 세우며 왕국의 부강을 과시했다. 1287년 몽골족에 의해 버강 왕조는 멸망했지만 그들이 조성한 수많은 탑들은 세계 3대 불교 유적 중 하나로 자리 잡고 있다.

버강 왕조 몰락 후 약 3세기 동안 혼란의 시기를 보내다 몬족은 버고(Bago: 양곤 인근 지역), 버마족은 따웅우, 샨족은 잉와에 분리된 왕국을 세웠다. 그러다 1564년 제2 버마 제국으로 통일되었으나 1752년에 영국을 등에 업은 몬족에 의해 멸망했다. 1755년에는 버마족 중심의 세 번째 왕국인 꽁바웅(Kongbaung) 왕조가 성립되어 영토 확장 정책을 폈으나 1886년 영국 식민지 시대로 접어들었다. 1948년 1월 4일 영국으로부터 독립한 후 1989년 식민지의 잔재를 청산한다는 의미에서 국가 명칭을 미얀마로 바꾸었다. 이후 버마식 사회주의가 대두되어 군부에 의한 쇄국정책이 실시되었다. 근년에는 수도를 네삐도(Nay Pyi Taw)로 옮기고 일시적으로 개방정책을 폈으나 현재는 군부와 시민의 충돌이 팽배한 상태이다.

1875년 미얀마의 옛 왕도인 만들레이(Mandalay)에서 열린 제5차 결집과 1948년 양곤에서 열린 제6차 결집은 미얀마 불교의 위상을 말해 준다. 마지막 왕조인 꽁바웅(Kongbaung)의 민돈(Mindon)왕은 서구 열강들의 침입으로 전법(傳法)의 위기를 느껴 결집을 열었다. 이때 세 번째 결집 때까지의 내용만을 가려서 '새로 넣지 말고, 빼지 말고, 있는 그대로'라는 원칙을 세웠다. 확립된 내용을 새긴 대리석을 모신 꾸도더 파고다가 세계에서 가장 큰 책으로 기네스북에 올라 있다.

2) 미얀마의 불교의식

석가모니는 제사를 지내지 말 것을 계율로 정했다. 이러한 계율을 엄격하게 지키고 있는 미얀마 승단에서는 조석예불과 경전 독송, 설법이 주된 신행이라 "우리는 의식이 없다."라고 말한다. 미얀마 승단에서 "조석예불은 이렇게 해야 한다."라는 의식적 틀이 없으므로 어느 사원 어느 수도원이건 재량껏 간단히 예를 올리는 것이 전부다.

(1) 조석예불

미얀마의 예불문에는 빠알리어와 미얀마어 두 가지가 있다. 예불문 중에서 부처님에 대한 예경과 삼귀의, 회향과 같은 기도문은 모두 빠알리어이고, '보시물에 대한 숙고와 감사송', '축원과 발원', '공양게송' 등 주로 일상적인 기도문은 미얀마어로 노래한다. 한편 미얀마의 수행처에서 들려오는 예불문이 마치 그레고리안 찬트를 듣는 듯한 느낌이 든 것에 착안하여 초기 기독교 음악인 그레고리안 찬트와 비교해 본 결과, 이들에게서 몇 가지 공통점을 찾았다.

첫째, 고전어를 가사로 하는 점. 둘째, 대부분 순차진행으로 이루어져 낭송조에 가까운 점. 셋째, 감정의 절제로 인한 리듬 절주가 거의 없는 점이다.

이들의 율조 중 빠알리어 율조는 조금 더 점잖고, 미얀마어 율조는 선율 움직임의 폭이 좀 더 크고 리듬감이 있다. 그러나 한국에서 무박절로 길게 부르는 당풍과 신명나게 법구를 치며 부르는 향풍과 범풍에 비하면 아주 미미한 차이이다. 남방불교 의례에서 어떤 가사의 율조이건 그다지 차이가 없는 것은 계율을 중시하는 수행 풍토로 음악적 표현을 절제하여 선율의 움직임이 낭송조에 가깝기 때문이다.

① 예경문은 수행자와 신도들이 가장 일반적으로 하는 기도문이다. 빠알리어는 문자가 없어 소리를 음사하여 기록하였다. 따라서 이러한 기도문은 표기 문자만 다를 뿐 발성은 같다. 스리랑카, 미얀마, 태국, 라오스의 율조가 대동소이하다. 예경문은 경전을 읽거나 예불을 하거나 모든 신행에 앞서 세 번을 반복해서 왼다. 예경문을 의역해 보면 다음과 같다.

나모 땃사 바가와또 아라하도 삼마 삼붓다사
Namo tassa bhagavato arahato sammāsambuddhassa

나모－예경합니다.

아라하또－ 모든 번뇌를 여의시고

삼마삼붓닷사－스스로 모든 법을 올바르게 깨달으신

땃사 바가와또－그 존귀하신 분께

② 삼귀의는 세 번을 반복해서 왼다. 뚜띠얌삐 Dutiyampi(두 번째도), 따띠얌삐 Tatiyampi(세 번째도)와 같은 구절이 앞 소절에 들어가는 것 외에 가사와 율조는 첫 구와 동일하다. 빠알리어에서 '붓담'은 목적어로 부처님께, '사라남'은 숨을 곳의 목적격인 귀의처, '가차'는 '간다'는 뜻, '미'는 1인칭 주어이다. 이것을 직역하면 "붓다가 계신 귀의처로 제가 갑니다." 이다.

〈표 1〉 삼귀의 가사와 뜻

로마나이즈	빠알리어 발음	뜻
Buddhaṃ saraṇaṃ gacchāmi	붓담 사라남 갓차미	부처님께 귀의합니다
Dhammaṃ saraṇaṃ gacchāmi	담맘 사라남 갓차미	가르침에 〃
Saṅghaṃ saraṇaṃ gacchāmi	상감 사라남 갓차미	승가에 〃

③ 발원은 예불이나 수행을 마칠때 올리는 기도문으로 불 · 법 · 승께 귀의하는 내용이다.

이마－야 담마－누 담마빠띠빳띠야－ 붓담 뿌－제－미
이마－야 담마－누 담마빠띠빳띠야－ 담맘 뿌－제－미
이마－야 담마－누 담마빠띠빳띠야－ 상감 뿌－제－미

이와 같은 법을(Imāya dhammānu) 따라 수행하며(dhamma paṭi-pattiya) 붓다께 기도합니다(Buddhaṁ pūjemi). 이와 같은 법을 따라 수행하므로써 불(붓담) · 법(담맘) · 승(상감)에 기도한다.

④ 회향은 예불을 마치고 마지막에 하는 기도문으로 내용은 다음과 같다.

이담메 뿌냥 / 이와 같이 내가 행한 선업으로
아사와카야 와함 호뚜 / 모든 번뇌의 흐름이 없어지기를!
이담메 뿌냥 / 이와 같이 내가 행한 선업이
막가팔라 냐낫사 빠짜요 호뚜 / 원인이 되어 주기를!
이담메 뿌냥 바감 / 이와 같은 우리의 선업 공덕을
삼바 삿따 남데마 / 일체 중생들께 회향합니다.
사베 삿따 수키따 혼뚜 / 모든 존재들이 행복하여지기를!
사두 사두 사두 / 훌륭합니다. 훌륭합니다. 훌륭합니다.

2) 기도문

(1) 빠알리 메따(자비송)

동남아에는 다양한 메따가 있다. 그중에서 미얀마 빤디따라마의 메따는 모두 낭송할 경우 30분이 소요될 정도로 매우 길다. 그러나 반복되는 패턴이 있는 데다 후렴구가 있어, 긴 기도문이지만 지루함을 모르고 염송하게 된다.

아함 아왜로 호미/ 내가 적과 위험에서 벗어나기를
아뱌-빳조 호미/ 마음의 고통에서 벗어나기를
아니고 호미/ 몸의 고통에서 벗어나기를
수키 앗따남 빠리 하라-미/ 자신을 행복하게 지켜 가기를
마마 미-띠-삐뚜, 아짜리야짜/ 어머니와 아버지, 스승님들
냐띠 밋따짜, 사브라흐마 짜리노 짜/ 친척, 친구, 도반들이

아왜라 혼뚜/ 적과 위험에서 벗어나기를

아뱌－빳자－혼뚜/ 마음의 고통에서 벗어나기를

아니가 혼뚜/ 몸의 고통에서 벗어나기를

수키앗따남 빠리하란뚜/ 자신을 행복하게 지켜가기를

이마스밍 아라메 삽베 요기노/이 사원의 모든 수행자가

… 후략 …

〈악보 3〉 자 비 송

찬팅: 빤디따라마 승단과 대중

채보: 윤소희

선율의 흐름을 보면 주음의 한음 위에서 시작하여 상하로 움직인다. 종지음은 주음인 '도(F)'로 마치며, 전체 음역은 '도레미(F·G·A)'의 3음 구성이므로 전체 음역도 3도이다. 본 자비송의 선율에 화음을 부가하여 명상음악으로 출판한 음반을 들어 보면 마치 유명 작곡가가 쓴 예술곡 느낌이 든다. 그러나 선율을 채보해 보면 시작구의 한 음과 가사를 약간 밀고 당기는 셍코페이션 효과 외에 기도할 때의 율조와 차이가 없었다.

〈악보 4〉 음악화한 자비송

(2) 미얀마어 기도문

빠알리어에는 25자음과 8가지 합성자음, 8모음이 장단고저에 따른 복잡한 성조가 있는데 비해 미얀마어는 33자음과 세 가지 성조가 있다.[3] 미얀마어는 어순이 한국과 같이 주어 → 목적어 → 서술어 순이어서 한국 사람들이 배우기 쉽다 하나 성조와 발음에 따라 뜻이 달라지므로 좀 더 깊이 들어가면 어려움을 느끼게 된다. 이들 기도문은 기도하는 사람에 따라 자유로이 낭송하므로 사원과 사람에 따라 제각각이다. 미얀마어 표기를 인쇄하기 어려우므로 한글로 표기하고 뜻을 옮기면 다음과 같다.

① 네 가지 보시물에 대한 게송

아떼엑 쉬에즈와/ 수명이 길어지고
배요가도/ 위험과 질병들이
꼬ㅎ마 마깝/ 나에게 붙지 않고
빠리얀ㅎ닝/ 경전을 공부하며
빠띠빧예에/ 수행해 나가는 길
ㅎ묘타욱/ 의지처 되어 주리.
뜨웨유웨/ 바르게 숙고하며
이세이스완/ 이 약과 이 공양들

3 상세 내용: 윤소희(2012), 「팔리어 송경 율조에 관한 연구 -미얀마 승단을 통하여-」, pp. 221-225.

이띵깐ㅎ닝/ 이 가사 이 보시물들
싱랑포에까웅/ 환희심 가득한
이 쌍짜웅고/ 이 같은 수행처를
ㅎ미야웅/ 바르게 의지하고
또웅스웨 바더디/ 사용해 살아가겠습니다.

② 미얀마어 발원문은 주로 수행이나 예불의 마지막에 낭송된다.
이또뿌야 미얀뿐냐짜옹 / 이같이 행한 우리의 선업으로
챤먀에찌 배메미디 / 행복과 평화 얻고, 위험이 사라지는
쉐삐토운차욱 라앙마까욱배 / 니르바나 가는 길 굽지 않고
야욱야 바로 / 안전히 도달하길.
토토바와 찌잉 레 야레 / 많은 생애들을 헤메고 헤메이며
둑캅당 양망 아빠 웅 / 고통과 위험, 재앙과 적이라는
마까 웅 수떠 ㅎ먀 / 안 좋은 모든 것은
마뚜 위야 배 / 만나지 않게 되며
땁바 잇싸 밍갈라고/모든 소망들과 축복들이
유웨 까타 따잉 야세도/ 매 순간마다 모두 성취되길 발원합니다.

스리랑카 예불	미얀마 예불	태국 예불

Ⅱ. 동북아 불교의례와 음악

1. 중국과 대만의 불교음악

청나라 황실의 붕괴는 타도 공맹(孔孟)으로 이어졌고, 문화혁명은 전통문화를 폐습으로 간주하여 불교 승단을 탄압했다. 이후 사원의 모든 재산과 권한이 당국에 몰수되며 승단이 해체되었고, 불교의례와 음악도 단절되었다. 반면 공산당에 패한 국민당은 대만으로 이주하였는데, 이때 대륙 각지의 사람들이 국민당과 함께 이주하면서 중국 불교도 함께했다.

반세기 이상 지속되어 온 대륙의 사회주의는 경제적 갱생을 위해 개방정책으로 돌아섰다. 1979년 미국의 카터 대통령이 중국과 공식적인 외교관계를 체결했고, 1992년에는 한국과의 수교가 이루어져 왕래가 가능해졌다. 이러한 사회 흐름 속에 전통문화와 종교행위에 대한 자유가 허용되었으나 종교 지도자들은 이미 세상을 떠났고, 혁명 사회에서 태어난 세대들은 종교와 전통에 대한 경험이 없었으므로 전통 회복은 요원했다. 세월이 흐르면서 대만의 승려들이 대륙으로 와서 불교의례와 범패를 지도하였고, 각처의 불교사원은 공산당의 관리하에 유지되고 있다.

1) 대만으로 이주한 중국 불교

(1) 국민당 이주 선후 승단

대만의 불교 전파는 한족이 유입되던 명대(明代)부터 되었고,

대만 각지의 사원은 청조 때 세워졌다. 타이페이의 가장 오래된 사찰인 롱산스(龍山寺)는 청대인 1738년에 건립되었고, 대만 최초의 출가자는 푸조우(福州) 용추안스(湧泉寺)의 법맥이다. 국민당 이전에 형성된 이들 사원은 민난(閩南) 지역의 방언과 지방색을 띠고 있으며 주로 노년층과 시골 사람들로 구성되어 있었다.

1945년 본토의 법난을 피하여 많은 승려들이 대만으로 이주해 오면서 대만 불교의 전환기를 맞았다. 국민당의 이주 당시 대륙 전역에서 건너온 사람들은 새로운 교단과 총림을 조직함과 더불어 세계 각지에 사원을 건립했다.

반차오(板橋)에 위치한 천티엔스의 광친(廣欽) 노화상은 푸젠에서 1947년에 대만으로 건너와 추안저우(泉州) 천티엔스(承天寺)의 대만 지부를 창건했다. 대만 서남단 가오슝에 본사를 두고 있는 포광산(佛光山) 총림은 1949년 난징(南京)에서 온 싱윈(星雲)대사가 창건했다. 타이중(臺中) 부리(埔里)에 자리 잡은 중타이산(中台山)은 시추안성(四川省) 출신의 웨이줴(惟覺)의 법맥이다. 타이페이현 북부 진산(金山)에 총림을 두고 있는 파구산(法鼓山)은 1949년 상하이에서 온 셩옌(聖嚴)대사가 건립하여 불교학으로 유명하다. 난타우시엔(南投縣)에 본사를 두고 있는 츠광산(慈光山)은 궤이저우(貴州) 런훠시엔(仁懷縣) 출신의 셩카이(聖開)대사가 세운 총림이며, 대만의 중동부에 본사를 두고 있는 츠지공더훼이(慈濟功德會)는 비구니 런순(仁順)대사가 세운 총림으로 병원과 학교 등 사회봉사 사업으로 유명하다.

2) 토속종교와 불교

대만의 수륙법회나 그 외 법회에서 불리는 염구(燄口) 범패는 중국의 토속종교인 도교와 관련이 많고, 공불재천(供佛齋天) 법회는 옥황상제를 비롯한 중국의 토속신앙을 포용한 신행이다. 산샤(山峽)의 주스먀오(祖師廟)에서 유·불·도의 민간 사제들이 합동으로 행하는 의식에서는 불교가 가운데 서고 유교와 도교는 양편에서 보조적인 역할을 한다. 이러한 모습은 중국에서 유·불·도의 사회적 입지를 상징적으로 보여 준다. 주스먀오 의식에서 부르는 노래 중 일부는 범패에서 단락을 짓는 관용적 음악 어휘와 같은 것도 있다. 도교와 불교의 관계는 사원 건축 양식과 가람 배치에도 나타난다.

청대에 세워진 타이페이시의 불교사원 롱산스(龍山寺)와 일반 도교 사원의 건축 양식은 거의 같은 양식이다. 불교의식 과정에 영혼을 위로하는 백문, 배고픈 영혼에게 베푸는 시식은 민간의식과 관련성이 많으며 이들을 통해 드러나는 중국적 정서와 대승불교적 내용은 음악과 더불어 문화적으로도 흥미로운 연구 대상이다.

〈사진 2·3〉 도교사원 주스먀오와 대만 최초 불교사원 롱산스

2) 일상의례와 연중 신행

(1) 조만과(早晩課)

조석예불을 대만에서는 조만과 혹은 조모과(朝暮課)라고 한다. 의식을 시작할 때 향찬을 노래하고, 경전과 다라니를 염송하는 데 약 1시간이 소요되며 마무리로 삼귀의, 회향, 축원과 발원을 한다. 조모과는 주법(主法) 승려의 인도 아래 법기를 사용해 의례를 타주하는 4~5명의 사건추(司楗椎) 승려가 이끌어 간다. 주법이 입당하거나 퇴당할 때 주법 스님을 모시고 들어가고, 주법이 가운데 서면 사건추는 양편으로 자리 잡고 각자 맡은 법기를 타주한다. 중요한 점은 조모과에 창송되는 찬·게·진언·다라니 율조가 수륙법회와 같은 대형 의식에도 그대로 창화되고, 승려와 신도가 다 함께 범패를 노래한다는 점이다.

(2) 법회

대만의 각 사찰마다 의식 진행에 약간의 차이가 있지만 대동소이하다. 가장 큰 법회는 8일간 행해지는 수륙법회이고, 새해를 맞으며 지내는 예천불법회(禮千佛法會), 석가 탄신일의 욕불법회(浴佛法會), 음력 7월의 양황보참법회와 우란분법회, 9월의 약사법회, 10월의 미타법회 등이 있다. 사찰마다 모시고 있는 주불에 따라 주력하는 의식이 다르다. 그런가 하면 매월 행하는 팔관재계(八關齋戒)가 있고, 특정 기간에 정해 두고 하는 대비참(大悲懺) 법회 등이 연중신행으로 행해진다.

(3) 법기 타주

대만의 불교 의식은 법기를 맡은 승려들의 신호로써 이끌어 간다. 이것은 범패의 반주, 신도들의 동작을 맞추는 신호와 함께 상징적 의미가 있다. 종(種) · 고(鼓) · 어(魚) · 경(磬)의 조합으로 이루어진 법기는 좌종우고(左鍾右鼓), 좌경우어(左磬右魚)로 배치되는데 왼쪽은 지혜(Prajñā 열반경계), 오른쪽은 법문(Upāya 반야에 다다르는 방법)을 상징한다. 법기의 음향 조합은 불교의식과 음악의 중요 특징 중 하나이며, 이를 타주하는 승려들은 반야경계의 완성을 염원한다.[4]

3) 의례율조의 분류와 내용

(1) 율조의 갈래

중국 불교는 지역을 기준으로 한전(漢傳) · 장전(藏傳) · 남전(南傳)의 갈래가 있다. 세 가지 중 한전 불교가 한국에서 일반적으로 지칭하는 중국 불교이고, 장전은 티벳, 남전은 중국내 남방 지역의 일부 테라와다 불교이다. 중국 불교음악 분류의 또 다른 한 갈래는 의례율조, 즉 범패가 수반되는 선문불사(禪門佛事)와 범패, 음악을 전문으로 하는 응수승(應酬僧) 혹은 민간의 취고수(吹鼓手)가 연주하는 응문불사(應門佛事)로 나누는 방식이 있다.[5] 두 가지 불사 중 의례를 '선문불사'라고 하는 것은 송대 이후 선불교를 표방한 중국 불교관이다.

반면 대만에서는 불교음악을 의식음악과 공양음악으로 분류하고, 응문불사 음악은 없다. 사회주의 혁명을 피하여 대만으로 이주한 승단 중에 응수승의 이주가 없었거나 행여 있었다 하더라도 그 역할이 미미했기 때문이다. 범패는 사찰 법당에서 의례문에 기반

---

4 高雅俐(2021), 「불교음악전통과과 불교음악」, pp. 281－313.
5 田靑(1999), 「북경의 불교음악」, pp. 169－181.

을 두어 설행되는 율조이다. 예외적으로 어떤 사고가 났던 곳, 혹은 망자를 위해 승려와 대중이 법당을 벗어나 행하는 의식에 수반되는 율조도 의식음악이다. 이와 달리 공양음악은 의식에 불리던 범패라 할지라도 공연장이나 특정한 불교 행사에서 노래하거나 새로이 창작된 찬불곡을 통틀어 지칭한다.

① **선문불사와 범패**: 북경에서는 선문불사 음악, 대만에서는 의식음악으로 분류한다. 이는 경전·의례문·기도문의 율조, 즉 '범패'의 영역이다. 범패는 어떤 특정 음고를 의도적으로 내거나 기교적인 장단을 구사하지 않는다. 따라서 의례와 신행 율조인 범패에서는 음고가 있는 어떠한 악기도 쓰지 않는다. 이는 특정 음고를 의식하면 기도에 방해가 되기 때문이다.

조석 예불에는 주로 느린 하이차오인(海潮音)으로 노래하므로 대경·인경·영고·목어로 박절감이 덜한 반주를 한다. 법회 때는 법기 반주가 활달하고 템포가 빠른 구산댜오(鼓山調) 범패도 부른다. 이때는 보다 많은 법기들을 동반하여 마치 한국의 사물놀이 반주와 같은 효과를 낸다. 매일의 조석 예불을 비롯하여 연중 의식인 법회까지 법기 타주가 없으면 의례를 진행할 수 없을 정도이다. 이때 법기의 음향 조합은 저음으로 깊게 울려 내는 대경(大磬)과 목어(木魚 큰 목탁), 잔가락을 타주하는 인경(引磬)과 당자(鐺子) 등이 음색의 조화를 이룬다.

② **응문불사와 공양음악**: 응문불사는 의례와 음악을 전문으로 하는 예승(藝僧)들이 하는 음악으로 이들을 초청하는 사가(私家)에 방문하여 범패를 노래하거나 기악을 연주하는 음악이다. 돈황 벽화나 고문헌에는 관(管)·적(笛)·생(笙)에 비파와 운라, 타악기를 더한 불악단의 연주 모습을 종종 볼 수 있다. 그리하여 중국의 불교

음악 연구자 중에는 불악(佛樂)에 쓰인 악기 편성과 음조에 대해 연구하는 사람들이 많다. 응문불사 음악은 당·송·명대에 절정을 이루다 청대부터 쇠락하여 문화혁명을 맞아 단절되었다가 근래에 몇몇 불악단이 복구되어 활동하고 있다. 주목되는 사찰로 흐어난셩(河南省)의 따상구어스(大相國寺), 베이징의 지후아스(智化寺)를 들 수 있는데, 이들은 모두 황실과 직결되는 사찰이다.

〈표 2〉 중국 불교음악의 갈래

전래 · 지역	한전(漢傳)		장전(藏傳)	남전(南傳)
대 륙	선문불사(禪門佛事)		응문불사(應門佛事)	
대 만	의식음악 (조만과 · 의례문 율조 즉 범패)		공양음악 (의식 외에 행해지는 모든 불교음악)	

(2) 범패의 유형과 내용

중국 범패의 율조 유형은 한어 · 범어와 같은 언어적 갈래, 사설 · 시(詩) · 사(詞)와 같은 문형(文型)적 갈래가 있다.

① 송경(誦經): 중국과 대만의 조만과와 법회에는 반드시 특정 경전의 송경이 함께 이루어진다. 대중이 다 함께하는 송경에는 일정한 율조가 있다.

② 주(呪) · 진언 · 다라니: '옴마니반메훔'을 반복하는 6자 대명왕주부터 장문의 다라니까지 있다. 한국의 천수다라니(일명 신묘장구)에 해당하는 대비주(大悲呪), 중국에서만 볼 수 있는 선녀천주(善女天呪), 한중일에서 공통적으로 송주되는 왕생주(往生呪)까지 다양하다.

③ 백문(白文): 의례문에 있는 설명조의 사설을 비롯하여 교의를

설하는 율조는 주로 승려가 혼자 낭송하거나 노래한다. 따라서 승려 혼자 노래하는 문(文)은 자유롭게 늘여 지을 수 있으므로 한국의 범패와 같이 모음을 늘여 짓는 멜리스마 선율이 많다.

④ 염불 · 배원(拜願): '아미타불'과 같이 짧은 불호를 반복하는 것부터 긴 불호를 연결해서 부르는 미타성호 칠음조, 자유조, 오음조 등 다양한 유형이 있다. 의례 상황에 따라 하나의 불호를 해조음과 고산조 두 가지로 활용하기도 한다. 같은 가락에 여러 가지 불호를 얹어 부르는가 하면 다섯 가지, 일곱 가지의 선율을 연달아 부르며 반복하기도 하며, 두 팀으로 나누어 절(拜)하면서 주고받는 등 다양한 방식이 있다.

⑤ 게(偈) · 찬(讚): '게'는 4언 · 5언 · 7언과 같이 한 행의 자 수가 일정한 시형으로, 삼귀의, 회향게와 같이 주로 유절 형식으로 노래한다. '찬'은 행(行)의 자 수가 일정하지 않아 '장단구(長短句)'라고도 한다. '사'가 범패로 자리 잡은 때는 명 · 청대이다. 모든 범패 중 가장 느리고 우아한 율조를 지닌 범패로, 행의 수에 따라 5구(五句) · 6구 · 8구 · 10구찬이 있다.

게(偈) 찬(讚)

〈표 3〉 대만 범패의 분류

분류		곡 명
경		아미타경, 금강경, 반야심경과 같은 경전 낭송
주		왕생주, 대비주(천수다라니), 관음주, 십소주, 선녀천주, 준제신주, 육자대명주 등
문	백 문	화상백문, 제1시 백문, 제2시 백문, 제3시 백문 관음발원 백문, 기범강백, 관음예찬 백문, 삼계수 백문 등
	기 타	자운참주정토문, 참회발원문 등

<table>
<tr><td rowspan="3">염불</td><td>긴 염 불</td><td>미타성호 (천화조 · 자유조 · 칠음조 · 오음조), 관음성호(오음조)</td></tr>
<tr><td>짧은 염불</td><td>육자염불 · 사자염불</td></tr>
<tr><td>佛號</td><td>남무본사석가모니불, 관문불호, 천화대상노사나불, 증복수보살 성호, 천불배원불호, 약사불호 등 불호</td></tr>
<tr><td>배원</td><td colspan="2">나무본사석가모니불 배원, 관음불 배원, 공양사 일절공근 등</td></tr>
<tr><td>게</td><td colspan="2">삼귀의, 회향게, 찬불게, 욕불게, 개경게, 보현보살경중게, 고종게 외 다수</td></tr>
<tr><td>찬</td><td colspan="2">로향찬, 계정진향찬, 보정찬, 양지정수찬, 약사찬, 가람찬, 오방불예찬, 불보찬, 미타찬, 금강찬, 시방불예찬, 관음대사찬, 칠여래예찬, 위타찬, 화엄자모찬 외 다수</td></tr>
</table>

경(經)	문(文)	주(呪)	염불

4) 대만의 창작 음악

오늘날 세계 여러 나라 불교음악 현황을 보면, 대만의 역량이 가장 돋보인다. 대만 불교음악의 저력은 끊임없이 새로운 찬불가와 음악 공연을 전개해 오면서도 전통의 토대와 새로운 변화가 균형을 이루는 데에 있다. 조석예불과 법회, 결혼식과 같은 생활 의례에서 전통 범패를 노래하고, 일상생활에서 염불과 범패를 감상한다. 이는 개방적으로 대중의 취향을 수용하되 상업적 메커니즘에 휘둘리지 않고, 시류에 영합하지 않는 자성적 비판이 함께하기에 가능하다. 언제나 제자리에 있는 강이지만 늘 새로운 물이 흐르듯 대만 범패와 찬불가의 생명성도 이와 같다.

대만의 신 찬불가 운동 초기에 인기를 누렸던 작곡자와 악곡으로는 쉬창후이(許常惠 1929~2001)의 '장화음(葬花吟 1962)', 랴오니엔푸(廖年賦 1932~?)의 교향곡 '법우고운(法雨鼓韻 2002)', 치엔난짱(錢南章 1948~)의 '불교안혼곡(佛教安魂曲 2002)' 등을 꼽을 수 있다. 이후 불광산·파구산·중다이산·자제공덕회와 같은 거대 총림을 비롯해 츠광산·영취산 불교교당·국민당 이전 승가에 의한 음악 등 간단히 설명할 수가 없을 정도로 많고 다양하다. 각 총림에서는 합창단을 통해 새로운 찬불가 발표와 함께 홍법 활동을 했다. 그 활약상은 유튜브에 단체 이름만 입력하면 금방 확인할 수 있다.

이들 찬불 단체를 가나다순으로 요약해 보면 법고합창단(法鼓合唱團), 보음문화간개(普音文化簡介), 불광산 선란 염불회 불교청년 가영대(佛光山 宣蘭念佛會佛教青年歌詠隊), 불광산 인간음연 범악단(佛光山人間音緣梵樂團), 성운대사 생평간개(星雲大師生平簡介), 아주창편(亞洲唱片), 체청문화(諦廳文化), 여시아문창편공사(如是我聞唱片公司), 영취산 불교교단(靈鷲山 佛教教團), 오거철생평(吳居徹生平), 왕정평생평(王正平生平), 이중화생평(李中和生平), 인순문교기금회(印順文教基金會), 자광산자신강(慈光山資訊綱), 자제전구자신강(慈濟全球資訊綱), 자제전구자신강(慈濟全球資訊綱), 자제가선(慈濟歌選), 전곡장연혁(全曲奘沿革), 중국불교회(中國佛教會), 증엄법사생평(證嚴法師生平), 풍조유성출판유한공사(風潮有聲出版有限公司) 등이다.

대만의 총림 중에 문화홍법에 두각을 나타내는 불광산에서는 매년 '인간음연(人間音緣, Sound of Human World)'을 개최해 오고 있다. 필자는 2003년에 '점등(點燈)'을 작곡해서 2004년에는 동국대학교 학생들을 인솔해 참가한 바 있다. 당시 전 세계에서 온 뮤지션들이 5~7일간, 하루 15~20팀이 연주했다. 매년 100여 팀이 넘는 뮤지션이 참여하는 거대 음악제인 '인간음연' 무대는 저마다 자신들의 민족음악 내지는 개인이 지닌 전문 장르까지 선보이는, 그야말로 세계의 현대 불교음악을 한눈에 볼 수 있는 장이었다.

막대한 인력과 재원이 소요되는 인간음연의 근저에는 포교 방식의 다원화를 추구해 온 성운 대사의 '인간(생활)불교 이념'이 자리하고 있다. 대만 이주 초기에 성운 대사는 이란(宣蘭)염불회와 불교청년합창단을 창단했고, 불교가집과 불교성가 시리즈를 제작했다. 또한 불교 매스 미디어 개설, 포교 음악회 개최, TV 포교 프로그램의 보급, 불교 위성 전용 채널 등으로 쉼 없이 음악 홍법에 전력했다.

2. 일본의 불교음악

중국과 한국이 선(禪)을 중심으로 통불교적 성격을 지니며 의례율조를 '범패'라고 하는데 비해 일본은 밀의작법을 나타내는 쇼묘(声明)라고 한다. 일본불교의 성격을 간추려 보면 첫째, 종파마다 강조하는 교의가 다른 종파 불교이다. 둘째, 막부시대부터 시작된 단가제도와 승려들의 대처화로 인해 사원과 사회관계가 매우 밀착되어 있다. 셋째, 한반도로부터 불교를 수용할 당시부터 신불습합이 이루어져 일본 색채가 짙은 불교문화를 일구었다. 일본 불교의 이러한 세 축은 일본의 불교의례 율조인 쇼묘에도 내재해 있다.

1) 불교의 유입과 전개

(1) 한국 삼한불교 영향 시기

일본의 불교 공인은 임신설(壬申 552)과 무오설(戊午 538)이 있지만 "백제의 성명왕(聖明王 재위 523~554)으로부터 승려와 불상 그리고 경전이 전래되었다."라는 것이 정설로 여겨진다. 『삼국사기』에는 백제 성명왕을 일러 "영민하고 비범하며 결단력이 있어 성왕으로 칭했다."라고 기록되어 있다. 『일본서기(日本書紀)』에는 명왕(明王) 또는 성명왕으로 표기되어 있다. 백제 성왕이 불상과 경전을 보내자 당시 일본 조정에서 적극적으로 수용하여 소아도목(蘇我稻目)이 절을 짓고 안치하면서 일본 불교가 시작되었다.

쇼토쿠 태자(聖德太子 574~622)는 불교를 장려했고, 스이코 천황(推古天皇) 때인 596년에 간고지(法興寺, 다른 이름으로 아스카데라飛鳥寺)가 창건되었다. 아스카데라와 호류지(法隆寺) 등은 백제의 지원 아래 창건되었고, 불상을 비롯한 제반의 법제가 백제불교를 기반으로 형성되었다. 쇼토쿠 태자는 고구려 승려 혜자(惠慈)와 백제 승려 혜총(惠聰)을 스승으로 모시며 국가의 법제를 제정했다.

죠메이(舒明) 천황 11년 7월과 12월조의 『일본서기』에는 나라로 수도를 옮긴 후 쇼토쿠 태자가 불교를 포교하기 위해서 호류지(法隆寺)를 지어 삼보를 공경하도록 하였으며 『승만경』과 『묘법연화경』을 강설했다고 기록돼 있다. 쇼토쿠 태자는 불교를 중심으로 토착종교인 신교(神敎)와 유교를 융합한 일본식 불교를 모색했다. 이로써 일본은 불교 유입 시기부터 신불유(神佛儒) 습합의 독특한 불교 양상을 띠게 되었다.

텐무 천황(天武 631?~686, 재위 673~686) 대에는 승려에 대한 통제와 사원의 감독을 시행하여 불교가 일시 위축되었으나 8세기 중반에 도다이지(東大寺)를 창건하여 전국의 사찰을 통제하는 국분사(国分寺) 역할을 하면서 국가와 사원이 일체화된 체계를 이루었다. 당시 도성이었던 나라(奈良)에 삼론(三論)·법상(法相)·구사(俱舍)·율종(律宗)·화엄종으로 구성된 남도육종이 성립되었다. 이들 가운데 율종·법상종·화엄종은 현재까지 전승되고 있으며 화엄종은 신라의 의상 대사를 종조로 삼고 있다.

(2) 교토 천도와 신불교

794년 교토로 천도하면서 헤이안 불교 시대(794~1185)로 접어들었다. 이 시기는 사이초(最澄 767~822)와 구카이(空海 774~836) 등이 당나라에서 귀국하여 새 종파를 만들면서 기존의 남도육종은 구불교(舊佛敎)가 되어 세력이 약화되었다. 사이초는 히에이잔(比叡山)에서 수행하면서 엔랴쿠지(延曆寺)를 건립하며 천태종파를, 구카이는 고야산(高野山)에서 진언종을 개창했다. 구카이는 당나라에서 혜과(慧果)로부터 밀교를 배워 밀교 종파를 형성했다.

일본에서 불교가 민중 속에 뿌리를 내리며 토착화가 이루어진 시기는 가마쿠라(鎌倉 1186~1333) 시대이다. 천태종에서 나온 호넨(法然)은 정토종을, 호넨 문류(門流)에서 나온 신란(親鸞)은 정토진종을 세웠다. 잇펜(一徧)은 시중(時衆) 교단, 에이사이(栄西 1141~1215)는 임제종, 도겐(道元 1200~1253)은 조동종, 니치렌(日蓮)은 일련종(日蓮宗)을 세우는 등 여러 교단이 우후죽순으로 생겨났다. 이들 종파의 쇼묘는 천태종의 엔닌을 시조로 하여 오늘날 천태계와 진언계가 가장 큰 줄기로 자리 잡고 있다.

(3) 근세 불교와 단가(檀家) 제도

일본 막부는 불교 교단의 세력을 두려워하여 사원을 통제했다. 오다 노부나가(織田信長 1534~1584)는 히에이잔 승군들을 참살했고, 도요토미 히데요시(豊臣秀吉 1537~1598)는 불교 교단의 무장을 해제하고 사원의 토지를 매각 양도시켰다. 사원의 경제력을 무력화하고 자신의 권한에 순응하는 사원을 건립하여 민심을 수습한 것이다. 이후 도쿠가와 이에야스(德川家康 1542~1616)는 불교 교단의 지지를 받으면서 선승들을 적극적으로 정치에 참여시켰다. 도요토미가 기독교 전파를 막으면서 국가 통제를 위해 단가 제도를 마련하여 사찰에서 국민의 호적을 관리하자 사원경제가 단가 중심으로 변화했다. 그리하여 오늘날 일본인들은 불교 신자이건 아니건 사찰에 적을 두고 생활한다.

2) 불교음악의 분류와 내용

일본 쇼묘는 엔닌(円仁 803~863)에 의해 형성되어 안넨(安然 841~915)을 비롯한 엔닌의 제자들에 의해 체계화되었다. 일본의 불교음악을 크게 보면, 의식음악과 그 이외의 음악으로 나눌 수 있다. 이들의 성립 시기나 양식에 의해서 전통의식음악과 현대불교음악으로, 좀 더 세분하여 성악과 기악으로 분류하기도 한다. 한국은 조선의 억불, 중국은 사회주의 혁명으로 궁중음악과 관련된 불교의례와 음악이 단절되었지만 일본은 황실 전통이 여전히 존속하므로 궁중 불교음악과 사찰 아악이 살아 있다.

(1) 통시적 분류

① 전통 성악과 기악: 전통 성악이라 할 수 있는 쇼묘에는 범어

(梵語)·한어(漢語)·화어(和語)[6]가 있다. 범어는 범찬(梵讚)·주(呪)·진언·다라니가 있고, 한어는 한음(漢音)·오음(呉音)·당음(唐音, 송음 宋音도 포함됨)·츠시마음(対馬音) 등이 있으며, 화어는 교화(教化)·찬탄(讚嘆)·화찬(和讃)·낭영(朗詠)·극락성가(極楽声歌) 등이 있다. 리듬 양식에는 박을 세지 않는 죠쿄쿠모노(序曲物)·무효시모노(無拍子物)와 박을 세는 테이쿄쿠모노(定曲物)가 있다.

전통 기악의 범주에는 가가쿠(雅楽)가 있다. 이들 유형을 보면, 의식에 따라 짜인 가가쿠, 의식의 진행과는 직접적인 관계를 가지지 않고 도량(道場) 밖에서 의식과 동시에, 혹은 그 전후에 공양의 여흥으로서 연주·연무되는 가가쿠가 있다. 법요에 편성된다고 해도, 쇼묘(声明)나 쇼사(所作)와 긴밀하게 관련되는 경우가 있는가 하면, 배경음악이나 삽입곡으로서 사용되는 경우도 있다.

② 현대 성악과 기악: 일본에서는 메이지 이후 서양음악 기법으로 신행에 수반되는 다량의 곡을 작곡했다. 이 중에는 종파와 무관한 곡과 특정 종파만이 채용하고 있는 곡이 있다. 요즈음은 종파 대부분이 자신들 종파에 속한 곡으로 법요를 하는 경우가 많다. 그런가 하면 전통 성악과 혼합하여 행하는 종파도 있다. 현대적 기악으로는 오르간에 의한 반주나 명상곡, 간주곡, 피아노 반주에 의한 찬가 등이 의식 전후로 연주되는 경우도 있고, 명상과 감상을 위한 음악도 많다. 이러한 가운데 천수다라니나 염불을 서양악기와 화음에 얹어서 창화하는 경우도 있어 간단히 설명하기 어렵다.

---

6 일본 고유어를 총칭. 의례집에 수록된 화어 가사를 보면 한문으로 표기되어 있어 단순히 한자인가 아닌가로 구분할 수는 없다.

(2) 궁중과 민간의 불교음악

의식 이외에 활용되는 악곡은 크게 전통 성악과 기악, 현대 성악과 기악으로 양분할 수 있다. 전통 성악으로는 고와산(御和讃) · 고에이카(御詠歌) · 넨부츠카(念仏歌) · 우타다이모쿠(歌題目), 이마요우(今様)의 호우몬노우타(法文歌)가 있고, 게송을 읊는 율조와 와산(和讃)류 악곡이 많다. 현대적 기법으로 불교찬가 · 합창곡 · 칸타타 · 오라토리오 · 오페라 등 다양한 장르에 걸친 창작곡이 있다. 근년에는 신디사이저 등의 전자악기를 비롯하여 대중음악 장르까지 영역이 확대되고 있다.

① 궁중 아악과 불교: 한국에서 아악(雅楽)이라면 공자의 예악이거나 유교제례악이다. 반면 일본에는 유교 제례악은 존재하지 않고, 사찰 아악(雅樂)이 있다. 아즈치 모모야마시대(安土 挑山時代 1582~1598)에 삼방악인(三方楽人)을 교토의 궁정으로 초청한 기록을 보면, 오사카 시텐노지(四天王寺), 나라의 난토(南都), 교토의 가가쿠 연주자들이 사찰 전속 악사들로 구성되었을 정도로 일본의 아악은 불교음악과 밀착된 관계를 유지해 왔다.

한 · 중 · 일 모두 사찰음악과 궁중악이 긴밀한 관계를 지녀 왔으나 오늘날 궁중음악으로서의 불교음악 전통을 가장 잘 보유하고 있는 곳은 일본이다. 실제로 일본의 궁중악 중에는 사찰에서 연주되어 오던 악무가 다수를 차지하고, 불교를 내용으로 하는 악곡이 많다. 특히 천태종 총본산인 엔라쿠지(延暦寺)는 천황가 일족이 천태좌주(天台座主)로 임명되는 관행이 있었으므로 총본산 엔라쿠지의 쇼묘는 황실 관련 문학이나 예술 방면에서 번영했다. 따라서 일본의 불교음악을 이해하기 위해서는 궁중음악을 알아야 하고, 궁중음악을 이해하기 위해서도 불교음악을 알아야 한다.

② 사찰 아악과 악가무: 일본에는 한국의 문묘제례악과 같은 유교음악이 전해지지 않았다. 따라서 일본의 궁중 아악 중 좌방악은 중국의 속악, 우방악은 고려악이있으므로 지금까지도 고마가쿠(高麗樂)가 일본 궁중악의 중요한 축이다. 또한 일본 사찰에는 전속 아악단이 있어 나라 시대의 큰 사찰마다 전속 악가(樂家)들이 있었다. 고찰에서 전승되는 아악 중에서 우무(右舞)로 분류하는 음악은 모두 한국에서 전래된 것이었다.

당시 일본에는 전속 악가가 있었는데 그 면모가 사찰의 재산 목록인 『자재장(資財帳)』에 기록되어 있다. 『도다이지요록(東大寺要綠)』 중 「직장사노사(職掌寺奴事)」 항목을 보면, 사찰에 필요한 갖가지 기물을 담당하는 사람, 사찰 보수와 기물을 제작하는 사람, 그리고 제반의 의식과 법회에 가무를 담당하는 악사들이 있다. 특히 가무를 맡은 악사들은 대를 이어 악가를 형성했다. 그중에 고후쿠지(興福寺)의 고마노 치카자네가 사찰 악가무와 설행 방식을 기록한 『교훈초』는 일본 최고(最古)의 악서로 꼽힌다.

일본에서는 고마노 치카자네(狛の近真 1177~1242)가 쓴 『교훈초(教訓抄)』(敏達 2년, 1233년 출간), 토요하라무네아키(豊原統秋)가 쓴 『체원초(体源抄)』(昭和 8년, 1933년 출간), 아베 스에히사(安倍季尚)가 쓴 『악가록(楽家録)』(昭和 10~11년, 1935년 전후 출간)을 3대 악서(樂書)로 꼽고 있다. 이 중에 『교훈초』는 가장 오래된 악서로서 최고의 가치를 인정받고 있다. 일본 역사학계와 불교음악계에서는 고마노 치카자네(狛の近真) 가문과 족보까지 연구하고 있다. 일본 고문헌에서 치카자네의 성씨 '고마(狛)'의 용례를 보면 백제·신라·고구려·통일신라 그리고 고려까지 '고마'로 표기되어 있다.

(3) 일본의 법구(法具) 타주

일본 사찰에는 불단 앞에 밀의작법을 하는 예반(禮盤)이 있고, 법구는 밀교적 비의를 설행하는 만큼 엄격한 법도에 따라 타주된다. 법구의 종류로 깅(磬)·모쿠교(木魚)·효시(拍子)·스즈(鈴)·쇼(鉦)·가네(鐘)·하치(鈸)·뇨(鐃·銅鑼)·타이코(太鼓)·운반(雲版)·한기(版木) 등 그 종류는 다양하다. 이들은 법요진행을 지휘하고, 쇼묘의 단락을 짓거나, 독경의 박을 짚는 등 의례 용도와 사찰 일상의 여러 신호로 쓰인다.

법구 타주와 활용에도 종파마다 다소의 차이가 있기는 하나 경(磬)을 예반 오른편에 두고 도사(導師)가 의식의 시작과 종결을 알리는 신호로 쓰는 것은 거의 일치한다. 대경 또한 예반 옆, 고정된 자리에 설치되는 데 비해 목어는 크기에 따라 쓰임이 다르고, 운판은 처마 밑에 걸려 있는 것과 의례 중에 타주하는 것 등 용례에 따라 다르다. 석장은 쇼묘를 이끌거나 의례 전체를 지휘하는 스님에게만 허락되는 법구이다. 특히 사람의 키만큼 큰 대석장은 큰스님만이 잡을 수 있는 것으로 위의의 상징이기도 하다.

한국의 바라와 같은 하치는 발사(鈸師 하치시)가 타주하며, 의례 집전의 경험이 많은 승려가 맡는다. 한국에서는 바라를 들고 작법무를 추기도 하지만 일본에서 바라는 의례 절차와 쇼묘의 악절단락을 맺을 때 타주한다. 손잡이 있는 부분이 볼록하게 튀어나온 만큼 이들을 마주 쳤을 때 무겁게 울려나오는 음향도 한국과 차이가 있다. 타주 방식은 두 개의 하치를 가슴 앞에서 마주 치는데, 판이 부딪혀서 떨리는 진동을 최대한 활용하여 '드르르르…' 하는 여운이 길다.

여러 종파 중 법구를 가장 적극적으로 활용하는 곳은 염불종 계열이다. 한국에서는 염불을 촘촘히 엮어 가는 것으로 생각하지만 일본의 염불에는 민요가락을 노래하는 듯한 선율이 있고, 이러한 염불에 여러 가지 법기를 수반하여 염불의 흥과 신명을 낸다. 시종(時宗)을 개창한 잇펜(一遍 1239~1289)은 염불춤을 추며 전국을 다녔고, 구야(空也 903~972)와 그 승도가 법당에서 쇼(鉦)를 치며 춤추었다. 일본 풍속화에는 스님들의 염불춤에 호응하는 저잣거리 사람들의 모습이 묘사되어 오다 오도리넨부츠(踊念仏)라는 무용과 축제를 탄생시켰다. 그들은 "오도리넨부츠의 원조는 신라의 원효 스님"이라고 공식적으로 밝힌다.

3) 쇼묘의 종류

일본의 불교의례에 수반되는 율조를 '쇼묘(聲明)'라고 하는데, 이는 범어 사브다(聲) 비드야(明)를 의역한 것이다. 힌두사제들의 음성행법을 지칭하던 사브다비드야는 헤이안 중기까지는 범어 음운학을 지칭하는 용어였다. 헤이안 말기에 당나라에서 유학을 마치고 돌아온 사이초와 구카이가 새로운 종파를 개창하고, 그들이 배워 온 밀교적 불교의례를 설행하면서 헤이안 시대 말기 무렵에 범패에서 쇼묘로 바뀌었다. 이들 쇼묘를 언어적 갈래로 나누면 한찬·범찬·화찬으로 이루어져 있다.

한찬은 한국의 범패와 같이 한문 가사를 노래하는 율조로 멜리스마 선율이다. 범찬은 진언·주·다라니와 더불어 범어로 된 찬탄류 범패가 있다. 경전 송경하기 전에 부르는 범찬은 한국과 중국에서는 볼 수 없는 것으로 범어를 음사한 자수가 5언, 7언의 형식을 지니고 있으며, 경전을 염송하기 전에 경을 찬탄하는 범어 가사를 멜리스마 선율로 노래한다. 소의 경전 독송 전에 범어찬, 경전 독송 후에 하는 한찬은 시형과 내용이 쌍을 이룬다. 경전 암송 전에 노래하므로 전찬(前讚)이라고 한다. 간단한 예를 들면 다음과 같다.

〈표 4〉 사지 한어와 범어 첫 구 비교[7]

<table>
<tr><th>사지한어 4구</th><th colspan="2">사지범어 제1구</th></tr>
<tr><td rowspan="5">金剛薩埵攝受故
得爲無上金剛寶
金剛言詞歌詠故
願成金剛承任業</td><td>한자 음사</td><td>唵 縛曰羅 薩怛縛</td></tr>
<tr><td>범자</td><td>ओं वज्र सत्व</td></tr>
<tr><td>로마나이즈</td><td>oṃ vajra satva</td></tr>
<tr><td>한어 제1구</td><td>金剛薩埵攝受故</td></tr>
<tr><td>범 · 한어 뜻</td><td>옴 금강살타시여</td></tr>
</table>

화찬은 일본어 가사를 민요조 선율로 노래하는 것으로 한국의 화청(회심곡류)과 닮은 점이 많다. 한국의 회심곡은 사설조 설창(說唱)인데 비해 화찬은 일정한 시형(詩型)을 지니고 있으며, 가사의 내용은 종파를 창립하거나 크게 일으킨 조사(祖師)와 종지(宗旨)를 찬탄하는 것이 주된 내용이다.

범찬(梵讚)	한찬(漢讚)	화찬(和讚)

7 상세한 내용: 윤소희(2023), 『한 · 일 불교의례와 쇼묘』, pp. 370–396.

III. 서북아 불교의례와 음악

티벳 불교문화의 영역은 매우 광대하다. 티벳 자치구, 칭하이성, 쓰촨성, 간쑤성, 윈난성 일대, 내몽골 자치구, 동북 3성 등과 중국 밖으로는 부탄, 네팔의 북부 고지대, 북 인도의 라닥, 시킴, 아루나찰프라데시, 히말라야 접경 지역, 외몽골, 러시아의 몽골계 소수민족 자치공화국인 칼미크 공화국, 부랴트 공화국, 투바 공화국까지 걸쳐 있다.

무엇보다 티벳은 자신들 언어로 된 경전이 있어 그 위의가 막강하다. 중국의 역경사에도 구역 · 신역 시기가 있듯이 티벳에도 이러한 시기적 구분이 있다. 구역은 초기 전래 시기(600~850)인 닝마빠[8] 시대, 신역은 후기 전래(950~1250) 시기로 닝마 · 까규 · 사꺄 · 까담 · 조낭빠 등이 형성되며 불교의 황금기(1250~1450)였다. 그러나 현재는 달라이라마가 인도로 망명하여 임시정부 상태에 놓여 있다. 반면 현재 중국령에 들어 있는 티벳 불교는 한문으로 유통되고 있으므로 이 항에서도 한문을 병기하겠다.

---

8 티벳어 '-빠(pa)'라는 용어는 사람 또는 구성원이란 의미로 '~어떤 사람' '~어떤 집단'이라는 뜻이다. 이 말이 '파(派)'와 발음이 비슷하고 실제로 '파(派)'란 뜻으로 쓰일 때가 많다. 이런 혼란을 막기 위해 '~pa'를 '빠'로 표기함.

1. 북인도와 티벳 고원의 불교

1) 삼예사원과 최초 승단

티벳의 고유 신앙인 뵌교는 BC3000년경부터 형성되어 주술·애니미즘·샤머니즘적 성격이 혼합되어 있었다. 티벳 최초의 통일왕조를 이루며 불교를 받아들인 송짼 감뽀 왕(Songtsen Gampo 松贊岡保 617~650)은 수도를 라싸로 정하고, 당나라를 위협할 정도로 막강한 군주였다. 송짼 감뽀는 신하 톤미삼보타(吐彌桑布札)에게 명하여 산스끄리뜨어를 참고하여 티벳 문자를 창제하도록 했다. 이러한 결과로 티벳은 7세기경부터 불경 번역이 가능했다. 송짼 감뽀는 당나라의 문성(文成) 공주와 네팔의 브리쿠티데비(Bhrikuti Devi) 공주를 왕비로 맞이하며 중국계와 인도계 불교를 도입하는 한편 토착 종교인 뵌교를 융합했다.

8세기 중엽 송짼 감뽀의 손자 티송데첸왕(Trisong Detsen 赤松德贊 742~797)은 불교를 국교로 삼았다. 그리고 삼예사원 공사를 시작하였는데, 뵌교 세력의 저항으로 사원 건립을 완성할 수 없었다. 그러다 파드마삼바바(Padmasambhava 740~795)를 초청해 밀교를 도입하여 삼예사(桑耶寺 bsam yas dgon pa)를 창건하며 최초의 승단 닝마빠가 생겨났다. 삼예사원의 준공을 기념한 의식에서 파드마삼바바(蓮華生)는 저항하는 세력들을 제압하며 호법무를 추었는데, 그것이 최초의 '참'의식이다. 당시 파드마삼바바는 음혈(飮穴)을 하여 뿌리고 금강저를 휘두르며 강력한 에너지를 발산했다. 이후 파드마삼바바는 구루 린포체(Guru Rinpoche, 소중한 스승)로 존숭을 받았다. 전설에 의하면, 파드마삼바바는 티벳 곳곳에

『티벳 사자의 서』를 비롯해 여러 비장서(gter ma 秘藏書)를 숨겨 놓고 불교를 홍포한 뒤에 열반에 들었다. 그러나 훗날의 역사가들은 파드마삼바바가 다시 네팔로 돌아간 것으로 주장하고 있다.

당나라의 문선 공주를 왕비로 맞을 정도로 티벳에는 일찌감치 중국 불교가 들어와 있었다. 단박에 깨달음을 성취하는 돈오돈수를 주장하는 중국계 불교와 단계적인 수행과 깨달음을 주장하는 돈오점수(頓悟漸修)의 인도 밀교계와 돈점논쟁(頓漸論爭)이 발생했다. 티송데첸왕은 파드마삼바바와 중국의 마하연(摩訶衍)을 삼예사원으로 불러 돈점논쟁(792~794)을 직접 주관했다. 그 결과 중국의 마하연이 패배하여 떠났고, 승리한 인도 밀교의 영향력이 절대적인 힘을 갖게 되었다. 이후 티벳 불교는 인도의 후기 중관파(後期中觀派)와 논리학, 그리고 딴뜨라(밀교)의 교학과 수행체계를 지니게 되었다.

2) 왕정 종식

티송데첸왕의 아들인 랑다르마왕(glang dar ma 재위 838~842)은 부왕의 불교 후원으로 막강한 권력을 지니게 된 승단에 대한 반감이 컸다. 그리하여 뵌교를 추종하며 불교 사원을 폐하고 승려들을 죽이거나 환속시켰다. 이에 한 승려(일반인이었다는 설도 있음)가 검은 모자를 쓰고 어둠에 숨어 있다 랑다르마를 암살하였으니 때는 842년이었다.[9] 그리하여 오늘날 티벳 참의식에는 반드시 샤낙(검은 모자 黑帽)춤을 출 정도로 티벳 호법무의 중심이다.

---

9 야마구치 즈이호 · 야자키 쇼켄저, 이호근 · 안영길 역(1995), 『티벳 불교사』, p. 37. 이러한 설은 한문 사료와 돈황 문헌의 줄거리와 맞지 않음을 주장하기도 한다.

〈사진 4·5〉 검은 마스크와 모자를 쓰고 춤추는 샤허의 겔룩빠 라브랑사원의 샤낙(촬영 2008, 좌), 호법무를 춘 후 축배를 들고 있는 라닥의 까규빠 헤미스 사원의 샤낙(촬영 2009년, 우)

랑다르마왕의 죽음은 티벳 왕조의 종식을 불러왔다. 15세기 중반까지 티벳의 역사를 담고 있는 『청사 deb th-er sngon po(靑史)』에 의하면, 왕조의 몰락과 동시에 세 사람의 승려가 율장과 논장을 싣고 서티벳인 아리(nga ri 阿里), 몽골, 동티벳 등지로 흩어졌는데, 아리 지역(지금의 자다현)으로 간 사람들이 세운 나라가 구게(Guge 古格) 왕국이라 전한다. 『서장왕신기(西藏王臣記)』에 의하면 구게 왕국은 700여 년간 16대 왕까지 계승되어 왔다. 이슬람 세력이 인도를 침입하자 잔존 불교 세력들이 구게 왕국으로 피신하여 힘을 보태기도 했으나 1635년 라닥 왕조의 침공으로 멸망했다.

3) 신불교의 형성과 전개

랑다르마가 암살된 후 티벳은 무정부 상태로 400년을 보내다 신파(新派) 시기를 맞았다. 이 시기에 성립된 신파 종단은 중앙아시아와 활발하게 교류했다. 그사이 아리(nga ri)와 동부 암도(a mdo) 및 캄(khams) 지방의 불교가 활기를 띠며 중앙 티벳까지 확산되었다. 10세기 중반부터 인도불교가 쇠락하면서 밀교 수행자들이 티벳으로 들어오며 불교의 중흥기를 맞았다. 이와 더불어 인도와 네팔에서 현교와 밀교를 배워 와 신역(gsar 'gyur 新譯) 작업이 활발하게 이루어졌다. 이후 구역과 신역은 닝마빠와 신 종파를 구분하는 기준이 되었다.

구역 시기가 왕실의 정치·경제적 후원에 의존했다면, 신역 시기에는 지방 호족의 후원하에 인도나 네팔에서 수학한 승려들이 가져온 문헌들을 새로 번역하는 작업을 활발히 펼쳤다. 이때 인도 승려 아띠샤(Atiśa 980~1054)가 저술한『보리도등론(菩提道燈論)』에 의한 현밀겸수(顯密兼修)가 부각되는 논(論) 중심 불교가 대두되었다. 이후 아띠샤(Atiśa)를 종조로 하는 까담빠(bKa gDams pa)와 11세기에 재가 생활을 하면서 불경의 번역가로 유명한 마르빠(Marpa)를 추종하는 까규빠(bka' rgyud pa)가 형성되었다. 까규빠에는 6소종파가 형성되었는데, 마르빠의 제자 중 위대한 시인 성자로 존경받는 밀라레빠(Milarepa 1052~1135)를 추종하는 감포빠(Sgam-po-pa)[10], 홍모빠, 흑모빠 등이 생겨났다. 이어서 생겨난 사꺄빠(sa skya pa)는 회색 땅을 뜻하는 사꺄(sa skya)에서 비롯된 명칭으로, 불교 논리학과 중관사상으로 티벳 정치의 중심에 서기도 했으며 몽골의 불교 전통을 만드는 데도 큰 역할을 했다.

마지막에 생겨난 겔룩빠는 쫑카빠(Tsong kha pa 1357~1419)를 종조로 하여 14세기 말에 성립됐다. 이들은 엄격한 계율과 수행을 강조하면서 불교 철학을 바탕으로 단계적인 수행을 통해 깨달음을 성취하는 돈오점수를 강조했다. 동시에 아띠샤의『보리도등론(菩提道燈論)』의 주석시인『보리도차제광론(菩提道次第廣論)』

10 감포빠는 크게 보아 까규빠에 포함시키기도 한다.

을 비롯한 많은 주석서와 저서들을 통해 티벳 불교의 새로운 장을 열었다.

2. 인도로 되돌아온 티벳 불교

현재 티벳 자치구의 성도 라싸(Lhasa 拉薩)는 9세기 토번 왕국의 수도였으며, 842년 이후 종교적 중심으로서의 역할이 강화되었고, 1642년 다시 중앙 행정의 중심이 되었다. 브라마뿌뜨라강[11] 지류 북구 히말라야 산맥의 3,650m 고지에 위치한 라싸는 산스끄리뜨어로 비약 · 무용 · 춤 · 유희를 뜻하는 Lasa, Lasya에서 유래한다.[12] 한국의 작법무에도 영향을 준 티벳의 춤은 불교적 신심을 바탕으로 하여 악귀를 쫓고 축복을 빌기 위해 행해지는가 하면 대중의 사교와 공동체 생활에서도 중요한 역할을 한다. 이렇듯 티벳의 춤은 종교와 문화의 핵심 요소이기도 하다.

오늘날 티벳에 관한 제반의 체계는 중국화되어 있으므로 만약 티벳을 여행하려면 중국 안내서를 구해야 한다. 그러나 역사적으로 보면 티벳은 인도와 국경을 접하며 매우 친밀한 관계를 유지했음을 알 수 있다. 다음의 지도를 보면 석가모니가 태어난 룸비니는 인도 국경 지역의 네팔로 히말라야 산자락 아래 있다. 룸비니에서 동쪽으로 조금 내려와 있는 비하르가 석가모니가 주로 활동한 마가다 지역으로 불교 성지 대부분이 이곳에 있다. 오른쪽 지도를 보

---

11 브라마뿌뜨라는 산스끄리뜨어로 하느님 혹은 神을 뜻하는 Brahma+아들의 뿌뜨라의 합성으로 한문으로는 천자(天子)로 번역되기도 한다. 그러나 중국이 침략하기 전 티벳 사람들은 이 강을 '얄룽창포강'으로 불렀다.

12 힌두교와 관련된 여성 무용인 'Lasya'에서 연유되어 종교적·예술적 의미를 담고 있기도 하다.

면, 비하르에서 동북으로 조금 올라가면 부탄이 있다. 여기서 동북으로 좀 더 올라가면 티벳의 삼예사원이 있고, 조금 더 위로 올라가면 라싸가 있다. 네팔에서 히말라야 산을 넘어가면 티벳 서남부 지역인 시가체가 있고, 동쪽 중원으로 가면 수도 라싸가 있다. 오늘날 티벳 망명정부가 있는 맥그로간즈는 다람살라 인근에 있으며 북쪽으로 가서 히말라야 산을 넘으면 광대한 고원 라닥에 이른다.

〈그림 1〉 라닥, 맥그로간즈, 다람살라, 따시종, 델리, 네팔, 룸비니, 비하르, 티벳, 부탄, 뭄바이

1) 망명정부와 북인도 티벳 불교

신정일치로 현실적 병력이 약해진 티벳이었으므로 중국의 침공에 저항하기에는 국방 상태가 나약했다. 1950년 3월 중국 인민해방군이 캄의 다르셋(현재의 캉딩시)을 침공한 이후 덩샤오핑의 군대가 본격적으로 침공해 왔다. 12월 15일 시캉성, 장족자치구, 칭하이성에 인민정부가 설치된 데 이어 1951년에는 인민해방군이 라싸로 진격하여 달라이라마 정권에 17개조 협정을 강제적으로 조인하게 했다. 1959년 무렵 티벳인들의 분노는 민족 봉기로 이어졌고 중국은 이를 무력으로 제압하며 수많은 티벳인들이 희생되었

다. 유엔 총회는 1959년, 1961년, 1965년에 티벳인들에 대한 인권 침해 중단을 촉구하는 결의안을 발의했다. 이후 달라이라마가 인도로 피신하여 북인도 다람살라 인근의 산골 조그만 골자기 맥그로간즈에 망명정부를 세우자 다른 종파의 스님들도 주변 곳곳에 사원을 건립했다.

본토에서 망명한 다른 종파의 스님들도 곳곳에 사원을 건립했다. 맥그로간즈에서 동남쪽으로 오면 따시종(Tashijong)의 캄파카 곰파(티벳어로 사원)가 자리하고 있다. 이곳은 까규파에 속하는 사원으로, 환생불로 인정받는 제9대 캄툴 린포체를 중심으로 수행과 의례가 행해지고 있다. 여기서 한국을 비롯한 세계 곳곳의 수행자들이 수행하고 있다. 아직 관광객에게 그다지 알려지지 않았으므로 이곳에서 행해지는 참의식은 본래의 종교적 순수성과 여법함을 지니고 있다. 이웃에는 영국인 여성으로 제8대 캄툴린포체의 제자가 된 비구니 텐진삐모(1943~)가 세운 비구니 승원도 있다.[13]

북인도 라닥에는 티벳 본토 라싸에 있는 포탈라궁의 축소판으로 불리는 '레' 왕궁이 있고, 일대에 여러 티벳 사원이 있다. 남걀 체모 곰파, 샹카르 곰파, 스피툭 곰파가 있는가 하면 한국의 대청보사, 일본에서 세운 샨티 스투파가 있을 정도로 티벳 불교가 성한 지역이다. 이들 가운데 가장 큰 사원인 헤미스 곰파는 하루에 다 못 돌아볼 정도로 규모가 크다. 초여름에 이곳에서 행하는 '참' 의식을 보기 위해 전 세계의 수많은 관광객이 몰려온다. 헤미스곰파에 비해서는 규모가 작지만 스톡 곰파는 2월, 혹은 6월에 '참'을 한다. 라닥 지역에서 유일한 사카빠인 마초 곰파에서 2~3월에 행하는

13 상세 내용: 비키 매켄지 지음, 세등 스님 옮김(2003), 『나는 여성의 몸으로 붓다가 되리라』

신탁(神託) 의례가 관광객들 사이에는 기이한 신탁Oracle으로 입소문이 나 있다.

그뿐만 아니라 네팔의 유명한 사원들도 모두 티벳 불교 사원이다. 석가모니의 탄생지인 룸비니에는 한국, 일본, 태국, 독일 등 각 나라에서 룸비니에 사원을 건립하였지만 이곳 지역 주민의 사원은 티벳 사원이다. 현재 티벳 본토에는 중국의 점령으로 제반의 전통 의례가 중단되었다. 설령 행해진다 하더라도 축약 혹은 중국의 영향을 받은 일면이 있다. 그러나 북인도 지역의 티벳 사원은 티벳 본래의 의례와 음악을 전승하고 있다.

2) 티벳 범패의 세계적 확산

달라이라마가 인도로 망명하면서 티벳의 정치 현실은 암흑기에 접어들었지만 티벳 불교가 세계화되는 촉매 역할을 했다. 그리하여 한때 "뉴욕에는 티벳의 '티'자만 붙어도 장사가 된다."라는 말이 있었다. 티벳의 만다라 그림, 싱잉볼, 염주, 법령(法鈴), 나팔 등 티벳 사찰에 쓰이는 모든 것이 서구인들의 신비적 환상을 자극했고, 음악적으로는 티벳 만뜨라가 불교음악으로 각광을 받게 되었다.

산스끄리뜨어로 '마음의 도구'를 의미하는 만뜨라는 반복적인 소리나 경구 암송을 통해 정신과 육체의 조화를 이루게 한다. 힌두교에서는 신들과의 소통에 큰 의미를 두었지만 현대 사회에서는 심신의 치유와 스트레스 해소를 위한 명상의 매개로 자리 잡고 있다. 반복적인 소리를 통해 뇌파를 자극함으로써 혈압을 낮추고, 심박수를 안정시키며, 불안과 우울증을 완화하는 데 효과가 있음을 의학계와 과학계에서 연구 데이터로 증명해 보이고 있다.

만뜨라 중에서 가장 기본적인 '옴(Om)'을 반복하면 긴장이 이완되어 스트레스 해소와 면역력 강화에 긍정적인 효과를 거두는 것으로 나타나고 있다. 이 외에 자비와 지혜를 증진하는 옴 마니 반메훔(Om Mani Padme Hum), 지혜와 깨달음을 위한 기도에 주로 쓰이는 가야뜨리 만뜨라(Gayatri Mantra)가 대중적으로 활용되고 있다. 만뜨라 음원의 출처를 보면 티벳 승단에 의한 것과 인도의 힌두교 수행자의 것이 구분이 안 될 정도로 많으나 이들의 음악적 성격은 각각 다르다.

3) 의례 악기와 법구 타주

티벳에는 큰 종각이나 고루가 없다. 그 대신 의식에는 토속 신앙과 밀교적 비의가 결합된 다양한 법구를 활용한다. 중국의 법구는 비교적 음량이 작고 섬세하다. 반면 티벳은 금속 관악기의 강하고 큰 음량과의 밸런스를 위해서 좌고에 해당하는 북을 타주한다. 따라서 중국과 대만의 불교의식에 비해 훨씬 동적이고 음량이 크고 강하다. 한국에서는 가무를 직업으로 하는 사람을 다소 비하하여 '딴따라'라고 하는데 이는 고려 시대에 들어온 티벳 불교 의식에서 생긴 말이다. 고려 이전에 들어온 중국 한족 불교의식에는 나팔과 같은 악기는 쓰지 않았으므로 아무리 야외 법회를 하더라도 요란하다는 느낌은 들지 않는데 비해서 티벳 불교를 받아들인 원나라 불교가 고려 시대에 유입되어 의식이 요란해지자 티벳의 딴뜨리즘이라는 뜻에서 '딴따라'라는 말이 생겨난 것이다.

건조한 티벳 고원은 시체를 매장하면 썩지 않는다. 큰 나무가 없으므로 시체를 불태울 수도 없어 조장(鳥葬)을 하며 독수리가 시체를 먹고 남은 뼈를 절구에 찧어 짬빠 가루에 섞어 새들의 먹이로 뿌렸다. 이러한 과정 중 어린 나이에 세상을 떠났거나, 원한, 애환

〈사진 6〉 법기를 타주하고 있는 라닥 해미스곰파 스님들 (촬영 2009년 7월)

〈사진 7〉 송경 의식에서 법기를 타주하고 있는 시가체 샤루스사원 스님들 (촬영 2008년 1월)

혹은 죄업이 많은 사람들의 뼈를 관대로 만들어 불고, 해골에 가죽을 씌워 북을 만들어 망자를 위해 기도했다. 특히 큰 죄를 지은 사람의 뼈를 법구로 사용하여 해탈로 나아가게 하는 염원을 담기도 한다.

티벳에는 춤을 추며 탁발하여 사찰 건립을 했다고 할 정도로 법무(法舞)가 성했다. 파드마삼바바로부터 시작된 호법무는 종파 마다 각기 다른 교의적 내용을 더하여 '참' 의식으로 행한다. 이때 춤을 반주하는 범패와 여러 가지 나팔과 법구 타주가 수반된다. 이러한 불교의례 악가무가 고려조 원나라를 통해 한국의 불교의식과 신행에 영향을 미쳤다.

탕카의식	금강승 찬팅	티벳 참무

Ⅳ. 같으면서 다른 불교 신행과 음악

1. 범종과 법구 타주

1) 남방의 승원

시계는 때에 맞추어 신께 기도하기 위해서 생겨난 발명품이라는 주장이 있다. 고대 사회에서 부족의 대표가 제사장이었듯이 음악의 기원과 발달의 대부분이 종교를 시원으로 한다. 초기 불교 당시 숲속에 흩어져 있는 수행자들을 부를 때도 여러 가지 도구들이 활용되었다. 북은 동물 가죽을 필요로 했으므로 살생을 금하던 초기 승단에서 쓰기에는 부적절했고, 종과 방울은 금속을 제련해야 하

〈사진 8〉 숲속 수행처의 나무통 법구 웅마웅

〈사진 9〉 마하시선원에 있는 종과 나무통 (촬영 2014년 2월)

는 과정을 거쳐야 했으므로 나무통이 가장 쉽게 활용할 수 있는 도구였다. 그 전통이 아직 미얀마에 남아서 공양 타주와 새벽을 알리는 웅마웅(나무통)[14]이 지금도 쓰이고 있다. 승원이 형성된 이후에는 시간을 알리거나 집회를 알리기 위해서 쇠와 나무통을 걸어 두고 타주하는 법구가 있었다.

2) 중국의 종루와 고루

범종과 법고를 설치하는 구조 중 2층으로 된 건축은 루(樓), 1층은 각(閣), 작은 쉼터와 같은 것은 정(亭)이라 했다. 중국의 사원은 입구 양편에 종루와 고루를 설치하는 것이 가람 배치의 기본이다. 여기에는 음양의 조화를 추구한 중국의 우주관이 내재해 있다. 이들이 설치된 위치를 보면 대개 사찰 지붕 밑에 놓여 있고, 도교 사원도 마찬가지다.

현대식으로 지어진 불광산사 타이동(臺東) 지부 이에강스(日光寺)의 종루와 고루도 마찬가지다. 땅을 파서 범종을 거는 한국의

〈사진 10·11〉 타이페이 산샤 도교사원 주스마오(山峽 祖師廟)의 종루와 고루 (촬영 2005년 7월)

14 미얀마에서는 나무통으로 만든 이 법구를 '웅마웅' 혹은 '똥'이라고 부른다.

〈사진 12·13〉 이에강스(日光寺)의 종루와 고루(촬영 2005년 5월)

설치법에 비하면 이러한 설치 구조는 서구의 교회 종탑과 더 가까워 보인다. 가람의 양편으로 종루와 고루가 대칭을 이루는 것은 음양의 원리에 따라 좌종우고(左鍾右鼓)로 배치된다. 마찬가지로 조석예불이나 법회에 쓰이는 대경·목탁·인경·당자 등의 법기도 좌종우고의 원리를 따른다.

3) 한국의 범종과 사물 타주

한국의 범종은 아침에 28추, 저녁에 33추로 타종한다. 이는 화엄경에서 설하는 욕계·색계·무색계의 삼계와 28천·33천의 불교우주관이 내재해 있다. 종 아래에는 땅을 파거나 항아리를 묻어 두었는데, 이는 깊이 울리고자 하는 한국인의 심미적 성향이 내재해 있다. 큰 사찰에는 종각에 범종, 법고, 운판, 목어를 갖춘 사물을 타주하지만 작은 사찰에는 범종만 걸려 있는 경우가 많다. 한국에서 네 가지 법구에 각각의 상징적 의미를 두고 의례화해서 타주하지만 다른 나라에는 없는 모습이다. 중국에서는 운판과 목어를 공양간 앞에 걸어 두고 대중에게 식사 시간을 알리는 신호로 사용하고, 미얀마를 비롯한 남방 승가에서는 쇠종과 나무통을 쳐서 대중에게 식사 시간을 알린다.

〈사진 14·15〉 통도사 범종루와 바닥을 파서 울리는 범종(촬영 2009년)

〈사진 16·17〉 대만 파구산 농천사 공양간 앞의 운판과 목어(촬영 2005년 7월)

4) 일본의 범종각

각양각색의 타종 문화 중에 한국과 가장 유사한 모습을 보이는 곳은 일본이다. 이는 일본이 한국으로부터 불교를 전래 받은 증거이기도 하다. 실제로 일본 가마쿠라 시대의 종을 보면 한국의 신라시대 범종과 거의 같다. 그런데 일본에는 한국과 같은 운판과 목어가 걸려 있지 않다. 이는 한국의 사물이 한 곳에 걸리기 시작한 때가 얼마 되지 않았음을 드러낸다. 침입자들이 무기를 만들기 위해 운반을 탈취하는 것을 막고자 숨겨 두었다 해방을 맞으며 한데 모아 걸기 시작했다는 설이 유력하다. 다음의 사진에서 곤고부지 종각은 폐쇄적 구조, 엔라쿠지는 개방 구조를 이루고 있다. 이는 세월이 흐르면서 음향의 전파를 위해 개방구조로 변화된 것이라 할 수 있다.

〈사진 18·19〉 천태종 총본산 엔라쿠지(延曆寺) 종각과 진언종 고야산 곤고부지(金剛峰寺) 종각

5) 티벳의 종과 풍경

〈사진 20〉 삼예사원의 대종

티벳에서는 중국이나 한국과 같은 대종은 볼 수 없었다. 단, 삼예사원에서 다소 큰 종이 사원 안에 걸려 있는 것을 보기는 하였으나 그 크기가 한국의 소종보다 조금 더 큰 정도였다. 그런데 종의 모양새를 보면 끝이 벌어지는 꽃잎 모양의 곡선으로 되어 있어 중국과 닮은 모양새였다. 또

한 종루와 법당 천정의 장식을 보면 중국식 단청의 느낌이 들기도 하였다. 티벳은 일찍이 중국과 많은 교류가 있었다. 당나라의 문선 공주가 티벳 송짼 감뽀와 결혼한 후부터 역대 달라이라마와 중국과의 교류도 빈번하였으므로 자연적인 문화 교류 현상이라고 볼 수 있다.

2. 공양과 사시마지

남방의 승려들은 오후 불식의 계율에 의하여 이른 아침에 가벼운 죽을 먹은 후, 오후에는 주스와 같은 음료만 허용된다. 그러므로 오전 10시에서 11시 사이에 하는 식사가 온전한 공양 시간이다. 수행처의 공양절차를 보면, 상차림이 완료되면 불단에 음식을 올린 후 간단한 다나 의식을 행한 뒤에 식사를 한다. 다나(dāna)는 단나(檀那) 혹은 단(檀)으로 음차되고 시(施)로 의역되었다. 음식물, 의복 등을 삼보·스승·부모·망자에게 올리는 뿌자나(pūjanā)가 다양한 불교의식으로 형성되었다.

스리랑카나 미얀마 등 남방 승단에서 탁발이나 신도들의 공양에 의지하는 사찰에서는 이른 아침에 탁발을 나가 돌아와서 식사를 할 수 있는 시간이 10~11시 무렵이다. 어떤 사찰에서는 신도들이 그 시간 즈음에 공양물을 들고 사찰에 와서 스님께 공양하면 답례로 축원한 후에 식사한다. 이러한 공양이 한국에서는 사시마지로 행해진다. 이웃 나라 중국과 일본에도 예전에는 사시 공양을 했다고 하나 지금은 거의 행하지 않는다.

3. 관세음보살과 불모(佛母) 신앙

1) 관세음보살 천수다라니

관세음보살은 대승불교 중기 이후 성립된 경전으로 보는 것이 일반적이다. 『천수경』류 경전이 생긴 것은 약 3~5세기로 추정된다. 이러한 신앙을 담고 있는 『금강정경』을 금강지(金剛智 671~741)가 중국에 전했다. 『송고승전』의 기록에 의하면, 금강지는 나란다에서 학업을 마친 후 서인도로 가서 삼장과 더불어 밀교를 통달하고 해상로를 통해 스리랑카를 거쳐 중국에 왔다. 그는 밀교 관련 역경과 더불어 밀승 제자를 양성해 왔다. 불공(不空 705~774)에 이르러 밀교와 관음신앙이 널리 확산되었다.

천수경이 우리나라에 전래된 시기는 통일신라 초기로 671년 의상 스님에 의해서 가범달마 역본의 「천수경」을 인용하는 데서 찾아볼 수 있다. 따라서 한국에는 금강지 중국 도래 이전에 천수신앙이 들어왔음을 알 수 있다. 『삼국유사』에는 통일신라 효소왕(692~702) 당시, 태자 보천과 왕자 효명이 오대산에서 법을 구하다 효명은 왕이 되고, 보천은 남아서 수구다라니를 독송하는 것을 과업으로 삼았다는 내용이 담겨 있다. 730년 무렵 보천의 임종 관련 기록에는 천수주(千手呪)에 대한 내용이 보인다.[15] 『삼국유사』 권 제3 탑상(塔像) 제4 분황사 천수대비 맹아득안(盲兒得眼)에는 "희명이라는 여자의 아이가 다섯 살이었을 때 갑자기 눈이 멀었다. 그 어머니가 아이를 안고 분황사 천수관음 앞에 나가서 아이를 시켜

15 『三國遺事』, 第三卷, 「五臺山萬眞身」

노래를 지어 빌게 했더니 눈이 떠졌다."라는 내용이 있다.

고려 시대 『균여전』에는 "보현 · 관음 양 선지식의 법문과 함께 「천수경」을 일러 주었음을 적고 있다. 이후 꾸준히 천수경류 경전에 관한 기록이 이어지다가 고종 23년(1236)부터 38년(1251) 사이에 완성된 『고려재조대장경』에서 6편의 『천수경』류 경전을 찾아볼 수 있다. 이 가운데 가범달마 역본의 『천수경』류 경전들이 편재되어 있다. 이후에도 천수관음에 대한 신앙은 더욱 대중화되어 공민왕(재위 1351~1374)대에 천수도량을 개설한 항목을 『고려사』[16]에서 볼 수 있다.

조선조에는 범어가 한글 창제의 원동력이 되었고,[17] 성종 7년(1476) 「천수천안관자재보살광대원만무애대비심타라니」를 간행했다. 숙종 42년(1716)의 「대비심다라니」, 정조 8년(1784)의 「천수다라니」 등 다수의 진언 및 경설, 계청문 관련 사료들이 전해진다.[18] 15~18세기에 걸쳐서 오대진언집을 비롯한 다수의 진언집이 발간되었다. 이 무렵까지만 하더라도 범어 원문과 한글과 한자가 병용되어 원문의 확인이 가능했다. 그러나 조선 말기와 근자에 이르러 한글만 표기하면서 본래 범문의 원리를 잊고 송주 문장이 깨어지는 현상이 오늘날 곳곳에 나타나고 있다.

다음의 악보 5는 범어의 원음에 준하여 송주하고, 악보 6은 중국식 염불 율조에 얹어 송주하고 있다. 이렇듯 중국(대만)은 다라니

---

16 『高麗史列傳』第二卷, 「后妃二」; 서윤길(1994), 『한국 밀교사상사 연구』, p. 374 인용.

17 윤소희(2020), 「佛典 · 梵文이 정간보 창제에 미친 史的 배경 – 세종 · 세조대 樂政을 중심으로 –」, pp. 313 – 346; (2019), 「세종 · 세조 악보와 佛典 · 梵文의 관계」, pp. 164 – 193.

18 동국대학교 불교문화연구소(1976), 『진언 · 의식 관계 불서 전관 목록』, p. 3, p. 23.

의 원음과 어산범패 율조를 병행하므로 원음과 변화된 관계를 쉽게 인지할 수 있다. 일본은 자신의 발음과 율조 방식으로 송주하되 범음을 음사한 한문을 병기한다. 또한 '귀의합니다'에 해당하는 '나모'를 길게 하고 '라뜨나'에 해당하는 '가라단노'가 이어져서 범문의 원리가 자연스럽게 드러난다.

〈악보 5〉 대만 신딩 흐어샹 범문 대비주

〈악보 6〉 대만 한어 대비주

〈악보 7〉 일본 린자이슈(臨済宗) 대비심주

송주: 칸호(寬邦)[19]

반면 한국의 천수다라니 송주는 촘촘히 외거나 천수바라무를 출 때나 모두 '나모라'로 시작하고 있다. '나모' 하고 인사하는 단계부

19 일본 임제종 대비심주, 일본 에히메현(爱媛縣) 임제종 야쿠시지(藥師寺) 칸호(寬邦)스님.

터 흐트러지기 시작하는 문장은 선율이 진행되면서 싱코페이션과 같은 변화 율조가 있는 것과는 차원이 다르다. 이러한 점은 앞으로 천수경 관련 창작곡에서 숙고해야 할 지점이다.

〈악보 8〉 한국 염불 천수다라니

〈악보 9〉 바라무 반주 천수다라니

이상의 악보를 보면 중국과 일본의 발음에는 차이가 있어도 범문의 구조가 파괴되지는 않는다. 이에 비해 한국은 첫 구절 '나모'부터 문장이 파괴되어 '나모라'로 시작하고 있다.

천수다라니 범문	한중일천수다라니	관세음보살과 성모마리아

2) 불모(佛母) 준제와 모성 신앙

오늘날 한국에서 염송되는 천수경은 관세음과 준제 염송, 두 부분을 연달아 염송하는 데 비해 이웃 나라 중국과 일본에서는 이들

〈사진 21〉 17세기 두르가 청동상(네팔 국립박물관 소장)

〈사진 22〉 인도의 찬디 여신

〈사진 23〉 불교의 준제보살

을 각각 독립해서 신행한다. 그런가 하면 관세음과 불모가 합쳐진 준제관음을 6관음 중 하나로서 인간계와 천상계를 제도하는 것으로 설정하기도 한다.

인도의 아와로끼떼스와라 신앙이 불교로 유입되어 관세음보살이 되었듯이 불모 준제보살도 마찬가지다. 불모 준제를 거슬러 가면 힌두 여신 찬디(Caṇḍī)를 만나게 된다. '찬디'는 '고무(鼓舞)하다'의 어원 추드(√cud)에서 비롯된다. 오늘날 유통되는 범어 데와나가리로 찬디(चण्डी), 또는 찬디까(Caṇḍika), 산스끄리뜨어로는 깐디(Caṇḍī)로 불리고, 불교로 넘어와서 춘다(Cundā), 춘디(Cundī)를 한자로 음사하여 준제(准提), 혹은 준니(准尼)로 표기해 왔다. 힌두 문헌에서 찬디로 불리는 신은 시바 신의 아내인 두르가 여신으로 간주되기도 한다.

찬디는 악을 파괴하는 강력한 여신으로『마하바라타』서사시의 후반부와 하리밤사(AD100~300)에 있는 여신들에 대한 찬가와 연결된다. 브라만 신앙생활에는 여성 신들에 대한 믿음이 흔하다. 그중 찬디는 가장 인기 있는 호마 중 하나였다. 칠억 부처님의 어머니로서 모성과 무량한 자비의 광명을 비추는 칠구지준제대보살(七俱胝佛母大准提菩薩 Maha Cundi Buddha)은 참회하는 중생을 제도한다. 따라서 천수경 후반에 준제공덕취(准提功德聚)로 시작하는 게송이 있다.

불모 준제신앙은 서양의 성모 마리아 신앙과도 상통하는 면이 있다. 가톨릭과 불교에서는 이러한 신앙이 교의적 본질을 벗어나므로 과도한 의미 부여와 신행은 자제해야 할 대상이다. 그러나 인간이 가장 근원적으로 의지하는 대상이 모성인 점을 생각해 보면 무시할 수 없는 일면이 있다. 그러므로 동서고금의 종교음악 중에 가장 많은 분량을 차지하는 것이 서양의 성모 마리아, 동양의 관세음보살 음악이다. 한 어머니가 천수관음께 기도하여 아이가 눈을 뜨게 된 사연을 담고 있는 『삼국유사』 천수대비가를 생각해 볼 때, 준제신앙은 불교음악 향유와 창작에서도 중요한 테마이다.

4. 북방지역 밀교의례와 신행

선(禪)을 중심으로 통불교의 성격을 지닌 한국과 중국은 밀교가 표면화되지는 않지만 신행의 곳곳에 스며 있다. 대표적으로 반야심경을 설하며 “위대한 주문[大神呪], 크고 밝은 주문[大明呪], 어디에도 비할 수 없이 수승한 주문[無等等呪] 바야바라밀다주”로 맺고 있다. 또한 한국의 가장 대중적인 경전인 천수경의 중심에 천수다라니가 있고, 재장에서 천수바라무를 출 때도 천수다라니 범패를 노래한다. 인도에서 생겨난 불교이므로 신행 전반에 인도문화적 요소를 지닌 밀교가 있기는 하나, 금강승을 표방하는 티벳,

밀의작법을 위한 예반이 설치되어 있는 일본 불교,[20] 그중에서도 순밀(順密)을 표방하는 진언종에서는 비의적 의례가 더욱 엄격하다. 이를 이해하기 위해서는 인도불교의 시대적 상황과 배경을 먼저 살펴볼 필요가 있다.

1) 불교의 부파

오늘날 불교의 부파를 크게 나누면 남방지역의 초전불교, 북방지역의 대승불교, 대승의 후기에 대두된 밀교의 세 갈래를 들 수 있다. 이들의 역사를 거슬러올라가 보면 붓다 입멸 이후에 형성된 불교의 태동 시기 이후 부파불교, 대승불교, 밀교 시대로 간추릴 수 있다. 이들을 더 간추리면 현교와 밀교로 양분할 수 있다. 불교가 성립되던 태동기의 원시불교는 팔정도 중심, 부파불교는 사성제를 통한 아라한과 증득, 대승불교는 식(識)의 정화와 보살도, 밀교는 신구의(身口意) 삼업을 통한 즉신성불 추구로 요약할 수 있다. 이들은 공히 소통되는 수행법이기도 하지만 음악도들이 쉽게 구분할 수 있도록 표로 요약해 보면 다음과 같다.

〈표 5〉 부파 성립 시기와 핵심적 수행

불교의 태동	부파불교	대승불교	비밀불교
붓다 성도 입멸 후 100년	불멸 100년 이후 AD 7세기까지 소승(Hina-yāna)[21]	불멸 약 500년 이후 AD 8세기까지 대승(Maha-yāna)	AD4-AD13세기 진언(dhāraṇī)종 금강승(vajra-yāna)
팔정도	12연각승, 아라한과	보살도, 6바라밀	진언, 다라니

20 일본의 사찰 중에서도 선종인 임제종과 조동종에는 밀의작법을 위한 예반이 없고, 염불수행 중심의 정토종 계열 사찰에는 예반이 있기는 하나 진언종에 비해 간소하다.

21 '소승(小乘)'에는 다소 부정적인 의미가 있어, 요즈음은 남방불교, 근본불교,

교의를 드러낸다는 뜻을 지닌 현교는 원시불교~대승불교, 교의와 수행의 체계를 비밀스러이 전하는 밀교는 힌두교적인 비의가 다분하므로 "힌두의 옷을 입은 불교"라고 하는가 하면 "불교의 옷을 입은 힌두"라고 할 정도로 인도의 민간신앙과 힌두적 색채가 농후하다.

2) 밀교가 생겨난 시대적 배경

붓다 입멸 후 그의 가르침에 대한 내용을 분석·정리하며 불교 교의에 대한 이론화·전문화·추상화가 심화되었다. 각 교단은 자신들의 주장이 가장 수승함을 피력하며 어렵고 현학적 불교로 치닫게 되었다. 그러자 민중은 쉽고, 현실적인 방식으로 주문을 암송하는 신행, 모든 주문의 첫 음인 '아' 자를 관하는 아자관(阿字觀), 범음을 결합한 '옴(Oṃ)'자관 내지 옴 찬팅에 몰두하게 되었다. 그 무렵 불교에 밀려 힘을 잃었던 힌두교는 굽타왕조(AD320~500)의 후원과 함께 새로이 단장한 모습으로 나타나 교세를 펼치고 있어 불교 교단의 힘이 급속도로 약화되었다. 이에 불교 교단에서는 민간의 취향에 맞춘 힌두교적 방식을 융합한 불교, 즉 밀교를 설파하며 다음과 같은 행법을 재세웠다.

*** 자륜(字輪)과 아자관(阿字觀)**: '문자의 바퀴'라는 뜻의 자륜은 경전을 이루는 42자모를 차례대로 소리 내며 수행하는 것으로 중국에서는 '화엄자모' 범패가 있다. 이와 달리 일본에서는 경전을 이루는 자모의 첫 자모인 아(अ))자를 활용하여 일체법과 인간의 자성을 깨닫게 하는 수행법이 널리 확산되어 있다.

테라와다(장로)불교라고 한다.

* 백월관(白月觀): 그믐달에서 보름달로 변하는 달의 모습을 떠올리며 보름달(白月)이 지닌 청정(탐욕을 버림) · 청량(성냄이 없는) · 광명(무명을 밝힌) 세 가지 덕을 관(觀)하는 수행법이 있는가 하면 자륜관과 월윤관을 결합한 수행법도 있다.

* 오상성신관(五相成身觀): 성불에 이르기까지의 다섯 단계의 수행을 말한다. 밀교경전인 금강정경의 관법을 통한 수행법으로, 요가적 수행을 강조한다. 월륜과 자륜 수행에서 이미지와 소리의 활용이 부각되는데 비해 오상성신관은 요가라는 행 딴뜨라(Carya tantra)를 통한 즉신성불이 핵심이다.

* 다라니 송주: 주 · 진언 · 다라니를 송주함으로써 일체지를 체득하고 모든 장애를 극복하는 신비력을 수행한다. 산스끄리뜨어 "유지하다"의 어근 √dhṛ에서 파생한 dhāraṇī에 승(乘yāna)을 붙여 진언승(dhāraṇī-yāna)이라고 하듯 일본의 진언종이 이에 해당 한다. 다라니는 '법'을 뜻하는 다르마와 같은 어원을 지니고 있어, 모든 법을 지니는 능지(能持), 모든 악과 번뇌, 마귀를 물리치는 능

〈사진 24-26〉 티벳 참무 오른손에 든 금강저와 의례집전 금강저, 참무의 금강저, 일본 아자관

차(能遮)라고도 한다. '반야심경'의 끝 소절에 있는 '시대명주(是大明呪)'는 밀교의 명지승(明持乘 vidyādhara-yāna), "시무상주 시무등등주(是無上呪 是無等等呪)"는 최상·최고의 금강승(金剛乘 vajra-yāna)과 연결된다.

3) 티벳과 일본의 밀교 의례와 신행

밀교 수행법 중 아자관과 백월관은 일본에서 널리 행하는 수행법으로 템플스테이 프로그램에도 있어 일반인들도 쉽게 접할 수 있다. 그런가 하면 금강승은 티벳의 주된 수행법이다. 그러므로 티벳의 참의식에서 춤추는 승려들은 바즈라(금강저金剛杵)를 들고 춤추고, 범패를 하는 승려는 금강저를 들고 작법을 하는 데다 모든 부정한 것을 물리치는 호법무를 금강무(金剛舞)라고도 한다. 이를 대승불교의 상징으로 여겨지는 반야심경에 견주어 보면, 마지막 구절에 "반야바라밀다 시대신주 시대명주 시무상주 시무등등주(是大神呪 是大明呪 是無上呪 是無等等呪) 반야바라밀다는 가장 신비하고 밝은 주문이며 위없는 주문이며 무엇과도 견줄 수 없으며 … 중략 … 반야바라밀다주를 말하리라 아제아제바라아제 바라승아제"로 마치는 구절과 연결된다.

티벳과 일본에 밀교가 유입된 시기가 7~8세기라는 공통성이 있으나 오늘날 이들의 신행 양상은 많은 차이를 보인다. 외형적으로 드러나는 일면을 보면, 티벳의 법당에는 분노존을 비롯하여 밀교적 화신이 많이 그려져 있고, 일본에는 불단 앞에 밀교작법을 하는 예반(禮盤)과 호마(護摩)의식을 할 수 있는 화로가 있다.[22] 여기에

22 일본에서도 임제종·조동종 같은 선종 계열 사원은 중국·한국과 같이 예반이 없다.

는 티벳과 일본이라는 문화적 토양의 차이도 있지만 전승 경로와 밀교 종파의 차이도 있다. 그러한 점에서 일본의 다나카 기미아키가 지은 『티벳밀교 개론』을 탐독해 볼 만하다. 이를 통하여 일본인이 바라보는 티벳불교의 역사 · 교리 · 미술 · 의례 · 실천에 관한 이해가 용이하다.[23]

다음 사진을 보면, 의식을 하는 힌두사제들 앞의 화로에 불을 피우고 호마의식을 하는 앞에는 여러 가지 공양물이 차려져 있다. 그 옆의 사진은 일본 진언종 계열 사찰인 교토의 묘주인(明壽院)의 불단 앞에 향과 꽃을 비롯한 갖가지 공양물을 진설한 예반이 차려져 있다. 아래의 또다른 예반 가운데는 화로가 놓여 있고, 의식 중에 불을 피우고 호마의식을 하고 있다. 예반 앞에는 대승경전인 『묘

〈사진 27-30〉 인도의 힌두의식, 일본 불단에 앞의 예반 가운데 화로에 불을 피운 호마의식

23 다나카 기미아키(田中公明) 저, 유기전 역(2010), 『티베트밀교 개론』

법연화경』과 염주가 놓여져 있다. 이는 한국의 일반적인 사찰에서는 볼 수 없는 모습으로 밀교색이 짙은 일본의 의례와 신행의 면면을 보여주는 모습이다.

티벳에 밀교를 전한 파드마삼바바(Padmasambhava)는 산스끄리뜨어로 '연꽃에서 태어난 자'라는 뜻이므로 연화생(蓮華生)으로 번역한다. 티벳 최초 승단인 닝마빠에서는 그를 아미타불의 화신으로 신봉한다. 그는 북부 인도 우디아나(현 파키스탄 스와트)에서 밀교를 통달하여 신비적 주술에 능하여 삼예사원 공사를 방해하던 저항세력을 물리칠 수 있었다. 그는 왕의 극진한 대우를 받으며 749년 삼예사원을 완공하였고, 이후 승단을 형성하여 밀교의례와 요가수행을 확산시켰다.

이와 달리 일본은 철저히 중국화된 밀교를 수용했다. 일본 밀종의 개조인 구카이(空海 774~835)는 중국에서 불공의 제자 혜과(惠果 746~805)로부터 밀교를 전습하며 밀교와 범어 관련 자료를 수집하여 귀국했다. 북인도 바라문 계통의 아버지와 서역 강거국(康居國) 출신의 어머니 사이에서 태어난 불공은 714년(開元2) 10세 때에 중국 깐수성에 들어와 당시에 중국에서 밀교를 전파하고 있던 금강지(金剛智)의 제자가 되었다. 이후 불공은 구마라집, 진제, 현장 등과 함께 중국의 4대 역경가로 꼽히며 중국 밀교의 전성기를 이루었다.

산스끄리뜨어와 중국어에 능통했던 불공은 한어 역경과 더불어 중국 음운학에도 기여한 공로가 크다. 그는 방대한 양의 밀교 경전을 번역했을 뿐 아니라 밀교 작법의 체계를 중국화했다. 불공의 스승이자 앞 세대인 선무외(善無畏)와 금강지가 인도 밀교였다면 불공은 중국적으로 토착화된 밀교를 정립했다. 이러한 불공의 제자였던 혜과로부터 밀교를 배웠으므로 일본의 구카이가 배운 밀교는 학습 단계부터 중국식 밀교였고, 그것을 다시금 일본화하였으므로 오늘날 티벳과 일본의 밀교는 상당한 차이가 있고, 의례와 범패 또한 마찬가지다.

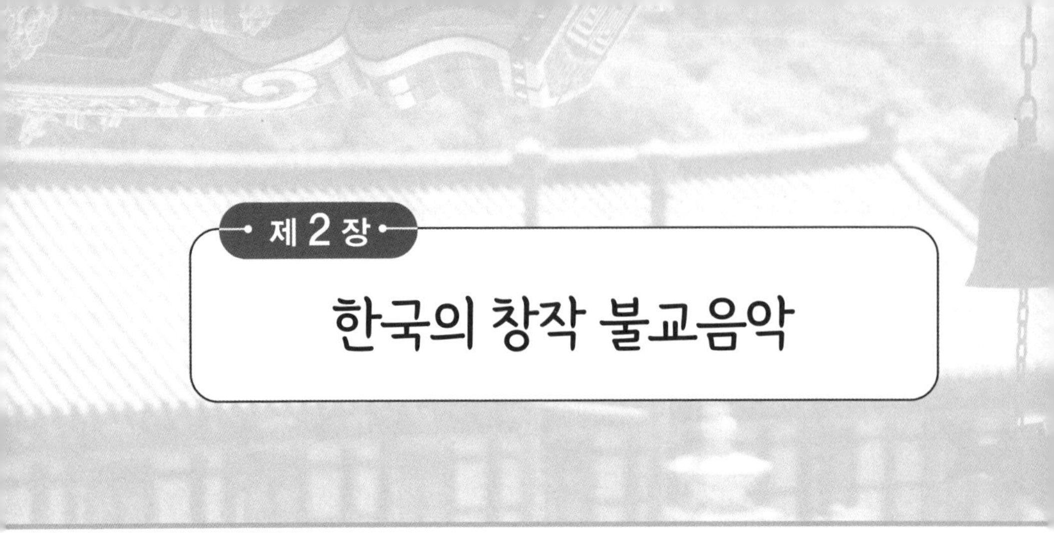

제 2 장

한국의 창작 불교음악

전통 찬불가인 범패는 특정 작곡가가 없지만 근대 찬불가는 특정 창작 인물이 있다. 이러한 찬불가의 생성과 전개를 시기별로 보면, 제1기는 일제강점기인 1920년대에 불교 계몽운동으로 스님들에 의해 시작된 찬불가 태동기이고 제2기는 해방 이후 전문 작곡가에 의한 창작으로 서양음악계와 국악계의 창작 시기이며 제3기는 1990년대 공모작과 교계 단체를 통한 불특정 다수 작곡가들에 의한 창작 시기, 제4기는 대중음악이 대두되며 종래의 모든 장르들이 공존하는 시기이다. 그리고 AI 음악을 활용한 제5기를 앞두고 있다.

Ⅰ. 근대 찬불가의 태동과 전개

한국불교음악의 역사를 거슬러 보면 신라의 향가와 같은 예술가곡부터 원효의 무애가에 화답하는 민중의 노래까지, 시대마다 다양한 장르의 찬불가가 창작되어 왔다. 관련 연구로 박범훈의 찬불가 연구[1]를 비롯하여 후속 연구들이 있으므로 이 항에서는 주된 핵심만을 짚어 보고, 이들 연구에서 조명되지 못한 부분들을 보완적으로 살펴보겠다.

1. 해방 전후의 찬불가

제1기 찬불가의 창작은 일제강점기에 일본에서 유학하고 있던 승려들에 의해 시작되었다. 이들의 찬불가 운동의 배경에는 일본이 펼쳤던 서구적 근대화가 있었다.

1) 창작 찬불가의 시대적 배경

1868년 무사들에 의한 에도시대가 종식되고 메이지시대로 접어들자 일본 정치계는 천황과 신도(神道) 중심의 정책을 폈다. 종래의 신불습합이 부정되고 신불 분리령을 내리며 불교의 교세가 쇠퇴해짐과 동시에 기독교의 선교 운동으로 불교가 위축되었다. 그러자 포교활동을 위한 수단으로 서양음악의 종교적·사회적 역할을 본

1 박범훈(2023), 『한국불교음악사 연구』, pp. 416－629.

받아 큰 법회나 불자들의 모임에 서양 악기 연주를 하게 되었다.

이 무렵 일본의 기독교는 적극적인 선교 활동을 펼쳐 계몽주의자 중심으로 교세를 확장해 가고 있었다. 그러자 천황의 신격화를 통한 전체주의를 꾀하던 일본 정부는 위기감을 느끼고 기독교 배척[排取連動]을 시작했다. 그 결과 1872년, 일본어로 된 찬송가를 보급해 오던 기독교가 힘을 잃고 그 빈 공간에 불교 양악 즉 찬불가가 자리 잡게 되었다. 그렇게 시작된 일본 찬불가 중 메이지 20년(1887)에 발표된 '법의 심산(法の深山)'이 현재 전해지고 있는 가장 오래된 악곡으로 남아 있다. 법의 심산은 월천락(越天樂)의 선율에 승려 도키젠죠(土岐善静 1850~1906)가 가사를 지어 얹은 것이었다. 월천악은 널리 알려진 아악곡 중 하나였으므로 이를 기반으로 하는 동류 악곡들도 다수 있다. 요나누키 음계로 창작된 법의 심산은 완전히 새로운 창작이라기보다 편작에 가까운 상태였다.

불교계 양악화의 운동은 20세기 접어들어 본격화되어 쇼와(昭和) 초기인 1930년대에 문부성 종교국 내에 불교음악협회 사무국을 설치하여 불교음악 계몽운동을 펼쳤다. 야마다 교사쿠(山田耕筰 1886~1965)를 비롯한 당시 유수한 작곡가에 의해 찬불 합창곡들이 발표되었으나 교세가 확장되거나 신행에 활용되는 등의 종교적 결실은 미약했다. 20세기 중반에는 정토진종 본원사파를 비롯한 몇몇 종파에서 양악법요 시연을 하여 음악 전문가들로부터 호평을 받았으나 이 또한 종교적 성과는 그다지 없었다. 일본 찬불가에서 이런 현상이 나타나는 것은 이미 민요조 쇼묘 와산(和讃)이 있었던 데다, 의례와 신행에 스며들지 못한 서양음악의 체질적 이질감이 있었기 때문이다.

2) 유학승들의 계몽운동과 찬불가

용성스님 왕생가

근세기 찬불가는 일제강점기에 민중계몽운동을 펼쳤던 스님들에 의해 시작되었다. 1927년 백용성(1864~1940)이 작곡한 왕생가와 권세가 두 곡의 악보가 『대각교의식』에 실려 있고,[2] 권상로(1879~1956)는 불교 근대화의 일환으로 1925년 7월에 '불설대보부모은중경'을 한글로 번역한 「은듕경」을 간행하며 찬불가를 지었다. 이 곡은 제1곡 회탐수호은(懷耽守護恩)에서 제10곡 구경연민은(究竟憐愍恩), 피날레를 장식한 신불가까지 총 12곡으로 구성되었다. 총 31종의 저술 · 편저 · 번역서를 낸 대학자 권상로는 1923년부터 『불교』 제7호에 찬불가 '봄마지'를 발표한데 이어 믿음, 불보 등의 찬불가를 연달아 발표했다. 1935년에는 「은듕경」에서 열 가지 부모의 은혜를 노래했고, 처음과 마지막 장에 찬불가를 수록했다. 이후 성탄 경축가를 비롯한 네 곡이 안진호의 『석문의범』에 수록되었다.

이후 조학유(1894~1933)가[3] 찬불가 24곡의 가사와 작곡 미상의 악보를 『불교』에 게재했다. 조학유 스님은 타종교에서 작곡된 곡을 빌려다 쓰기도 하고, 일본 가요인 황성의 달(荒城の月)에 가사를 붙여 '염부수 하의 느낌'이라는 찬불가를 지었다. 그는 비교적 짧은 기간 찬불가 활동을 하였지만 찬불가에 대한 개인적 소견을 남김으로써 당시 사람들의 찬불가에 대한 생각과 사회적 배경을 읽을 수 있다.

---

2 한보광(1981), 『용성선사연구』

3 이미향(2006), 「曹學乳의 생애와 讚佛歌 연구」, pp. 383－424.

조학유의 찬불가에 대한 서언[4]

> "종래에 불교창가라고 기종이 있었으나, 다만 가사뿐이므로 각처에서 주곡(奏曲)이 불일(不一)하야 사계(斯界)에 만흔 포부(抱負)를 가지시니 통일을 숙망(宿望)하든 바이나 아즉 보이지 아니함으로 갑갑함을 부득이하야 본 찬불가를 술(述)케 된 바이나 원래 사계에 대한 작곡의 지식은 넉넉지 못함으로 타교회(他教會)에서 사용치 않는 각종의 호곡(好曲)을 인용하고 다소의 첨삭을 가하야 편술한 바이오니 여러분의 양해를 비는 바입니다."

조학유의 서언에서 1927년 이전에도 불교창가가 있었으나 악보 없이 가사로만 전파되었음을 추정할 수 있다. 또한 타교회의 곡조에 조학유 스님의 가사를 입혔는데, 이때 타교회의 성가들은 당시 한국에 진출해 있던 일본 찬불가들이었음을 후대의 연구자들이 밝힌 바 있다. 기존의 선율에 가사만 바꾸는 일명 '노가바' 악곡은 고려 속요 선율에 조선왕조를 찬양하는 가사를 얹어 부르다 종묘제례악이 되는 경우를 비롯하여 서양의 찬송가에도 만연했던 일이다. 예를 들어 소비에트 시대 러시아 국가의 선율을 따온 찬송가 '전능의 하나님', 영국 국가에서 따온 '피난처 있으니' 외에도 클래식 작품 속 선율을 따온 찬송가들이 많다. 또한 유행가나 대중가요의 선율을 찬송가로 부르는 경우도 많았다.

백용성(1864~1940) 스님은 임제종의 정통을 이은 선종의 종장이었으며, 권상로 스님은 동국대학교 초대 총장을 역임한 교학의 거두이고, 조학유 스님은 1920년에 일본 유학을 마치고 귀국하여 불교 개혁 운동을 활발하게 전개했다. 이와 같이 다양한 배경을 지

4 조학유, 「찬불가 서언」, p. 31.

닌 승려들이 찬불가를 장려한 배경에는 항일 · 선(禪) · 교(敎) · 불교 혁신운동이 있었다.[5] 특히 용성의 왕생가는 김기수 작곡의 '황하만년지곡(皇化萬年之曲 1939년 작곡)보다 10년 이상 앞선 '국악창작곡'이라는 점에서 국악창작사에도 큰 의의가 있다.

3) 창작 확대와 찬불가집

용성, 조학유, 권상로의 계몽적 창작 찬불가 운동에 이어서 김정묵(1915~?), 고광덕(1927~1999), 정운문(1928~2018) 등은 찬불동요에 이르기까지 찬불가의 장르를 확대했다. 김정묵은 1948년에 각 포교당에서 사용되고 있던 곡들을 수집 · 편찬하여 132곡을 실은 『찬불가』를 펴냈다. 이들 찬불가집에는 기존에 발표된 악곡을 비롯하여 불교청년회가, 유치원 부처님 등 용처가 다양한 찬불가들을 고루 편성하는가 하면 죽헌 김기수의 '관음가'를 비롯하여 다양한 작사 · 작곡가들을 소개하고 있어 창작 찬불가의 역사와 인물에 대한 중요한 자료이다.

〈표 6〉 제1기 찬불가와 인물

인 물	내용
백용성(1864~1940)	『대각교의식』, 왕생가, 권세가, 대각교가, 세계기시가, 중생기시가, 중생상속가, 입산가 등 7곡
권상로(1879~1956)	『불교』 은듀경찬가 12곡 외
조학유(1894~1933)	『불교』 24곡 (작사 위주)
김정묵(1915 ~ ?)	『찬불가』 132곡 수록 1948년 발간

5 이미향(2006), 「항일 측면에서 본 불교음악운동」, pp. 288 – 289.

2. 1960년대 이후의 찬불가

1950년 한국전쟁이 발발했고, 1954년 6월에는 불교 정화운동으로 교계의 갈등이 격화되었다. 이로써 해방 이후 찬불가는 한동안 멈추었다가 1959년 대구에서 정운문 스님이 어린이를 대상으로 한 포교활동을 시작하며 1960년대 창작기가 열렸다. 운문 스님은 1961년 서울 조계사에 서울연화어린이회, 1964년 개운사에 보리수 어린이회를 창립하는 등 활발한 찬불가 운동을 펼쳤다.

1) 서양 음악 어법의 찬불가

어린이, 청소년을 위한 찬불가에 전력한 정운문은 총 344편의 가사를 쓰며 유수의 작곡가들을 작곡에 참여시켰다. 스스로 풍금을 연주하며 찬불가 부흥에 힘쓴 운문 스님은 불교 음악인을 양성한 공로를 높이 평가 받고 있다. 1964년에 펴낸『불교동요집』에는 유치원, 초등학교, 중학교 학생이 부를 수 있는 노래들과 더불어 삼귀의를 포함한 의식찬불가까지 총 72곡의 다양한 악곡이 실려 있다. 1983년에 펴낸『불교성가집』과 1985년에 펴낸『어린이 찬불가』에는 예불, 예참, 신중단 분향, 회갑 축하의 노래, 조가(弔歌) 등 생활 전반에 걸친 악곡들이 실려 있다.

백용성 스님의 손제자였던 고광덕 스님은 찬불가의 기능과 의미를 다음과 같이 설파했다.

"찬불가에는 불교에 대한 흥미를 넘어서서 이해를 심화시키는 기능이 있고, 사찰 대중의 공동체의식의 진작, 개인의 성서 함양에 도움이 되는 매개로서 효용성이 높다."

36편의 찬불가를 작사한 고광덕은 서울 불광사에서 불광 운동과 함께 바라밀다합창단을 창단(1979)하여 사찰합창단의 발전에 크게 기여하였다. 그러나 1982년에 발간된 『한국불교대사전』에 '찬불가'라는 항목이 없을 정도로 찬불가에 대한 불교계의 인정은 미미했다.

1976년에는 작곡가 서창업에 의해 『찬불가집』이 발간되었다. 이 무렵은 기독교의 예그린합창단을 비롯한 여타 합창단도 창단과 폐단을 거듭하는 어려운 시기였는데도 이와 같은 성과를 낸 점이 주목된다. 1978년에 국립합창단이 발족되었고, 이후 전국에 흩어져 있던 민간 합창단 중 특히 기독교 단체와 연계된 합창단원들이 공립합창단의 주된 멤버로 자리 잡았다. 그에 비해 불교합창단은 사회적으로 그다지 주목받지 못했다.

〈표 7〉 서양음악 계열 작곡가와 성과물

인 물	활약 배경	대표작 및 내용
운문 (1928~2018)	대각사, 조계사 합창단 창설, 작사. 작곡은 외부에 의뢰함. 『불교성가집』	하얀구름 검은구름, 보현행원, 예불가, 만생령을 위해 오심, 산회가
최영철 (1925~)	종립학원연합회 주최 찬불가 공모작으로 삼귀의, 사홍서원 당선	
	악보집 『찬불가 1집』 발행 외 다수	위 곡이 현재까지 쓰임
반영규 (1929~)	'자비의 소리' 홍법, 불교음악연구원	100여 곡의 찬불 가사, 출판
서창업 (1928~1989)	불교음악연구원 설립: 1974~1980년	160여 곡 작곡, 『찬불가』 출판
김용호 (1933~1991)	『새찬불가』 1980년대 출간	부처님오신날 외 다수
변규백 (1946~)	『청산은 나를 보고』, 1980년대 출간	부처님께 귀의합니다

1970년대부터 80년대까지는 전문 음악인들이 찬불가 창작에 참여하여 최영철(1925~)이 쓴 '삼귀의-사홍서원'에 이르는 예불곡이 지금까지 불교 행사에서 쓰이고 있다. 이어서 서창업(1928~1989), 반영규(1929~), 김용호(1933~1991), 이찬우(1942~), 변규백(1946~), 정부기(1954~) 등 주로 서양 음악 작곡가들에 의한 작품이 지금까지도 널리 애창되고 있다. 이 외에도 김동환, 박이제, 이호섭, 정민섭, 정부기, 조영경, 조영근 등이 예술 찬불가와 관현악 편성의 대곡에 이르기까지 화려한 창작활동을 펼쳤다.

2) 한국 음악 어법의 찬불가

1960년대에 시작된 찬불가는 1970·80년대에 이르러 그간 창작되어 온 악곡들에 대한 성찰로 방향 전환이 이루어졌다. 서양음악 어법으로 쓰인 종래의 작품들이 사찰합창단의 무대 활동과 행사에 그칠 뿐 일상 신행에 스며들지 못하는 것에 대한 비판이 제기된 것이다. 1981년 당시 정부는 '전국 대학생 민속·국악 큰잔치 국풍 81'과 '대한민국국악제' 등의 국악을 중심으로 한 국가적 수준의 축제를 연달아 개최했다. 1990년대에는 국악진흥정책이 추진되었으며 국악 가요의 붐이 일었다. 이러한 사회적 변화는 1980년대 말부터 국악적 요소를 가미한 찬불가에 새로운 동력이 되었다. 더불어 1988년도 들어 국악동요와 국악가요의 창작 붐과 함께 김희조, 김영동, 박범훈, 백대웅, 조광제, 이인원, 김회경과 같은 국악계 작곡자들의 작품에 관심이 쏠렸다.

이 무렵 국악 찬불가가 쓰인 데에는 각 대학에 설립된 국악과의 역할이 컸다. 과거에는 국악이라면 기생이나 화류계 음악으로 여기며 도제식으로 전습되었다. 그런데 1969년 서울대학교에 국악과가 창설되고 이후 전국 국립대학에 국악과가 설립되어 국악 창작 분야의 인재들이 배출된 것이다. 국악과가 창설된 초기의 창작은 주로 영산회상과 같은 정악풍이었으나 1980년대 들어 민속악풍이 대두되기 시작했다.

민속악 분야의 독보적 존재인 박범훈은 피리 주자로 뛰어난 기량을 지닌 데다 작곡과 지휘 등 그가 가진 탁월한 역량을 불교음악에 투여했다. 1998년에 출반된 《박범훈의 창작불교음악 1-7집》에는 민요조 찬불가부터 붓다, 이차돈, 용성과 같은 교성곡까지 방대한 작품들이 수록되어 있다. 대금 전공자였던 김영동은 송광사의 예불을 배경으로 한 명상음악으로 각광을 받았다.

2023년 국립극장 남산 이전 50주년을 기념하여 연주된 '세종의 노래 월인천강지곡'이 화려하고 장엄한 무대 위에 펼쳐져 불교음악뿐 아니라 한국 음악사에도 큰 획을 그었다. 본 공연은 『혜각 존자 신미 평전 훈민정음의 길』, 『월인천강지곡 – 훈민음으로 불경을 노래하다 – 』를 저술해 온 작가의 가사를 텍스트로 하여, 연출 손진책, 안무 국수호, 창극단 예술 감독 겸 단장 유은선, 국악관현악단 예술 감독 겸 단장 채치성, 무용단 예술 감독 겸 단장 김종덕, 랑코르 캄머 필하모닉의 관현 연주자들이 참여했다.

또한 동·서양의 대규모 악단, 무용단, 메트합창단, 불음꽃합창단, 봉은사 슈리말라 합창단, 상월청년 합창단의 노래 가운데, 세존 김준수, 세종 김수인, 소헌왕후 이소연 외 다수의 솔리스트가 역을 맡아 12월 29일~31일까지 3회에 걸쳐 공연했다.

〈표 8〉 박범훈의 교성곡과 오페라

<table>
<tr><th>제 목</th><th>작 사</th><th>연주단[6]</th><th>비 고</th><th>초연</th></tr>
<tr><td>붓다</td><td>성일 스님</td><td>대연정시립관현악단</td><td>91' 대한민국 종교음악제</td><td>1991</td></tr>
<tr><td>보현행원송</td><td>광덕 스님</td><td>KBS국악관현악단</td><td>불광사 기획 불교음악의 밤</td><td>1992</td></tr>
<tr><td>부모은중송</td><td>광덕 스님</td><td rowspan="7">국립국악관현악단 외 다수의 악단</td><td>효를 위한 음악회 위촉</td><td>1996</td></tr>
<tr><td>용성</td><td>목 정 배</td><td>제12회 정기연주회 위촉</td><td>1998</td></tr>
<tr><td>니르바나</td><td>김 용 옥</td><td rowspan="2">2019, 봉축음악회 위촉</td><td>2019</td></tr>
<tr><td rowspan="2">직지(直指)</td><td rowspan="2">김 민 형</td><td>2000</td></tr>
<tr><td>충북오페라단 위촉</td><td>2000</td></tr>
<tr><td>진감(眞鑑)</td><td>목 정 배</td><td>국립국악관현악단
정기연주회</td><td rowspan="2">2023</td></tr>
<tr><td>월인천강지곡</td><td>세종대왕</td><td>국립극장 남산 이전 50주년</td></tr>
</table>

3. 공모작과 단체의 찬불가

일부 스님들과 전문작곡가들에 의한 창작 찬불가는 1990년대 접어들며 불교계의 공모작과 연주 단체에 의한 불특정 다수의 참여로 확산되었다. 이러한 흐름에 가장 먼저 박차를 가한 곳이 BBS 불교방송국의 개국이었고, 이어서 조계종 문화부, 풍경소리를 비롯한 불교음악 연주 단체의 활동이었다.

6 연주 단체에 대한 상세 내용은(2025), 『박범훈 소리연 60 도반』 참고 바람.

1) 찬불가 공모

(1) 불교 방송국

1990년 BBS불교방송국을 개국하고 보니 방송에 쓸 불교음악이 턱없이 부족했다. 그리하여 찬불가 제작 보급 계획을 세우고 91~95년까지 음악 공양의 밤을 개최하였다. 첫해에 귀의 1곡, 예배 2곡, 찬탄 2곡, 반야심경 1곡, 공양 2곡, 참회 1곡, 발원 3곡, 회향 3곡, 행사(진산식 · 수계식 · 출가절 · 성도절 · 열반절) 각 1곡씩 총 5곡, 축하곡 1곡을 위촉하여 5년 동안 작곡가 30명을 통해 총 105곡의 찬불가가 탄생했다.

당시 BBS에서는 "어떤 노래가 찬불가인가?" 하는 논의를 거쳐 작사와 작곡에 각각 세 가지 요구 조건을 제시했다. 가사는 부처님에 대한 귀의와 예배의 감정 등을 간절하게 표백한 내용일 것. 불교의식 현장에서 대중이 함께 부르는 데 적합한 운율과 내용을 갖출 것. 교리에 어긋나지 않으며, 정경 묘사와 개인적 감흥을 노래한 가사는 피할 것. 곡은 법회 현장에서 의식용으로 부를 찬불가로서 종교적 귀의심과 정근심을 고양시킬 것. 동참하는 대중이 쉽게 부를 수 있도록 음역(音域)을 지나치게 넓게 잡지 말 것. 찬송가풍의 멜로디를 지양하고 가급적 범패, 염불의 선율에서 악상을 차용할 것을 내세웠다.[7]

(2) 조계종 문화부

1997년에는 조계종 문화부에서 창작 찬불가 공모전을 펼치기 시작한 이후 회를 거듭하면서 불특정 다수에 의한 찬불가 창작이

---

7 불교방송(1991), 『91 신작찬불가』, p. 1.

확산되어, 제3회부터는 본선에 진출한 곡을 대상으로 무대 경연을 펼쳤다. 이때 선정된 작품들은 CD로 제작하여 보급했다. 이러한 사업의 결과로 2014년에 『찬불가 합창곡집』을 발간함과 더불어 여러 사찰에서도 『찬불가집』을 발간했다. 이에 앞서 한마음선원에서 주로 활동해 온 서윤재는 1995년에 135곡을 수록한 찬불 악보집을 발간했고, 이외에도 여러 사찰과 단체에서 찬불가집을 발간했다.

〈표 9〉 1990년대 찬불가집과 음반

인물	매 체	내용
제3세대 불교음악동인회	『찬불가 전집』	926곡 수록(1993)
조계종문화부 (1997~)	『찬불가 합창곡집』(2014)	공모전에 당선된 작품들
서윤재	『찬불가집』(1995)	다양한 장르 135곡 수록
박범훈(1948~)	《창장 불교음악》 CD1-7집	교성곡 5곡, 찬불가22(1991)
김영동(1951~)	《우리소리 우리가락》 중 CD1	국악음반 전집 중 제7집, 禪

2) 개별 단체 찬불가

연등회: 1955년에 시작된 연등행렬의 기반이 다져지자 2001년부터 연등회를 위한 음악을 자체 제작하기 시작했다. 2001년 《법회의식곡집》을 시작으로 총 14개의 음반이 출시되었다. 이때 김현성, 이종만을 주축으로 하여 작곡된 대중음악적 작품이 주된 비중을 차지하는 가운데 국악계의 작곡가 등 다방면의 작품들이 생산되었다. 2016년에는 연등회 음악과 연희율동 포럼을 열어 그간에

연등회에서 축적해 온 음악에 대한 자료 정리와 진행 과정이 일괄 파악되었고, 각 분야의 전문가들에 의한 총평이 있었다.[8]

한마음선원 선법가: 한마음선원을 창립한 대행 스님은 1972년 안양 한마음선원을 개원한 지 12년 뒤인 1984년 대중 포교를 시작하며 선법보살합창단을 창단했다. 이후 지속적으로 선법가 창작과 공연을 열며 '자신이 주인공이 되는 가르침'을 담아내었다. 그 결과 68곡의 선법가가 창작되었는데, 이들 중 어느 재소자가 지은 '한마음 선법가'와 육조 스님에 의한 '무상게송'을 제외한 모든 곡의 가사가 대행 스님의 게송을 가사로 하였다. 선법가의 작곡가로는 서창업을 비롯하여 총 15인이 참여했는데 김동환이 12곡으로 가장 많은 악곡을 지었다. 선법가는 한마음의 신행, 봉사활동, 기념행사를 통해서 선법포교를 증진했고, 매년 행해지는 정기 연주회와 특별 연주회를 통해서 연주된 악곡은 DVD · CD · 악보집으로 제작하여 배포했다.[9]

좋은 벗 풍경소리: 1996년부터 매년 여름과 겨울 노래집을 발표해 온 좋은 벗 풍경소리는 지현 스님을 총재로, 이종만 작곡가를 대표로 하여 정기적으로 붓다 콘서트를 개최하며 불교음악의 대중화에 기여했다. 지속적으로 제작해 온 동요 음반은 어린이와 청소년 찬불 운동에 큰 역할을 했다. 한편 2023년에 이종만 작곡가의 법명인 '향천'을 따서 발매한 55집 《향천의 노래》는 이종만이 작곡한 찬불가 32곡을 악보집과 함께 출판하여 교계의 주목을 받았다.

니르바나 필하모닉 오케스트라: 1999년 '예불을 주제로 한 농요'와 '밀레니엄 아리랑'을 주제로 한 창단 연주로 시작했다. 2021년 '오

---

8 윤소희 외(2016), 『연등회 음악과 연희율동 포럼』

9 윤소희(2021), 「선법가의 운용실태와 미래 방향」, pp. 193–243.

케스트라를 위한 광명진언'까지 총 29회의 정기연주회와 연간 20여 회의 크고 작은 공연, 클래식 전문 연주 단체로 활동하면서 '범패와 오케스트라를 위한 교향시'를 비롯한 다양한 시도로 불교음악의 글로벌화를 추진했다. 니르바나 필하모닉 오케스트라는 음악 활동과 더불어 소아암 환우 돕기, 자선음악회, 지구 살리기 환경음악회 등 불교정신의 음악화에 다방면으로 노력을 했으나 현재는 휴지기에 들어 있다.[10]

〈표 10〉 개별 음악 연주 단체

인물	내용
연등보존회	1955년 행렬 시작, 2016년 찬불가 포럼, 2024년 CD 14집
한마음선원 선법가	1972년 한마음선원 개원, 1984년 선법가 창작 의뢰
좋은 벗 풍경소리	1996년부터 노래집, 연주 활동, 찬불 동요, 음반 총 55집
니르바나 오케스트라	1999년 창단 연주, 다수의 작품 위촉 연주, 찬불가의 글로벌화

Ⅱ. 21세기 다중 장르와 AI 음악

2000년대에 접어들어 불교음악계는 이전의 찬불가에 대한 자료화와 더불어 대중음악이 부상하는 시기를 맞았다. 2009년에는 운문 승가대학에서 자체적으로 찬불가집을 발간했고, 2010년에는 한

10 강형진(2022), 「니르바나 필하모닉 오케스트라의 불교음악 홍법 성과와 의미」, pp. 53－87.

마음선원에서 위촉한 수십 곡의 창작 찬불가를 수록한 『선법가』 악보집을 발간했다. 더불어 스님들의 염불과 독경이 대중음악 랩과 힙합을 만나 가지각색의 이벤트를 양산해 오다 개그맨 윤성호의 부캐 뉴진 스님이 등장하기도 했다. 더불어 통기타 음악과 가요, 국악, 클래식까지 모든 장르들이 공존하는 시대를 맞았다.

1. 염불과 홍법의 음악

대중음악계에 '래퍼'가 등장했을 때 스님들께서 "저거 우리가 원조인데."라는 말씀들을 하셨다. 스님의 독경이나 정근 염불이 랩 음악과 만나자, 잠자던 우리네 염불 신명이 분출되었다.

1) 염불 행사

2014년 7월 17일 대한불교조계종 교육원에서 염불의 대중화와 생활화를 위해 '제1회 학인염불시연대회'를 열었다. 이날 참가자 108명 가운데 사미 6명과 사미니 6명, 12개 팀이 있었다. 이들 중 사미 2팀과 사미니 4팀이 본선에 진출하여 조계사 마당에서 '염불시연대회'를 펼치자 많은 사람들이 열띤 응원을 보내며 호응했다.

〈사진 31·32〉 2014년 조계사에서 열린 학인염불대회

같은 해에 성철 스님 탄생 100주년 기념 음반이 제작되었다. 이 음반에는 성철 스님의 설법, 출가송, 오도송, 열반송 등 20곡이 수록되었는데, 이 음반을 보도한 언론들은 모두 '랩으로 노래하는 성철스님 법문'을 타이틀로 삼았다. 그 여파로 다음해인 2015년 11월 14일 서울 조계사에서 랩법문대회가 열렸다. 성철 스님의 16가지 법문을 지정 가사로 하였는데, 중학생부터 전문 래퍼까지 다양하게 참여하고 높은 경쟁률을 보여 주최 측과 매스미디어에 놀라움을 안겼다. 이들 중 1981년 종정 수락 법어인 '산은 산이요, 물은 물이로다'를 비롯해 '자기를 바로 봅시다'(1982), '생일을 축하합니다'(1986), '남을 돕는 것이 나를 돕는 것'(1988) 등이 수상했다.

〈사진 33-35〉 백련불교문화재단 이사장 원택 스님과 《성철이야기》,
'성철스님 래퍼되다' 포스터

이후 스님들의 염불은 힙합까지 아우르며 다양한 양상으로 전개되었다. 출가 콘서트에서 선보인 '쇼미 더 붓다'에 이어 2016년 청암사 승가대학 29기 학인 스님들은 사찰 법구를 타주하며 힙합 스타일로 '반야심경'을 노래하면서 '아제아제바라아제' 음반을 발매했고, 2017년에는 10인조 스님으로 구성된 '비텐스(Btens, Buddha Ten Sunim: 불교계 방탄소년단이란 뜻)'가 '스님 아이돌의 탄생'이라 하여 인기를 얻었다. 염불 · 랩 · 힙합이 어우러진 스님들의 염불

음악은 청소년 포교에 큰 자산으로 떠오르고 있다.

2) 경전 및 염불 음반

2000년대 접어든 찬불가는 비구 · 비구니 · 남녀 가수에 이르기까지 대중음악계의 활동으로 확산되었다. 도신 스님, 시명 스님, 심진 스님, 범진 스님, 무심 스님을 비롯한 여러 스님들이 통기타 음악과 불교가요, 팝음악으로 다양한 창작 찬불가를 발표해 왔다. 그 가운데 반야심경, 신묘장구 대다라니, 법성게, 나옹선사 토굴가, 지장보살 총결찬탄, 관음신앙가를 대중음악 풍으로 풀어내는 것은 불자들의 신행을 고취하는 계기가 됐다.

이들 음반을 한데 묶어 '염불'이라 하지만 구분해 보면 경전을 암송하는 독경, 석가모니불, 관세음보살 등 불호를 칭명하는 염불, 법성게, 찬불게와 같은 게송, 회심곡과 같은 설창류의 4가지로 분류할 수 있다. 근래에는 범어 반야심경을 노래하는가 하면 랩 혹은 테크노뮤직 스타일로 노래하는 음원도 출시되었다. 경전 · 염불류 음반에서 가장 많은 종류와 버전으로 염송되는 것은 '반야심경'이다.

많은 염불 음반을 출시하고 있는 영인 스님은 경전, 게송과 기도, 발원문, 정근 등 모든 종류의 염불을 망라하여 출반했다. 동담 스님의 《천수경(2017)》, 《금강경(2022)》, 《관음정근(2022)》은 EMD 음향을 베이스로 하여 대중성을 띠고 있다. 염불 음반을 출반한 여러 스님들 음악의 가사를 보면 대다수가 한문으로 되어 있으나, 화엄경 약찬게를 비롯한 경문찬초(經文纂鈔)는 한국의 조사 스님들이 경전의 요지를 축약하여 지은 게송이다. 또한 관음정근, 석가모니불 정근 염불은 『삼국유사』의 염불사(念佛師)부터 시작된 한국적 율조로 중국이나 일본에서는 볼 수 없는 향풍범패로서 의미가

있다.[11]

〈표 11〉 염불 음반의 분류와 내용

분류	음반 타이틀 및 내용
경 전 류	반야심경(한어 · 범어 · 한글), 천수경, 금강경, 아미타경 외
경문찬초	화엄경약찬게, 법성게, 이산혜연선사발원문 외
신 행	예불문, 신중기도, 사시불공, 한글 백팔참회문 외
정 근	관음정근, 석가모니불, 나무아미타불, 지장보살, 약사여래 외
우 리 말	예불문, 반야심경, 천수경, 회심곡, 토굴가, 부모은중경, 탁발가 외
범 어	신묘장구대다라니, 항마진언, 능엄주, 빠알리어 예경문 외
기 타	찬불 및 명상에 해당하는 것으로 "경을 지닌 공덕" 외 다수

2. 장르별 불교음악

오늘날 불교음악계는 통기타와 가요 · 트로트 · 재즈 · 록 · 클래식 · 국악 · 퓨전 · 크로스오버 · 뮤지컬 · 랩 · 힙합 · EDM · AI 뮤직까지 그 영역이 넓고 활동하는 사람들도 다양한 데다 한 사람이 여러 장르를 넘나들기도 하므로 이들을 모두 한 챕터에 담아낼 수가 없다. 따라서 이 항에서는 언급되지 않은 뮤지션 중에 의미 있고 중요한 작품과 활동이 있음을 전제하여 간단히 간추려 보고자 한다.

11 『三國遺事』第五卷, 念佛師: 南山東麓有避里村, 村有寺, 因名避里寺. 寺有異僧, 不言名氏, 常念彌陀, 聲聞于城中. 一千三百六十坊, 十七萬戶, 無不聞聲, 聲無高卜, 垠垠一樣. 以此異之, 莫不致敬, 皆以念佛師爲名. 死後泥塑眞儀, 安于敏藏寺中. 其本住避里寺, 改名念佛寺. 寺旁亦有寺, 名讓避, 因村得名. 윤소희(2019), 「향풍범패의 장르적 규명과 실체」, pp. 557-583.

1) 전통음악과 불교음악원

한국적 찬불가 운동에 주도적인 역할을 해오고 있는 박범훈은 조계종 불교음악원 원장으로 불교음악 운동을 전개하고 있다. 2015년 설립된 불교음악원은 조계종 종법령에 의해 총무원 산하 음악기관으로, 서초동 봉은사에 사무실과 연습실을 갖추고 있다. 봉원사국악합주단, 불음꽃합창단, 불교합창아카데미, 불교음악학회가 구성되어 있다. 이후 찬불축제, 전국 대학생 찬불음악축제, 불교음악학회 세미나와 학술지 발간 등 불교음악을 선도해 오고 있다.

불교음악원의 찬불 운동은 국악풍의 삼귀의, 사홍서원, 칠정례를 통하여 불교의식음악의 새로운 풍조를 일으켰다. 2015년 불교음악원 개원과 함께 봉은국악합주단의 반주와 독창의 이이화, 홍승희 외에 다수의 창자들이 참여한 《박범훈의 소릿길》을 디지털 음원으로 출반했다. 이 음원에는 '무상게'부터 니르바나에 이르기까지 K-찬불가 39곡, 가요 '배 띄워라'를 비롯한 9곡, '봉은의 노

〈표 12〉 불교음악원 주요 사업

행사명	현황
신작찬불가 공모전	조계종 문화부 → 2016년부터 불교음악원에서 격년 시행
불교음악상 공모전	〃 2016년부터 〃
불교음악페스티벌	〃 2017년부터 〃
은정전통예술경연대회[12]	2015년 제1회 부터 불교음악원에서 매년 개최
선명상음악회	2024년 8월부터 시작
교수불음회	2025년 4월 발족, 대학생 불음회도 준비 중

래'를 비롯한 사가(寺歌) 4곡, 경드름 반야심경, 오계의 노래에 이르기까지 다양한 장르의 불교음악이 실려 있다. 이 외에도 종래에 조계종 문화부에서 해오던 불교음악 프로젝트를 물려 받아 실행하는가하면 2024년부터 개최한 선명상음악회, 2025년에 발족된 교수불음회 등 불교음악 창작과 연주의 메카로 자리 잡고 있다.

2) 서양 음악과 다중 활동

해방 이후 전문 음악인들에 의해 찬불가가 쓰이며 찬불가의 음악성이 한 단계 성숙하게 되었다. 그러나 이들 작품이 지닌 서양 음악적 색채가 찬송가와 같다는 비판의 목소리가 나오며 한국 음악적 작품으로 방향전환이 일어났다. 이후 봉원사에 자리 잡은 불교음악원의 국악합주단이 창단되고 2023년 동국대학교에 한국음악과를 창설하는 등 많은 변화가 있었다. 한국적 찬불과 불교음악 인재 양성이 힘을 받은 데 비해 서양 음악계가 다소 약화된 분위기이다. 그러나 서양 음악은 세계 보편의 음악적 기반이 있어 21세기 들어 새로운 성장 모멘텀을 만들고 있다.

크로스오버와 뮤지컬: 산스끄리뜨어 비묵띠(vimukti)를 예명으로 하는 홍범석은 팝아티스트이자 작곡가이다. 팝과 록, 클래식과 크로스오버, 대중음악까지 폭넓은 음악 세계를 펼치고 있는 그는 '부처님오신날'로 유명하다. 불교 예술단 무소의 뿔 대표 이진구는 미국에서 뮤지컬 '보리수 나무 아래서(Under the Bohi Tree)'를 공

12 재단법인 은정불교문화진흥원의 '은정(恩正)'이라는 명칭은 월암정대(月庵正大) 큰스님(1937~2003)의 모친인 최은수(崔恩壽) 님의 '은' 자, 징대 스님의 '정' 자를 합친 명칭이다. 은정불교문화진흥재단은 최은수님의 재산 출연으로 이루어졌다.

연한 데 이어 2019년에는 '삼국유사'에 실린 단군 · 주몽 · 선화공주 등의 이야기를 정통 뮤지컬화하기도 했고, 뮤지컬 싯다르타의 OST(2021) 음반을 발매하기도 했다. 이 외에도 장르를 넘나들며 활동하는 신진 작곡가들은 한국불교음악을 세련되고 현대적인 예술성을 가미하여 대중화에도 크게 기여하고 있다. 청년 불자들의 모임 '별빛사리'는 법요 찬불가와 '나를 찾아서' 외에 다수의 음원을 발매했다. 작곡가 이진구와 콜라보 활동으로 부각되는 유현주는 2005년 창작 찬불가 대회에서 '내 마음의 부처'로 대상을 수상한 데 이어 2006년 대만 세계 창작 찬불가 대회에서 대상을 수상하였고, 현재 조계사에서 '찬불가 교실'을 이끌고 있다.

부처님 오신 날	싯다르타 ost	별빛사리	내 마음의 부처

팀과 개인 활동: 정율 스님은 사찰합창단 지도와 순회공연 활동 중 다수의 악곡을 작곡가에게 위촉하여 음반을 출시했다. 2014에 발매한 제1집 《영겁을 하루같이》로 시작하여 빠알리 찬팅을 노래한 제6집 《부처님과 약속하는 노래》, 기도, 예경, 명상적 음악을 담은 제7집 《돌아보니 당신》 등으로 출가자로서의 불심을 표현하고 있어 주목받고 있다. 다수의 음반을 낸 한정일은 MPBMusic으로 봄 · 여름 · 가을 · 겨울에 이어 2021년 교성곡 상월원각대조사, 법요 찬불가 MR에 이르기까지 실용성과 음악성을 발휘하고 있다. 1999년에 창단한 L.M.B. Singers는 'Lovers of Musc, Beacons of light

Singers'의 약자로 '음악을 사랑하고 빛이 되는 사람들'이라는 뜻을 지닌 이름이다. 지휘와 성악을 겸하는 황영선을 리더로 구성된 혼성 4부 중창단으로 '찬불 포교사'의 사명감으로 활동해 왔다.

3) 대중음악과 연예 활동

통기타와 가요: 7·80년대에 유행한 통기타 붐이 불교음악계에도 영향을 미쳤다. 도신 스님은 1990년대부터 음악 활동을 시작하여 국악과 가요를 넘나들며 다수의 음반을 출반했다. 대중음악계에서 '입영열차'를 작곡한 가수 김현성은 연등축제에도 10여 년에 걸쳐 다수의 악곡을 작곡, 발표했으며 법정 스님 열반 직후에는 《무소유의 노래》를 발매했다. 같은 시기, 불자 가수 김무한 외 여러 뮤지션이 작곡, 기획, 노래 등 다방면의 활동을 했다. 2010년에는 무심 스님이 반야심경, 나옹 스님 토굴가 등을 실은 음반을 냈다. 그 밖에 여러 스님들과 불자 가수들이 30여 년 이상 이 방면의 활동을 이어 오는데, 이들은 통기타·작곡·노래를 아우르는 공통점이 있다.

트로트와 가요: 스님들의 불교 음반 중에는 가요 스타일이 다수이지만 불자 가수로 활동하는 트로트 가수들도 많다. 능인 스님과 가수 김란영이 낸 트로트 찬불가 앨범, 합현 스님의 《천년의 향기》, 보현 스님의 《하늘 바람》, 안치행의 《심경》, 가수 김국환의 '불자라서 행복합니다'가 있다. 가수 권미희는 반야심경, 신묘장구대다라니, 천수경을 가요풍으로 노래하고, 김란영은 법요 찬불가를 비롯해 불자들의 대중적 신심을 트로트풍으로 노래했다. 한국의 불자 인구 중 많은 사람들이 이러한 악풍의 수용층이므로 이들의 음반이 시리즈로 발매되어 불교계의 음악적 취향을 나타내고 있다.

재즈·록·랩: 최초 불교 록밴드로 불리는 도솔천 밴드는 1991년부터 활동을 시작했다. 이들은 록을 한국적 가사로 노래한 '도솔천'에 이어 지장보살, 탐진치 등을 발표하여 불교적 수행과 내면 성찰의 메시지를 던지고 있다. 공(空)을 예명으로 한 '순야타', 순야타와 교차 활동을 하고 있는 강혜윤은 제1집 《패랭이꽃과 나그네》 이후 디지털 싱글 3집 《Prajñāpāramitā Hṛdaya Sūtra 반야심경》(2017)에 이르기까지 한문·한글 랩 산스끄리뜨어 반야심경, 보사노바 스타일의 약사여래진언을 음악화했고, 야운이 발매한 재즈 불교음악도 상당수다.

래퍼 아웃사이더는 조계종 산하 파라미타 청소년 불자들과 함께 활동하였고 엠씨(MC) 스나이퍼가 이끌던 크루 '붓다 베이비(Buddha Baby)'와 콜라보하여 음반을 출시했다. 래퍼 엠씨(MC) 스나이퍼는 2002년 자신의 경험과 생각을 불교적으로 풀어낸 '육도윤회', '49재 진혼곡' 등을 수록한 1집 앨범을 발표해서 호응을 얻었다. 성철 스님의 '당신의 생일입니다'를 부른 래퍼 디갈로, '성철 스님 래퍼되다'에 참여한 사람들을 비롯해 많은 래퍼들이 활동하고 있다. 의사 이진호는 록 밴드 '야소다라'를 결성하여 2006년 제1집 《Screaming Buddha》를 시작으로 《Change the world》, 탈레반 UCC로 국내외에 종교화합의 메시지를 전달했다. 또한 의학 싱글 1집 《듣기만 해도 살 빠지는 노래》, 《보톡스》, 의학 싱글 제2집 《당뇨》, 제3집 《자궁경부암 백신》 등 치료와 음악을 결합한 치유음악 활동을 하고 있다.

힙합·EDM 리믹스: 반야심경은 불교음악 활동가에게는 필수 아이템이라 할 정도로 천편만화와 같은 음악들이 쏟아져 나오고 있다. 마이다스 X의 반야심경, 지미 뱅(Jimmy Bang)의 반야심경은 랩 리믹스로 서로 다른 색깔을 드러낸다. 그 외에 Jazz Buddha,

Hart Sutra 등 MZ 세대의 기발한 음악성이 발휘되고 있다.

연예인 불교음악: 개그맨 윤성호의 부캐(부캐릭터의 준말로 평소 자신의 모습과 다른 새로운 이름, 성격, 콘셉트로 대중 앞에 나서는 가상의 인물)로 내세운 '뉴진스님'은 EDM(Electronic Dance Music), 현란한 디제잉(DJing)으로 MZ 세대의 환호를 받으며 Don't Be Greedy, 극락왕생, 부처핸섬으로 폭발적인 인기를 얻었다. 뉴진스님을 기획한 대중예술가 겸 문화 기획자 배드보스(조재윤)는 여성 발라드 듀오 클럽 소울로 활동한 가수 서현진을 발탁해 관세음보살 콘셉의 '관서현보살'을 발표하는 등 K-팝과 한걸음 더 밀착되는 행보를 시작했다.

TV 서바이벌 예능에서는 개그맨 이수근과 스웩 오담률이 승복을 입고 랩으로 반야심경을 하여 우승을 차지했다. 이들의 속사포 반야심경이 불교계를 넘어 사회적 반향을 불러일으켰다. 2024년 부산국제불교박람회에서는 가수 서현진의 관서현보살, 개그맨 윤성호의 뉴진 스님, 가야금, 법고, 태극선, 랩 등 다양한 퍼포먼스를 결합한 공연이 큰 호응을 얻으며 불교의 대중화에 기여했다.

〈사진 6〉 윤성호의 《Don't be greedy》

연예인의 부캐까지 생길 정도로 확산되는 예능적 불교음악에 대한 우려의 목소리도 있다. 이들 이벤트가 불교를 친숙하게 느끼는 것에 도움을 주기는 하지만 소모적 퍼포먼스에 그치므로 신행으로 연결되지는 못한다는 것이다. 또한 스님을 흉내 내는 것이 권위에 대한 도전으로 여겨져 카타르시스를 느끼기도 하지만, 승가에 대한 부정적 인식과 희화화로 고착될 가능성도 있기 때문이다. 불교 악가무의 세속화에서 불교 본연의 정체성과 종교적 진정성을 어떻게 유지하고 표현할 것인지에 대한 논의가 필요한 대목이다.

4) AI 불교음악

AI 활용이 보편화되면서 작곡 프로그램을 활용한 다양한 작품들이 쏟아져 나오고 있다. 대표적으로 유튜버 크리에이터 곰딴(GOMDAN)이 작곡한 'AI 반야심경'을 비롯한 수많은 음원들이 기록적인 조회수를 보이고 있다. 선명상 음악과 법상 스님, 정목 스님의 유나방송, 불광미디어 등 곳곳의 채널에서 AI를 활용해 작곡한 음원이 유튜브에서 인기를 얻고 있다. 뮤지아(MUSIA), 부미(Boomy), 사운드로(Soundraw), 수노(SUNO), 아이바(AIVA), 앰퍼 뮤직(Amper Music), 쥬크덱(Jukedeck) 등 음악에 문외한인 사람도 쉽게 곡을 만들 수 있는 AI 작곡 프로그램은 '반야심경'이나 '천수경'과 같은 경전 외에도 불교적 정서와 컨셉만으로 음악 창작이 가능해졌다. 음악 전문가라면 여기에 전문적인 음악 요소를 활용하여 AI+휴먼이 결합된 예술 장르를 탄생시킬 수 있을 것이다.

정묵 스님이 추천하는 《불교명상음악 정선집》의 내용을 보면 십일면관음대비주, 청정법신불, 육자대명주, 문수보살성주, 아미타불 성호과 같은 칭명불호와 묘법연화경 법화게, 삼보가, 한탄사 등 불교 신심을 음악화하고 있다. 이러한 작업에 불교음악 전공자들이 참여한다면 자신만의 음악적 색깔을 더한 AI 명상음악에 생명을 불어넣을 수 있을 것이다. 그러기 위해서는 명상의 기반이 되는 불교 신행에 대한 공감이 선행되어야 한다. 인공지능 기술이 초기단계인 점을 감안해 보면 앞으로 이 방면의 불교음악은 상상을 초월한 영역이 될 것이다. 이들 중 현재 활용되고 있는 AI 음악 프로그램 몇 가지를 예로 들면 다음과 같다.

AIVA(Artificial Intelligence Virtual Artist): 클래식, 앰비언트, 팝 등 다양한 장르의 음악을 작곡할 수 있는 AI 플랫폼. 사용자 지정이 가능하며, 음악을 자동 생성하거나 편집할 수 있다.

OpenAI's Jukebox: 노래와 음악을 생성하는 모델로 전문적인 음악 제작에 활용 가능하다.

OpenAI's MuseNet: 다양한 음악 스타일과 악기를 조합하여 음악을 생성하는 AI이다. 개발자나 연구자들이 활용할 수 있는 음악 생성 기능이 좋다.

Google's Magenta Studio: 구글의 Magenta 프로젝트에서 만든 오픈소스 도구로, MIDI 파일 생성, 변형, 즉흥 연주 등을 지원한다. Ableton Live와 연동하기에 편리하여 실시간 작곡에 활용되고 있다.

Soundraw: 사용자 취향에 맞춘 음악을 생성해 주는 AI 플랫폼으로, 영상 콘텐츠 제작자들이 많이 활용하고 있다. 이 외에도 AI 기반 작곡 도구들이 계속 발전하고 있으므로 사용 목적과 스타일에 맞게 선택할 수 있다.

Suno: 입력한 가사를 노래가 되도록 보컬 합성 기능을 제공한다. 또한 K-팝, 재즈, 록, EDM 등 다양한 장르와 스타일을 지원하는 편곡 기능을 갖추고 있어 사용자 취향에 맞는 음악을 손쉽게 제작할 수 있다. 일부 AI가 짧은 샘플만 제공하는 것과 달리, Suno는 2~3분 길이의 완성도 높은 음악을 생성할 수 있는 장점이 있다. 이 모든 작업은 간편한 웹 기반 인터페이스를 통해 비전문가도 쉽게 활용할 수 있다.

2) AI로 만든 불교음악의 실제 사례

최근 AI 기술을 활용한 불교음악 제작이 젊은 세대를 중심으로 활발히 이루어지고 있다. 경구(經句)를 K-팝 음원, 힙합, 록 등 현대적 비트에 융합하여 불교의 가르침을 흥미롭게 하는 시도가 그것이다. 이러한 AI 기반의 창작물은 불교 교리의 현대적 재해석과 전통적 가르침 간의 조화를 시도하면서, 종교적 메시지의 확장성과 접근성을 크게 높이고 있어 글로벌 문화와 소통하는 촉매가 되고 있다.

관련 행사로 2024 부산국제불교박람회[13]에서는 AI 불교음악 공모전이 개최되어 총 124곡이 출품되었고, 박람회 현장에서 수상작이 공개되어 관람객의 큰 호응을 얻었다. 이와 관련된 내용은 기사에서도 다루어졌다.[14] 현재 유튜브 등 디지털 플랫폼에서는 'AI 불교음악', '반야심경 AI', '참회 천수경 AI' 등의 키워드로 검색하면 다양한 AI 기반 불교 콘텐츠를 손쉽게 접할 수 있다. 관련 내용과 실제 콘텐츠를 확인할 수 있도록 큐알코드(스캔하면 해당 콘텐츠 열림)와 함께 제시하면 다음 표와 같다.

---

13 2024 국제불교박람회 (검색 2024. 12)
http: //busanbexpo.kr/bbs/board.php?bo_table=notice&wr_id=1

14 2024 국제불교박람회, AI불교음악 공모전 (검색 2024. 12)
http: //www.hmhtimes.com/news/articleView.html?idxno=11600

〈표 13〉 AI 기술을 활용한 콘텐츠

제작자 및 플랫폼	대표 콘텐츠	내용	큐알코드
정목 스님의 유나방송	with AI 여의주수 진언	유나방송은 '세상을 유익하게 만드는 마음공부 전문방송'을 표방하며, 명상과 치유, 평화의 메시지를 전파하고 있다. AI를 활용하여 전통 진언을 현대적으로 재해석하고 있다.	
곰딴 (GOMDAN)	반야심경	K-팝 스타일로 제작된 AI 불교음악이 유튜브에서 수십만 조회수를 기록하며 화제가 되었다. 현대적 감각으로 재해석된 반야심경은 젊은 세대의 관심을 끌고 있다.	
선명상TV (진우스님)	핵심법문의 영상과 음악	진우 스님은 자신의 법문 핵심을 AI 가사로 변환하여 음악으로 제작, 유튜브 '선명상TV'와 '불(佛)닭는 소리' 채널을 통해 대중에게 전달하고 있다.	
절로TV	반야심경에서 얻은 깨달음	스님과 사찰 소개, 불경, 사찰여행, 명상, 불교 입문 등 다양한 불교 콘텐츠를 제공하는 비영리 문화단체로, AI를 활용한 현대적 콘텐츠 제작도 시도하고 있다.	

이상 제시된 몇 가지 사례만 보더라도 한국 음악계 AI 창작 음악 활용이 활발히 진행되고 있음을 실감할 수 있다. 해방 이전 찬불가는 일본 가요나 군가에 선율을 붙였다고 하여 찬불가집에서 삭제되는 일이 있었고, 해방 이후 서양 음악 어법에 의한 찬불가는 찬송가 같다는 비판의 목소리가 있었듯이 AI 음악은 복제의 무분별함과 비인간적인 음색에 대한 비판이 제기될 수 있다. 이러한 점에서 앞으로의 불교음악은 AI를 활용하면서도 휴머니티를 느낄 수 있도록 아날로그적 색채, 작곡가의 예술적 감각, 불교정신을 얼마나 잘 조화시키느냐가 관건이 될 것이다.

Ⅲ. 찬불가에 대한 연구

창작 찬불가에 대한 연구는 1981년에 한보광 스님의 「용성선사 연구」[15], 1985년 박경선의 「불교음악에 있어서 범패와 찬불가의 음악적 특성연구」[16], 1994년 화평 스님의 「레크리에이션이 어린이 포교에 미치는 영향」[17]으로 이어져 오다 1998년 박범훈의 박사학위 논문 「불교음악의 전래와 한국적 전개에 관한 연구」 이후 음악 전공자들의 연구로 확산되었다. 2021년에는 조계종불교음악원 산하에 한국불교음악학회가 창립되었고, 2023년에는 동국대학교에 한국음악과가 개설되어 앞으로 다양한 분야의 연구가 펼쳐질 것으로 보인다.

1. 학위 논문과 학술지 논문

근대 찬불가에 대한 연구 현황을 보면, 학위 논문, 국내외 학술지까지 연구 성과가 확산되는 가운데, 인문학, 불교학, 음악학에 걸쳐 다양한 연구가 있었다. 이들 중 석사학위 논문으로는 음악교육 전공자인 박경선의 논문을 시작으로 2021년 임관현의 「창작곡 「팔상성도 이야기」의 구조에 나타난 불교합창 연구」에 이르기까지 32편의 논문이 음악학계와 응용불교 분야에서 발표되었다. 박

15 한보광(1981), 『용성선사연구』
16 박경선(1985), 「불교음악에 있어서 범패와 찬불가의 음악적 특성연구」
17 화평(1994), 「레크리에이션이 어린이 포교에 미치는 영향」

사학위 논문으로는 1998년 박범훈의 「불교음악의 전래와 한국적 전개에 관한 연구」를 시작으로, 2018년 안승철의 「한국 창작찬불가 연구: 박범훈의 찬불가를 중심으로」, 2023년 「한국 근현대 불교의례에 관한 연구」, 박천지의 「전통불교음악의 특징을 지닌 신작찬불가 선율연구」 등 다수의 논문이 발표되었다.

학술지에 발표된 논문으로는 1986년 목산의 「범패의 정의와 찬불가의 새로운 방향 모색」을 시작으로 2023년 손인애와 박해슬이 공동 연구한 「찬불가의 포교 활성화 방안」, 이태욱의 「재소자 교화를 위한 불교적 접근법에 관한 연구」, 윤소희와 박천지 공동 연구에 의한 「다중장르와 AI시대 창작찬불가 고찰–1920년대부터 2025년까지 사회 · 문화적 배경을 통하여」에 이르기까지 찬불가에 대한 음악적 분석 외에 불교학, 불교문화, 문학, 사회학, 응용불교 등 30여 편의 연구가 학술지를 통하여 발표되었다.[18]

2. 학회와 음악 단체

1) 한국불교음악학회

불교음악원의 학술 파트에 개설된 본 학회는 2021년 창간호를 통하여 불교음악원의 현황과 비전, 불교음악 연구의 방향성을 제시하였고 이후 범패와 창작 음악 연구를 시작했으며 불교음악 문화의 전승관련 세미나와 학회지 발간을 해왔다. 2023년 하반기에는 월인천강지곡을 주제로 세미나를 열었다. 여기에서 박범훈의 '월인천강지곡의 창작 의도와 악곡 설명', 윤중강의 「세종의 노래:

18 상세 내용: 안승철(2024), 「찬불가 연구의 현황과 미래」, pp. 60–69.

월인천강지곡을 통해 밝히고픈 네 가지 매력-서정성, 서사성, 극성, 교술성」, 작가 박해진의 「월인천강지곡」에 대한 해제, 송혜진의 「세종 친제 불교음악의 구성과 연행」, 민순의 박사의 「월인천강지곡에 담긴 세종의 치세 염원-세종 대 숭불(崇佛)과 숭유(崇儒)의 현실을 통하여-」 등이 발표되었다.[19]

2024년 상반기에는 '삼국시대 불교문화와 음악'을 주제로 동아시아불교문화학회와 공동학술대회를 개최했다. 불교학 방면에서 이종성의 「고구려 도교의 종교성과 정치성」, 정동락의 「통일신라시대 음악문화에 대한 새로운 이해-689년 新村공연의 음악적 특징과 역사적 배경-」, 김형태의 「위덕왕대 사찰창건을 통해 본 불교의례」의 3편이 발표되었고, 음악학계에서는 이용식의 「안악 제3호분 벽화의 현악기와 불교음악」, 김성혜의 「신라 불교 문화유산의 주악상 해석에 대한 견해」, 조석연의 「백제금동대향로 주악상을 통해 본 백제의 불교음악」이 발표되었다.

이와 더불어 해외 연구 논문의 원문과 우리말 해석을 통해 이웃나라의 불교음악 현황을 엿볼 수 있다. 창간호에 실린 가오야리(高雅俐)의 「불교음악과 수행-불교의식음악으로서의 실행과 홍법음악회를 통한 공연으로서의 차별성에 대한 고찰-」에서는 대만의 근·현대 불교음악 현황을 소개하고 있다. 이 외에도 중국 본토 및 티벳의 불교음악 연구도 게재했다. 앞으로도 계속 발간하여 일본, 남방 지역, 인도, 세계 불교음악까지 해외 연구에 대한 안목을 넓히고 세계 속의 한국불교음악학으로 성장할 잠재력이 보인다.

동국대학교 서울캠퍼스 예술대학 한국음악과는 인묵 스님, 동주 스님 등을 범패 지도교수로 위촉하였고, 작곡·지휘의 박범훈과 박

---

19 본 논문들은 『불교음악문화』 1-6, 한국불교음악학회, 2021-2023에 수록됨.

천지, 해금과 거문고 명인 김영재, 사물놀이 김덕수, 판소리 안숙선, 박애리, 피리의 최경만, 노래 연기와 찬불가 지도를 맡은 김성녀를 비롯한 한국 최고의 교수진으로 구성되어 있다. 2023년부터 학부 신입생이 입학했고, 2024년에는 대학원생들이 대거 입학했다. 그 결과 2024년 부처님오신날 축제 기간인 4월 28일에는 봉은사에서 대학생 찬불음악축제를 열어 전국의 대학생들이 하나의 악단이 되어 찬불음악을 연주했다. 앞으로 동국대학교 한국음악과에서 더 많은 불교음악 연주와 연구 분야 인재들이 배출될 것으로 보인다.

2) 국립합창단과 찬불가 연주 동향

한국 찬불가는 일제강점기와 해방 후 혼란스러웠던 한국 사회의 과도기를 지나면서도 끊임없이 새 길을 열어왔다. 1980년대 들어 한국적이고 불교적인 정체성에 대한 자성이 시작되어 1990년대 초 불교방송을 주축으로 한 찬불가 운동으로 진일보한 찬불가의 창작 성과가 이루어졌다. 서양음악 어법에서부터 국악적 찬불가, 나아가 무대에서 대규모로 연주되는 교성곡에 이르기까지 양적·질적 성장을 이루었다.

그러나 국립합창단을 비롯하여 전국 지자체에 설치되어 있는 공립합창단의 연주 프로그램과 활동 양상을 보면 기독교음악이 절대적 우세에 있고, 불교합창곡은 별로 찾을 수가 없는 형편이다. 심지어 전국의 민요를 선정해서 연주하는 행사에서 불교 용어와 정서가 담겨 있는 민요는 배제되는 사태가 있기도 했다. 그리하여 불교계에서 공립합창단을 향하여 종교 편향에 대한 이의를 제기하며 강한 저항 의사를 전달하기도 했다. 음악계의 불교음악 배제를 극복하기 위해서 사회현상에 대한 관심과 더불어 음악적 활용에 대한 불교계의 적극적인 대응이 필요하다.

3) 교수불음회를 통한 연주와 연구

2025년 4월에는 교수불음회가 발족되어 불교음악과 전통예술의 학술적 연구·교육·실연 활동을 통해 불교음악예술의 현대적 계승과 대중화를 위한 연주 활동을 시작하였다. 국내 유수 대학의 전통음악과 무용을 전공한 교수들로 구성된 이 단체는 학술위원회, 공연기획위원회, 대학생 전법위원회, 포교위원회 등을 두고 학술세미나, 불교음악회, 워크숍 등 다양한 프로그램을 기획·운영할 예정이다. 특히 청년 세대를 대상으로 하는 불교문화 교육과 참여를 위해 대학생 불교음악문화 활동을 지원·지도하는 '학생 불음회'의 출범도 준비하고 있다.

3. 미래 비전과 방향

1) 연구 분야의 소통과 통섭

창작 찬불가 연구 중 창작과 연구를 겸하고 있는 안승철은 2018년 동국대학교에서 박사학위를 받은 이래 「한국 근대 찬불가 연구: 백용성의 찬불가를 중심으로」(2021), 「'천수경 대합창곡'으로 본 찬불가의 방향성」(2021), 「김정묵의 생애와 찬불가 연구」(2022), 「찬불가 연구의 현황과 미래」(2024), 「The Significance and Musical Features of Modern Korean Buddhist Hymns through Baek Yong-sung's Buddhist Hymns」(2024) 등 다수의 연구 논문을 발표해 왔다.

불교문학 분야에는 역사와 문학적 관점에서 다수의 연구들이 축적되어 있다. 이들 내용은 불교 가사가 지닌 교의와 포교의 전개 방식이 주로 조명되고 있다. 김종진은 『불교 가사의 연행과 전승』, 『불교 가사의 계보학, 그 문화사적 탐색』을 통해 신라의 향가, 고려 시대 염불문과 나옹 화상의 축원문, 조선조 회심곡과 화청, 탁발가, 무가(巫歌) 사설과 불교 가사에 이어 「근대 불교가사 창작의 흐름」을 비롯한 연구를 추진해 왔다. 이에 비해 김기종은 「근대 대중 불교운동의 이념과 전개」, 「조학유의 『찬불가』 연구」 등을 발표했다. 이처럼 다수의 저술과 논문으로 찬불가의 종교적 · 사회적 역할에 대해 탐색하고 있다. 이러한 가운데 2020년에는 박해리나의 「국악 찬불가 운동이 불교계와 국악계에 끼친 영향 연구」가 발표되며 설행 주체의 상호 영향과 동향을 주목하고 있다.

이상의 제반 연구를 보면, 찬불가에 대한 연구가 주로 국악 분야에서 이루어지고 있으며 이 때문에 서양음악과 대중음악 분야의 찬불가나 불교음악에 대한 연구가 상대적으로 빈약함을 알 수 있다. 마찬가지로 사찰 합창단에서 불리는 음악과 단원들이 선호하는 음악적 성향이 다소 차이가 있다는 점, 일반 대중의 취향과도 거리가 있는 점도 생각해 봐야 할 사안이다. 다양한 음악이 공존하는 21세기 트렌드를 감안해 볼 때, 찬불가에 대한 열린 마음과 관심이 필요하고, 서로 다른 분야의 연구자들이 소통하는 연구 자세가 필요하다.

2) 장르별 균형과 다양성

찬불가는 음악 그 자체보다 필요에 의해서 창작되는 기능적 성격을 지니고 있다. 삼귀의, 청법가, 사홍서원과 같은 악곡은 의식음악이고, 그 외에는 일반 찬불가이다. 그간에 찬불가는 주로 일반 찬불가에 주력해 왔다. 의식찬불가는 최영철의 삼귀의, 사홍서원, 박범훈의 국악풍 의식찬불가, 윤소희의 의식찬불가[20] 등이 있으나 전반적인 흐름을 보면 여전히 최영철의 의식찬불가에 고착되어 있다.

당나라의 석도안은 행(行)·주(住)·좌(坐)·와(臥), 생활의 모든 과정에 율조를 지었다. 식사를 하면서도 식당작법이 있었듯이 수행처와 템플스테이를 비롯한 생활 곳곳에 율조가 부여되면 예(禮)와 율(律)에 의한 일상이 가능해진다. 의식음악 내지 기도음악으로 수계식에 필요한 음악, 식사할 때의 공양게, 입정(入定)에 들 때의 기도 등 여러 용처가 있으나 이에 대해서 관심을 가지는 작곡자가 드물다.

대만의 범패는 조석예불에서 신도들이 부르는 노래가 염불과 기도, 나아가 수륙재에서도 그대로 창화된다. 그뿐만 아니라 결혼식과 장례식 등 모든 생활에서 불리는 실용범패로 자리매김하면서 창작곡들은 공연장이나 행사에서 연주되며 균형을 이룬다. 그에 비해 한국은 일상 신행에 범패가 전혀 활용되지 못하므로 찬불가가 이를 메꾸어 줘야 할 필요가 있다. 따라서 신행과 기도에 수반되는 찬불가를 창작할 수 있도록 작곡자들이 우리네 신행에 대해 좀 더 연구하고 참여하는 자세가 필요하다.

3) 불교 음악미학의 정립과 비평

불교음악은 석가모니의 음성이 원음이다. 『법원주림』에는 부처

20 윤소희(2007), 『불교성악 작곡집』, 삼귀의, 청법가, 사홍서원, 찬양합니다, 보현행원 등.

님의 음성을 '바르고 곧으며, 화사하면서도 우아하고, 맑고 청아하며, 깊고 원만하며, 두루 퍼져 멀리서도 들을 수 있는 5범성'이라 설하고 있다. 브라만이었던 범마유는 석가모니의 음성을 듣는 것만으로도 감복하여 붓다의 제자가 되었다. 그는 자신에게 깨달음을 준 붓다의 음성을 8범음성이라 했다.

『梵摩渝經』卷第一
범마투경 권제일

卽大說法 聲有八種 最好聲 易了聲 濡軟聲 和調聲 尊慧聲 不誤
즉대설법 성유팔종 최호성 역료성 유연성 화조성 존혜성 불오
聲 深妙聲 不女聲.
성 심묘성 불녀성

일반 음악에 미학적 해석이 있듯이 불교음악에도 미학적 사유가 필요하다. 앞의 『범마유경』에서 설하는 내용의 마지막에 '여성이 아닌 소리'는 현대에 맞게 재해석할 필요가 있다. 따라서 『범아유경』의 마지막 항목은 '가늘고 들떠 있거나 기교적인 소리' 정도로 해석할 수 있다. 또한 범패에 대한 미적 근거는 일반 예술음악과 다른 지향성이 반영되어야 한다. 말하자면 기교와 미성으로 감성을 자극하는 세속 가수와 달리 범패는 심연을 울리는 성음이 중요하다. 또한 고음의 클라이맥스로 창조주를 찬양하는 기독교 음악과 달리 범종과 같이 깊은 울림을 추구한다. 이처럼 각 음악마다 지향하는 바에 따라 표현 기법이 다르다. 그러므로 불교음악 역시 불교사상에 의한 미학적 근거를 제시하는 연구가 필요하다.

그런가 하면 명상음악과 음악치료에 활용될 수 있는 작품과 음악의 효능성에 대한 창작과 그에 따른 연구도 필요하다. 현재 서점에 나와 있는 음악치료 방면의 출판물들을 보면 대개 그레고리안 찬트, 바흐, 모차르트 음악 등을 환자들에게 들려주어 심리적, 정

신적, 신체적 치유 과정을 연구한 데이터들이다. 치유에 적당한 음악이 어떤 것인지, 영산회상과 현재 발표되고 있는 다양한 명상음악에 대한 의학적 · 심리적 · 사회적 영향에 대한 연구가 필요하다.

21세기 들어 장르의 확대와 다양성이 확대되면서 트로트에서 AI 음악까지 수많은 불교음악들이 만들어지고 있다. 홍수처럼 쏟아지는 음악 중에 옥석을 가리는 안목이 필요하다. 오늘날 인도에 불교가 사라진 것은 불교의 정체성을 잃어버릴 정도로 힌두적 요소를 무분별하게 수용했기 때문이기도 하다. 양적인 팽창과 엔터테인먼트를 넘어서 진정한 수행과 정신을 담고 있는 불교음악이 되기 위한 숙고와 비평도 따라야 한다. 이를 위해 불교적 논리와 심미적 가치를 말해 주는 평론가가 더욱 절실해지는 때가 AI 불교음악 시대이다.

AI의 발전과 디지털 정보가 활발해지면서 대두되는 저작권 문제와 인간의 활동영역 축소가 불교계에도 제기될 것이다. 예를 들어 불교 고유의 사찰 문양을 타종교에서 무단 복제한 것에 대한 저작권 분쟁이 있듯이 AI 음악에 의한 저작권 보호의 문제가 있다. 반면 과도한 저작권 설정으로 인해 소통하고 공유하는 데 장벽이 될 수도 있다. 대표적인 예가 저작권으로 인해 크리스마스 시기가 되어도 거리에 캐럴이 울리지 못하는 것이다. 이러한 제반의 문제들은 창작자나 연구자 개인으로 해결하기에는 무리가 있다. 학계, 교계, 문화계별 대처 방안, 불교계 전체의 방안 등 새로운 시대에 부합하는 인식 전환과 이에 부합하는 대책 마련에도 불교음악 연구진의 역량이 필요한 시기이다.

제 3 장

음악치료와 명상음악

고대인들은 질병을 악령으로 인식하여 노래와 춤을 추며 집단 카타르시스를 유발하거나 신이라는 초월적 대상에게 제물을 바침으로써 치유되기를 빌었다. 불교에서는 병자를 치유하며 홍법 활동한 의승(醫僧)에 대한 기록이 있다. 그뿐만 아니라 사망 직후의 망자를 위한 시다림과 49재를 통한 망자와의 소통에 불교음악의 치유 기능을 발휘한다. 그러나 오늘날 음악치료의 제재는 주로 서구 음악 내지는 기독교 음악에 편중되어 있다. 이 항에서는 지구촌 각각의 문화권에서 행해 온 음악치료의 면면을 살펴보고, 21세기 현대인의 아픔을 치유할 수 있는 불교음악의 치유 가능에 대해 살펴보고자 한다.

Ⅰ. 음악치료의 개념과 실제

1. 음악치료의 개념

치료나 회복의 도구로 음악이 사용된 것은 인류문명이 시작되면서부터였다. 음악의 치유 역할은 그 시대에 형성된 사회 · 문화적인 환경과 질병에 대한 이해에 따라 달랐다. 그리스어 '테라페이아(Therapeia)'에서 유래된 치료(Therapy)라는 말은 기본적으로 건강을 제공하는 서비스라는 의미이다. '치료'라는 용어를 정신 · 심리 · 행동적 장애를 해소한다는 의미로 사용할 때, 그것은 곧 심리치료(Psycho therapy)에 해당하는 모든 방법을 포함한다.

음악치료(Music Therapy)는 음악과 치료가 결합된 개념이다. 음악이 변화의 매개물로서 치료적인 관계를 형성하고 인간의 성장발달을 촉진하며 자아실현을 도와줄 때, 그 과정이 바로 음악치료이다. 음악치료를 좀 더 넓게 정의하자면, 내담자와 치료사의 관계 속에서 심리적 · 정신적 · 생리적 건강을 회복 · 유지 · 증진하도록 하고, 행동적 · 신체적 · 사회적 기술을 습득 · 재활 · 유지하기 위해 치료적 도구로서 음악을 사용하는 것을 의미한다.

음악치료와 같이 비언어적인 치료 양식은 말을 할 수 있는 사람이나 할 수 없는 사람 모두에게 적용될 수 있으므로, 연령과 증상에 구애받지 않는다. 그러므로 진단에 도움을 주고 다른 치료 양식을 강화시킬 수도 있다. 21세기 과학의 영향으로 신체의 질병뿐 아니라 인식과 무의식에 이르기까지 치료 영역이 확대되는 가운데 음악을 활용한 각 분야의 성과들이 보고되고 있다.

식물인간이나 코마 상태의 환자에게 적용되는 음향 및 파동의 자극에 고도의 진동 시스템을 지닌 음악은 그 어떤 첨단 의료 도구보다 효과적인 도구가 될 수 있다. 또한 회복기 환자의 고통과 불안 증세를 완화하는 대체의학 등 음악을 활용한 치료법에 대한 관심이 날로 증가하고 있다. 이러한 음악치료에서 효과를 발휘하기 위해서는 음악을 구성하는 요소에 대한 이해가 선행되어야 한다.

2. 음악의 요소

음악은 소리(sound), 음량(volume), 음고(pitch), 강약(dynamic), 음색(timbre · tone color), 파동(wave resonance)의 요소로 이루어져 있고 선율(melody), 리듬(rhythm), 빠르기(tempo), 구조(texture)

〈표 14〉 음악의 요소들

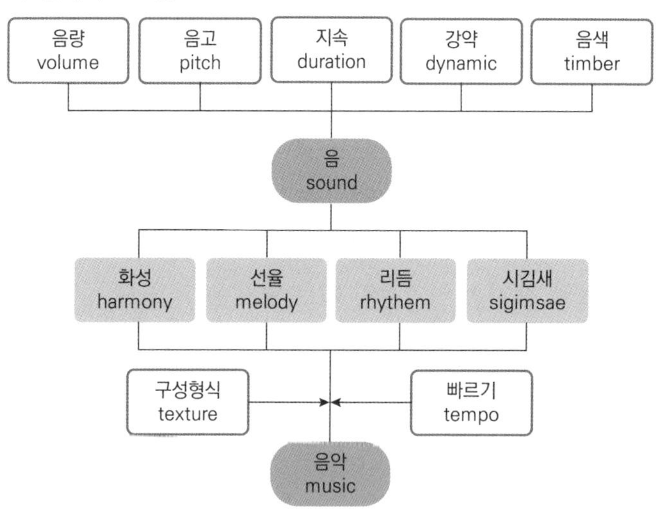

와 형식(form), 화성(harmony), 시김새(Sigimsae-Decoration and expression techniques)를 통하여 표현된다.

3. 음악과 인체의 관계

소리는 진동의 파장으로 인간의 청각을 자극한다. 이때 가장 먼저 귓바퀴로 전달된 진동을 외이(外耳)가 감지하여 고막을 지나 중이(中耳)를 거쳐 내이(內耳)로 전달된다. 중이는 망치뼈·모루뼈·등자뼈에 걸쳐 있는 고막의 진동을 달팽이관의 난원창으로 전달한다. 내이에 집결해 있는 청신경은 증폭된 진동을 전기적 신호로 변환한 후 대뇌의 청각신경으로 전달하여 소리를 인지한다.

따라서 청각의 인식은 세 단계의 과정으로 설명할 수 있다. 첫째, 음악의 요소인 진동 시간(리듬), 진동 수(음고), 진동 폭(강약), 음색(진동 파장의 모양) 등이 공기를 흔들면 귓바퀴가 이를 감지

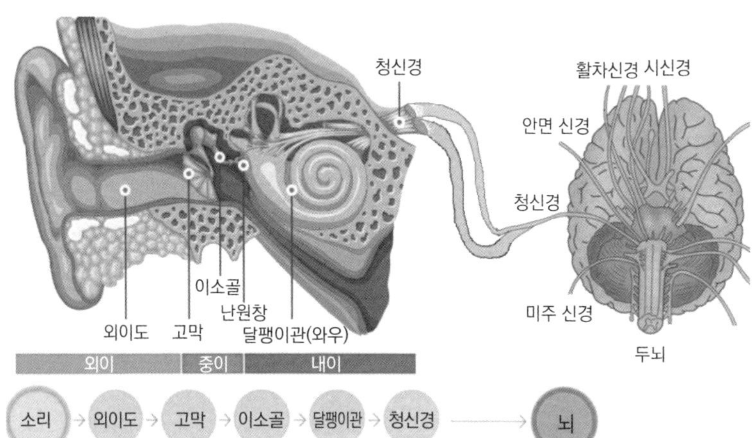

〈그림 2〉 청신경과 뇌의 관계

하여 외이, 중이, 내이를 거치며 청각화된다. 두 번째는 청신경이 귀에 전달된 자극을 음으로 지각하며 음악적 요소들이 파악된다. 세 번째는 이러한 음을 인지한다. 이때 동양 음악에 익숙한 사람과 서양 음악을 많이 들어온 사람이 해석하는 음악의 상태가 다르고, 작곡자나 특정 악기의 연주자가 느끼는 음악과 일반 아마추어의 반응이 확연히 달라진다.

1) 신경계 반응

뇌에서 인지한 청각의 신호는 혈류를 통해 신체 곳곳에 보내진다. 두뇌는 인간의 마음을 통제하므로 청각으로 인지한 소리를 듣고 즐거움과 슬픔, 분노와 평화로움 등 갖가지 감정을 느끼게 된다. 좌뇌와 우뇌는 신경세포 뇌량(corpus callosum)으로 연결되어 있다. 양쪽 뇌는 좌반구와 우반구로 나뉘어 서로의 구조와 기능이 긴밀한 관계를 형성하고 있다. 어떤 사고로 뇌의 일부분이 손상되면 신체기능과 인지기능의 결핍이 생긴다. 이럴 때 음악치료로 뇌를 자극하는 방법이 사용된다.

실어증 환자에게 행하는 선율 억양 치료(MIT: Melodic Intonation Therapy) 중 한 가지를 예로 들면, 건반 악기로 음을 들려주고 멜로디에 단어와 억양을 붙이는 것으로 자연스러운 대화 표현력을 되찾는 방법이 있다. 이때 대상자가 치료사의 입모양을 보고 발음을 따라 하게 하는데 멜로디에 쉬운 단어를 넣어 자연스럽게 따라 하도록 유도한다. 이러한 과정이 익숙해진 환자에게 멜로디를 제거하고 단어만 말하게 하여 성과를 거둔 바 있다.

2) 생리적 반응

음악은 혈압 · 맥박 · 호흡 · 뇌파 · 피부 · 근육 등에 생리적인 반응을 일으킨다. 흥분하거나 긴장하면 맥박이 빨라지고, 편안하면 맥박이 느려진다. 그러므로 빠른 비트의 음악으로 혈맥을 자극할 수 있고, 느린 음악으로 심장의 운동을 느리게 하여 긴장을 이완시킬 수 있다. 마찬가지로 특정 음악을 통하여 상쾌하거나 슬픈 감정을 느끼게 하는 것이다. 인간이 지닌 생리 작용은 자율신경계의 자극과 운동중추를 자극하여 불면 · 초조 · 긴장 · 불안을 해소할 수 있는가 하면 장기적인 기억과 회상을 자극하여 지적인 활동을 증진시킬 수 있다.

3) 심리적 반응

건강하다는 것은 몸과 마음이 안정적인 균형을 이루고 있다는 뜻이다. 인간의 눈 · 귀 · 코 · 입 · 피부를 통해 들어오는 여러 가지 자극에 의해 심리적 반응이 일어난다. 그중 청각은 그 어떤 감각기관보다 심리적 자극이 크다. 그러므로 음악심리학, 음향심리학, 심리학적 음악미학 분야에서 다양한 연구와 저술이 있다. 이들 연구자들은 사고(thinking), 느낌(feeling), 행위(doing)를 3가지 기본 영역으로 하여 이들을 인지적(cognitive), 정서적(affective), 정신운동적(psychomotor) 행동으로 구분하여 연구했다.

심리학자이자 교육학자인 해브너(Kate Havner Mueller 1898~1984)는 피험자들에게 음악을 들려주고 그들이 느끼는 감정에 해당하는 단어를 선택하도록 했다. 그 결과 피험자들이 선택하는 단어들에 어떤 일관성이 있음을 발견했다. 그는 이들을 바탕으로 음악의 다양한 요소들에 의한 심리적 변화를 조사하여 음악적 요소와 인간의 심리적 반응에 대해 감정 모델(Mood Wheel)을 작성했다. 영국의 심리학자인 빌린(Daniel Berlyne 1924~1976)은 음악을 각성·정서·보상과 연결시켰다. 각성은 각종 신경이 활동 중인 상태이고, 수면 상태일 때 각성은 가장 낮다. 빌린의 각성 잠재력 이론은 경험적 미학에서 제안된 자극 속성과 미적 선호 사이의 합리적인 관계의 전형적 사례를 제시하며 심리적 현상을 다음과 같이 도식화했다.

〈표 15〉 빌린의 미적 취향과 심리 자극의 관계

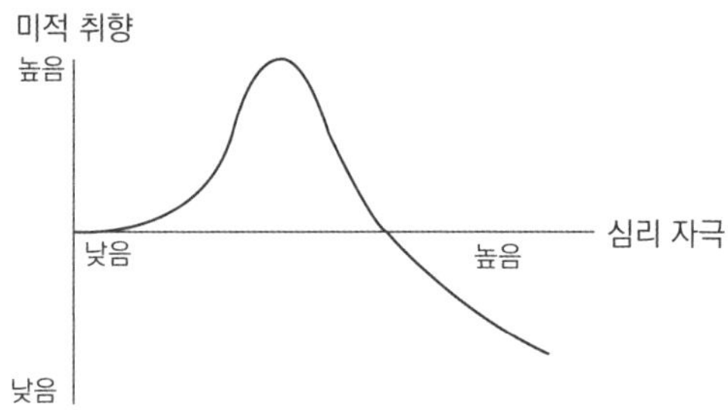

4. 음악의 사회적 영향

음악의 사회적 기능은 원시 사회의 집단 제의, 중세의 종교 집회, 오늘날 선거 캠페인에 활용에 이르기까지 매우 광대한 영역에 걸쳐 있다. 고대 중국에서는 지역 수령이 백성을 잘 다스리고 있는지 가늠하기 위해 그 지역 사람들이 어떤 노래를 부르고 있는지를 조사했다. 어느 고을에 퇴폐적인 노래가 유행하는지, 덕을 노래하는지, 혹은 그 고을의 수장을 빗댄 풍자 노래가 있는지 등 민심을 살피기 위해서 전국의 노래를 조사한 내용이 『시경』의 풍(風)·송

(頌) · 아(雅) 중 풍에 들어 있다.

그리스의 플라톤은 국민교육의 필수 과목으로 운동과 음악을 꼽았다. 플라톤의 철학을 체계화한 아리스토텔레스는 철학의 논리적 설명과 더불어 음악을 느끼는 감성 체계에 탁월한 역량을 발휘했다. 그는 당시에 소통되던 그리스 음악의 각 선법이 지닌 인간의 감성을 파악했다. 믹소리디아 선법은 사람을 슬프고 우울하게 하며 프리지아 선법은 열광을 불러일으키지만 어떤 음악은 절도와 안정감을 느끼게 하고 어떤 음악은 마음을 이완시킨다는 등의 구체적인 언급을 했다.

멀리 갈 것도 없이 20세기부터 세계적 흐름을 보이고 있는 대중음악에서 마이클잭슨이 불러일으킨 사회적 효과나 BTS를 비롯한 한국의 K-팝을 향한 세계인들의 반응은 오늘 우리에게 일상으로 피부에 와닿고 있는 중이다. 이렇듯 음악은 커뮤니케이션 기능, 애국가나 생일 축하 노래와 같은 소통의 상징성, 새마을 노래나 선거 캠페인 같은 사회 참여 기능, 종교 의식을 통한 카타르시스적 기능, 교가와 같은 공동체의 결속 기능 등 매우 다양하다.

치료에 활용되는 음악의 종류는 장르에 따라서도 다양하지만 환자에게 직접 음악 행위를 유도하는 방법에도 여러 가지가 있다. 수동적인 방식의 음악 듣기로는 서양음악, 동양음악, 종교음악, 클래식음악, 대중음악, 기악음악, 성악과 같은 갖가지 장르의 음악이 개인에 따라 달리 적용될 수 있다. 음악을 듣게 하여 사람의 정신 · 심리 · 신체에 미치는 영향을 활용하는 것도 있지만 북이나 특정 도구를 두드리는 능동적 행위나 노래를 통해 부정적인 기운을 뱉어 내는 것과 같이 적극적인 음악 행위도 있다. 이러한 음악치료 분야의 활용성과 연구는 서양 음악 혹은 기독교 음악에 집중되어 있는 반면 불교음악에 대한 연구 데이터는 매우 부족하다.

Ⅱ. 고대 사회와 음악치료

1. 고대 사회의 음악치료

인류 문명사에 나타나는 문명 태동지마다 나름의 의학과 의술이 형성되었고, 이들 의료 행위에는 예외 없이 음악이 수반되었다. 이들 중 메소포타미아에서 음악치료가 가장 먼저 시작되었는데 나일 문명을 거쳐 고대 그리스로 이어졌다. 인더스와 황하 유역 또한 각각 처한 자연환경과 문화적 토양 위에서 아유르베다, 한의와 예악, 수학적 논리에 의한 음악치유 기록을 남겼다.

1) 이집트 의술과 음악치료

고대 이집트에서는 의학과 마법 사이에 명확한 구별이 없을 정도로 의료와 종교 행위가 일체화되었다. 건강과 질병은 사람, 동물, 선한 영혼과 악한 영혼을 포함한 우주와의 관계에서 비롯된다는 생각으로 해부학과 수술에 대한 고급 지식을 발전시켰다. 그들은 식물과 동물로부터 채취한 물질을 치료에 활용했고, 그 방법과 내용을 돌·진흙·파피루스에 기록하여 그리스와 로마를 거쳐 세계화되었다. 따라서 오늘날 의료 과학의 대부분이 고대 이집트 의학에서 유래했다고 해도 과언이 아니다.

의학적 기반이 된 주요 파피루스를 보면, 에버스 파피루스, 에드윈 스미스 파피루스, 카훈 파피루스, 라메세움 의료 파피루스, 허스트 파피루스, 런던 의료 파피루스, 브뤼슈 파피루스, 칼스버그 파피루스, 체스터 비티 의료 파피루스, 브루클린 파피루스, 에르만 파피루스, 라이덴 파피루스 등이 있다. 이들은 의학을 포함한 다양한 과학적 측면에 대한 지식의 원천을 제공하고 있다.

이들 파피루스 중 몇 가지의 내용을 보면, BC4000년경 눈 치료와 화장을 위해 공작석을 사용하는 모습을 그려 낸 장면이 있다. 또한 역사상 의사에 대한 가장 오래된 기록으로 알려진 BC3533년경 수석 의사 세켓 에나키(Sekhet'enanch) 파피루스에는 콧구멍의 질병을 치료한 것부터 파라오 사후라(Sahura)를 치료했다는 기록이 담겨 있다. 에버스 파피루스에는 "신체가 혈액 · 공기 · 정액 · 점액 및 눈물과 같은 다양한 물질을 운반하는 몸을 연결하는 22개의 혈관을 가지고 있다."라는 내용을 담고 있다.

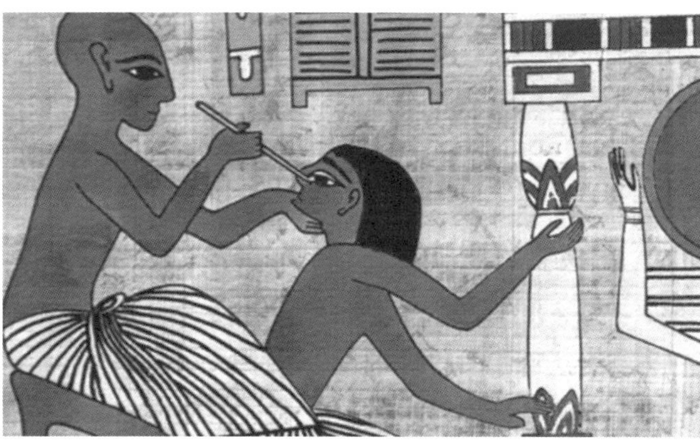

〈사진 36〉 이집트 파피루스에 기록된 안구 치료의 모습

고대 이집트의 해부학에서는 뇌 · 소화 · 호흡기 · 순환기 · 생식기 · 근육 · 신경 · 안구 · 청각 및 후각 시스템의 많은 질병을 자세히 설명하고 있으며, 심장의 기능으로 두 가지 유형의 혈관과의 관계와

뇌척수액의 역할에 대해서도 언급하고 있다. 외과 의사들은 메스, 집게, 가위와 같은 도구를 사용했다. 갈대를 리넨 조각으로 묶거나 식물 섬유로 덧댄 나무 조각으로 부목을 만들어 사용한 사례도 있다. 주변의 죽음으로 심리적 아픔을 겪고 있는 환자에게 "망자에게 보내는 편지에 자신의 고민을 쓰라."라는 등의 처방을 하는가 하면 꿈 해석 전문가가 하는 심리치료의 사례도 있다.

몇 장의 챕터를 이룰 정도로 질병의 증상과 치료방법, 각 치료법에 사용된 약제와 의술에 대한 분량도 많고 그 내용이 매우 상세하고 구체적이다.[1] 예를 들어, 벌레 물림, 소화불량, 천식, 치통, 당뇨, 악취 제거, 산모와 태아에 관한 처방이나 어떤 곤충과 동물의 체액 혹은 분비물을 활용하는지에 대해서도 세세하게 적혀 있다. 이들 중 어떤 것은 매우 기이한 약제들이어서 현대 의학에 많은 정보를 제공하고 있다.

이와 관련한 연구서 중에 음악에 대한 내용은 대부분 간과되어 왔으나 근래에 들어 새로이 주목하기 시작했다. 그동안 고대 이집트의 의료 행위를 종교나 주술적 행위로만 생각해 왔는데 21세기 정신과학이 대두되면서 주술이나 종교행위가 음악과 일체성을 지녔던 점을 알게 된 것이다. 즉 고대 이집트인의 주술 행위와 음악이 지닌 불가분의 관계에 대한 연구가 시작되면서 새로운 연구 성과들이 보고된 것이다. 또한 모음의 소리에 매료된 고대 이집트인은 모음의 진동에 주목하면서 그 소리가 치유의 힘을 지닌 파동을 생성할 수 있음을 알았고, 호흡과 목소리를 통한 '토닝(toning)'을 활용했다.

1 NIH NLM: https: //www.ncbi.nlm.nih.gov/pmc/articles/PMC8459052/. 검색: 2024. 9. 16.

음악학자 로렐 엘리자베스 키스(Laurel Elizabeth Keys)는 그녀의 저서 『토닝-목소리의 창조적 힘(Toning: The creative power of voice)』에서 '고대의 치유 방법인 토닝의 아이디어는 사람들의 신체를 조화로운 패턴으로 복원하는 것'이라고 주장했다. 에드가 케이시(Edgar Cayce)는 고대 이집트의 사제들이 신체의 일곱 가지 에너지 센터를 활성화하기 위해 일곱 모음 소리를 사용하여 무아지경에 빠져 들었음을 밝혀내었다.

연구자들은 신전의 사제들과 여사제들이 사물의 근원과 그 현상을 살피는 데 전문화되어 있었음을 밝혀내었다. 그들은 각 개인의 안정 · 복지 · 행복 · 번영 및 영적 진보를 유지하기 위해 어떤 종류의 음악과 색채가 우세해야 하는지를 탐색했다. 또한 어떤 종류의 음악이 인간과 공동체에 긍정적 혹은 파괴적이고 퇴폐적인 영향을 미치는지에 대한 기록을 통해 인간의 몸 · 감정 · 마음의 신성한 조화와 리듬을 새롭게 하는 기술을 연마했음을 발견했다.

고대 이집트인들은 모든 형태의 신체적 불균형과 감정적 · 정신적 · 육체적 질병은 궁극적으로 음악적 문제로 간주하기도 했다. 즉 아픈 사람은 내적 조화를 잃었다고 진단한 것이다. 그 사람은 불협화음이 그들 존재에 끼어들도록 한 탓에 더 이상 우주의 법칙과 조화를 이루지 않게 되어 병이 난 것으로 해석했다. 그래서 외적으로 들을 수 있는 음악, 노래하는 목소리, 색상 및 소리의 힘은 개인을 보편적인 조화로 재정렬하는 데 사용했다. 그들은 발성과 시각화를 결합하여 표현에 영향을 미치는 방법에 대한 깊은 이해가 있었고, 인체가 지닌 차크라의 힘을 인지하고 이해하면서 특정 소리를 개인에게 투사하기도 했다. 이러한 이론은 훗날 그리스의 피타고라스의 학문으로 연결되어 더욱 구체화되었다.

〈사진 37〉 이집트 신전에서 하프를 타는 악사로부터 사운드 힐링을 받고 있는 여사제

2) 인도 아유르베다와 음악치료

인도에는 4대 정경(正經) 즉, 리그베다 · 아유르베다 · 사마베다 · 아타르베다가 있다. 이들 중 아유르베다(आयुर्वेद, Ayurveda)는 생명체와 질병에 관한 의학적 체계를 담고 있다. 세계에서 가장 오래된 의학 체계로 불리는 아유르베다는 구전으로 전승되어 왔다. 따라서 아유르베다는 '의학서'라기보다 '의학이자 수행체계'라고 하는 것이 더 적절하다.

고대 인도인들은 땅 · 물 · 불 · 바람 · 공간을 우주의 5대 요소로 인식했다. 힌두사제들은 이와 관련한 비드야(五智)를 위한 오명(五明 다섯 과목)을 학습했고, 우파니샤드 시대에는 음성을 초자연 세계와 교류하는 매개(vehicle)로 여겨 우주와 자아가 하나 되는 범아일여(梵我一如)를 추구했다. 다섯 가지 요소 중 음성을 공간적 요소의 실체로 인식하여 '사브다비드야(聲明)'를 탄생시켰다.

소리(聲)를 뜻하는 사브다(Śabda)와 학문(明)과 지혜를 뜻하는 비드야(vidya)가 결합된 사브다비드야(聲明)는 다섯 학문 중에서도 특히 중요한 과목이었다.

음성으로 전승되어 오던 아유르베다가 최초로 문헌화된 것은 아그니베샤가 펴낸 『아그니베샤 삼히따(Agnivesha samhita)』였다. 그러나 당시에는 이 문헌에 대한 사람들의 관심이 그다지 높지 않아 문헌이 있었다는 사실만 전할 뿐 그 실체는 전하지 않고 있다. 고대 인도 의학자로 외과학의 대가 수스루타(Susruta BC5세기 인물)와 내과학의 대가 차카라(Charaka AD1세기경)가 양대 인물로 꼽힌다. 이들 중 차카라는 아그니베샤의 아유르베다를 개정하여 서책으로 발간했다. 이것이 오늘날 현존하는 가장 오래된 『아유르베다』 텍스트이다.

7세기경에 수스루타와 차카라가 집필한 의서를 기반으로 한 아유르베다의 집대성이 이루어졌다. 이후 아유르베다는 다양한 분과로 나누어져 생명학으로서의 『아유르베다』, 인간의 완성을 향한 의학서 『싯다(Siddha)』, 남아시아, 중앙아시아와 이슬람 문화권의 전통 의학서 『우나니(Unani)』, 육신의 수행법인 『요가』, 『자연요법(Naturopathy)』, 『민간요법(Homeopathy)』의 6가지로 자리 잡았다.

아유르베다 치료법은 인도, 네팔, 스리랑카에서 주로 사용되어 오다 오늘날은 서방에서도 많은 관심을 가지고 있다. 인도 수행전통의 세 축인 아유르베다 · 요가 · 딴뜨라는 몸의 구조, 몸과 영혼의 유기적 관계 속에서 상호 작용한다. 이러한 과정에 아유르베다는 기초 원리, 요가는 몸, 딴뜨라는 머리라고 할 수 있다. '삶의 지혜' 내지는 '생명과학'이라는 뜻을 지닌 아유르베다에 의하면 삶은 육체·감각 기관·정신과 영혼의 조합으로 정의되고, 이들 치유 과정에 만뜨라 찬팅에 의한 음악 치료가 수반된다.

고대에는 철학·의학·문학·음악이 모두 하나로 묶여 있었지만 현대에는 각 분야가 세분되어 있다. 앞서 여섯 분야의 아유르베다 분파 중 '요가'가 있었는데, 요가에는 음악이 중요하게 활용되었다.[2] 심신의학의 발달과 함께 심신치료의 한 방법으로 음악이 적극 활용되면서 그 치료 효과가 입증되고 있다. 몸과 마음의 상호성을 전제하고 있는 요가는 심리치료에서도 효과를 얻고 있다. 과거의 기억이나 외상을 요가로 의식화하는 과정에 음악이 활용되는 것이다. 예를 들어 신체에 대한 심리치료, 마음 챙김을 통한 관찰자 의식의 계발을 유도하여 부정적인 생각이나 불안정한 감정들을 해소하도록 유도하는 것이다.

이때 사용되는 음악이 심리치료에서 요가와 음악의 적용 가능성을 보여 준다. 긴장된 근육 속에 숨어 있는 억압된 정서의 표출, 자신의 정서와 생각으로부터의 탈 융합, 지금 이 순간의 경험에 집중하는 존재 양식의 계발 등 최근의 심리치료에 도입되고 있는 요가치료의 기본 개념들은 새로운 심리치료에 활로를 열어 주고 있다. 어떤 음악이 심박을 이완하는 데 효과적인지, 어떤 리듬 절주가 바이오리듬을 활성화하는지에 대한 데이터가 생산되는 것이다. 예를 들어 '옴'과 같이 한 모음만 길게 늘여 음미하는 만뜨라, '옴마니파드메훔'을 빠른 템포의 리듬 절주에 맞추어 반복하는 것, 대중적으로 유행하는 끼르딴(kirtan)과 바잔(Bhajan), 고전 라가(Raga) 등 인도 음악의 범주는 매우 넓고 다양하다.

---

2 조옥경(2009), 「요가의 심리치료적 적용에 관한 연구」

3) 중국의 예악과 음악치료

동서양 철학자 중 음악 교육자로 그리스의 플라톤과 중국의 공자를 꼽듯이 음악 치료에서도 마찬가지다. 공자는 금(琴) 연주에 능했으며 노래를 좋아했고, 갖가지 음악에 대한 심미적 감각이 뛰어난 귀(耳) 명창이었다. 그 때문에 공자와 관련한 일화에는 음악과 관련한 많은 에피소드가 있다. 음악에 대한 공자의 철학이 성립된 데에는 그 이전부터 중국에 형성되어 있던 음악과 인격 수양, 나아가 치유와 관련된 문화 토양이 있었다.

한대(漢代)에 성립된 의학 원전인 『황제내경(黃帝內經)』에 의하면 오행론(五行論)은 사람의 오장(五臟)과 관련되어 있다. 오장은 '희노비우공(喜怒悲憂恐)'과 같은 인간의 감정과 연결하여 '오행감정'이라 했다. 오행 중 '목(木)'의 감정은 성냄[怒], '화(火)'의 감정은 기쁨[喜], '토(土)'의 감정은 사려[思], '금(金)'의 감정은 근심과 슬픔[憂悲], '수(水)'의 감정은 두려움과 공포로 여겼다. 그리하여 『예기』 「악기」에서 오행감정과 관련된 성음(聲音)의 특징을 재료에 따라 설명하고 있다.

유가(儒家)의 악론(樂論)에 의하면 사물에 작용하여 일어나는 소리[聲]는 사람의 마음을 움직이게[動] 하는 성질이 각각 달라 간(姦)의 소리와 정(正)의 소리가 있다고 여겼다.[3] 그러므로 중국에서는 정악(正樂)을 추구했고, 이와 관련한 예악을 수신(修身)의 도구로 삼았다. 이때 빠르고 촉급한 음악은 인간의 마음을 사악하

3 聲과 動에 따른 인식은 조선조 성종 대에 편찬된 『樂學軌範』 서문에서도 인용되고 있다. "樂也者出於天而萬於人 發虛而聲於自然 虛而使人心 感而動溫血脈 流通情神也. 人所感之不動其 … 후략"

게 하므로 절제된 음악을 향유했다. 그리하여 소리를 누누하게 하기 위하여 현악기의 줄을 양잿물에 삶아 붉어진 주현(朱絃)을 쓰고, 줄의 간격을 넓게 하고, 관악기의 지공(指孔)도 넓게 하여 촉급한 음악을 멀리하도록 했다.[4]

반면 자연 음향의 원리를 주장한 도가(道家)에서는 '소리는 본래 간(姦)이나 정(正)한 것도 없고, 슬픔[哀]이나 기쁨[樂]의 소리가 따로 있는 것이 아니라 사람이 그렇게 느끼는 것'이라 했다. 이에 대한 대표적인 사람이 혜강(嵇康 223~263)이었고, 그의 음악에 대한 철학을 『성무애락론(聲無哀樂論)』로 피력했다. 책의 제목에서 알 수 있듯이 소리[聲] 그 자체에는 슬픔[哀]도 기쁨[樂]도 없다[無]는 논리는 오늘날 자연과학 내지는 물질적 현상을 설명하는 듯하다. 유가에서 음악의 조화로움을 통해 윤리 · 도덕과 인격의 조화를 추구했던 것과 달리, 혜강은 음률의 본질과 조화를 개인적 사유와 자연일체를 통한 심미체계라 설파했다.

죽림칠현 중 한 사람이었던 혜강은 세상의 부조리를 맹렬히 비판하고, 자연의 법칙에 순응하여 인간 본성을 보존할 것을 주장함과 더불어 음식과 건강에 대한 이론을 제시하기도 했다. 금(琴) 연주에 뛰어났던 그는 여러 명곡을 작곡하였는데, 이를 통칭하여 '구려(九麗)'라고 칭한다. 혜강의 40세 무렵 사마 정권의 부당함을 비판하다 투옥되어 참수형을 당하게 되었는데도 불구하고 그의 음악을 배우고자 모여든 제자들이 수백이었다고 한다.

송대(宋代)에 이른 악론은 음양오행설을 각각의 소리에 대입하여 인간과 우주의 관계를 설명했다. 그리하여 우주를 이루는 금

4 『樂學軌範』第六卷: "禮書云樂器. 淸朝之瑟. 朱絃而疏越蓋絃不練. 則勁而聲淸. 練則熟而聲濁. 孔小則聲急. 大則聲遲.故疏越而遲其聲 … 후략"

(金) · 석(石) · 사(絲) · 죽(竹) · 포(匏) · 토(土) · 혁(革) · 목(木)의 8음으로 천지를 울리며 성현을 공경하는 제사음악을 제정했다. 사람의 마음을 다스리는 음악의 기능에 착안하여 치세(治世) 음악으로서의 악정(樂政)를 제도화했던 것이다. 군자가 나라를 잘 다스릴 때 그 나라 백성들이 부르는 노래가 아름다우며, 정치가 어지러우면 백성의 마음이 혼란하고 감정의 기복이 불안정하여 난세(亂世)의 음, 망국(亡國)의 음이 난무함을 지적했다.

오행감정의 상생관계와 상극관계는 서로 순환구조를 지닌다. 상생론에 의한 오행감정의 조절과 긍정적 변화는 문제의 감정을 있는 그대로 발현하고 표출하도록 유도하면서 그 감정을 스스로 인식 · 조절 · 제어하도록 했다. 그리하여 분노의 감정을 지닌 사람에게 적용되어야 할 음색과 악기를 찾아 권하고, 기쁨에 치우친 사람에게 필요한 수기(水氣)의 음악을 통해 흩어지고 들떠 있는 감정 상태를 진정시키고 에너지를 모아야 함을 권장했다.[5] 이 외에도 악기의 재질과 종류에 따라 사람의 마음과 육신에 미치는 반응을 구체적으로 언급하는 등 음악을 통한 수양이 곧 당시 치세(治世)의 원리였다.

사회적으로 보면, '악(樂)'은 서로의 동질감을 증대시키고, 친하고 화락한 감정을 불러일으켰다. 그리고 동일한 '악(樂)'을 향유함으로써 서로의 간극과 긴장감을 부드럽고 화락한 분위기로 조성하기에 '악' 또한 인간의 감정을 아우르는 매개체였다. 따라서 군자는 성(聲) · 음(音) · 악(樂)을 통해 심성과 감정을 조절하는 덕성을

5 박정련(2012), 「국악치유론 기반을 위한 동양학적 이론 근거 모색 – 황제내경(黃帝內徑)과 예기(禮記) 악기(樂記)에 나타난 '오행감정(五行感情)'을 중심으로 –」

지녀야 함을 설했다. 송대에 부각된 주희(1130~1200)의 성리학을 일컬어 '불교적 유교, 유교적 불교'라고 한다. 이는 추상적 관념의 체계화에 탁월한 불교의 영향으로 유교의 형이상학적 설명이 진일보했음을 말해 주고 있다. 모든 예술 장르 중에서 가장 추상적인 것이 음악이므로 이 무렵 정립된 대성아악의 사상과 현실화에도 상호 영향이 있었음을 추정해 볼 수 있다.

4) 그리스 수학과 음악치료

고대 이집트인들의 의학과 음악치료는 그리스의 학자들을 통하여 더욱 체계화되었다. 그리스 철학자들은 질병을 질서의 상실로 해석하여 주술·철학·과학적 방식을 통해 해결하는 과정에서 음악을 활용했다. 당시 그리스 지성인들은 질병 치료를 할 때, 인간의 육체와 영혼 사이의 질서 복원에 중점을 두었다. 이 방면 최고의 학자는 피타고라스였다. 플라톤의 「국가론」에서 주장한 국민교육의 두 축이 운동과 음악이었는데 그는 음악과 건강이 어떠한 관련이 있고, 어떠한 영향을 미칠 수 있는지에 대하여 연구했다. 따라서 오늘날 음악 치료학자들은 피타고라스(BC570~BC495), 플라톤(BC428~BC348), 아리스토텔레스(BC384~BC322)를 음악치료학의 선구자로 꼽는다.

피타고라스학파의 생도들은 음악이 균형을 잃은 몸을 '조화'시킬 수 있기 때문에 치유의 힘을 지니고 있다고 믿었고, 이러한 믿음이 현대 서구의 음악치료로 되살아나고 있다. 수학자이자 철학자였던 피타고라스는 의사이기도 했다. 그는 음악은 곧 수학이라고 여겼을 정도로 음률 현상을 수치로 나타냈다. 또한 수(數)의 원리를 우주와 세계, 인간의 정신과 육체를 이해하는 열쇠로 여겼다.

그는 음악의 기능을 강조하며 정신적 어려움을 겪고 있는 사람들에게 들려주었다. 플라톤은 여기서 한 단계 더 나아가 선율의 특정 성격이 사람에게도 영향을 미친다고 보고 인간의 덕성을 함양하는 음악은 어떤 것인가에 대해 설파했다.

음악 미학론에 대한 최고의 권위자인 아리스토텔레스는 음악을 이루는 각 선법이 지니고 있는 고유한 성격을 분석하고, 각각의 선법이 인간의 정신과 감성에 어떤 영향을 미치는지에 대해서 구체적으로 설명했다. 특정 음악이 환자의 상태를 황홀경으로 끌어올리고 환자가 치유되어 정상 상태로 돌아오는 음악치료에 의학적 가치를 부여했다. 그의 저서 『정치론』에서도 음악의 선율과 하모니가 사람의 감정 상태를 조절하여 인격 향상에 영향을 미친다고 주장했다. 그는 산만한 아이들에게 표주박 모양의 악기를 주어 에너지 배출구로 활용하도록 했다. 이렇듯 피타고라스, 플라톤, 아리스토텔레스로 이어지는 음악 치유는 종래의 주술적 · 제의적 인식에서 진일보하여 논리적이며 과학적인 단계로 접어들었다.

2. 고등 종교와 음악치료

메소포타미아 · 나일 · 인더스 · 황하로 상징되는 4대 문명권 중 메소포타미아 문명은 나일강 유역의 이집트로 연결되었고, 이집트 문명은 고대 그리스와 로마를 거쳐 서구 기독교로 이어졌으며, 인도의 아유르베다는 불교를 통해 중국으로 와서 한의학과 융합되었다. 이 항에서는 고대 문명에서 발현한 음악치료 전통과 세계 3대 종교인 불교 · 기독교 · 이슬람의 음악치료 관계를 살펴보고자 한다.

1) 불교의 음악 치료

(1) 중국불교와 음악치료

초기불교 경전인 빠알리 경전에는 “병으로 고통 받거나 임종을 앞둔 제자들에게 법언을 들려주어라.”라고 하는 대목이 있다. 이는 법언을 듣는 환희심에 의해 고통을 잊게 하는 여러 경험들이 있었기 때문이다. 불교의 가르침은 궁극적으로 고통으로부터의 해탈과 열반을 지향한다. 아유르베다의 문화적 토양에서 탄생한 불교이므로 불교 의학에 아유르베다와 관련된 다수의 내용이 발견된다. 이들의 차이를 들자면, 아유르베다가 신체의 무병장수에 무게를 두었던 데 비해 불교는 정신의 안정과 마음의 평화에 집중했다.

한대(漢代)에 중국으로 들어온 인도불교는 위(魏)·진(晉)·남북조(南北朝) 시대에 중국의 전통문화와 융합되며 출가자가 날로 늘어났다. 서역 승려들은 중국인들의 이해를 위해서 불교를 도교에 빗대어 설명하는 격의불교를 전파했고 의학과 의술에 밝은 승려들은 치병을 불교 홍법의 도구로 삼았다. 그 결과 불교가 지닌 치유력이 중국 한의학에 다양한 양상으로 영향을 끼쳤다. 그들은 설교와 함께 질병을 치료하고, 생명을 구하기 위해 의학을 사용함으로써 ‘차의전교(借醫傳教) 치병구인(治病救人)’의 활동을 했다.

『고승전』 제2권에 “인도 승려 붓다야사(佛陀耶舍)는 물약과 진언을 사용하여 제자들의 발을 씻어 주어 빨리 걸을 수 있게 했다.”라는 기록이 있고, 제3권에는 “원가(元嘉) 12년(435)에 중국으로 온 인도의 바라문 출신인 구나발타라(求那跋陀羅)는 어린 나이에 힌두 사제들의 오명(五明)을 배웠으므로 의약과 진언에 능통했다.”라고 기록하고 있다. 이와 같이 당시 중국에서 활동한 승려 중에는 의학에 조예가 깊고 임상경험이 풍부하며 의술이 뛰어난 승려들이 많았다.[6] 『고승전』의 이러한 내용을 보면, 의약과 진언이늘 함께하고 있음을 알 수 있다. 진언은 오늘날 만뜨라 찬팅이자 진언과 다라니를 노래하는 범어범패이다. 범어범패의 가사가 되는 만뜨라(mantra)는 '신성한 사상을 담는 그릇'이라는 범어에서 유래하여 주(呪) · 밀주(密呪) · 신주(神呪) 등으로 번역된다.

인도와 서역의 의료 문화가 실크로드를 지나 중국에 이르러 한의학을 흡수하면서 더욱 발전했다. 의승들은 의학과 불교 교의를 결합하여 중생의 몸과 마음의 고통을 치료하는 데 대한 사명감이 컸다. 이러한 사명이 불교의 약사불로 전환되어 의례와 신행으로 발전했다. 이 가운데 약사여래를 염칭하는 다양한 범패가 생겨났다. 동방의 정유리세계(淨瑠璃世界)에 교주로 머물고 있는 약사여래는 질병을 치료하고 수명을 늘려 주며 재난을 없애 주는 부처라는 뜻으로 대의왕불(大醫王佛)이라 하며, 왼손에 약병을 들고 오른손에 약초를 들고 있다.

대승불교의 부처와 보살이 중생을 병고에서 구하고, 무명(無明)의 어두움까지도 치유하여 깨달음으로 인도하듯, 약사불은 일상의 모든 장애를 해결하는 캐릭터가 되었다. 그 결과 대만에는 약사불에 대한 신심이 한국의 관음신앙보다 더 강하고 대중적이다. 그들은 육신의 병뿐 아니라 마음과 정신의 아픔, 일상의 어려움도 약사불에게 기도한다. 그러므로 연중 법회와 수륙법회에 관음단은 없어도 약사단은 필수적으로 설치된다. 한의학과 결합된 중국 불교의 영향으로 갖가지 약재와 더불어 진언과 다라니를 통한 범어범

6 대만 대불학수위도서관(臺大佛學數位圖書館)
https://buddhism.lib.ntu.edu.tw/en/search/search_detail.jsp?seq=684231

패와 종교적 치료까지 폭넓게 활용되었다.

(2) 티벳 불교와 음악치료

동북아의 한·중·일과 서북아의 티벳 불교 중에서 의학적 발전을 비교한다면 티벳의 불교 의술이 월등히 많은 텍스트를 보유하고 있다. 티벳 의학서에는 해부학의 챕터가 있을 정도로 승려 중에 의료 전문가가 다수 있다. 중국 및 동양적 전통에서 해부는 그다지 익숙한 방법이 아니다. 티벳 의술에 인체의 해부가 있는 데는 티벳의 장례법인 조장과 관련이 깊다. 건조한 고산 지역에서 죽은 자의 시체를 땅에 매장할 경우 썩지 않고, 고산 지대에 화장할 땔감도 없다. 따라서 조장이 최선의 선택이었다. 새들이 잘 먹도록 시체를 조각내고 새들이 먹고 남은 뼈를 수습하는 역할을 승려가 한다. 그 후 허벅다리 뼈에 구멍을 뚫어 캉둥(다리뼈 나팔이라는 뜻)을 만들고, 해골 뼈로 토드릉가(머리뼈 북이라는 뜻)를 만들어 법구로 사용했다. 사람의 인체를 칼질하고 처리하는 것이 일상인 환경에서 해부학이 발전했던 것이다.

티벳 의학의 초기 단계는 여느 지역과 마찬가지로 주술에 더한 간단한 치료였다. BC1917년경 치병 능력이 뛰어난 인물들이 나타나기 시작하여『사부의경(四部醫經)』,『감로예술구경(甘露藝術九經)』이 편찬되며 의학의 전성기를 맞았다. 맥박 진단, 침술, 뜸, 소변 검사에 관한 티벳 전통 의학은 다양한 약제와 함께 허브, 미네랄 치료법 등이 있었다. 이러한 바탕 위에 불교가 들어오면서 티벳 민족 의학으로 자리 잡아 현재도 중국, 인도, 네팔, 부탄, 북인도 라닥, 시베리아, 몽골 등지에서 시행되고 있다. 티벳 전통 의학은 인도 베다 의학, 중국 전통 의학 및 서양 전통의학과 밀접한 관련이 있으며 오늘날 인도, 중국, 그리스 · 로마 · 아랍을 포함한 중동권 전통 의학과 함께 세계 4대 전통의학으로 꼽히고 있다.

티벳의 불교 의학은 AD7세기에 부족 동맹 정권인 티벳 왕조에 의해 시작되었다. 이때부터 중국, 인도, 로마, 페르시아, 중앙아시아의 의사들을 티벳으로 초청하기 시작했는데 8세기 말에는 더 많은 의사들이 초청되어 다양한 학문과 함께 의학도 전해졌다. 당시 인도에는 각기 다른 부파불교와 여러 종류의 의학이 있었으므로 왕실에서는 어떤 불교와 의학을 받아들여야 할지 치열한 논의를 벌였다. 그 결과 그들 불교는 금강밀승(Vajra Tantra)이라 불리는 대승밀교를 받아들이고 의학은 아유르베다와 더불어 불교 논장인 아비달마[7], 딴뜨라 치료법을 수용했다. 그리하여 당시 유명한 의학자인 위타 윤덴곤뽀(宇妥.雲丹貢布 780~832)가 종래에 형성되어 있던 의서를 개정 · 보완하여 오늘날 전해지는『4부의전(四部醫典)』을 완성했다.

네 가지 의학 텍스트의 명칭『귀드치바(rgyud bzhi)』는 '네 개의 딴뜨라'라고도 불린다. 이 의서는 부처의 화신인 초월적 존재와 의학의 대가가 문답을 주고받는 서술체로 이루어져 있다. 내용을 간추려 보면 첫째, 6장으로 된 기초 의학 사전으로 티벳 의료 철학의 관점에서 인간 생리학, 병리학, 진단 및 치료의 일반적인 개념을 소개한다. 둘째, 31장으로 구성된 의학 교과서로 인체의 해부, 통증의 원인, 신체 건강, 약물의 특성, 진단 방법 및 치료 원리를 서

7 '아비달마'는 산스끄리뜨어 'Abhidharma'로 'abhi'는 ~에 대한, 뛰어난의 뜻을 지닌 접두어이고, 'dharma'는 법(法)으로, '법에 대하여' 혹은 '특별한 법(가르침)에 대한 경'으로 해석할 수 있다. 즉 붓다의 말씀을 해석하거나 주석하는 논(論)에 해당하는 경전으로『아비달마 구사론』,『아비달마 대비바사론』등이 있다.

술하고 셋째, 92장으로 구성된 임상 치료법 넷째, 27장으로 구성된 후속 치료법으로 진단 방법, 약물 조합 및 외부 치료법을 담고 있다.

티벳 승단은 11~12세기에 이르러 『아유르베다 의학핵심(阿育吠陀的醫學之心)』을 티벳어로 발간했다. 또한 태아 발달과 같은 의학적인 주제를 다룬 『아비달마구사론(阿毗達磨俱舍論)』[8]을 들여온 이후 불교 의학과 금강승 밀교가 티벳 전역으로 확산되었다. 티벳 불교를 대표하는 의식이라 할 수 있는 금강무(金剛舞) 참의식에는 질병과 같은 부정된 것을 물리치는 춤이 있다. 이를 관람하는 신도들은 만뜨라 찬팅으로 기도하며 의례에 쓰인 각종 잔해를 치병 효과가 있는 것으로 믿고 지니기도 한다.

(3) 한국불교와 음악 치료

삼국 시대 이전에는 질병이 발생하면 민간의 체험적 처방 외에 신에게 간구하는 기도와 무속 행위로 병마를 퇴치하려 했다. 불교가 유입되면서 보살과 신중의 가피력을 빌어 병액의 위난에서 벗어나고자 하는 신앙 행위가 늘어났고 의료와 기도, 주력을 행하는 승려들이 활약하게 되었다. 이렇듯 한국불교사에서 의술을 행한 승려는 불교 유입 초기부터 줄곧 있었다.

중국의 한의학이 한국에 전입된 가장 이른 시기는 기원전 1세기로 추측할 수 있는데 삼국 시대 중기인 4세기 후반에 불교가 공인되면서 인도 의학과 융합하기 시작했다. 불교에서는 보살들이 반드시 배우고 통달해야 되는 오명(五明) 중에 의방명(醫方明)이 포함되어 있었다. "고구려에서 신라로 들어와 모례(毛禮)의 집에 머

8 5세기 바수반두(Vasubandhu 世親)가 저술함.

물던 아도가, 당시 임금의 딸이 병들자 기도와 정진을 부지런히 하여 공주의 병환을 낫게 했다."라는 기록도 있다.

『해동고승전』에는 "신라 진평왕대의 승려 안함(安含)이 601년에 왕명으로 사신과 더불어 중국에 입국하여 십승의 비법과 법화현의를 5년 동안 두루 공부했다."라는 기록이 있다. 그 후 안함은 605년에 우전(于闐)국의 승려 비마진제(Vimalacinti), 농가타(Nangata) 등과 함께 신라로 돌아왔는데 서역의 승려가 중국 계림에 직접 온 것은 이때부터였다. 그는 중국에서 수학하면서 천태의 관법을 비롯하여 불교 의학에 관해서도 풍부한 지식을 습득했다. 그래서 그와 함께 들어왔던 서역 승려들이 전수했던 의학적 내용과 자신이 저술한 방술서 안에 의술에 대한 기록이 전한다.

고려 시대에는 의업의 관료화가 이루어졌다. 의과 급제는 평민에게는 신분 상승의 기회이지만, 문과를 응시할 수 있는 양반에게는 신분 하락으로 여겨졌다. 이러한 사회 환경에서 승려라 할지라도 이전 삼국 시대처럼 민간을 돌아다니며 의료 행위를 하기는 어려웠을 것으로 보인다. 따라서 사원 내에 전문 의술을 갖춘 직역승을 두어 사원을 찾아오는 신도들을 치료하는 사례들이 전하고 있다. 이 분야 연구자들이 고려 시대 승려들의 의료 행위에 관하여 논의하기도 했다. 즉, 사회적으로 신분과 인증 체계가 갖추어지던 당시, 이들이 의승으로서 진짜 의사 역할을 한 것인지 승려로서 치료 행위를 하거나 혹은 신통력을 발휘한 승의인지에 관한 것이었다.

억불 정책을 폈던 조선 시대에는 의승이라는 개념이 의술을 베푸는 승려에서 의료 영역에 종사하는 관승(官僧) 혹은 직역승으로 변했다. 태조 1년(1392)의 관제개혁 당시에는 고려의 대비원 제도를 그대로 계승했으나, 태종 13년(1413)에는 환속 승려들에게 의술을 행할 기회를 주기도 했다. 이후에는 정식 관원 외에 한의원과 의무(醫巫) · 간사승(幹事僧) · 매골승(埋骨僧) 등의 실무 인원들이 배치되다가 세종 10년(1428)에 다시 증원이 되기도 하였다. 그러나 조선 후기로 오면서 이러한 역할이 점차 약화되었다.

승려의 의료 행위는 교의상으로는 중생구제를 위한 자비행이었다. 이는 의학의 발전에도 공헌한 바가 컸으나 현대의학이 발전하면서 점차 그 설자리를 잃어 갔다.[9] 한국의 불교 의학은 중국을 매개로 하여 인도 의학이 전래되어 이루어졌다. 그 결과 많은 의승(醫僧)들이 활동해 왔다. 승려의 의술은 포교라는 실리와 자비행이라는 명분을 다 충족시킬 수 있는 실천이었으므로 단지 의학적 식견이나 의술을 넘어 치병을 위한 불교적 방편이었을 것이다. 그 가운데 염불과 송주의 힘을 활용했음을 추정해 볼 수 있다.

〈사진 38〉 불교의 약사여래[10]

전통 사회에서 의료 혜택을 누리기 어려웠던 평민들은 약사불 신앙으로 병을 낫고자 했다. 오늘날 한국의 사찰이나 해변, 산야 곳곳에 있는 약사여래불상이 치병에 대한 간절함을 말해 주고 있다. 의료 혜택을 원활하게 누릴 수 있는 오늘날에도 구병의식을 통해 의학으로 해결되지 않는 치

9 김성순(2014), 「한국불교의학의 전래와 醫僧들의 활동에 관한 일고찰」

10 경주 백률사(柏栗寺)의 금동약사여래상, 국립박물관 소장, 사진 한국학중앙연구원 https: //100.daum.net/encyclopedia/view/201XXX1905068 인용.

병의례를 하기도 한다. 수많은 약사여래상 중 경북 경주에 있는 백률사(柏栗寺)의 약사여래상은 석굴암의 불상을 닮은 온화한 미소로 유명하다.

2) 기독교의 음악 치료

히브리 의학에서는 대체로 제사장과 예언자를 중심으로 의원과 약사들이 치료를 전담하였다. 이들의 치료는 이집트를 비롯한 아라비아 지역의 여러 종족들로부터 수입된 진료술에 의존하는 가운데 야훼 신앙을 중심으로 이집트를 비롯한 아라비아 지역의 여러 종족들로부터 배운 진료술에 의존했다. 구약 성서에서 발견되는 치유 사례들은 수기치료, 정신치료, 면역치료, 영양치료, 예술치료의 양상으로 나타난다.

『구약』의 예를 보면, 일사병을 고친 엘리사의 시술, 게르솜의 할례 시술, 요나의 화병과 엘리야의 조울증 치료, 뱀의 독을 치료한 모세의 놋뱀 사례와 나아만의 한센 병을 치료한 엘리사의 물 요법, 히스기야의 종양을 치료한 이사야의 생약 요법, 그리고 영양 치료로 레아와 라헬의 불임증을 치료한 합환채 사용과 다니엘의 식이요법이 있다. 예술 치료로서 느부갓네살의 정신병과 노이로제에 대한 다윗의 음악 요법 및 요아스의 불안증과 사울의 편집증 치료가 있다.

『신약』 시대에 이르러서는 죽은 나자로를 살리는 예수를 비롯하여 다수의 치료 가운데 찬송 음악이 수반되는 예들이 등장한다. 기독교를 국교로 삼은 로마 교회는 그리스 철학을 통해 기독교 사상을 정립했듯이 음악에 있어서도 그리스 철학자들의 음악관을 바탕으로 교회음악론을 정립했다.

중세 교회 시대에 이르자 논리적 사고를 통한 음악관보다 맹신적 종교관이 팽배했다. 그 결과 질병은 '죄에 대한 형벌'이라는 인식이 널리 퍼져 구원을 향한 수단으로 음악이 동원되었다. 이러한 과정에 음악의 통증을 완화시키는 기능을 알게 되었고, 슬픔과 근심을 잠재우는 효능에 눈을 뜨게 되었다.

르네상스를 지나며 인본주의가 부상하여 의학과 종교적 치료에 합리성이 더해졌다. 16세기에 이르러서는 음악이 인간에게 미치는 생리적 반응에 대한 실험적 시도를 시작했다. 예를 들어 아이에게 자장가와 공포감을 주는 음악을 들려주어 각각의 음악에 대한 생리적 반응을 확인하여 음악이 생리적인 영향을 주는 매체임을 인정하게 되었다.

17~18세기에는 거세된 남성 가수인 카스트라토(castrato)의 활약이 왕성하였는데, 이때 파리넬리(Farinelli 1705~1782)가 스페인의 펠리페 5세를 위해 노래하여 왕의 우울증이 개선되었다는 기록이 있다. 18세기에는 생리학, 신경학 분야에서 신체 리듬과 음악 리듬의 관계, 맥박과 박자와의 관계에 대한 과학적인 분석이 시작되었다. 그뿐만 아니라 몇몇 의사들이 의학적 치료에 음악이 적용된 사례들을 보고하기 시작하여 19세기에 이르러서는 음악 치료가 의사들의 보조적 치료 수단으로 활용됐다.

무엇보다 질병 치료에 음악이 활용되는 데 획기적인 기여를 한 것은 에디슨의 축음기 발명이었다. 축음기는 연주자나 가창자가 없어도 음악을 활용할 수 있어 음악 치유가 대중적으로 확산되는 기폭제가 되었다. 19세기 산업혁명은 의료 과학이 전 세계의 보편 의료 시스템으로 자리 잡으며 종래의 의술과 의학이 종교로부터 분리되었다. 이후 현대 의학에 이르는 과정과 음악 치료는 Ⅲ. 현대의학과 음악 치료에서 살펴보겠다.

3) 이슬람의 음악 치료

기독교 문화의 암흑기인 중세 시기에 아라비아에는 학문과 문화의 꽃을 피웠다. 이슬람은 570년 무렵 꾸라이쉬 부족이 살던 서부 아라비아의 상업 도시 메카에서 태어난 무함마드에 의해 성립되었다. 이후 급속한 영토 확장과 함께 중동 전역이 이슬람 문화권이 되었다. 9세기를 전후하여 아라비아의 지성인들은 고대 그리스와 인도의 문헌을 아랍어로 번역하며 학문적으로 성숙했고, 음악 이론 또한 다양한 문화적 요소를 융합하며 정립되었다. 이 무렵 철학자 알 킨디(Al-Kindi ca 801~866)가 그리스 철학에서 영감을 얻어 집필한 음악 이론은 수 세기에 걸쳐 아랍계 음악가들의 필수 교과서가 되었다.

10세기에는 이흐완 앗 사파(Ikhwān aṣ-Ṣafā)가 우주철학과 수학적 논의와 함께 음악서 『리살라(risala)』를 저술했다. 이흐완은 계절과 빛깔, 향기 등이 류트의 리듬, 현의 음색과 어떻게 조화를 이룰 수 있는지를 서술하는 과정에 수와 우주의 이치를 연관 지어 설명했다. 이후 음악이 인간에 미치는 의학적 가치와 치료 효과를 규명하며 음악 관련 학문적 논의가 활발해졌다. 11세기 초에는 물리학·수학·천문학에 뛰어났던 이븐 알 하이삼(Ibn al-Haytham 965~1040)이 빛과 인간의 눈 구조와의 관계에 관해 저술했고, 이슬람 사상가이자 철학자였던 이븐 시나(Ibn Sīna 980~1037)는 의학서인 『치료서』를 저술하여 큰 반향을 불러 일으켰다.

이슬람 국가는 사원에서 음악으로 환자를 치료하는 행위가 빈번했다. 17~18세기에 이르러서는 수피즘에 의한 음악 연주가 대중

〈사진 39〉 이븐 시나의 『치료서』

모스크의 예배에 쓰였다. 수피 종단 중 하나인 마울라비파에서는 원무를 추는 아인 이 세리프(ayin-i serif) 의식을 행하며 노래하는 가수와 더불어 플루트, 캐슬 드럼, 프레임 드럼, 피들, 긴 목의 류트를 비롯한 대규모의 합주단을 동원하였다. 그러는 중에 치료 목적의 음악 연주도 활발하게 이루어졌다. 치료를 받는 환자들 중에는 육신의 질병 치료 목적도 있지만 정신적 질환을 치유하기 위한 의식에 음악이 수반되는 경우도 많았다. 사원에서 음악을 통한 치료가 활발했던 증거로 튀르키예 에드리네 박물관에는 음악 치료를

〈사진 40〉 사원에서 음악을 연주하는 악사와 꾸란 찬팅과 함께 치료를 하고 있는 모습. 오른쪽에 흰색으로 그려진 사람이 환자이다.

하고 있는 모습을 조각한 모형이 전시되어 있다.

무슬림 중에는 꾸란 낭송이 지니는 초월적 아름다움에 심취하는 사람들이 많다. 아라비아의 서사 음악에서 비롯된 마캄 즉흥 연주에 재능을 지닌 연주자로부터 꾸란 낭송자들이 영감을 받기도 했다. 꾸란 낭송자들의 신비적 경험이 꾸란 낭송으로, 꾸란 낭송에 의한 환희가 이슬람 치료의 출현 배경이 되었다. 신비적 환희심을 음악 치료에 적극적으로 활용했던 사람들은 이슬람 신비주의자 수피들(sufis)이었다. 낭송으로 인한 내적 떨림을 체험한 수피들의 표현을 들어 보면 힌두 사제들이 행한 음성행법과 유사하다. 이러한 배경에는 이슬람이 인도 문화의 영향을 받은 면도 있지만, 공진현상(resonance)에 대한 인간의 보편적 신체 작용과 인지력이 있었다.

Ⅲ. 현대의학과 음악치료

1. 20세기 이후 음악 치료

1919년에는 영국의 음악가 앤더튼(Margaret Andertton)이 콜롬비아 대학에 음악 치료(Musicotherapy) 과목을 개설했다. 앤더튼은 제1차 세계대전에서 부상을 당한 환자를 도와주던 중 환자에게 음악을 들려줌으로써 고통이 완화되는 것을 보았을 뿐 아니라 음악으로 심신의 안정과 질병 치유의 효과가 증대되는 경험을 했던 것이다. 1944년에는 미국의 미시간 주립대학에 음악 치료사를 위한 최초의 교육 과정이 개설되었고, 1946년에는 캔자스 대학의 학부 및 대학원 과정에 음악 치료 전공이 개설되었다.

1949년에는 시카고 외과 의사들이 신체 질환의 치료에 음악을 활용했다. 이어서 소화성 궤양에 음악을 들려주어 진전을 보인 사례, 신경과민 환자에게 미치는 음악의 효능, 마약을 비롯한 각종 정신 취약자를 위한 치료 과정에 음악 치료를 하면서 효과가 배가 되는 보고서가 줄을 이었다. 나아가 근래에는 뇌사 판정을 받은 환자에게 음악을 들려주어 의식이 돌아온 사례까지 보고되면서 각처의 의과 대학에 음악 치료협회가 생겨났다.

1940년대 중반, 대학에 음악 치료 학과가 생기면서 음악 치료에 대한 개념 정의, 치료 영역의 분류, 치료 방식에 대한 연구가 다각도로 이루어졌다. 이때 음악 치료 그 자체의 저변 확대도 있었지만 "음악 치료가 무엇인가?"라는 데 대한 개념 정의와 분석 등 음악 치료에 대한 학문적 연구가 다변화되었다. 이들을 요약해 보면 놀이와 신화적 근간(Field of Play · Mythic Artery) · 생물의학적(Biomedical) · 신경학적(Neurological) · 문화중심(Culture Centered) · 심미적(Aesthetic) · 공동체(Community) · 복합성 기반(Complexity Based) · 음악중심(Music Centered) · 유사 기반(Analogy Based) · 대화적(Dialogical) · 페미니스트(Feminist) · 자원 지향적(Resource Oriented) · 인문 지향적(Humanities Oriented) 음악 치료 등이 있다.

이들 치료 분야는 서로 다른 것에 초점을 맞추었으므로 방식과 과정은 다르지만 공통점을 가지기도 한다. 예를 들어 실행적 반영, 비임상적 모델, 음악의 강조와 비중, 통합적 실행, 의학적 모형과 비평 등이 전반적 맥락의 강조에서 공통점이 드러난다. 21세기 음악 치료는 음악 영역과 임상 영역 간의 통합, 핵심 구성체로서의 통합과 같은 방향성이 제시되며 실습과 이론적 자원의 논점들이 부상되었다.

이에 부합하는 음악 치료의 이론적 배경을 보면, 정신 역동성의 이론, 행동주의적 이론, 인도주의적 이론, 인본주의적 이론, 의학적 이론, 음악 교육적 이론, 통합적 이론과 전체적 이론이 있다. 이를 실행하는 치료의 영역은 심리·의료·교육적 영역에 이르기까지 폭넓게 적용된다. 특히 교육적 영역에서는 장애 아동 기관의 특수 교육에서 성과를 거두고 있어 음악 치료의 사회적 기여가 확대되고 있다.

2. 음악 치료의 적용과 실제

1) 정서 안정

인간의 정서적 감정은 지각·기억·학습·추론·행동에 걸친 복합적인 반응을 유발하여 심리적으로도 작용한다. 유년기에 일부 나타나는 정서 장애와 달리 감정적 기복이 심해지는 사춘기에 접어들면 대부분의 청소년들이 긴장과 불안으로 인한 복잡한 정서적 양상이 표출된다. 이때 나타나는 2차 성적 징후 때문에 일어난 충동적 행동으로 성범죄까지 저지른 청소년들을 대상으로 음악활동을 실시하여 자신감과 자아 존중감을 증진시킨 보고서들이 있다.

모든 음악적 경험에는 정서적 영역이 있다. 이러한 정서적 효과는 사람마다 차이가 있을 수 있으며 문화권에 따라 선호도가 다르며 간혹 반응의 결과가 달라질 수 있다. 음악적 경험은 아동의 성장에 있어 감정을 다루고 표현하기에 유용한 수단이다. 음악 활동이 아동의 정서 조절 능력을 길러 주어 정서적 발달에 도움을 주기 때문이다. 성인에게도 음악 감상은 스트레스 해소, 불안감의 진정, 우울감을 개선해 줄 수 있다. 명상 음악은 내면의 성찰과 정서적 안정에 특히 유용하다.

2) 인지 발달

정보를 획득하고 기억하여 활용하는 인지(認知 cognition)의 본질은 대상을 구별하여 개념화하고, 상황과 본질을 파악하는 능력이다. 어떤 특정한 음악을 들었을 때 인지 능력은 음악적 정보를 해석하고 그 음악이 지닌 선율, 리듬, 악기들 간의 구조와 음색의 대비를 감지하므로써 인지력이 향상된다. 스위스의 심리학자 피아제(Jean Piaget)는 인지 발달 이론에 근거하여 출생부터 2세까지 일어나는 감각 운동기(sensorimotor stage), 2세에서 7세까지의 전조작기(preoperational stage), 7세에서 11세의 구체적 조작기(concrete operation stage), 11세부터 성인기의 형식적 조작기(formal operatin stage)에 따라 추상성에 대한 인지력에 미치는 음악의 효과를 단계적으로 파악하여 프로그램화했다.

인간의 인지적 능력에 대해 연구한 대표적 학자 가드너(Gardner)의 이론에 의하면, 인간의 지적 능력은 개별적인 다양한 지능으로 구성되어 있다. 그는 언어 · 논리 · 수학 · 공간 인식에 이르기까지 상호작용하는 현상을 조명했다. 악기의 연주, 노래와 시창(감상 포함) 활동은 다양한 신경 활동을 자극하여 공간 · 시간 · 수리 · 논리적 인지 능력을 촉진한다. 특히 음악은 그 실체를 전혀 다른 기호로 표시하므로 악보에서 음악으로의 전환과 음악 현상에서 오는 전이 현상도 인간의 인지 능력 향상을 증진시키는 효과가 크다. 특히 서양의 고전 시대 음악은 주제를 발전해 가는 과정에 일어나는 리듬의 분할과 반복, 음정의 확대와 축소에 의한 논리적 구조에서 일어나는 유사성과 대비가 미세한 인지 능력을 배양한다. 독일의

〈표 16〉 게슈탈트 이론의 다섯 가지 원리

원리	시각적 이해	음악적 이해
단순함의 원리		전체 음계를 세 음씩 또는 한마디씩 묶어 일관성과 통일성을 찾고 지각한다.
유사성의 원리	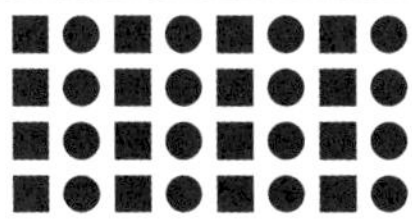	리듬이나 선율의 진행 패턴의 유사성을 찾는다.
근접성의 원리	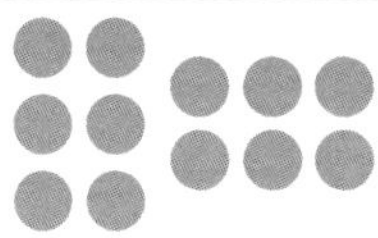	선율이 흐르면서 가장 인접하여 묶여 있는 음들의 그룹을 형성한다.
연속성의 원리	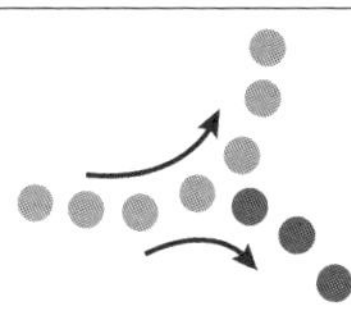	선율이 상행하거나 하행할 경우 다음 마디에서도 상·하행할 것을 기대한다.
완성의 원리	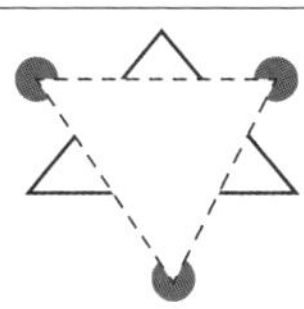	음악의 전개에서 다음에 이어질 선율을 예측하고 완성된 음악을 인지한다.

학자 게슈탈트는 이러한 원리를 다음과 같이 도식화했다.

3) 언어 발달

음악은 언어에서 비롯되므로 동서양을 막론하고 문학은 음악과 동의어로 쓰여 왔다. 보스턴 대학원의 실어증 연구자들은 선율 억양 치료라는 방법을 창안했다. 그들은 중증 실어증 환자가 말을 할 수 없더라도 친숙했던 노래는 부를 수 있는 점에 착안하여 치료법을 개발했다. 음악에 대한 뇌반구의 처리 과정은 일반적으로 인지 처리 과정과 같은 전략이 수반된다. 다음에 표시된 도식의 좌반구는 음악을 분석적이고 순차적으로 처리하는 반면 우반구는 음악을 소리의 형태를 따라 전체적으로 처리함을 나타낸다. 이로써 음악 속에 있는 언어가 뇌량을 통해서 두 반구 사이에 능동적 교환을 하며 치료 효과가 발휘됨을 알 수 있다.

〈표 17〉 노래에 담긴 언어와 음악의 상호성

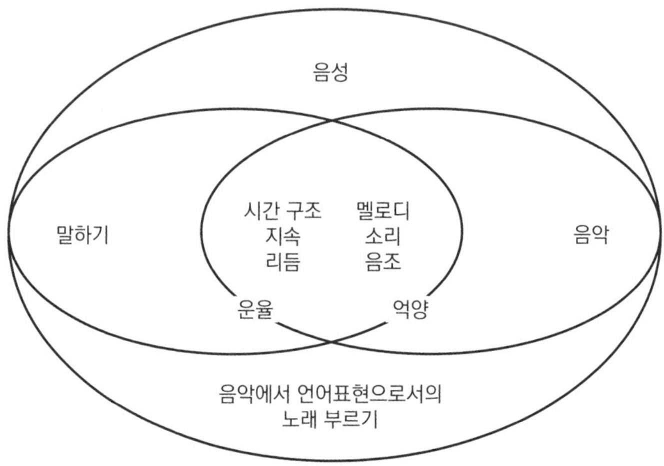

인간이 음악을 들으면 음악에 담긴 정보 처리 과정에 편측성이라는 역동적인 치유가 진행된다. 음악의 구조 · 지속 시간 · 동시성 · 리듬 · 운동근육 조절 · 억양 · 멜로디 · 음색은 음악과 언어가 지닌 공통적 요소이다. 인간의 음성은 음악과 언어에서 구조적 요소들을 표현하는 악기라 할 수 있다. 따라서 음악과 언어가 인간의 음성과 결합하여 노래 부르기가 가능해진다. 이때 좌반구는 시간 자극을 조절하고, 그다음에 우반구가 개입하여 음의 높낮이를 조절한다. 노래 부르기는 멜로디와 함께 언어를 결합하기 때문에 양반구 모두에 상호 활성화가 이루어진다. 근래의 음악 치료학계에서는 음악의 이러한 원리를 활용한 성공 사례를 연속적으로 보고하고 있다.

3. 음악 치료의 기능과 성과

1) 심리 효과

음악은 인간의 심리에 직접 작용하기 때문에 사람의 내면을 이해하고 개선하는 데 매우 효과적이다. 음악 치료는 각 개인의 지적 수준과 음악적 경험에 따라 능동적으로 참여하는 적극적 치료와 수동적으로 참여하는 소극적 치료로 나뉜다. 음악은 정서적 안정에 기여하므로 자아 존중과 신뢰를 강화시킬 수 있다. 음악은 본능적 욕구를 자극하거나 표현하게 할 수 있다. 따라서 음악을 통해 감정을 순화시켜 자아에 대한 긍정적 인식을 향상시킬 수 있다.

또한 음악은 부적절한 행동을 감소시키고 적절한 행동을 증가시키기도 한다. 심리적으로 건강하지 못한 사람은 동기 유발에 대한 행동 양식이 없어 대부분의 시간이나 관심을 한 방향으로 몰고 가는 경향이 있다. 이로 인하여 현실을 인식하지 못하고 사고와 행동이 단순해져 자신의 행동을 통제하기 어려울 수 있다. 이때 음악의 여러 요소들이 치유의 기능을 발휘한다. 즉 음악에는 시간의 주기인 리듬과 진동 수에 의한 선율이 체계적으로 배열되어 있다. 이러한 음악적 요소는 비록 음악을 듣는 사람이 그 구조의 원리를 모른다 하더라도 청각과 신경계가 반응하며 집중력이 향상되고 정서가 순화된다.

유도된 심상과 음악을 뜻하는 GIM(Guided Imagery and Music)은 음악 감상과 심상 경험을 통해 인간의 정신·정서·신체 및 영적 측면을 이해하고 통합하도록 돕는 음악 심리치료이다. GIM 훈련 과정을 이수하고 임상 자격을 취득하여 활동하는 치료사(FAMI)는 임상 목적에 따라 개발 검증된 음악 프로그램을 활용한다. GIM의 치료 대상은 심리적, 사회적으로 어려움을 겪고 있는 아동·청소년·성인까지 두루 포함한다.

또한 GIM에는 중증 환자의 회복기를 돕고, 말기 환자가 받는 불안과 공포 혹은 스트레스를 관리하며 영적 성숙과 자아실현을 추구하는 일반인들을 위한 프로그램도 활용된다. 한국에도 한국심상음악 치료협회[11]에서 GIM 치료사 인증서와 자격 관리를 하며 치료사 교육과 임상 세미나, GIM 임상처와 훈련팀 관리 등의 활동을 하고 있다.

2) 신경 재활

장기 식물인간 상태(vegetative state), 각성 혼수상태(coma vigile), 실외투 증후군(apallic syndrome), 정신적 외상(traumatic) 환자에 대한 음악 치료의 질적 연구가 심화되고 있다. 그런가 하면 의식을 돌이킬 수 없는 상태를 죽음으로 가는 신호로 판단하여 환자의 기본 권리, 장기 보호의 경제성, 안락사에 대한 토론이 진행되어 왔다. 그러나 신경계 의학이 진전되면서 환자가 지각을 할 수 없거나 표현할 수 없다고 하여 죽어 가는 과정이 아니라는 것을 알게 되었다. 그리하여 이러한 환자들은 특별한 상황에 놓여 있는 인간 존재임을 인식하고 토의하기에 이르렀다.

음악 치료사 헤라겐라트(Angar Herkenrath)는 음악 치료 활동을 하면서 환자들의 상태와 그 상태에 대한 정의·진단·질병의 진

11 GIM 한국 심상음악 치료협회 https: //gimkorea.or.kr/

행과 예후를 보았다. 그러면서 이러한 유형의 환자에 대한 의사의 일반적인 의견과는 다른 현상이 환자의 신체에서 일어나고 있음을 알게 되었다. 그는 이들의 치료에 앞서 뇌와 인지 · 영혼 · 마음 · 의식에 관한 철학적 · 신학적 · 윤리적 문제에 대해 숙고했다. "소리를 냄으로써 나는 존재한다. 소리를 들음으로써 존재한다."라는 신념으로 음악 치료를 시도하여 효과를 거두었다.

그는 1997년부터 심각한 신경학적 장애를 가진 성인을 위한 독일의 하우스 쾨닉스보른(Haus Königsborn) 장기요양기관[12]에서 환자들을 치료하며 음악 치료 과정에 대한 단계적 방식과 차도를 설명했다. 그는 치료 과정을 통해서 '영구 식물인간 상태의 환자라도 틀림없이 무언가 지각할 수 있을 것'이라는 신념이 있었다. 그는 코마 상태의 환자라도 진동의 결정체인 음악에 대한 반응은 여느 자극과 다른 반응 체계가 있으리라 생각하고 혼수상태 환자에게 음악을 들려주고 그 진동에 반응하도록 유도하여 차도를 보이는 과정을 설명했다.

볼프강 슈미트(Wolfgang Schmid)는 다발성경화증 환자에게 노래를 부르는 적극적 행동을 유도하여 상황 통제력을 가지면서 활동의 유능감을 경험하게 했다. 그 후 감정적 표현, 정서적 상황과 대인 관계의 개선까지 성과를 거두었다. 그는 노래를 하며 자유를 체험하고, 나아가 장난스러워지기와 같은 구체적인 시도를 요구했다. 이러한 과정을 거쳐 적절한 자신감을 갖게 하여 통제력을 발휘하고, 나아가 노래 이후의 고요를 응시하는 등의 효과를 증명해 냈다.[13]

---

12 Haus Königsborn: https: //www.lebenszentrum-koenigsborn.de/. (검색, 2024.9.20)

13 Davie Aldridge 편집, 관현주 외 공역(2019), p. 216.

이 외에도 신경계 손상으로 행동 장애를 겪는 환자의 제스처와 대화를 향상시키는 데 음악 치료를 적용하여 개선 효과가 있었다. 또한 대화 능력의 퇴행성 질환과 치매 환자를 위한 음악 치료에서 성과를 거둔 사례도 있다. 그리고 외상에 의한 뇌손상의 신경 재활에도 음악 치료가 효과를 거두었으며 어떤 치료 방법에도 차도가 없던 장기 식물인간 환자가 음악 치료를 받은 후 의식을 회복한 경우도 있다.

오늘날 수많은 뇌 연구자들은 대뇌생리학과 의식의 개념을 탐구해 오다 마침내 전기 생리학적 절차와 양자역학 관련한 새로운 연구 방법들을 시도하고 있다. 신경과학자들은 인간이 개체로서나 자아로서 지각하는 것을 가능하게 하는 '의식'은 인간이 스스로를 개체로서나 자아로서 지각하게 한다. 신경과학자들은 이러한 의식에 관해 과학뿐 아니라 철학적·종교적으로도 접근해야 함을 강조한다.

Ⅳ. 불교음악의 치유 기능과 역할

1. 의례와 신행의 역할

1) 의례의 사회적 기능

불심이 깊었던 이성계는 조선의 건국에 희생된 고려 왕씨의 넋을 위로하고 민심을 수습하고자 국행수륙재를 설행했다. 이때 수륙재의 텍스트를 노래한 범패가 불교음악의 사회적·심리적 치료의 가장 대표적인 예이다. 불보살을 찬탄하면서 그들의 지혜에 감화되고, 중단의 신중(神衆)에게 외호(外護)를 부탁하면서 안정감을 느끼며 영가들을 향한 범패로 자비심의 치유 기능을 발휘했다.

남방불교에서 가장 널리 애송되는 자비송 메따의 경우, 존재하는 모든 것을 향해 자비를 보내는 것이 결국 창송하는 자신에게로 돌아온다는 순환적 치유와 사회적 기능을 발휘한다. 예불의 기본이 되는 예참(禮懺)·삼귀의·회향게가 지닌 노래들도 불교음악의 종교적·사회적 기능뿐만 아니라 의례가 갖는 공동체의 결속에 매우 중요한 역할을 한다.

2) 구병시식과 치유·전환 기능

앞서 불교의학에서 의승(醫僧)들이 병자를 치료함으로써 불법홍보의 역할을 하였음을 확인했다. 과학 시대로 접어들어 의승들의 역할이 거의 사라졌지만 아직도 행해지고 있는 구병시식이 있다. 21세기에 접어들면서 의술이 고도로 발달하여 "못 고치는 질병이 없다."라고 여길 정도가 되었지만 아직 의술로 해결되지 않는 병마에 대하여 승려들은 구병시식이라는 치유 방식을 행한다. 무속에서는 굿을 하여 귀신을 뗀다고 하지만 불교에서는 시식이라는 자비행을 하는데, 그 과정에 염불·진언·다라니 염송이 주는 치유 기능이 있다.

경제어산 어장 동주 스님은 구병시식으로도 치료하지 못한 열병을 출가를 통해서 해결했음을 증언한 바 있다.[14] 큰스님들의 출가 동기에도 병증 현상은 종종 나타나곤 한다. 즉 인간의 질병이 육체적 원인이 아닌 보다 근원적인 존재의 방향성을 제시하는 현상이 있기도 한 것이다. 이러한 점에서 질병을 육체적 현상이 아닌 종교

14 윤소희 외, 『국립국악원 구술총서』 25, pp. 54–58.

적 현상으로 보았던 고대 인류의 처방은 첨단 과학의 시대에도 여전히 활용되며 바로 그 점에서 연구할 가치가 있다.

3) 시다림과 장엄염불

한 인간의 심장이 멈추고 호흡이 없을 때 의사들은 '사망'이라는 진단을 내린다. 이러한 죽음 판정 이후에 가장 오래 남아 있는 감각이 '청각'이라는 사실은 익히 알려져 있다. 한 생명체의 생과 사의 전이 현상 과정에 불교에서는 '시다림'을 한다. 이때 염불을 하여 망자가 평화로이 열반에 들 수 있도록 염불해 주는 것은 망자뿐 아니라 유가족에게도 큰 위안과 힘이 된다.

종래의 시다림 염불은 스님이 일방적으로 하는 것이어서 유가족과는 소통이 되지 않았다. 이는 신비 세계를 유지하는 측면에서는 일리가 있지만, 망자와 함께 유가족이 공감하는 시다림을 위해서는 음악 치유적 영역 확대가 필요하다. 시다림 이후 장례 절차에 들어가면 조문객을 맞이하고, 출상과 장례 마무리에는 장엄염불이 다양한 형태로 활용된다.[15]

유럽 클래식의 유수한 명작이 레퀴엠이듯이 시다림, 장례, 상여소리의 현대적 활용 등 전통적 불교음악의 자산이 많은 만큼 이 방면의 음악 창작과 치유 방법에 관심을 가져야 할 때이다.

15 구미래(2007), 『한국인의 죽음과 사십구재』; (2014) 「불교세시풍속」 등.

2. 율적 특징과 기능

1) 염불

염불은 잔잔한 리듬과 일정한 선율이 반복되는 순환구조를 지니고 있어 미니멀 음악의 특징을 보인다. 불교에 귀의한 사람 중에는 염불 소리에 매료되어 입문했다는 사람이 의외로 많다. 결코 유려한 선율이나 기묘한 리듬 절주가 아닌, 음악으로 치면 가장 단순한 패턴이 무한정 반복되는데 왜 염불에 빠져드는 사람들이 많을까? 여기에는 심장의 맥놀이 파장, 호흡과 혈맥순환과 맞아드는 진동수, 진동폭, 파동의 사이클과 관계가 있다. 한국의 범종 소리가 사람들의 마음을 울리는 것은 심장의 맥놀이 파장과 가장 유사하기 때문이라는 음향학자들의 연구 결과가 이를 말해 준다. 음악계와 의학계가 함께하여 염불의 치유적 기능에 대한 활용을 연구하고 데이터베이스 자료를 구축하면 좋겠다.

2) 범패

염불의 특징이 반복과 단순함이라면 범패는 어단성장(語短聲長)이 가져오는 긴 호흡에 방점이 있다. 범패가 창화되는 재장의 율적 양상은 동일한 가사를 염불처럼 촘촘히 엮는 데서부터 반염불조, 홑소리, 짓소리까지 그 율적 운용의 폭이 매우 넓다. 글자 한 자만으로도 의미 전달이 가능한 것이 한자이므로 모음을 늘여 짓는 멜리스마 선율이 같은 경전을 쓰는 한·중·일 불교 의식음악에 쓰이고 있다. 그러나 늘이고 줄임의 유연성이 자유로운 곳은 한국

뿐이다. 한국 범패의 이러한 유연성은 음악 치료에 매우 효과적으로 활용될 수 있다.

특히 짓소리의 긴 호흡은 집중력 향상에 기여하며, 긴 호흡이 주는 신체적 효과가 있음을 의학계에서 주목하고 있다. 가곡의 명인 김월하는 한국전쟁 때 부산으로 피난을 가서 병을 앓게 되었는데 시조창을 하면서 완치되어 훗날 가곡의 명인이 되었다. 김월하 명인의 치병에는 시조와 가곡이 지닌 긴 호흡이 결정적인 역할을 했다. 호흡을 길게 하기 위해서 억지로 숨을 늘이기는 힘들지만, 노래를 하면 자연스럽게 호흡이 길어지는 데다 불교의 지혜와 자비심을 담고 있는 가사로 인해 더 큰 효능이 발휘될 수 있다. 덕림 스님은 「범패의 수행원리와 활용방안 연구」에서 짓소리의 수행 성과와 음악 치료적 기능을 실제 사례로 제시한 바 있다.

3) 영산회상과 민요

한국 전통음악에는 만(曼)·중(中)·삭(數)의 형식이 있다. 정악에서는 시를 읊는 시조창이 있고, 시조창의 동일한 가사에 악기 반주를 곁들여 예술음악화했다. 불교의 범패에서는 동일한 가사를 염불조 → 홑소리 → 짓소리로 늘이고 줄일 수 있다. 그런가 하면 자진염불·긴염불에서는 언어와 음악이 상호작용하고 있다. 언어의 의미와 이해 단계에서 율조를 더하면 암기가 쉬워지므로 불교의 경전이 성립될 때 언어의 선율과 리듬이 작용했다. 이를 오늘날 상황에 적용해 보면, 노래를 배우고 부르는 과정을 통해 단어 습득과 어휘 확장, 문장 짓기와 논리적 전개에도 음률 기능을 활용할 수 있다.

범패나 염불보다 더 예술적인 미적 체험을 원하는 사람에게는 고아하고 유려한 영산회상을 권한다. 명상 음악으로 빈번히 채택되는 영산회상은 천 년이 넘는 세월 동안 수많은 사람들의 음악적 역량이 축적되어 최고의 예술성을 지니고 있다. 이러한 음악을 통한 명상과 휴식은 스스로의 자존감 회복과 환희심을 유발한다.

재장에서 한문으로 노래하는 범패를 부르다가 우리말 가사로 된 회심곡을 노래하면 사람들의 표정이 일시에 달라지며 재장의 분위기가 환기된다. 가사가 지닌 소통의 기능과 더불어 민요의 흥겨운 장단과 선율이 작용하기 때문이다. 음악 치료의 역사 중 죄수들에게 그레고리안 찬트를 들려주었을 때 죄책감을 불러 일으켜 부정적인 효과를 얻었던 사례가 있다. 이와 반대로 민요에 담긴 일상적 감성과 율적 현상이 어떤 면에서 더 긍정적인 효과를 거둘 수 있는 것이다.

3. 가사와 공명의 기능

1) 발성 자체 기능

세계 모든 문화권 중에 언어와 음의 결속력이 가장 강했던 곳이 인도라는 사실은 진언과 만뜨라 찬팅이 잘 보여 주고 있다. 힌두 사제들은 음성 에너지의 위력을 알았으므로 사브다비드야(śabda 聲, vidyā 明)라는 음성행법을 연마했다. 불교는 이러한 문화적 토양에서 생겨났다. 그 때문에 중국에서 한어 경전이 성립될 때 가장 먼저 시도된 것이 범어 자모를 한자 소리로 전환하며 각각의 음에 각 경전의 사상을 대입하는 것이었다. 그래서 산스끄리뜨어의 자모를 창송하는 대목이 『반야경』, 『화엄경』, 『열반경』에 이르기까지 12자모로 실려 있다. 21세기 의학계에서 발성의 진동과 뇌파에 관한 연구가 다각도로 이루어지고 있듯이 불교음악계에서 이와 관련한 창작음악과 연구의 길이 열려 있다.

〈그림 3〉 목소리관의 파동적 역학 관계

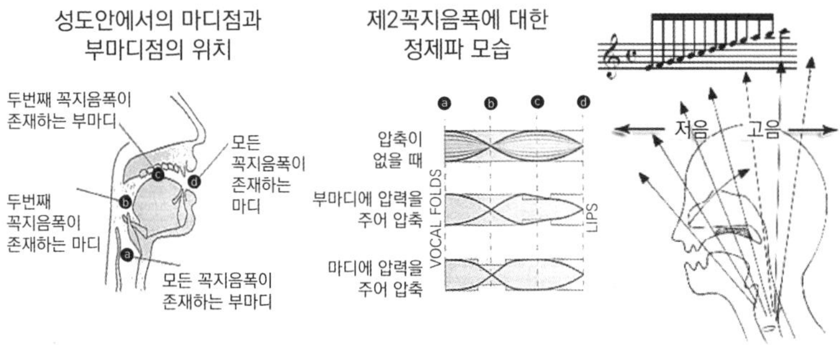

(1) 자모 발성

『화엄경』「입법계품」 제5번째 선지식인 미가장자는 자모를 음성다라니로 송주하고, 45번째 선지식인 선지중예동자는 42자모 다라니를 노래[唱]하며 깨달음에 이르렀음을 설한다. 언어에는 억양과 리듬이 있으므로 고대 그리스에서도 문학은 곧 음악이었고, 중국에서는 시(詩)가 지닌 운율이 송(頌)이었으며, 여기에 보다 더 선율감을 부여하여 창(唱)을 했다. 법언의 자모는 모든 경전을 함유하고 있으므로 오늘날 중국 범패 중에 가장 격식을 갖추어 장엄하게 창송한다.

이 책에서는 독자의 이해를 쉽게 하기 위해 산스끄리뜨어 자모를 알파벳이라고 하였으나 실제 산스끄리뜨어의 알파벳은 영어의 에이 비 씨와는 많은 차이가 있다. 예를 들어 영어 알파벳의 첫 음 'A'는 모음이지만 'B, C, D'와 같은 알파벳은 자음이다. 이에 비해서 산스끄리뜨어는 아(अ) 라(र), 파(प), 차(च)와 같이 모두 '아' 자모음을 붙여 모음화되어 있으므로 이들을 차례로 읽으면 모음창이 된다. 이러한 자모 창송은 고대 이집트 신전에서 행했던 모음 힐링과 상통하는 것으로, 인류 공통의 치료 방식이었음을 알 수 있다. 그런데 한국에는 이러한 자모 창에 대해서 거의 알려진 바가 없다. 중국 범패 중 가장 예술성이 높은 '찬'류 악곡에서 소리가 끊어진 듯 휴식하는 탄창 부분이 있는데[16], 영남범패 아아훔[17] 소리와 마찬가지로 깊은 휴식에 해당한다. 이는 불교적 공(空)의 상태를 느끼게 하는 음악적 표현으로 음악 치료의 좋은 아이템이 될 수 있다.

(2) 진언과 다라니

중국과 한국에서는 신행과 의례에 수반되는 율조를 '범패'라고 한다. 이와 달리 일본에서는 '쇼묘[聲明]'라고 하는데 이것은 인도 음성행법을 바탕으로 한다. 일본에서도 삼한의 범패 영향권에 있던 헤이안 중기까지는 이들 율조를 '범패'라고 했다. 이 당시까지만 하더라도 일본에서의 '쇼묘'라는 어휘는 산스끄리뜨어의 음운학을 지칭하던 것이었다. 헤이안 말기에 이르러 중국에서 밀교를 배워 온 승려들에 의해 진언이나 다라니와 같은 밀의작법이 강조되면서 의례 율조를 '쇼묘'라고 하게 되었다. 여기에는 음성행법 관련 밀교의 특징이 내재되어 있다.

중국의 범패가 인도의 음성행법보다 문자의 뜻에 비중을 두었던 데 비해, 음성행법이 살아 있는 밀교는 언어의 뜻보다 발성 진동에 더 집중한다. 한국의 불교사에서도 다라니 송주로 치병 성취를 이룬 이적들이 많다. 대표적인 것이 천수다라니인데, 수행의 과정에

16 윤소희(2023), 『한 · 중 불교의례와 범패』, p. 253, p. 260.
17 윤소희(2017), 『범패의 역사와 지역별 특징』, pp. 291－292.

도 다라니 송주로 인한 이적들이 많듯이 질병 치유의 일화가 많다.

21세기 음악 치료에는 미세한 음의 움직임을 기호화한 악보의 리딩이 언어의 지각력을 향상시킨다는 연구 결과도 있다. 그뿐만 아니라 아동의 악기 연습이 청각, 손가락 근육 기교, 어휘력, 추리력 등을 향상시킨다는 주장도 있다. 진언과 다라니 즉 한국식 만뜨라 찬팅을 이러한 치유 방법에 활용하고 연구 데이터를 구축하는 것도 필요하다.

2) 염불의 복합적 기능

불교를 모르는 사람도 염불 소리가 좋다는 경우가 많다. 그렇다면 어떤 작곡가가 염불과 같은 리듬과 선율을 만들어 다른 가사를 입힌다면 어떻게 될까? 여기에 음악적인 성과는 있을지 모르지만 염불과 같은 효과는 기대할 수 없다. 염불에는 율조의 가사가 되는 경전의 힘이 있다. 붓다 생존 시에 어떤 수행자가 병으로 고통을 겪고 있거나 임종을 앞두고 고통을 겪고 있는 제자들에게 "법언을 들려주라."고 했다. 이렇게 한 것은 진리의 말씀에서 오는 환희심에 치유의 에너지가 있기 때문이다.

그렇다면 경전의 뜻을 모르는 사람이 그 경전을 읽어도 동일한 현상이 나타날까? 아마도 동일한 효과를 거둘 수 없을 것이다. 그렇기 때문에 염불은 염불을 하는 행위자의 수행력과 진정성이 중요하다. 발음이 유려한 아나운서가 경전이나 다라니를 읽을 때 염불 수행해 온 스님과 같은 느낌이 나지 않는 것은 음성 이전에 수행의 내공이 있기 때문이다. 염불하는 사람의 청정 에너지가 염불 율조와 결합하여 치유의 기능을 발휘하는 것이다. 따라서 똑같은 경전을 염송하더라도 염송자의 수행력에 따라 염불의 치료 기능이 달라진다. 이러한 점에서 참된 수행자의 염불은 불교음악 중에 가장 최고 최상의 치료음악이라 할 수 있다.

3) 가사와 선율의 결합 기능

삼귀의, 회향, 자비송을 가사의 뜻을 모른 채 신심으로만 노래한다면 그저 듣기 좋은 허밍이 될 것이다. 그러나 이들 악곡의 가사에 마음을 담아 노래한다면 그 선율이 지향하는 의미가 창자의 심상에서 발현된다. 반대로 이런 의미를 지닌 가사를 선율 없이 그냥 낭송하거나 읽기만 한다면 어떨까? 다 함께 같은 선율을 노래하면서 느끼는 공동체 의식이나 지향하는 의미에 대한 감동으로 연결되는 정도가 미약할 것이다. 이러한 데서 가사와 선율이 결합된 노래의 효용성을 알 수 있다.

대만의 수륙재장에서 신도들이 느끼는 환희심에서 오는 공감이 압도적이었다. 역대의 고승 중에서도 최고의 명문장가가 지은 한자 의례문이지만 한국 사람들은 그 묘미를 전혀 모른다. 이를 견뎌내고(?) 있는 재자(齋者)들이 안타깝다. 이러한 상황을 극복하기 위해서는 하루 속히 의례의 한글화가 이루어져야 한다. 불교 경전과 의례문에 담긴 심오한 가사들을 비롯해 '석가모니불', '관세음보살'이라는 이름만으로도 치유와 성취의 기능이 있다. 이러한 점이 불교음악이 지닌 종교적 효용성이자 음악치유의 기능이라 할 수 있다.

음악을 들려줌으로써 나타나는 호흡, 눈 깜박임을 비롯한 신체적 표현에 대해 설명된 모든 요소들을 한 마디로 표현하면 '움직임'이다. 움직임은 리듬을 포함하며, 시간과 공간을 필요로 한다. 이러한 요소들이 특정 구조를 이루듯 음악도 마찬가지다. 진동수에 의해 발현되는 선율, 그것을 나열하는 시간의 구조인 리듬이 서로 융합된 매체이듯이 음악에 반응하는 신체 현상도 그러하다. 음악을 들으며 통증 완화가 되는 것은 약물 요법에 비할 수 없는 순기능이 있다. 비행 청소년의 정서 순화와 긍정적 마인드, 여성과 노인, 장애인에 이르기까지 사회적 약자에 대한 음악 치료는 말로써 하는 설득에 비해 공감의 정도가 비할 수 없이 크다. 그 어떤 의학적 치료와 종교적 설득보다 자연스럽게 치유 효과를 거둔다는 점에서 앞으로 불교음악을 치료에 활용하고, 이에 대한 연구가 활발해지기를 기대한다.

V. 불교와 명상 음악

1. 21세기 과학과 명상

1820년대 서양인들의 항해와 정복으로 동양 종교의 수련 방법을 발견한 것이 명상에 대한 근대적 활용의 첫 걸음이었다. 초기에는 동양 종교의 수행법에서 비롯된 명상법이 상류층 사람들 사이에서 향유되어 오다 1960년대 들어 자연주의와 반문명 운동이 확산되며 명상의 대중화를 불러왔다. 1979년 MIT대학의 분자생물학 박사였던 존 카밧진(Jon Kabat-Zinn)이 말기 암 환자, 만성통증 환자를 대상으로 마음 챙김을 통한 스트레스 감소 프로그램을 개발하며 명상의 과학적 연구가 부각되었다. 이후 마음 챙김을 기반으로 한 심리치료 프로그램(MBCT, ACT)이 개발되며 명상 연구가 본격화되었다.

1) 명상과 뇌과학

1990년대 들어 명상에 대한 과학적 연구를 위해 신경과학자 프란시스코 바렐라(Fransisco Varella)와 티벳의 달라이라마를 주축으로 한 마음생명연구소가 설립되었고 사업가 애덤 앵글(Adam R Engle)이 관련 프로젝트를 경영하였다. 이 연구소에서 2년마다 심포지엄을 개최하면서 명상과학(Contemplative Science, Contemplative Studies)이 보편적 용어로 자리 잡았다. 그리고 약 3년 후인 1994년 미국 국립보건원(National Institute of Health) 산하에 있던 대체의학연구소에서 명상연구 총람을 발간하였다.

21세기에 들어서 위스콘신 대학교 심리학 교수인 리차드 데이비슨(Richard Davidson)이 명상이 뇌에 미치는 연구를 세계 최초로 수행하였다. 이때 명상가 마티유 리카르드(Mathieu Ricard)의 뇌를 MRI와 EEG로 측정한 데 이어 스탠포드 대학교에서 명상연구에 관한 강좌를 개설하였다. 2014년에는 '마음 챙김 명상 혁명의 해'라고 할 정도로 명상에 대한 세계적인 관심이 일었다. 한국에는 2018년에 KAIST 대학에 명상과학연구소가 설립된 것을 비롯하여 국내 각 분야에 연구 프로젝트가 시행되고 있다.

윤회에 대한 믿음과 극락왕생이나 불보살의 가피와 기복적 신행이 일상화된 동양의 불교와 달리 서구인들이 받아들인 불교는 초자연적인 요소에 대한 믿음이 없다. 기본적으로 서구에서는 무신론적 불교로서 마음의 정신적 현상과 뇌신경의 가소성(plasticity), 수행자들의 뇌현상(functional magnetic resonance imaging)과 뇌전도(EEG: electroencephalogram)와 관련한 명상 수행을 중시하는 종교로 인식하고 있다. 이에 비해 동양의 불교인들은 초월적 존재자로서의 부처와 불보살을 향해 제화구복 의례와 음악을 선호하고, 명상음악은 서양 뮤지션의 영향을 받는 입지에 있었다. 그러나 근래에는 그간 잊고 있었던 동양음악의 명상적 자원에 눈떠 가는 중이다.

2) 코로나 팬데믹 이후 명상의 역할

2019년 코로나19로 인해 사회적 만남과 인간적 접촉이 제한되자 원격 명상 프로그램 개발이 가속화되었다. 그리하여 정신건강 관리의 필요성과 함께 디지털 명상 시장이 활성화되었다. 그 결과 신경과학 분야에서 명상의 뇌 가소성에 미치는 연구 성과가 쏟아져 나왔고, 가상현실(VR)과 증강현실(AR)을 활용한 명상 경험 연구가 촉진되었다.

코로나19 팬데믹이 종식되던 2022년부터는 AI를 활용한 개인 맞춤형 명상 가이던스 시스템 개발이 시작되었다. 이 무렵부터는 기후 위기에 대한 불안과 디지털 피로를 해소하기 위한 자연생태학적 명상에 대한 관심이 부각되었다. 그 결과 뇌-컴퓨터 인터페이스(BCI) 기술을 활용한 명상 상태의 모니터링의 연구가 진일보하여, 2025년 현재는 명상과학의 학제간 연구가 활발해지며 메타 융복합 명상과학 연구가 심화되고 있다.

2025년 현재는 전 세계 대학에서 명상에 대해 연구하고 있다. 이들 연구 데이터를 보면,[18] 871편의 논문을 발표한 하버드 대학을 비롯하여 런던 대학 551편, 옥스퍼드 대학 267편에 이르기까지 전 세계 대학에서 앞다투어 연구 성과를 발표하고 있다. 명상에 대한

18 김완두 외(2025), 『2025 명상과학 리포트』, p. 20.

과학적 연구의 진척은 사람이 느끼는 불안, 우울, 스트레스, 정서 안정에서 나아가 공감을 위한 신경회로와 자비신경회로 등 보다 나은 인간 존재 방식에 관해서까지 확장되고 있다.

3) 명상의 분파와 불교

명상에 대한 연구 분야를 크게 나누어 보면, 뇌의 구조적 변화, 신경 생리학적 변화, 분자생물학적 변화, 뇌-장 축(Gut-Brain Axis) 연구, 스트레스 반응에 대한 연구, 기술 융합 연구와 활용 방안, 사고 · 언어와 관련한 분야들이 있다. 음악이 명상에 미치는 영향과 활용을 연구하기 위해서는 연주자, 작곡자 등의 참여가 필요하다. 따라서 이 항에서는 명상과 음악의 상호작용에 관해서 문화권에 따라 통시적으로 짚어 보고자 한다.

오늘날 불교 계통 명상 음악의 갈래는 상좌부(Theravada), 대승부(Mahayana), 밀교부(Vajrayana), 유럽과 미국인들에 의한 음악 등으로 크게 나눌 수 있다. 스리랑카와 동남아 지역의 상좌부는 경전 암송 율조, 대승은 한어 경전에 의한 송경과 범패, 밀교부는 신비 에너지를 활용한 만뜨라, 서양 뮤지션은 서양음악 베이스에 자신들이 접한 특정 지역 · 종파의 음악적 성격을 융합하고 있다.

2. 인도의 명상 음악

1) 불교 탄생 전후의 음악

음악의 가장 원초적인 출발은 원시종교의 무속에 수반되는 몸짓과 음성에서 시작되었다. 원시신앙이 고등종교로 진화하면서 음악도 의례의 체계화에 따른 정제된 낭송 율조와 선율로 발전하고 그에 대한 사상이 부여되었다. 이러한 현상이 인도 전통음악인 '라가'에서도 드러난다. 라가는 사계절과 하루 일과 중 특정한 시간과 계절에 부르지만 막상 그 가사를 들어 보면 기도와는 아무런 상관없는 세속적 노래인 경우도 있다. 이는 가사보다 소리의 진동에 집중해 온 힌두사제들의 음성행법과 무관치 않다. 이러한 음성행법은 훗날 주술 행위로 이어지기도 했다. 힌두 사제들의 과도한 제의와 주술, 카스트 제도와 결부된 종교적 억압은 민중의 고통을 가중시켰다. 그리하여 석가모니는 제자들에게 이러한 행위를 하지 말 것을 계율로 정했다.

석가모니에 의해 불교가 탄생될 즈음의 인도는 농경과 무역의 발달로 신흥 부유층이 대두되던 시기였다. 그러나 힌두 사제들은 이러한 시대적 변화를 무시하고 신정일치의 폭압적 행태를 보였으므로 민중은 불교와 자이나교와 같은 신흥종교로 눈을 돌리게 됐다. 사람들은 힌두 사원을 떠나 불교 교단으로 출가했다. 힌두 사원은 쇠퇴의 길로 접어들었으나 석가모니의 입멸 후 불교 교단이 분열되는 틈 사이로 힌두가 침투했다. 그간 힌두의 고질적 병폐를 쇄신한 사제들이 불교와 자이나교의 장점을 흡수하면서 새로운 활기를 되찾았다. 힌두는 본래 찬팅의 율조를 중시하였으므로 인도 전통음악의 발전을 촉진시켰다.

불교가 금욕주의로 제사와 기악에 대해 엄격한 자세를 취하며 음악과 멀어져 간 사이에 힌두와 함께 인도 음악은 복잡한 율조에 대한 이론적 체계가 수립되기 시작했다. 기원 후 2세기 무렵에는 바라타(Bharata)에 의해 『나티야샤스트라(Nātyaśāstra नाट्यशास्त्)』라는 인도 최초의 음악서가 저술되었다. 인도에서의 음악은 신과 인간을 연결 짓는 매개체로 '음악은 곧 종교적 실천'이기도 했다. 그러므로 오늘날 출판되고 있는 『나티야샤스트라』의 저자 바라타의 이름 뒤에는 항상 현자 내지는 성자를 뜻하는 '무니(Muni)'라는 존칭이 붙는다. 동서를 막론하고 고대 사회에서 음악을 하는 사람들은 천상의 신으로부터 영감을 받는 존재였다. 따라서 고대 인도에서 음악을 배운다는 것은 영적 수련을 의미하는 사다나(sãdhanã)였다.

무굴 제국(Mughal 1526~1875) 시기의 천재적 음악가 탄센(Mian Tansen)은 음악으로 비를 내리게 하거나 불을 일으킬 수도 있었다. 그런가 하면 타밀 왕조 때 탄조레를 중심으로 활동했던 띠야가라자(Tyagaraja 1759?~1847?)와 무뚜스와미 디크쉬따르(Muttuswami Dikshitar 1776~1835), 샤마 사스뜨리(Syama Sastri 1762~1827) 등 인도의 뮤지션들이 일으킨 신비한 일화들이 곳곳에 전설처럼 전하고 있다. 이렇듯 인도의 음악은 단지 선율이나 리듬을 향유하는 데서 그치지 않고 음악 행위를 통하여 영적 성취를 이루었으므로 세속음악과 종교음악의 구분이 어려울 정도이다.

〈사진 41〉 숲속 수행자와 음악을 논하고 있는 탄센(가운데)

2) 키르탄과 바잔

무소불위의 지위를 누리던 힌두 사제들은 불교·자이나교와 같은 개혁 종교의 출현으로 힘을 잃었다. 그러나 붓다 입멸 후 힌두교와의 습합으로 불교가 정체성을 잃어버린 자리에 개혁적 합리성을 수용한 새로운 힌두교가 등장했다. 그사이에 그리스·몽골·이슬람 군대의 침입을 받으며 문화 변혁기를 보낸 인도에서는 종래에 범접할 수 없었던 베다 찬팅(Chanting)과 달리 민중과 함께 노래하는 헌신의 노래 '키르탄(kirtans)'과 '바잔(Bhajan)'이 성행하게 되었다.

키르탄(Kirtan)과 바잔(Bhajan)은 둘 다 신을 향해 노래하고 황홀경에 이르는 영적 해방에 그 목적이 있다. 음악적으로 보면 키르탄은 2개 이상의 악기 반주에 산스끄리뜨어 운율을 바탕으로 하여 주고받는 요소 등 일정한 조건이 있지만, 바잔은 악기가 있거나 없거나 가수 혼자 혹은 수천 명이 함께 노래해도 무방하므로 대중에게 더욱 쉽게 다가갈 수 있었다.

무굴제국 시기(1526~1857)에 박티(Bhakti) 운동과 함께 확산된 바잔은 전통음악인 라가(Raga)를 기반으로 다양한 노래를 자유롭게 하므로 인도 전역으로 퍼져나가 민중의 노래가 되었다. 그리하여 오늘날 인도 영화에서도 바잔을 노래하는 장면을 흔히 볼 수 있고, 서구 뮤지션 중에도 바잔을 활용한 명상음악 활동을 하는 이들이 있다. 갠지스강 축제에서 수만 명이 부르는 바잔과 힌두사원 뿌자(기도회)에서 부르는 소박한 모임의 바잔을 들어 보면, 인도를 하나로 뭉치게 하는 가장 큰 마력이 바로 '바잔'이 아닐까 하는 생각이 들기도 한다.

3. 불교와 명상 음악

1) 남방불교의 명상 음악

(1) 스리랑카의 마하 빠리따

스리랑카의 불교 신행은 인도와 닮은 면이 많다. 사찰에서는 매월 음력 보름을 금욕·참회의 날로 정해 육식을 금하며, 독경하고 정진하면서 설법을 듣는다. 밤샘 법회를 할 때면 사찰이나 커다란 강당 혹은 민가의 거실 가운데 망다파(Maṅdappha, 법루)를 설치한다. 망다파에서는 목소리가 좋은 6~10명의 스님들이 둘러앉아 마하 빠리따(Maha Paritta)를 하는데, 주된 레퍼토리는『보호경』,『초전법륜경』,『망갈라숫따』와 같은 경전들이다. 붓다께서 최초로 설법한『초전법륜경』은 많은 사람들이 외우므로 필자도 몇 구절을 외울 정도이다. '경을 듣고자 하는 천인들을 초대하기 위한 경'이라는 뜻을 지닌『보호경』을 낭송하면 천인들이 모이고, 부정적인 모든 요소들이 사라지므로 불교도들은 진언과 다라니 외듯이 이들 경전을 암송한다.

축복·상서로움·좋은 예감의 뜻을 지닌『망갈라(Mangala)경』은 부처님께 도리천의 천인들이 누리는 행복이 어떠한지 묻는 질문에 38가지 행복을 설하는 내용이다. 그러므로 망갈라숫따는 사찰과 민간의 기도 법회, 임종에 처한 환자나 장례식 등에서 가장 빈번히 낭송된다. 이러한 찬팅은 주로 스님이 노래하고 일반 신도는 감상을 하지만 경우에 따라 민간인이 찬팅을 하기도 한다. 민간인이 하는 찬팅 율조는 스님에 비해 시김새(선율을 이루는 골격음의 앞이나 뒤에서 그 음을 꾸며 주는 장식음)와 요성(관악기 연주와 성악에서 음을 떨어서 내는 소리)이 보다 화려하다. 이들의 노래 또한 대중이 따라할 수 있는 현대 음악이지만 서양음악과는 다른 대중적 현대 불교음악이자 염불이다.

(2) 동남아의 예경문과 메따

나모땃사	메따

미얀마의 어느 수행처에서 수행을 하는데 종일 악기 연주와 함께 노랫소리가 들려왔다. 수시로 들려오는 그 소리가 무척 궁금해서 스님께 물어보니 "주변에 그런 공연장도 없고, 아무 곳에서도 연주를 하지 않았다."라고 대답했다. 알고 보니 그것은 악기를 연주하며 경전을 낭송하는 음반을 틀어 놓은 것이었다. 동네 사찰에서 경전을 낭송하는 음반을 종일 틀어 놓는데 누구도 시끄럽게 여기지 않았다. 그들은 그 소리를 음악이 아니라 '경전'이라고 여기고, 그 음악을 들으며 늘 부처님과 함께하고 천신들이 자신을 지켜 준다고 믿고 있었다.

남방불교권에서 가장 많이 불리는 찬불가는 '나모 땃사~(Namo Tassa~)'로 시작하는 예경문이다. 유튜브에 올라와 있는 예경문을 듣다 보면 그 음원이 어느 나라 것인지 알 수 있을 정도로 빠알리 발음과 선율의 차이가 있기도 하다. 또 하나 대표적인 노래는 '아함 웨로 호미~(Aham avero homi)'로 시작하는 자비송(Metta)이다. 이들은 조석예불에서 독송하는 율조에 약간의 화음 혹은 악기 음색만 더한 것이므로 누구라도 따라할 수 있다. 이들 예경문과 자비송은 인도의 바잔과 같이 전통적이지만 한국의 범패처럼 난해하지 않아 다양한 명상 음악으로 재생산되고 있다.

2) 북방불교의 명상 음악

(1) 중국과 대만의 명상 음악

추운 곳에는 침엽수가 자라고, 더운 지역에는 활엽수가 자라듯 음악도 그 사회가 처한 자연환경에 적응하며 성장한다. 중국과 대만은 불교의 한 뿌리에서 갈라져 나왔지만 그들의 찬불 현실은 확연히 다르다. 중국인은 자신들의 문화적 정체성을 불교에 두고 있다. 조식(曺植 192~232)의 어산 범패를 중국 무형문화유산 제2호로 지정하였으며, 산동성에 위치한 조식의 무덤을 국가문물 보호단지로 지정하였다. 그러나 중국 공산당은 민중이 종교 행위로 뭉치는 것을 원치 않는 데다 사회주의 체제에서 살아온 중국인의 종교적 심성도 미약하다. 게다가 문화혁명으로 전통음악이 단절되었으므로 불교음악에서 명상적 느낌이 나지 않는 경우가 많다.

반면 대만에서는 범패가 생활음악이다. 핸드폰 이전에 '삐삐'라 불리는 호출기가 있었는데, 이 무렵 대만에는 염불기계가 있어 운전하거나 일할 때도 듣고 다녔다. 그들에게 '범패'는 의식음악이자 기도음악이요, 염불이며, 명상 음악이므로 인터넷에서 'meditation music'을 검색하면 대만의 염불음악이 줄을 잇는다. 대만 불광산에서 출반한 《법음청류》 중 〈옴마니반메훔〉은 6자 진언을 한 시간 내도록 반복하는 미니멀 뮤직이다. 그 음악은 매우 단순하지만 스님들이 즉흥적 이음성(異音聲)을 더하면서 변화의 묘미가 발휘된다. 불광산 성운 대사는 '범패는 불보살 들으라는 것이 아니라 사람이 들으라는 것'이라며 '인간음연' 운동을 펼쳤다. 대만에서 1949년부터 시작된 계엄 시기나 보수파 세

성운대사 작사
Imee Ooi 노래

력이 종교 권력까지 장악하고 있던 50년대 이후 대만의 사회적 분위기를 감안해 보면, 성운 대사가 이룬 찬불가 운동은 그야말로 초인적인 추진력과 성과였다. 명상 음악에서는 음색이나 작곡 능력을 넘어서 음악을 하는 사람의 에너지가 성공의 열쇠임을 대만 명상 음악을 통해 실감할 수 있다.

(2) 일본의 명상 음악

'쇼묘'라는 어휘가 인도 힌두사제의 음성행법에서 비롯된 만큼 일본에는 주 · 진언 · 다라니를 가사로 하는 곡들이 많다. 이들 범찬을 서양 악기와 화음을 더하여 노래하는데, 이를 달리 표현하면 일본식 만뜨라 찬팅이요, 명상 음악이다. 쇼와(昭和) 초기인 1930년대에는 문부성 종교국 내에 불교음악협회 사무국이 설치되어 각 대학 불교청년회를 통한 불교음악 계몽운동과 함께 서양식의 불교음악이 창작되었다. 서양 음악이 도입된 일본 음악계의 명상 음악으로 시긴[詩吟], 젠[禪]이 부각된다.

토니 스콧의 젠뮤직

민간의 예술 행위에 가까운 시긴[詩吟]은 한어(漢語)와 화어(和語, 일본어)로 된 시를 노래하는 것으로, 에도시대 말기에 사무라이 사이에서 인기가 있었다. 시긴은 가사의 끝 모음을 길게 늘이거나 크게 흔들며 힘을 주는 독특한 선율이 있어 '모음의 예술'로 불리기도 한다. 이 노래는 본래 무반주로 불렀지만, 점차 고토(가야금 종류)와 샤쿠하치(퉁소 종류)의 반주가 수반되어 오다 근래에는 오케스트라 반주와 함께하는 경우도 있다.

일본의 명상 음악 활동가로는 야쿠시지(藥師寺)의 칸호(寬邦)

〈사진 42〉 일본 야쿠시지 칸호 스님

스님을 손꼽을 수 있다. 칸호 스님은 직접 기타를 치면서 쇼묘를 노래하기도 하고, 천수다라니를 서양악기의 화음과 함께 노래하기도 하는데, 화음을 동반한 부드러움과 칸호 스님의 수행력이 조화를 이루고 있다. 이 외에 서구의 뮤지션 중 일본의 선(禪)을 근간으로 하는 명상 음악가들도 있다.

(3) 티벳 만뜨라 찬팅

달라이라마의 인도 망명 이후, 한때 뉴욕에서는 "티벳의 '티' 자만 붙어도 장사가 된다."라는 말이 있었다. 그러자 북인도, 네팔, 부탄 등지의 티벳 계열 만뜨라 찬팅이 명상 음악계를 압도했다. 나왕 케촉(Nawang khechog)은 티벳 라싸에서 태어났으나 중국의 침공으로 부모와 함께 인도로 와서 11년간 출가수행을 했다. 지금은 티벳의 Lingpu(대금 계열) 연주도 하면서 불교음악가로 활동하고 있다. 텐진 초에갈(Tenzin Choegyal)은 관악기, 현악기 연주와 더불어 노래 활동을 하고 있다. 그는 파드마삼바바의 『사자의 서』에서 영감을 받아 제작한 《중음(Bardo)으로 부터의 노래 Songs from The Bardo》로 2020년에는 제63회 그래미 어워드 후보에 올랐다.

현재는 보다 다양한 티벳 계열 명상 음악 활동가들이 부각되고 있다. 이들의 음악은 본래의 범패 혹은 싱잉볼이나 법구의 음향을 패턴화하거나 반주로 하는 만뜨라 찬팅이 많다. 근래에 두각을 보이는 사람으로, 중국계 말레이시아인 이미 오이(Imee Ooi), 티벳 가수 데첸 샤크-다그사이(Dechen Shak-Dagsay), 네팔의 비구니 스님 초잉 드롤마(Ani Choying Drolma)가 있다. 초잉 드롤마는 1990년대 후반 노래로 명성을 얻었다. 2000년 가난한 소녀들을 위한 학교를 설립하자 홍콩 영화감독 제니퍼 린이 이를 다큐멘터리로 제작하기도 했다.

4. 서구의 명상 음악

1) 초기의 명상 음악

유럽의 세계 정복으로 동양의 정신문화가 서구 문화에 스며들기 시작했다. 인도 요기에 관한 책이 베스트셀러가 될 정도로 확산된 데는 식민지 시기에 영국에서 수학한 인도 명상가들의 국제적 활동이 주효했다. 여러 명상처 중에 명상음악으로 주목받은 곳은 라즈니쉬(Osho Rajneesh 1931~1990)의 아쉬람이었다. 1992년에 발매된 《Garden of The beloved》를 시작으로 《Ten Thousand of Buddhas》, 《Buddhas Enjoying Freedom》, 《파초의 연못》, 《장미꽃 향기》의 음악적 성격은 인도 전통악기를 바탕으로 중국 · 일본 · 티벳 · 이스라엘의 전통음악에 뉴에이지 · 프로그레시브, 록 뮤직이 융합된 글로벌 명상 음악으로 각광받았다.

명상음악으로 주목받은 또 하나의 수행처는 프랑스의 프럼빌리지이다. 이 수행처를 건립한 틱낫한(釋一行 Thích Nhất Hạnh 1926~

〈사진 43·44〉 한국에서도 발매된 라즈니쉬와 자두 바구니 명상음반

2022)은 1961년부터 미국에서 수학하며 반전운동을 펼치다가 프랑스로 망명했다. 틱낫한 스님은 중국 임제 스님의 법맥인데, 그 법맥에는 선(禪)과 위빠사나 방식도 융합되어 있다. 긴 가사를 노래하는 프럼빌리지 음반의 악곡들은 마치 틱낫한 스님의 법문을 듣는 듯하다. 특히 '먹기 명상을 위한 시(Gathas for Midful Eating)', '나무 심기를 위한 시(Gatha for Planting a Tree)' '숨을 쉬세요. 당신은 살아 있습니다(Breathe, You aare Alive)' '깨달음은 거울(Awarceness is a Mirror)'의 가사들은 불교 수행 그 자체이다.

2) 21세기 장르의 다양화

재즈와 뉴에이지로 시작된 서구의 불교음악에는 포크, 펑크, 메탈, 힙합까지 가세했다. 근래에는 미국 민요를 찬불가로 노래하는 승려가 있는가 하면 일본의 쇼묘, 티벳 만뜨라를 활용한 다양한 장르의 서구 뮤지션들이 활동 영역을 넓히고 있다. 이들은 음악가인 동시에 영성가로서도 활동하고 있어 문화재에 묶여 있는 한국 범패의 역할을 되돌아보게 한다. 서구의 불교음악은 식민주의, 젠더, 인종, 환경, 전쟁과 평화에 대해서도 불교적 메시지를 던지고 있어 "진정한 다르마가 서방에서 피어나고 있다."라는 생각이 들기도 한다.

서양의 대중음악계에서 시작된 명상이 이제는 자신들의 고전으로 회귀하여 그레고리안 찬트를 명상 음악화한 경우도 있다. 2009년 불교 성가와 기독교 합창 음악을 결합하여 인기를 얻은 티나 터너(Tina Turner)의 'Beyond Singing Project'는 그레고리안 찬트 느낌의 악곡으로 불교와 기독교를 초월한 음악 세계를 구현하고 있다. 이 외에도 스위스, 네팔, 인도, 이스라엘 등의 가수들이 찬불가와 찬송가를 한 음반에 담아내기도 했다.

오늘날 한류가 전 세계를 휩쓸듯이 J-컬쳐에 대한 열광이 이와 같았던 때도 있었다. 서구 사람들이 중국의 '샨(禅 shàn)', 한국의 '선(禪 Sun)'이 아니라 일본식 발음인 '젠(ぜん zen)'이라 하는 데에는 이러한 시대적 배경이 있다. 재즈 클라리넷 연주자였던 토니 스콧(Tony Scott 1921~2007)이 1964년에 발간한 《Music for Zen Meditation》은 고토의 농현을 비롯해 일본 전통음악의 색채를 지닌 명상 음악의 고전이 되었다.

초잉드롤마 찬팅	나왕게촉의 명상 음악	아미오이의 반야심경	티나 터너의 법화경

5. 한국의 명상 음악

1960대부터 전통문화의 가치에 눈을 뜨기 시작한 사회 분위기에 힘입어 범패가 무형문화재로 지정되었고, 현재는 전국 각지의 문화재 활동으로 전개되고 있다. 이런 상황이다 보니 신행이나 수행으로서의 범패가 아니라 박물관의 전시품같이 현실적 생명력을 잃어 가고 있다는 우려의 목소리가 있기도 하였다. 이러한 영향으로 근래에 들어 선과 명상으로서의 범패에 대한 관심이 높아지고 있다.

1) 선(禪)과 명상 음악

진감선사는 당(唐)의 선문(禪門)에서 수행한 후 귀국했다.[19] 이전, 귀족불교 분위기였던 신라에서는 화엄이 중심이었으므로 앞서 선문을 열었던 도의(道義) 선사는 강원도 설악산으로 밀려났고, 홍척(洪陟) 스님만이 선문 개창의 면면을 어느 정도 유지할 수 있었다. 홍척은 당나라에서 마조(馬祖)계의 서당지장(西堂智藏 735~814) 문하에서 선을 배워 와 산문을 개창하였는데, 왕실과 막역한 관계가 있었다.[20] 진감선사는 산동이라는 외지 출신이라 도의 선사에도 비할 수 없이 사회적으로 열악한 여건이었지만 범패라는 윤활유 덕분에 쌍계 산문을 드높일 수 있었다.

---

19 도의는 헌덕왕 13년(821), 홍척은 흥덕왕 원년(826), 진감선사는 흥덕왕 4년(830)에 각각 귀국.

20 최병헌(1986), 「신라하대 선종 구산파의 성립」, pp. 36－38; 김두진(2007), 『신라하대 선종사상사 연구』, pp. 101－102; 진창영(2010), 「진감선사의 선불교 교화실천과 교학사상의 교육적 의의」, pp. 294－295.

신라 말기에 살았던 진감선사의 범패는 다음 왕조인 고려조에 만개하여 조선조로 이어졌다. 조선은 고려의 불교 유습을 이어 받았으나 유교를 국시로 삼았으므로 범패와 관련된 기록을 남기지는 못했다. 그러나 범패의 전통은 암암리에 전해지고 있었음을 각처의 기록과 의례문 발간을 통해 간접적으로나마 알 수 있다.

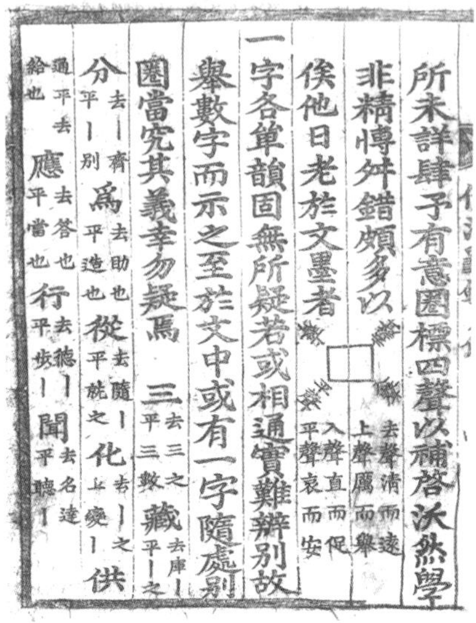
所未詳肆予有意圈標四聲以補啓沃然學
非精博舛錯頗多以
去聲清而遠 上聲厲而擧
俟他日老於文墨者
入聲直而促 平聲哀而安
一字各單韻固無所疑若或相通實難辨別故
擧數字而示之至於文中或有一字隨處別
圈當究其義幸勿疑焉

〈사진 45〉 4성의 표시가 있는 『작법귀감』

영조 24년 대휘 화상이 쓴 『범음종보』에는 진감선사의 옥음금성(玉音金聲)이 경상도와 전라도의 대찰로 퍼져 오다 조선조에는 서산 대사를 거쳐 혜감(惠鑑)으로 이어졌음을 적고 있다.

영조 44년에 출생하여 순조대에 활동하며 선문종주로 칭송받았던 백파긍선(白坡亘璇 1767~1852)은 진감선사의 범패가 조선 후기까지도 전습되고 있었음을 보여 준다. 일찍이 범패로 명성을 얻고 있던 백파긍선은 조선조 철종대까지 전승되어 오던 불교 의례문과 설행 방식을 종합하여 『작법귀감』을 편재하였다. 『작법귀감』의 내용 중 특히 주목되는 것이 있다. '평성은 애이안(哀而安), 상성은 여이거(厲而擧), 거성은 청이원(淸而遠), 입성은 직이촉(直而促)'으로 4성을 표시한 점이다. 『작법귀감』의 4성은 당나라 츠우종(處忠)이 저술한 『원화운보(元和韻譜)』의 내용과 일치하여[21]

21 顧易生·楊亦鳴 著, 韓鐘鎬 譯(1999), 『漢語音韻學入門』, p. 83에서 예를 든

당풍 범패를 배워 온 진감선사 범패의 법도가 조선 말기까지 유지되었음을 말해 준다.

이 책의 제목을 '작법'이라 한 것은 범패를 짓는 율조와 의례 설행의 진퇴방식을 구체적으로 설명하였기 때문이다. 특히 하단 관욕 후의 지문(指文)에는 '소리를 길게 늘여 지으면서…'와 같이 범패와 작법의 구체적인 귀감을 제시한다. 또한 제반 의례는 3단을 갖추어야 함을 강조하며 절구마다 4성 점을 찍어 누구라도 설행·창화가 되도록 하였다. 진감선사, 대휘대사, 백파 스님으로 이어지는 범패의 정신에는 선(禪) 수행이 가장 핵심적 선행 조건이다.

2) 근·현대 범패와 명상 음악

(1) 월하 스님의 선과 교

봉원사의 월하 스님은 동교 화계사의 범패가 성(盛)함을 듣고 그곳으로 가서 범패를 배웠다. 당시 화계사는 "공양주가 짓소리로 공양게를 한다."라고 할 정도였다. 월하 스님은 이곳에서 범패를 연마한 후 봉원사로 돌아와 제자들을 가르치는 데 열성을 쏟았다. 그 공을 기려 봉원사 입구에 '위진범음 중흥범패 월하당혜운대종사공덕비(爲振梵音 重興梵唄 月河堂慧雲大宗師功德碑)'가 세워졌다. 이러한 월하 스님의 비문에도 '선교겸수'를 강조하고 있어 범패와 선(禪)이 불가분의 관계임을 알 수 있다.

부산 범어사 어장 용운 스님은 해방 전후 보성(寶聲)이라 불리며 범패로써 전국적 명성을 얻고 있어 서울의 어장 스님들도 '용운스님 소리만은 범접할 수 없는 경지'라고 했다. 1969년 여름 문화

중국 한어 음운학 초기 츠우종이 설명한 4성조와 『작법귀감』의 설명과 일치한다.

재청은 국악학계 학자들에게 위촉하여 용운 스님과 영남범패 승려들을 한데 모아 《영남범패》를 녹음하였다.[22] 홍윤식 교수는 그해 겨울에 개인적으로 용운 스님을 방문하여 삼귀의소리, 지심신뢰소리, 송자 소리 등을 용운 스님 독소리로 녹음하였다. 이로써 1972년 한국 최초로 범패 무형문화재 보유자가 되었다.[23]

당시 용운 스님께 범패를 배운 바 있는 국청사 주지 계전 스님은 용운 스님의 범패를 일러 "그 소리가 바로 부처님 음성이라요."라고 했다. 용운 스님의 범성에 대한 세간의 평을 간추려 보면 첫째, '근심을 놓게 된다'라는 점이다. 이는 "수십 년을 모셔도 성내는 경우를 한 번도 못 봤다."라는 어산계 제자들의 증언을 떠올리게 한다. 둘째, 범사에 초연했기에 무념무아의 성음으로 듣는 사람들이 근심을 놓게 하였다. 셋째, '부드럽고 듣기 편한 자비성'이라 아무리 들어도 싫증이 나지 않았다. 마지막으로 '순하고 부드러워 배우기에 편했다'는데, 이는 명상 음악의 덕목이기도 하다.

(2) 동주 스님의 선수행과 범패

경제어산 어장 동주 스님은 출가 초기에 은사스님과 주변으로부터 "중질 할 줄 아냐?"라는 질문을 자주 들었다. 이 말은 "범패를 할 줄 아느냐?"는 뜻으로, 승려의 기본 자질이 범패였던 것이다. 당시 경기 지역에서는 출가가 곧 재받이와 범패를 시작하는 것이었다. 동주 스님은 천성적으로 암기력이 뛰어나 영산범패까지 제반의 선율을 외울 정도로 숙달하였으나 범패에 대해 깊이 생각해 본

22 이혜구 외(1969), 『梵唄와 作法 – 무형문화재 자료조사 보고서』

23 문화재로 지정되던 당시 용운 스님은 77세의 노령이었고, 이듬해인 1973년 1월에 입적하여 후학을 잇지 못했다. 상세 내용: 윤소희(2013), 『용운 스님과 영남범패』, pp. 42–96.

적이 없었다. 그러다 재장을 떠나 선방에서 수행하면서 “아, 이것이 선정의 극치에서 나오는 소리구나.” 하는 깨달음을 얻게 되었다. 이에 대한 감회를 옮겨 보면 다음과 같다.

> “선방 생활 3년쯤 되어서는 해제 철에도 안 나오고 선방에서만 지냈어요. 그때 혼자 고요한 산사에서 마당을 돌면서 그전에 배웠던 범패를 해 봤어요. 그때서야 범패의 진수를 알았어요. 배울 때는 가락 외우느라 다른 거 생각할 겨를이 없었는데 몇 년간 수행 정진을 하면서 몸과 마음이 청정해져서인지 그 소리의 본래 경지가 느껴지는 거예요. 그렇게 소리를 해 보니 천상에서 천신들이 부처님의 공덕을 찬탄하는 소리더라고요. 그러고 보니 소리를 배울 때도 그 소리를 들었는데, 그걸 잊고 있었더라고요.”

앞의 구술 내용에서 주목되는 점은 “재의식 활동을 할 때는 몰랐던 범패의 본래 경지를 선방에서 알게 되었다.”라는 점이다. 이는 오늘날 문화재 활동에 치중하고 있는 범패 현실을 되돌아보게 한다. 동주 스님은 1967년부터 송암 스님을 시봉하며 영산 과정까지 마스터한 후 선방에서 13안거를 수행하며 이와 같은 범음성의 경지를 체득하였다.

3) 창작 명상 음악

불교 명상 음악의 대명사라 할 수 있는 영산회상을 비롯하여 한국 전통음악 자체가 모두 명상 음악이라 할 만큼, 불교 명상 음악의 근원과 전개는 어느 시기를 잘라 말할 수 없을 정도로 장구하다. 이러한 가운데 오늘날 주목받는 음악은 1988년에 발매된 김영동의 《선禪 I》이다. 김영동은 송광사의 아침예불을 음악화한 데 이어《禪Ⅱ》에서는 '영산회상'을 명상 음악화했다. 윤소희는 2014년에 발간된《성철이야기》의 '퇴옹회상'에서 종소리, 드럼, 디지털 음원을 오스티나토로 하는 가운데 영산회상을 거문고로 연주하며 바이올린, 첼로를 크로스오버하였다.

공자의 예악 정신을 기반으로 하는 정악은 절제되고 승화된 정신세계를 지니고 있다. 이러한 바탕에서 형성된 영산회상은 명상과 힐링의 대표 악곡이다. 중광지곡, 유초신지곡, 표정만방 지곡에 각각 9-8 악장이 있는 데다 이들을 모두 독주곡으로 연주할 수 있으므로 그 활용 범위가 무궁무진하다. 이와 더불어 스님들의 염불과 악기, 노래, EDM 음향을 베이스로 하는 다양한 음반이 출반되었다. 이들 중 범능 스님(1961~2013)은 소리연구회를 결성한 뒤 관세음보살, 지장보살, 나무아미타불 Ⅰ·Ⅱ, 신묘장구대다라니, 석가모니불을 노래하며 명상음악 시리즈를 발매했다. 염불 그 자체만으로 명상 음반으로 큰 인기를 얻고 있는 영인 스님의 염불집도 불자들의 명상음악으로 호응을 얻고 있다.

근년에 들어 조계종에서는 선(禪) 명상을 테마로 하는 다양한 행사를 개최하고 있다. 총무원장 진우 스님은 법문의 핵심을 가사로 한 AI 음악을 제작하여 유튜브 '선명상TV'와 '불(佛)닮는 소리' 채널을 통해 소통하고 있다. 조계종 불교음악원에서는 2024년 8월 선명상연구소를 개설하여 11월 3일 '선 명상의 밤'을 개최했다. 선명상연구소장 일감(日鑑 황선철) 스님은 불교를 쉽게 전달하기 위해 음악을 활용한 법회에서 국악, 영산회상, 수제천과 같은 악곡과 함께 싱잉볼, 대금, 아쟁 사운드를 활용하였다. 2025년 4월에 열린 선명상 음악회에는 범패와 염불을 명상 음악화해서 21세기 새로운 대중불교로서의 선명상 음악회를 열었다.

5분 명상	선(禪) I	퇴옹회상	절로TV

4) 명상 음악 연구

한국의 범패는 '선'의 소리요, 수행의 도구이자 심신 치유의 도구임을 밝히는 논문들이 근년에 들어 부쩍 늘어나고 있다. 2021년 동국대학교 선학과에서는 범패로 수행지도를 한 사례가 연구 논문으로 발표되었다.[24] 이 논문에는 범패 수행과 삼매, 증입을 위한 범패 수행 지도와 이에 대한 수강자들의 체험 사례들이 있다. 나아가 범패를 활용한 명상 지도 방법을 프로그램화하여 초급·중급·고급으로 나누어 단계별로 실행하고 있으며, 액티브 명상으로 나비무와 바라무를 추면서 범패를 창화하고 있다.

동국대학교 한국음악과에서 범패에 대한 강의를 여러 테마로 실행해 보니 학생들은 재장에서 불리는 범패보다 수행과 명상으로서의 범패에 대한 관심이 월등히 높았다. 문화재 설행에 수반되는 범패가 전통 보존의 역할에 방점이 찍힌 반면 선명상 음악으로서의 범패는 치유와 휴식의 기능에 방점이 찍힌다. 21세기 정보 사회와 AI 시대를 살아가는 현대인의 생활 패턴을 감안해 볼 때, 그 어느 때보다 정신적·정서적 조화가 중요한 화두로 다가온다. 이러한 점에서 선명상 음악은 현대인의 복잡한 생활환경에 더욱 절실히 필요하다. 음악은 수행 입문으로서의 역할뿐만 아니라 수행 중 긴장

24 이병진(덕림 2021), 「범패의 수행원리와 활용반안 연구」; 한정미(해사 2024), 「범패수행과 심신치유에 관한 고찰」, pp. 5–21.

을 완화하거나 휴식을 제공해 주는 역할, 나아가 신경·심리적 치유까지 그 활용도가 다양하다.

근년에 들어 조계종은 선종(禪宗)의 진면목을 대중화하는 운동을 적극적으로 펼치고 있다. 총무원장 진우 스님은 '사회 리더를 위한 선명상 아카데미'를 개설하여 집중 강의를 했다. 이어 선명상TV를 통해 명상 음악을 활용하고, 조계종 불교음악원에서는 선명상 음악회를 정기적으로 개최하고 있다. 이러한 배경에는 진감선사를 비롯하여 선과 교를 실천해 온 한국불교의 역사와 전통이 있다.

선명상
아카데미

선명상 붐이 일자 선과 명상은 확연히 다른 세계라는 목소리를 내기도 한다. 단순히 스트레스 감소(MBSR) 혹은 긴장이완에 치중하는 명상 혹은 마음챙김 프로그램들을 일러 '맥마인드폴니스(Mcmindfulness)라고도 한다. 패스트푸드처럼 소비되는 맥마인드폴니스는 고통의 원인을 해결하기보다 일시적 진통제와 같아 번뇌의 근본적인 해결이 되지 못한다는 것이다. 따라서 앞으로는 선과 명상에 대한 수행의 진정성을 바탕으로 한 불교학적 연구와 더불어 음의 파동이 인체에 미치는 영향, 명상음악의 치유 기능에 대한 실질적인 통계 자료와 데이터 분석이 필요한 시점이다. 이를 위해 음악·불교·의학·과학·한문학계와 함께하는 융복합연구가 필요하다.

참고자료

[원전 · 사전]

『고려사열전(高麗史列傳)』

『사리영응기(舍利靈應記)』

『삼국사기(三國史記)』

『삼국유사(三國遺事)』

『악학궤범(樂學軌範)』, 국립국악원, 2011.

『조선왕조실록(朝鮮王朝實錄)』

『증보문헌비고(增補文獻備考)』

길상(吉祥) 편저, 『불교대사전』, 홍법사 2003.

한국불교대사전편찬위원회, 『한국불교대사전』, 보련각 명문당, 1995.

天納傳中 · 岩田宗一 · 播磨照浩 · 飛鳥寬栗 共著, 『仏教音楽辭典』, 京都 : 法藏館, 1995.

[중 · 일문]

爱德华 · 谢弗 著, 吴玉贵 譯, 『唐代的外来文明』, 陕西师范大学出版社, 2005.

袁靜芳, 袁靜芳, 『中国汉传佛教音乐文化』, 中央民族大学出版社, 2003.

傳暮蓉, 「华严字母佛教意义的研究」, 『論文集 – 第7届亚太地区佛教音乐学术研讨会』, 中国: 湖南人民出版社, 2013.

郑汝中, 『炖煌壁画乐舞研究』, 甘肃人民出版社, 2002.

大栗道榮, 『よくわかる 声明入門』, 東京 : 國书刊行會, (平成13年)2001.

二宮啓任, 「高麗の八關會について」, 『朝鮮學報』第9集, 朝鮮學會, 1956.

新井弘順, 「日本 仏教聖歌－声明」, 『동양불교성악과 문화』, 제4회 동양음악학 국제학술회외, 국립국악원, 1999.

[역서]

鎌田茂雄, 『中國佛教史』, 경서원, 1996.
高雅俐 저, 윤소희 역, 「불교음악전통과 불교음악」, 『불교음악문화』 창간호, 한국불교음악학회, 2021.
顧易生·楊亦鳴 저, 韓鐘鎬 역, 『漢語音韻學入門』, 학고방, 1999.
道端良秀 저, 계환 역, 『중국불교사』, 우리출판사, 2003.
淩海成 저, 김성순 역, 「教音樂的美學思想」, 『불교음악문화』 2, 한국불교음악학회, 2021.
박창화 찬술, 김성겸 역, 『고구려의 숨겨진 역사를 찾아서』, 지샘출판사, 2008.
蓑輪頭量 저, 김천학 역, 『일본불교사』, 동국대학교출판부, 2017.
岸邊成雄 외 공저, 이지선 역주, 『일본음악의 역사와 이론』, 민속원, 2003.
야마구치 즈이호 · 야자키 쇼켄저, 이호근 · 안영길 역, 『티벳 불교사』, 민족사, 1995,
圓仁 저, 김문경 역주, 『入唐求法巡禮行記』, 중심출판사, 2001.
田 靑, 「북경의 불교음악」, 『동양불교성악과 문화』, 국립국악원, 제4회 동양음악학 국제학술회의, 1999.
田中公明 저, 유기전 역, 『티베트밀교 개론』, 불광출판사, 2010.
Davie Aldridge 편집, 곽현주 외 공역, 『음악 치료와 신경재활』, 하나의학사, 2019.
Kenneth E. Bruscia 편저, 최병철 · 김영신 공역, 『음악 심리치료의 역동성』, 학지사, 2006.
Kenneth S. Aigen, 김경숙 · 황은영 · 박소영 공역, 『음악 치료 탐구－논점과 이해』, 학지사, 2016.

[단행본]

강우방 · 김승희, 『甘露幀』, 도서출판 예경, 2010.
고영섭, 『한국불교사참구』, 동국대학교출판부, 2025.

구미래, 『한국불교의 일생의례』, 민족사, 2012.
______, 『한국인의 죽음과 사십구재』, 민속원, 2009.
국립대구박물관, 『국립대구박물관』, 국립대구박물관, 2011.
김길원, 『불자예절과 의식』, 불광출판부, 1997.
김낙현, 「연등회 음반자료」, 『연등회 음악과 연희율동 포럼』, 연등회보존위원회, 2016.
김두진, 『신라하대 선종사상사 연구』, 일조각, 2007.
김문경, 『唐代의 社會와 宗敎』, 1984.
김복순, 「眞鑑禪師의 생애와 불교사상에 관한 연구」, 『한국민족문화』 15, 부산대학교 한국민족문화연구소, 2000.
김성혜, 『신라토우 속의 음악과 춤』, 민속원, 2017.
______, 『도상을 통해본 통일신라음악연구』, 민속원, 2016.
김승찬, 『향가문학론』, 새문사 1986.
김응기(법현), 『한국불교음악감상』, 운주사, 2005.
__________, 『영산재 연구』, 운주사, 1997.
김완두 외, 『2025 명상과학 리포트』, KAIST 명상과학연구소, 2025.
김현준, 『예불, 그 속에 깃든 의미』, 효림출판사, 1998.
노동은, 『한국근대음악사』, 한길사, 1996.
대한불교조계종, 『통일법요집』, 조계종 어산작법학교, 2008.
대한불교진각종, 『밀교 의식의 전통과 전개 양상』, 진각종 해인행, 2019.
동국대학교 불교문화연구소, 『진언 · 의식관계불서전관목록』, 1976.
박범훈, 『한국불교음악사 연구』, 동국대학교 출판부, 2023.
박범훈 소리연 60 도반 편찬위원회, 『박범훈 소리연 60 도반』, 민속원, 2025.
백대웅 외, 『팔도의 슬픈소리』, 뿌리깊은나무, 1989.
법안 · 우천 공편, 『천수기도법』, 정우서적, 2014.
변규백, 『청산은 나를 보고』, 우리출판사, 1989.
불교방송, 『신작찬불가』, 불교방송사업부, 1991.
서윤길, 『한국 밀교사상사 연구』, 불광출판부, 1994.
서윤재, 『찬불가』, 여시아문출판사, 1995.
서정매, 『영제 범패의 전승과 변화양상』, 민속원, 2017.
손인애, 『경제 안채비소리 성조의 수용과 변천』, 민속원, 2020.

______, 『京山制 불교음악－개성지역 불교음악과의 관련성－』, 민속원, 2013.
신형식 외, 『山東半島一帶의 新羅遺蹟調査』, 장보고기념사업회, 2004.
운문승가대학, 『찬불가』, 운문사, 2009.
윤소희, 『음악인류학－불교와 세계종교－』, 민족사, 2024.
______, 『한 · 일 불교의례와 쇼묘』, 민속원, 2023.
______, 『한 · 중 불교의례와 범패』, 민속원, 2023.
______, 『세계 불교음악순례』, 운주사, 2021.
______, 『문화와 음악』, 맵씨터, 2020.
______, 『문명과 음악』, 맵씨터, 2019.
______, 『범패의 역사와 지역별 특징』, 민속원, 2017.
______, 『용운스님과 영남범패』, 민속원, 2013.
______, 『동아시아 불교의식과 음악』, 민속원, 2013.
윤소희 외, 『어산어장 동주원명』, 국립국악원 구술총서 25, 2023.
______, 『진관사 수륙재』, 국립무형유산원, 2017.
______, 『연등회 음악과 연희율동 포럼』, 연등회보존위원회, 2016.
______, 『일응, 영산에 꽃피다』, 정우서적, 2013.
이능화, 『조선불교통사』, 민속원 영인본, 2002.
______, 『조선불교통사』 上. 민속원, 1992.
이용식 외, 『진관사 국행수륙대재』, 진관사국행수륙재보존회, 2011.
이윤수, 『연등회의 역사와 문화콘텐츠』, 민속원, 2014.
이인숙, 『실크로드와 한국 문화』, 소나무출판사, 2000.
이종찬 역주, 『사리영응기』, 사단법인 세종대왕기념사업회, 2013.
이혜구, 『증보 한국음악연구』, 1996.
이혜구 외, 『梵唄와 作法－무형문화재 자료조사 보고서』, 문화재관리국, 1969.
장사훈, 『한국음악사』, 세광음악출판사, 1986.
장상철, 『勸供 靈山 各拜 註解 旌譜 要集』, 태고종실상사, 1988.
정진원, 『월인석보－훈민정음에 날개를 달다』, 조계종출판사, 2019.
조명화, 『불교와 돈황의 강창문학』, 2003.
최성은 외, 『발해의 불교유물과 유적』, 학연문화사, 2016.

최연식 校註, 『교감 대승사론현의기』, 불광출판사, 2009.
통도사 영축문화연구원, 『통도사』, 담앤북스, 2022.
한국밀교문화총람사업단, 『한국의 전승진언』, 대한불교진각종, 2018.
한마음선원, 『선법가』, 한마음선원출판부, 2010.
한만영, 『한국불교음악연구』, 서울대학교출판부, 1990.
한보광, 『용성선사연구』, 감로당, 1981.
현익채 외, 『부산불교 100년의 발자취 물처럼 살거래이』, 부산: 도서출판 무량수, 2014.
황은영 · 정은주 · 이유진 공저, 『음악심리치료 – 이론과 실제』, 학지사, 2017.
황준연, 『영산회상연구』, 서울대학교출판부, 1999.

[논문]

강대현, 「悉曇字記에 나타난 12摩多와 그 音의 長短에 대하여」, 『불교학연구』 37, 불교학연구회, 2013.
계미향, 「발해 승려들의 對 일본 활동 연구」, 『동아시아불교문화』 70, 동아시아불교문화학회, 2025.
고상현, 「고려시대 수륙재 연구」, 『선문화연구』 10, 한국불교선리연구원, 2011.
김복순, 「眞鑑禪師의 생애와 불교사상에 관한 연구」, 『부산대학교 한국민족문화연구소 세미나 자료집』, 2000.
김상기, 「韓 · 獩 · 貊 移動考1」, 『사해』, 1948.
―――, 「東夷와 淮夷 · 徐戎에 대하여」, 『동방학지』 I, 연세대학교 국학연구원, 1964.
김성순, 「한국불교의학의 전래와 醫僧들의 활동에 관한 일고찰」, 『불교학연구』 39, 불교학연구회, 2014.
김성혜, 「신라 불교 문화유산의 주악상 해석에 대한 견해」, 『무형문화연구』 12, 불교의례문화연구소, 2024.
김수희, 「고려사 악지 소재 당악정재에 나타나는 채련곡 공연요소 고찰」, 『국악원논문집』 50, 국립국악원, 2025.
김영태, 「고려 역대왕의 신불과 극난타개의 불사」, 『불교학보』 14, 동국대 불교문화연구소, 1977.

김영희, 「향가제작법에 의한 <보현십원가> 해독과 <보현십원가>가 여는 향가의 세계」, 『한국불교사연구』 26, 한국불교사학회, 2025,
김진희 · 한창현 · 김남일, 「아유르베다의 정의와 인도전통의학과의 관계에 대한 고찰」, 『한국의사학회지』 23, 한국의사학회, 2010.
김해숙, 「회심곡과 한국 전통장단의 유기적 관계에 대한 고찰–일응스님 회심곡을 통하여–」, 『불교음악문화』 5, 한국불교음악학회, 2023.
김형우, 「수륙재 의식집의 간행과 유포」, 『삼화사와 국행수륙대재』, 동해시, 2009.
강형진, 「니르바나 필하모닉 오케스트라의 불교음악 홍법 성과와 의미」, 『불교음악문화』 3. 2022.
김희준, 「조선 전기 수륙재의 설행」, 『호서사학』 30, 2001.
남권희, 「한국 기록문화에 나타난 진언의 유통」. 『밀교학보』 7, 밀교문화연구원, 2005.
남희숙, 「조선후기 불서간행 연구–진언집과 불교의식집을 중심으로」, 서울대 박사학위논문, 2004.
대한불교조계종 총무원 문화부, 『2014 찬불가합창곡집』, 조계종출판사, 2015.
문무왕, 「쌍계사 개산의 역사와 창건주 진감선사의 생애와 사상」, 『강좌미술사』 58. 한국불교미술사학회 2022.
박경선, 「불교음악에 있어서 범패와 찬불가의 음악적 특성연구」, 계명대학교 석사학위 논문, 1985.
박범훈, 「봉원사 불교음악원 운동의 배경과 성과」, 『불교음악문화』 5, 2023.
______, 「불교음악원의 창립과 구성」 『불교음악문화』 창간호, 2021.
박정련, 「국악치유론 기반을 위한 동양학적 이론 근거 모색–황제내경(黃帝內徑)과 예기(禮記) 악기(樂記)에 나타난 '오행감정(五行感情)'을 중심으로–」, 『국악원논문집』 26, 국립국악원, 2012.
박해당, 「조선 후기 유학자들의 불교관: 승려 문집의 서문을 중심으로」, 『태동고전연구』 28, 한림대학교 태동고전연구소, 2012.
박현규, 「山東 소재 금나라 渤海遺裔 佛教碑刻 補釋」, 『한국고대사탐구』34, 2020.
백대웅 외, 『팔도의 슬픈소리』, 뿌리깊은나무, 1989.

백도수, 「인도불교의 교단에 대한 연구, 『동아시아불교문화』 2, 동아시아불교문화학회, 2008.

佐藤 厚, 「日本 稱名寺所藏 '一乘法界圖' 諸写本」, 『해동화엄초조 의상스님 탄신 1400주년 기념 학술대회』, 불교문화콘텐츠개발원, 2025.

손인애, 「불교민속놀이 <삼회향(속칭 땅설법)>의 공연 음악 연구 – 경기 서북부와 서울(京制)을 중심으로」, 『무형문화연구』 9, 불교의례문화연구소, 2025.

______, 「경제 안채비 착어성의 성조 연구」, 『한국음악연구』 56, 한국국악학회, 2014.

송혜진, 「조선전기 왕실 불사(佛事)의 전승과 음악문화 연구」, 『한국음악연구』 56, 2014.

신규탁, 「대한불교조계종 현행 '상단칠정례' 고찰」, 『정토학연구』 16, 한국정토학회, 2011.

신복용, 「圓仁의 『入唐求法巡禮行記』에 나타난 한국(신라)관계 기록과 몇가지 문제점」, 『입당구법순례행기』, 정신세계사, 1991.

안승철, 「찬불가 연구의 현황과 미래」, 『보조사상』 69, 보조사상연구원, 2024.

______, 「한국 창작찬불가 연구 – 박범훈의 찬불가를 중심으로 –」, 동국대학교 박사학위 논문, 2018.

양승규, 「쫑카빠(Tshong Kha pa)의 生涯와 顯密觀」, 『위덕대학교 밀교문화연구원』 세미나 자료집, 2015.

양영진, 「범패 홑소리의 의식음악 양상 연구 – 박송암창을 중심으로 –」, 한양대학교 석사학위 논문, 2020.

______, 「수륙재의 악기 활용과 기능」, 『한국 수륙재와 공연문화』, 글누림 2015.

엄원식, 「古代 히브리醫學의 메커니즘(機轉) 解剖: 구약성서의 치유사건들에 대한 대체의학적 접근」, 경기대학교 대체의학대학원 석사논문, 2005.

오수정, 「張保皐 在唐 活動의 背景」, 『숙명한국사론』 2, 숙명여자대학교 한국사학과, 1996.

위재영, 「청련사 악사들 음악」, 『불교문화연구』, 4, 2022.

윤소희, 「의상대사 법성게와 한 · 일 불교음악 – 일본 가나자와(金澤)문고 쇼묘하카세(聲明博士)를 통하여 – 」, 『한국불교학회』 116, 한국불교학회, 2025.
______, 「안정사 화엄성주대재의 설행 양상과 율조」, 『불교학밀교학연구』 8, 한국밀교학회, 2025.
______, 「다중장르와 AI시대 창작찬불가 고찰 – 1920년대부터 2025년까지 사회 · 문화적 배경을 통하여」, 『동아시아불교문화』 70, 동아시아불교문화학회, 2025.
______, 「관음과 준제의 문화적 상호성과 신행양상」, 『세계불학』 4, 사단법인 세계불학원. 2024.
______, 「땅설법의 전승 맥락과 공연 양상 – 한 · 중 · 일 불교 문화사를 통하여 – 」, 『무형문화연구』 12, 2024.
______, 「삼국유사의 음악과 악기」, 『불교사학보』 24, 한국불교사학회, 2023.
______, 「한국범패에 나타난 일본쇼묘의 영향」, 『한국음악사학보』 69, 한국음악사학회. 2022.
______, 「이혜구의 불교음악 연구 재고찰 – 도솔 · 사뇌 · 산대극과 기악 연구를 중심으로 – 」, 『한국음악연구』 70, 한국국악학회, 2021.
______, 「통영 안정사 의례전통과 율조에 관한 연구」, 『불교음악문화』 2, 2021.
______, 「한 · 중 · 일 천수다라니의 송주신행에 관한 연구」, 『정토학연구』 35, 한국정토학회, 2021.
______, 「선법가의 운용실태와 미래 방향」, 『한마음연구』 6, 대행선연구원, 2021.
______, 「천수다라니 범문원리와 한 · 중 · 일 율조 비교」, 『국악원논문집』 44, 2021.
______, 「佛典 · 梵文이 정간보 창제에 미친 史的 배경 – 세종 · 세조대 樂政을 중심으로 – 」, 『한국불교학』 93, 한국불교학회, 2020.
______, 「세종 · 세조 악보와 佛典 · 梵文의 관계」, 『기호학연구』 61, 한국기호학회, 2019,
______, 「삼화사수륙재 儀禮梵文과 율조의 특징」, 『정토학연구』 32, 2019.
______, 「보로부두르 주악도와 한국의 불교 악가무」, 『공연문화연구』 39, 한

국공연문화학회, 2019.
______,「향풍범패의 장르적 규명과 실체」,『동아시아불교문화』39, 동아시아불교문화학회, 2019.
______,「청련사 예수시왕생칠재의 범맥과 예술적 세계」,『동국사학』66, 동국역사문화연구소, 2019.
______,「보로부두르 주악도와 백제불교문화」,『밀교학보』19, 위덕대학교 밀교문화연구원, 2018.
______,「불교 의례활동과 사원경제－범어사 어산계보사유공비를 통하여－」,『동아시아불교문화』34, 동아시아불교문화학회, 2018.
______,「청련사 어장 상진 범음성 계보와 성음의 특징」,『불교문예연구』11, 2018.
______,「범어범패의 율적 특징과 의례 기능－아랫녘수륙재를 통하여－」,『국악원논문집』36, 2017.
______,「짓소리 연구 Ⅰ－삼귀의 절차와 지심신례(두갑) 분석－」,『한국음악사학보』58, 한국음악사학회, 2017.
______,「월명사의 성범에 관한 연구－한국 초전불교와 서역 불교문화를 통하여－」,『국악원논문집 』31, 국립국악원. 2015.
______,「일제강점기의 범어사 범패 전승실태－범어사 보재루와 어산계보사유공비를 통하여－」,『국악원논문집』34, 국립국악원, 2016.
______,「화엄경 입법계품의 音과 字에 대한 고찰」,『한국불교학』76, 한국불교학회, 2015.
______,「월명사의 '성범'에 관한 연구」,『국악원논문집』31, 2015.
______,「스리랑카의 찬팅율조와 공양타주」,『한국음악사학보』54, 한국음악사학보, 2015.
______,「범패의 위격과 율조변화」,『정토학연구』23, 한국정토학회, 2015.
______,「사찰 법구를 통해 본 한국문화의 독창성과 보편성－사찰 사물타주를 중심으로」,『기호학연구』39, 한국기호학회, 2014.
______,「짓소리의 개념과 음악적 실체－경제·완제·영제를 비교하여－」,『한국음악사학보』52, 한국음악사학회, 2014.
______,「팔리어 송경 율조에 관한 연구－미얀마 승단을 통하여－」,『한국음악연구』51, 2012,

______, 「티벳 탐무를 통해 본 처용무와 영산재」, 『한국음악연구』 46, 한국국악학회, 2009.
위재영, 「청련사 악사들 음악」, 『불교음악문화』 4, 한국불교음악학회, 2022.
이기백, 「新羅 六頭品研究」, 『성곡논총』 2, 성곡언론문화재단, 1971.
이미향, 「불교의식 광쇠에 대한 연구」, 『한국불교학』 49, 2007.
______, 「曹學乳의 생애와 讚佛歌 연구」, 『보조사상』 26, 2006.
______, 「항일 측면에서 본 불교음악운동」, 『대각사상』 9, 대각사상연구원, 2006.
이보형, 「무가와 판소리와 산조에서 엇모리가락 비교」, 『이혜구 박사 송수기념 음악학논총』, 한국국악학회, 1969.
이병진(덕림), 「범패의 수행원리와 활용반안 연구」, 동국대학교 선학과 박사학위논문, 2021.
이성운, 「한국불교 일상의례의 명칭 문제－용례와 인식을 중심으로」, 『보조사상』 38, 보조사상연구원, 2012.
______, 「불교예불의 의미와 행법」, 『정토학연구』 16, 한국정토학회, 2011.
______, 「현행 천수경의 구조와 의미」, 『선문화연구』 7, 한국불교선리연구원, 2009.
이용식, 「4세기 고구려 불교문화와 음악－안악 제3호분 벽화의 악기를 중심으로－」, 『무형문화연구』 12, 불교의례문화연구소, 2024.
______, 「고대음악사 서술의 제 문제－『삼국사기』 인물 해석과 악기 서술을 중심으로」. 『한국음악연구』 71, 한국국악학회, 2022.
______, 「완제 범패 전승과 광주 영산재의 음악적 특징」, 『불교음악문화』, 한국불교음악학회, 2021.
______, 「진관사 국행수륙재 음악」, 『진관사 국행수륙대재』, 진관사수륙재보존회, 2011.
이종미, 「범패에 관한 연구－홋소리 연향게의 창법을 중심으로－」, 『제8회 동아시아불교음악학 국제학술회의』 발표논문, 2014.
이종수, 「양주 청련사의 역사적 변천과 위상」, 『불교문예연구』, 동방문화대학원대학 불교문화예술연구소, 2018.
______, 「건봉사 제2차 만일염불회 재검토」, 『불교학연구』25, 불교학연구회, 2010.

______, 「조선후기 념불계 연구」, 동국대학교 석사학위논문, 2002.
이태승, 「망월사본<眞言集凡例>에 대한 연구」, 『한국어학』 19, 한국어학회, 2003.
장휘주, 「범패 홋소리의 음조직 유형 연구」, 『한국음악연구』 45, 2009.
______, 「범패 반짓소리 연구」, 『영산재학회 논문집』 4, 옥천범음대학, 2006.
전혜빈, 「한국불교와 범패(梵唄)의 역사－신라 · 고려시대 금석문을 중심으로－」, 『한국불교학』 115, 한국불교학회, 2025.
정화순, 「初期 「正間普」의 易學的 解釋을 爲한 詩論」, 『한중철학』 1, 한중철학회, 1995.
조옥경, 「요가의 심리치료적 적용에 관한 연구」, 『상담학연구』 4, 한국상담학회, 2009.
조석연, 「백제금동대향로 주악상을 통해 보는 백제의 음악」, 『무형문화연구』 12, 불교의례문화연구소, 2024.
조학유, 「찬불가 서언」, 『불교』 28, 1927.
진창영, 「진감선사의 선불교 교화실천과 교학사상의 교육적 의의」, 『교육사상연구』 24－3, 한국교육사상연구회, 2010.
차형석, 「경제 범패 안채비소리 '개탁성'의 음악적 특징과 기능」, 『국악원논문집』 50, 2024.
______, 「장례축원소리와 불교문화와의 영향관계 및 음악적 특징」, 『불교음악문화』 3, 2022.
______, 「경제 안채비소리 '성(聲)'에 대한 연구－ 송암스님의 유치 · 착어 · 편게성을 중심으로」, 한양대학교 박사학위논문, 2013.
최병헌, 「신라하대 선종구산파의 성립」, 『한국불교선문의 형성사연구』, 민족사, 1986.
편무영, 「초파일 연등의 역사성과 고유사상」, 『연등회의 종합적 고찰』, 민속원, 2013.
하정용 외, 「한국고대사회 僧醫와 醫僧의 개념에 대하여」, 『한국한의학연구논문집』, 14－1, 대전: 한국한의학연구원, 2008.
한기문, 「新羅 下代 眞鑑禪師의 活動과 梵唄 敎化의 意義」, 『대구사학』 89, 대구사학회, 2007.
한상길, 「근대 화계사의 역사적 위상」, 『대각사상』 19, 대각사상연구원,

2013.
______,「근대불교의 의례와 수륙재」,『두타산 삼화사국행수륙대재의 전통성과 그 구조적 의미』, 2012.
______,「조선시대 수륙재 설행의 사회적 의미」,『삼화사 국행수륙대재』, 삼화사국행수륙대재보존회, 동해시, 2009.
한정미(해사),「범패수행과 심신치유에 관한 고찰」,『한국불교학』21, 한국불교학회, 2024.
허인섭,「초기 중국불교의 성격 이해를 위한 쿠샨제국 시대 전후 중앙아시아의 종교적 상황과 불교 특성 고찰」,『불교학연구』32, 불교학연구회, 2012.
혜일,「불교 법고 리듬에 관한 연구」, 중앙대학교석사학위논문, 2008.
황인규,「북한지역 고구려와 발해의 불교 사찰－고구려와 발해의 사찰 발굴 복원 ―試攷－」,『불교연구』51. 2019.

[음원 및 동영상]
영인스님,《천수경 · 아미타경》, 가람미디어, 2010.
이삼길(인묵),《불교의식 모음》, CD Ⅰ~18. 조계종 어산작법학교, 2009.
Buddhist cultural centre,《Maha Pirith Chanting》중 <초전법륜경>, TR1, Sri Lanka.
《영남범패》, 국립문화재연구소, 2007.

[인터넷]
대만불교학도서관(臺大佛學數位圖書館)
https: //buddhism.lib.ntu.edu.tw/en/search/search_detail.jsp?seq=684231

돈타령 기보(검색일자: 2015. 9. 28)
http: //tvpot.daum.net/clip/ClipView.do?clipid=18699831&q=%ED%9D%A5%EB%B6%80%EA%B0%80%EB%8F%88%ED%83%80%EB%A0%B9

몽고음악의 영향 https: //handalmine.com/6

미국 국립의학도서관: NIH NLM (National Library of Medicine)
https: //www.ncbi.nlm.nih.gov/pmc/articles/PMC8459052/

불교의 성립 연대, 위키피디아
https: //ko.wikipedia.org/wiki/%EB%B0%80%EA%B5%90_(%EB%B6%88%EA%B5%90)

봉녕사 범종루
https: //www.youtube.com/watch?v=nsoPxLHLMXk

신라의 종
https: //www.youtube.com/watch?v=dpBTEFkhwPg&t=263s

국립무형문화유산원 ＜영남범패＞
www.iha.go.kr/service/search_all_list.nihc

주악상 https: //encykorea.aks.ac.kr/Article/E0053334

원공국사탑 https: //100.daum.net/encyclopedia/view/b01g2001a

티벳 만뜨라
https: //www.youtube.com/watch?v=dRQgG9tWsac&t=9406s

티벳의학(藏醫學)
https: //zh.wikipedia.org/wiki/%E8%97%8F%E9%86%AB%E5%AD%B8

티벳 불교역사 https: //blog.naver.com/ldh5111/222950132896

일본 임제종 대비심주
https: //www.bilibili.com/video/BV1tT4y1576y/?spm_id_from=333.788.recommend_more_video.1

NIH NLM
https: //www.ncbi.nlm.nih.gov/pmc/articles/PMC8459052/
https: //oldkmbase.medric.or.kr/KMID/0877120100230010001

GIM 한국 심상음악 치료협회 https: //gimkorea.or.kr/

Haus Königsborn
https: //www.lebenszentrum-koenigsborn.de/. 2024. 9. 20.

Tony Scott- Music for zen meditation
https: //www.youtube.com/watch?v=_C_t-gFYUmo

《법보신문》 2023. 12. 5. "인도의 판차탄트라와 아라비안나이트"
《불교신문》 2243호, 2003년 7월 8일자. 안직수 기자.

윤소희의 연구 활동

동국대학교 한국음악과 대우교수
조계종불교음악원 학술위원장

저서

『국악 창작곡 분석』 도서출판 어울림, 1999.
『국악 창작의 흐름과 분석』 국악춘추사, 2001.
『영남범패 대담집』, 정우서적, 2010.(문화관광부 우수도서)
『용운스님과 영남범패』, 민속원, 2013.
『동아시아 불교의식과 음악』, 2013.(동아시아불교문화학회 저술상 수상)
『범패의 역사와 지역별 특징』, 민속원, 2016.(대한민국학술원 우수도서)
『문명과 음악』, 맵씨터, 2019.(문화관광부 출판지원 대상 선정)
『문화와 음악』, 맵씨터, 2020.
『세계 불교음악 순례』, 운주사, 2021.(불교문예대상 출판대상 수상)
『한 · 일 불교의례와 쇼묘』, 민속원, 2023.
『한 · 중 불교의례와 범패』, 민속원, 2023.
『음악인류학 – 불교와 세계종교 – 』, 민족사, 2024.

주요 논문

「팔리어 송경율조에 관한 연구」, 2012.
「『화엄경』「입법계품」의 音과 字에 대한 고찰」, 2015.
「범어범패의 율적 특징과 의례 기능」, 2017.
「불교 의례활동과 사원경제」, 2018.
「티벳 참 의례와 몸짓 만다라」, 2018.
「보로부두르 주악도와 한국의 불교 악가무 」2019.
「향풍범패의 장르적 규명과 실체 」, 2019.
「세종 · 세조 악보와 佛典 · 梵文의 관계」, 2019.
「天台声明과 眞言声明에 관한 연구」, 2020.
「천수다라니 범문원리와 한 · 중 · 일 율조 비교」, 2021.
「삼국유사의 음악과 악기」, 2023.
「의상대사 법성게와 한 · 일 불교음악 – 일본 가나자와(金澤)문고 쇼묘하카세(聲明博士)를 통하여 – 」, 2025.
그 외 연구 자료 (다음 윤소희 카페) 연구 목록 참고 바람.

기타

「세계불교음악순례, 어장의 계보」, 법보신문 2019~2024 연재.
「윤소희의 음악과 여행」, 『주간지 뉴시스아이즈』 100회 연재 외 다수.
유튜브: 윤소희의 음악인류학.
윤소희카페(프로필) https: //cafe.daum.net/ysh3586/DwQg/2

불교음악의 세계

2025년 12월 10일 초판 1쇄 인쇄
2025년 12월 23일 초판 1쇄 발행

지은이 윤소희
발행인 박기련
발행처 동국대학교출판부

출판등록 제1973-000004호(1973.6.28)
주소 04626 서울시 중구 퇴계로36길2 신관1층 105호
전화 02-2264-4714
팩스 02-2268-7851
Homepage http://dgpress.dongguk.edu
E-mail abook@jeongjincorp.com

디자인 (주)성지이디피
인쇄처 네오프린텍

ISBN 978-89-7801-789-3   93220

값 43,000원